Die französische Justizorganisation
am linken Rheinufer 1797-1803

Rechtshistorische Reihe

Band 190

Peter Lang
Frankfurt am Main · Berlin · Bern · New York · Paris · Wien

Antonio Grilli

Die französische Justizorganisation am linken Rheinufer 1797 - 1803

Peter Lang
Europäischer Verlag der Wissenschaften

Die Deutsche Bibliothek - CIP-Einheitsaufnahme

Grilli, Antonio:

Die französische Justizorganisation am linken Rheinufer 1797-1803 / Antonio Grilli. - Frankfurt am Main ; Berlin ; Bern ; New York ; Paris ; Wien : Lang, 1999
(Rechtshistorische Reihe ; Bd. 190)
Zugl.: Trier, Univ., Diss., 1997
ISBN 3-631-34089-3

Die vorliegende Arbeit wurde von
Prof. Dr. Elmar Wadle zur Aufnahme
in die Reihe empfohlen.

D 385
ISSN 0344-290X
ISBN 3-631-34089-3

Meinem Vater

DIE FRANZÖSISCHE JUSTIZORGANISATION AM LINKEN RHEINUFER 1797 - 1803

VORWORT

Die Idee, mich mit dem Studium der Justizorganisation in den seit 1794 von Frankreich besetzten Gebieten am linken Rheinufer zu beschäftigen, entstand im Laufe der Forschungsarbeiten, die ich im Rahmen des Sonderforschungsbereichs 235 der Deutschen Forschungsgemeinschaft im historisch-juristischen Bereich unter Leitung von *Prof. Reiner Schulze* an der Universität Trier[1] durchführte. Daraus entstand die vorliegende Arbeit, die im Wintersemester 1997-1998 vom Fachbereich Rechtswissenschaft der Universität Trier als Dissertation angenommen wurde. Das verwendete Material stammt aus Archivbeständen zur rheinischen Justiz während der Zeit französischer Präsenz, die in den Archives Nationales in Paris, dem Trierer Stadtarchiv, dem Landeshauptarchiv in Koblenz, dem Mainzer Stadtarchiv und dem Landesarchiv in Speyer aufbewahrt werden. Mein besonderer Dank geht an *Herrn Professor Schulze* für dessen konstante (und geduldige!) Unterstützung, seine Ratschläge und Supervision dieser Arbeit, an *Dr. Wolfgang Hans Stein* vom Landesarchiv in Koblenz, der mich in die Archivquellenforschung zum französischen Rheinland eingeweiht hat, an *Dr. Kermann* vom Landesarchiv in Speyer, an *Dr. Seifert* vom Trierer Stadtarchiv/Stadtbibliothek für seine freundliche Unterstützung, sowie an die Angestellten der Archives Nationales in Paris (und hier vor allem an *Herrn Rimbaud*). Ein Dank von Herzen geht an *Frau Gisela Wirth*, die unermüdliche "Korrektorin" meiner unzulänglichen und lückenhaften Deutschkenntnisse. Der unverzichtbaren und überaus wertvollen

Hilfe meines Freundes *Dr. Claudius Marx* verdanke ich schließlich die endgültige sprachliche Überarbeitung dieser Arbeit. Ohne seine Mühe wäre das vorliegende Werk nicht zustande gekommen.

---

1 Die genaue Bezeichnung des an der Universität Trier laufenden, interdisziplinär konzipierten Sonderforschungsbereiches 235, der jetzt (1994) in die dritte Förderphase eingetreten ist, lautet "Zwischen Maas und Rhein: Beziehungen, Begegnungen und Konflikte in einem europäischen Kernraum von der Spätantike bis zum 19.Jahrhundert".

Das rechtshistorische Teilprojekt (B 8) des Sonderforschungsbereiches 235 trägt seinerseits den Titel: Französisches Recht im linksrheinischen Deutschland 1804 - 1848: die Berührung zweier Rechtskulturen in der Rechtspraxis".

INHALTSVERZEICHNIS

EINLEITUNG 19

1. TEIL: DIE JAHRE 1797 - 1799: DIE AMTSZEIT RUDLERS 25

Kapitel I: Die Organisation der Justiz nach französischem Modell 25
1. Einleitung 25
2. Die Anfänge der Tätigkeit Rudlers 26
a) Die Ernennung Rudlers 26
b) Das Dekret vom 4. Pluviôse an VI; Einsetzung der neuen Verwaltungs- und Justizorgane; Französisch wird Amtssprache 27
3. Die Etappen der Gesetzgebungstätigkeit Rudlers und Mulots Bericht aus den vier Departements (März 1798 – Februar 1799) 28
4. Die Grundsätze und Elemente der französischen Justizorganisation 35
a) Vorbemerkung: Wertung der Gewaltenteilung aus heutiger Perspektive 35
b) Trennung der Justiz von der Verwaltung; Unentgeltlichkeit der Justizdienste 36
c) Ernennung und Besoldung der Richter 37
d) Die Justizstruktur nach den Vorschriften der Verfassung vom Jahr III 37
e) Weitere Justizgrundsätze nach der Verfassung vom Jahr III 39
f) Grundsätze des Strafrechts nach derselben Verfassung 39
g) Die Justiz "en detail": das Justizbild nach dem Dekret vom 4. Pluviôse "sur l'ordre judiciaire" 40

Kapitel II: Das Departement Saar 43
1. Einleitung 43
2. Ernennungen in der Zentralverwaltung und in der Justiz 44
3. Die Rede von Boucqueau 45
a) Motive und Ziele Frankreichs 45
b) Vom "étranger" zum "citoyen" 46
c) Appell an die Richter 46

d) Die Friedensrichter 46
e) Das Strafverfahren 47
4. Die Rede von Rosbach: die Unentgeltlichkeit der Justiz, Eintracht und Vertrauen 48
5. Rudlers Einstellungspolitik und ihre Kriterien 49
6. Die Brisanz der Gehälterfrage im Saar-Departement 50
a) Der Fall des Friedensrichters Zink: Ausübung von Nebentätigkeiten 51
b) Fazit 52
7. Die Friedensrichter: mangelnde Kompetenz und Untätigkeit 52
a) Der Bericht Hannes über die öffentliche Ordnung 52
b) Die Vorkehrungen Rudlers 53
c) Die Zivilrichter "schützen" den untersuchten Zivilrichter vor Rudler 54
8. Mißachtung interner Normen bei den Gerichten 55
9. Arbeitsüberlastung der Gerichte 56
10. Mangel an Gerichtsschreibern und Geschworenen 56
11. Konflikte zwischen Lokalbehörden: der Fall Keuchen 58
12. Politische Sensibilisierung des Personals in Verwaltung und Justiz 58
13. Die Frage des Sportelwesens 59
14. Kritischer Bauzustand der Justizräume 60
15. Fortbestand alter Gerichtsgebräuche 60
16. Die Gerichtssprache 60
a) Mißachtung von Rudlers Sprachdekret in der Praxis 60
b) Stimmen zugunsten des Deutschen 61
c) Historische Perspektive 62
17. Der Strafvollzug: die Gefängnisfrage 62

Kapitel III: Das Departement Rhein und Mosel 64
1. Einleitung 64
2. Ernennungen in der Zentralverwaltung und in der Justiz 64
3. Stellungnahmen zu Rudlers Personalpolitik 66
4. Die Verwaltung: innere Kontraste und Kritik der Cisrhenanen 67
5. Organisatorische Probleme der Justiz 69
a) Die Treue zu Frankreich von Verwaltungs- und Justizbeamten: die Haltung Rudlers 69
b) Schwierigkeiten beim Dienstantritt eines Justizbeamten 70

c) Die Gehälterfrage: zahlreiche Klagen an die französischen Behörden; die Reiseentschädigung der Geschworenen 72
d) Die Sprachenfrage: Die Stellung der Übersetzer wird allmählich amtlich; Skepsis und Widerstände der Gerichte 75
e) Das französische Kontrollsystem über die Gerichte bewirkt Spannungen 78
6. Rudler und die Justizbehörden vor zahlreichen Einzelfragen 79
a) Noch anhängige Verfahren 80
b) Revision der alten Urteile 80
c) Härte der neuen französischen Strafgesetzgebung 81
d) Zuständigkeit der Militärgerichte für Straftaten der Zivilbevölkerung 82
e) Konsequenzen der Überlastung der Gerichte durch noch anhängige Altverfahren 83
f) Kosten der Hafträume der Friedensgerichte 84
g) Mobilität der Richter 84
h) Die Unmöglichkeit der rückwirkenden Abschaffung der Feudalrechte 84

Kapitel IV: Das Departement Roër 86
1. Einleitung 86
2. Ernennungen in der Zentralverwaltung und in der Justiz 87
3. Ziele und Vorzüge der französischen Justiz nach den Worten von Dorsch, Vossen und Venedey 89
4. Die Situation der Justiz laut Vossens Bericht 90
a) Die Gerichte 90
b) Die Friedensgerichte 91
c) Schlußfolgerungen aus dem Bericht Vossens 92
5. Besonderheiten im Roër-Departement 93
a) Das Bestehen alter Exemtionsgerichte 93
(1) Conseil aulique 93
(2) Offizialat 95
(3) Schrein 96
b) Zuständigkeitsfragen zwischen Gerichten des rechten und linken Rheinufers – Internationales Privatrecht (im Sinne der heutigen Terminologie) 98
c) Zuständigkeit der Gerichte des vormaligen, jetzt geteilten Herzogtums Kleve 101

6. Spannungen und Zwietracht 103
a) Persönliche Rivalitäten 103
b) Klagen über mangelnden Patriotismus 105
c) Dorsch bittet Rudler um klare Kompetenzvorschriften 105
d) Keil empfiehlt den Kommissaren am Zuchtpolizeigericht Flexibilität 106
7. Das Bild der Friedensgerichtsbarkeit im Bericht eines lokalen Verwaltungsbeamten 107
8. Die Geschworenen: individuelle Freiheit und öffentliches Interesse; die Aufforderungen Dorschs und die Sorgen Rudlers 108
9. Die Gerichtssprache 111
10. Nebenbeschäftigungen 113
11. Die Gehälterfrage 114
12. Die Richter: Wohnsitzpflicht am Ort ihrer Tätigkeit; Regelungen bezüglich ihres Urlaubs 117
13. Die Situation in den Gefängnissen 117
14. Esprit public 118
15. Probleme des Übergangs vom alten zum neuen Strafverfahren 118
16. Die Milde des "alten" Strafrechts 120
17. Die Notwendigkeit der Veröffentlichung neuer Hypothekengesetze 120
18. Brisante Fälle, in denen der Justizminister direkt bei den Lokalbehörden intervenierte und Rudler überging 121
a) Schwere Verfehlungen von Friedensrichtern 121
b) Vermutliche "Untreue" zahlreicher Friedensrichter 123
c) Die Friedensrichter und die Wahrung der öffentlichen Ordnung; Wirion korrespondiert direkt mit Paris 124
19. Bericht Dorschs an Rudler über die Beeinflussung von Geschworenen 125
20. Die Militärbehörde beklagt sich über die Untätigkeit der Gerichte 125
21. Eine Woche vor dem Ausscheiden Rudlers berichtet Dorsch über die Lage der Justiz im Roër-Departement 126
a) Die Friedensrichter 126
b) Die Geschworenen 127
c) Die Kritik Turreaus 127
d) Dorsch äußert sich zugunsten einer Justizreform 128

Kapitel V: Das Departement Donnersberg 130
1. Einleitung 130
2. Die Ernennungen in der Zentralverwaltung und in der Justiz 131
3. Rudlers Einstellung gegenüber den Mainzer Patrioten 132
4. "Esprit public" 133
5. Die Justiz: Probleme organisatorischer, fachliche und ethischer Art 135
a) Das Verfahren zur Ersetzung eines Kammerpräsidenten am Gericht 135
b) Die Rückwirkung der Strafgesetze 136
c) Die Gerichtssprache 138
d) Der kritische Zustand der Friedensgerichte: Sportelwesen, Korruption, Nichteinhaltung des Gewaltenteilungsprinzips 138
(1) Die betroffenen Bezirke 139
(2) Fazit 141

2. TEIL: DIE JAHRE 1799 - 1803: DIE KONSOLIDIERUNG DER JUSTIZ 143

Kapitel I: Einführung 143
1. Der historische Rahmen 143
a) Die Nachfolger Rudlers 143
b) Der Frieden von Lunéville: die Annexion 143
2. Tendenzen in der Entwicklung der Justiz 144

Kapitel II: Die Verwaltungsreform in den linksrheinischen Departements, Ansätze einer künftigen Justizreform 146
1. Einleitung 146
2. Die Ausdehnung der Verwaltungsreform ans linke Rheinufer 147
a) Die Situation der Verwaltung: Shées Eindrücke und erste Ideen 147
b) Shées weitere Vorschläge: eine schnelle Reform der Verwaltung und die Schaffung eines Berufungsgerichts pro Departement 147
c) Shée über den "esprit public", der die Verwaltungsreform zu verschieben drohe 148

d) Shée drängt auf größere Effizienz und schnelle Reformen in Verwaltung und Justiz 149
e) Justizminister Abrial stellt Shées Vorschläge Bonaparte vor: Die Assimilation müsse fortgesetzt und abgeschlossen werden 150
f) Das Präfektursystem wird im Rheinland eingeführt 151
g) Die Gebietsaufteilung und die Ernennungen: die Vorschläge Shées im Sinne einer teilweisen Kontinuität innerhalb der Verwaltung 152
h) Abrials Bericht an Bonaparte: Fortschritt der Assimilation 155
i) Ernennungen in den Präfekturen 155
3. Die ersten Schritte der neuen Verwaltung und die Situation des Justizpersonals; unterschiedliche Assimilationsideen (Juni 1800 - April 1801) 156
a) Frankreich und Rheinland in den Augen Abrials; Veröffentlichung neuer Gesetze 156
b) Shée bestätigt seine Ernennung und äußert sich kritisch gegenüber dem "esprit public" 158
c) Abrial lobt den eingeschlagenen Assimilationsweg 158
d) Die kritische Stellungnahme Senigs über wichtige Verwaltungs- und Justizbeamte 159
e) Die Stellungnahme Papés zu Verwaltung und Justiz: zwischen persönlichem Groll und Bemühen um Objektivität 159
f) Der umfassende Bericht Shées: Beobachtungen zum Zustand der Assimilation und zur Relevanz der Verfassung vom Jahr VIII für die durchzuführende Justizreform 164
g) Jollivets Schreiben an Abrial: in Sitten und Gebräuchen wurzelnde Faktoren hemmen die Assimilation 171
h) Offizielle Eingliederung der Rheinlande 171
4. Die Anwendung der Verfassung vom Jahr VIII im Rheinland als Rahmen für die Justizreform (Mai - Juli 1802) 172
a) Optimismus über die endgültige Angleichung an Frankreich 172
b) Innenminister Chaptal besteht auf dem Inkrafttreten der Verfassung 173
c) Zusammenhänge zwischen Verfassung und Justizreform 173

d) Die Verfassung vom Jahr VIII tritt für das Rheinland uneingeschränkt in Kraft; der Generalkommissar stellt seine Tätigkeit ein; das Rheinland verliert jede konstitutionelle Besonderheit; die Justiz darf reformiert werden. 174
e) Wichtige Vorschriften der Verfassung vom Jahr VIII zur Justiz 174

Kapitel III: Die Vorbereitung der Justizreform 176
1. Einleitung 176
2. Die Auseinandersetzung mit der Justizorganisation: die Stellungnahmen von Jollivet und Locré 176
a) Jollivets Vorschlag: Aufhebung des Rhein-Mosel-Departements und Beibehaltung des Trierer Revisionsgerichts 176
b) Jollivet bekräftigt seine Ansichten 180
c) Der Vorschlag Locrés und Abrials: die Vergrößerung des Rhein-Mosel-Departements als Voraussetzung der Reform 182
3. Die weitere Auseinandersetzung mit Fachfragen der Justiz 1802 .. 183
a) Jeanbon Saint'André schlägt zwei Berufungsgerichte vor 183
b) Paris fordert Kandidatennamen für die Justiz 186
c) D'Ormechville über Personalmängel in der Justiz 186
d) Eine Stimme aus dem Saar-Departement: die künftige Justiz sollte aus mehr Gerichten bestehen und Deutsch sollte Amtssprache sein 186
e) Jeanbon Saint'André sendet Beamtenlisten nach Paris 188

Kapitel IV: Die Neuordnung der Justiz 189
1. Einleitung 189
2. Die Gesetze zur Justizreform: Inhalt und Neuerungen in Frankreich und im Rheinland 190
a) Frankreich 190
b) Das linke Rheinufer 192
3. Die Friedensgerichte: Brisante Fragen des Alltags 1799 – 1802 194
a) Mißachtung des Vorrangs der Strafklage vor der Zivilklage 194

b) Verfehlungen im Bereich des französischen Familienrechts ... 194
c) Das weit verbreitete Sportelwesen - verursacht durch alte Gewohnheiten und geringe Gehälter ... 195
d) Fehler bei der Wahl der Geschworenen ... 198
4. Die Friedensgerichte: Entwicklung und Neuordnung ... 199
5. Die erstinstanzlichen Zivil- und Kriminalgerichte: Fragen des Alltags 1799 - 1802 ... 200
a) Mangelnde Gesetzeskenntnis einiger Richter ... 200
b) Unehrenhafte Verhaltensweisen einzelner Richter ... 201
c) Der Fall Papé ... 201
d) Bestechung und Begünstigung (nur Einzelfälle belegt) ... 202
e) Chaos in Aachen: Zuständigkeitsfehler ... 203
f) Untätigkeit einzelner Gerichte ... 203
g) Die Frage der Gerichtssprache ... 204
6. Die Gerichte erster Instanz und die Kriminalgerichte: Neuordnung ... 205
7. Die Gerichte erster Instanz und die Kriminalgerichte: die Kandidaturen ... 207
a) Die vom Generalkommissar erstellten Kandidatenlisten ... 208
(1) Die berufliche Herkunft ... 208
(2) Die geographische Herkunft ... 209
b) Die von den Präfekturen kommenden Kandidaten: unterschiedliche Perspektiven ... 210
(1) Der umfassende Kandidatenplan von Boucqueau und sein Zweck ... 211
(2) Analyse der Kandidaten und der Ziele Boucqueaus ... 212
(3) Die Kandidaten von Vanrecum und seine Ansichten: noch radikaler als die Vorschläge Boucqueaus' ... 213
(4) Die Kandidaten von Cogels: Vertrauen in das tätige Personal ... 214
c) Fazit ... 215
8. Das Revisionsgericht (1799 - 1802): Schaffung, Zusammensetzung und wichtigste Fachfragen während seiner Tätigkeit ... 215
a) Seine Einsetzung: ein Sieg des Gewaltenteilungsprinzips ... 215

b) Lage, Zusammensetzung und Tätigkeit des Gerichts bis 1802 ... 217
(1) Meinungsunterschiede mit dem Kölner Gericht ... 218
(2) Die Frage der Erschöpfung der Rechtswege ... 219
9. Vom Revisionsgericht zum Appellationsgericht (1802) ... 220
a) Entstehung eines Appellationsgerichts in Trier: Feierliche Einsetzung ... 221
b) Die Gründe der Wahl von Trier als Sitz des Appellationsgerichts ... 222

SCHLUSSBEMERKUNGEN ... 225

QUELLEN- UND LITERATURVERZEICHNIS ... 229
I. Ungedruckte Quellen ... 229
II. Gedruckte Quellen ... 230
III. Literatur ... 232

ANHANG I: Allgemeine Hinweise auf die ersten Ernennungen in der Justiz ... 239

ANHANG II: Die Kandidatenliste von Boucqueau ... 249

ANHANG III: Die Kandidatenliste von Vanrecum ... 253

ANHANG IV: Die Kandidatenliste von Cogels ... 256

ANHANG V: Die Bewerbungen um Stellen in der reformierten Justiz ... 260

ANHANG VI: Die Kandidatenliste von Jeanbon Saint'André ... 266

ANHANG VII: Die Ernennungen in der reformierten Justiz ... 268

ANHANG VIII: Das Revisionsgericht Trier ... 285

ANHANG IX: Das Appellationsgericht Trier ... 286

EINLEITUNG

Die Besetzung durch Frankreich und die Präsenz der Franzosen in den deutschen Gebieten am linken Rheinufer in der Zeit von 1794 bis 1813/14 war und ist noch immer Gegenstand großen Interesses sowohl von Historikern als auch von Juristen. In einer noch nicht allzuweit zurückliegenden Vergangenheit waren die Arbeiten deutscher wie auch französischer Historiker über das Napoleonische Rheinland stark durch die nationalistische Atmosphäre beeinflußt, in der sie entstanden. Bezeichnend für dieses Klima waren bereits die Titel dieser Arbeiten, wie beispielsweise "Le Rhin français" von *Philippe Sagnac*[2], oder Ausdrücke wie "Die Franzosenherrschaft", die z.B. *Justus Hashagen*[3] verwandte. Gegen Ende der dreißiger Jahre und unmittelbar vor Ausbruch des Weltkriegs, während dessen der Nationalismus in seiner stärksten Ausprägung auftreten sollte, schuf *Joseph Hansen* mit seiner Sammlung der Quellen zur Geschichte des Rheinlands von 1780 bis 1801 in vier Bänden[4] einen Meilenstein in der Geschichtsschreibung zu diesem Thema. Noch heute ist sie ein Standardwerk für all diejenigen, die sich mit Forschungsarbeiten zu den linksrheinischen Gebieten in diesen entscheidenden Jahren beschäftigen.
In neuerer Zeit wurden von der zeitgenössischen Historiographie vor allem dank der Arbeiten von *Roger Dufraisse*[5], *Elisabeth Fehrenbach*[6] und *Hansgeorg Molitor*[7] vielfältige Aspekte der französischen Präsenz in den Rheinlanden, teils spezieller, teils allgemeiner Natur kritisch untersucht. Besondere Aufmerksamkeit wurde dabei auf administrative Probleme und auf die Ausbildung der "élites" gelegt. In diesem Zusammenhang sind auch vielerlei speziel-

---

2 Siehe *Philippe Sagnac*: Le Rhin francais pendant la Révolution et l'Empire. Paris 1917.

3 Siehe z.B. *Justus Hashagen*: Die Rheinlande beim Abschlusse der französischen Herrschaft (1917), S. 1-56, und *derselbe*: Das Rheinland und die französische Herrschaft (1908).

4 Siehe *Joseph Hansen*: Quellen zur Geschichte der Rheinlande im Zeitalter der französischen Revolution 1780-1801 (1931-1938).

5 Siehe *Roger Dufraisse*: Das napoleonische Deutschland, 1980, S. 467-483. *Derselbe*: Les notables de la rive gauche du Rhin à l'époque napoléonienne, 1973, S. 508-536. *Derselbe*: "Élites" anciennes et "élites" nouvelles dans les pays de la rive gauche du Rhin à l'époque napoléonienne, 1982, S. 244-283.

6 Siehe *Elisabeth Fehrenbach*: Vom Ancien Regime zum Wiener Kongreß, 1981. *Dieselbe*: Traditionelle Gesellschaft und revolutionäres Recht, 1983.

7 Siehe *Hansgeorg Molitor*: Vom Untertan zum Administré, 1980. *Derselbe*: Bewegungen im deutsch-französischen Rheinland um 1800; 1980, S. 187-209.

lere Studien entstanden, die sich mit spezifischen Themen zur linksrheinischen Rechts- und Verwaltungskultur befassen[8].

Die juristische rechtshistorische Forschung hat ihr Augenmerk auf das französische materielle Recht und das Verfahrensrecht sowie auf dessen Einführung und Aufnahme im Rheinland gelegt. Vor allem das Zivilrecht ist Gegenstand zahlreicher Untersuchungen gewesen und hierbei insbesondere die Entwicklung des "rheinischen Rechts", das in den linksrheinischen Gebieten bis zum Inkrafttreten des Bürgerlichen Gesetzbuchs im Jahre 1900 in Geltung bleiben sollte[9].

Hervorzuheben sind weiterhin Arbeiten, die sich mit der Rechtslehre im französischen Rheinland[10] und den Beamten in Verwaltung und Justiz im Dienste Frankreichs in den rheinischen Departements im Jahr 1800 befassen (diese Beamten wurden von Kommissar *Shée* im Jahr 1800 anhand von entsprechenden Fragebögen in einer Befragung "zensiert")[11]. Aus jüngster Zeit stammen Arbeiten, die die praktischen Schwierigkeiten bei der Einführung des Französischen als Pflichtsprache an den Gerichten[12] wie auch die Rechtsprechung des

---

8 Siehe *Alois Schumacher*: Idéologie revolutionnaire et pratique politique de la France en Rhénanie (1989) und *Marita Gilli*: Pensée et pratique revolutionnaires à la fin du XVIIIe siècle en Allemagne (1983). Über die Jakobinerbewegung siehe *Kyösti Julku*: Die revolutionäre Bewegung im Rheinland am Ende des 18. Jahrhunderts (1965) und *derselbe*: Die Revolution im Rheinland während der Franzosenherrschaft (1969). *Walter Grab*: Eroberung oder Befreiung? (1971). *Hans Wolfgang Stein*: Untertan, Citoyen, Staatsbürger (1981). Allgemein siehe: *Franz Joseph Heyen*: Die rheinischen Lande als Teil Frankreichs (1987). Über den Saar-Raum siehe z.B. *Guido Gross*: Trierer Geistesleben unter dem Einfluß von Aufklärung und Romantik (1956); *Emil Zenz*: Die Verfassung der Stadt Trier in der französischen Zeit (1959), S. 96 ff. Über das Roërdepartement siehe das kürzlich erschiene Werk von *Sabine Graumann*: Französische Verwaltung am Niederrhein (1990), mit reichlicher Bibliographie über Sonderaspekte des sozialen und politischen Lebens in dem Gebiet während der französischen Präsenz.

9 Darüber siehe insbesondere *Werner Schubert*: Französisches Recht in Deutschland zu Beginn des 19. Jahrhunderts. (1977); *Hans-Jürgen Becker*: Das rheinische Recht und seine Bedeutung für die Rechtsentwicklung in Deutschland im 19. Jahrhundert (1985); *Detlev Schuhmacher*: Das rheinische Recht in der Gerichtspraxis des 19.Jahrhunderts (1969).

10 Siehe *Luitwin Mallmann*: Französische Juristenausbildung im Rheinland 1794-1814 (1987).

11 Siehe *Karl Georg Faber*: Verwaltungs- und Justizbeamte auf dem linken Rheinufer während der französischen Herrschaft (1960), S. 350-388.

12 Siehe *Antonio Grilli*: Sprache und Recht in den französischen Rheinlanden (1993).

Trierer Appellationsgerichts im Zeitraum zwischen 1804 und 1813[13] behandeln.
Gegenstand der vorliegenden Arbeit hingegen ist die Organisation der Justiz. Diese geht aus von der Idee der französischen Behörden, die linksrheinischen Gebiete der "grande Nation" - die vor kurzem erst die Erfahrung der Revolution gemacht hatte und im Begriff war, wiederum Monarchie zu werden - zu assimilieren. Hier wird insbesondere das Bestreben nachzuzeichnen sein, wenig oder nichts von vordem geltenden und bestehenden Gesetzen, Institutionen und Bräuchen intakt zu lassen und aus den Rheinländern "citoyens français" zu machen.
Auf den folgenden Seiten soll der Versuch unternommen werden, chronologisch den Etappen dieser Assimilierung im Bereich der Justiz zu folgen, bis hin zur Einführung der neuen französischen Justizverfassung vom März 1800 im Jahr 1802. Dieser Assimilierungsprozeß war gewiß nicht einfach. Für die Franzosen brachte er ganz erhebliche Probleme organisatorischer wie auch materiellrechtlich-dogmatischer Art mit sich. Aber auch den Rheinländern verlangte er beträchtliche Leistungen ab.

Die Integration des linken Rheinufers in die französische Justizorganisation war ein langwieriger Prozeß, der das Gerichtswesen in verschiedener Hinsicht erfaßte. Auf der abstrakten Ebene der *Gesetzgebung* bestanden für Paris unmittelbare Einwirkungs- und Gestaltungsmöglichkeiten zur Assimilierung des Justizapparates und der Tätigkeit der lokalen Verantwortlichen (hauptsächlich der Regierungskommissare/Generalkommissare in Mainz) und zur Anpassung der linksrheinischen Justiz an die sich im Laufe der Zeit ändernden französischen Modelle. Schwieriger gestaltete sich die Assimilierung auf der konkreten Ebene der linksrheinischen Justiz*praxis*: Konsolidierte und herkömmliche Justizstrukturen und Gewohnheiten beanspruchten trotz der gegenteiligen Rechtslage faktisch weitere Geltung.
In der Justizpraxis verlief der Assimilierungsprozeß auf unterschiedlichen Ebenen heterogen und uneinheitlich: Herkömmliche Gewohnheiten, wie das Sportelwesen[14], sollten noch lange Zeit nach der Justizreform von 1802 praktisch intakt weiter bestehen.

---

13 Siehe *Antonio Grilli*: Das linksrheinische Partikularrecht und das römische Recht in der Rechtsprechung der Cour d'Appel/Cour Impériale de Trèves nach 1804 (1994)

14 Die Sporteln waren ein Entgelt, das Gerichtspersonen für Amtshandlungen zustand und von dem sie ihren Unterhalt bestritten.
Das System der Sporteln war in den europäischen Ländern von der frühen Neuzeit bis hin zur Französischen Revolution allgemein verbreitet. Für Frankreich s. z.B. *Joseph Rey*, Über die Grundsätze der Rechtspflege, Bd. 1. S. aber v.a. *Jean-Pierre Royer*,

Beim Problem der Gerichtssprache, das von dem Spannungsverhältnis zwischen dem offiziellen Französisch und der deutschen Muttersprache der meisten Praktiker geprägt ist, führten der Alltag und der Zeitverlauf zu einem "Kompromiß", der die Rolle von Dolmetschern und Übersetzern institutionalisierte und das Deutsche im Gerichtsgebrauch weiter bestehen ließ.
Was die zunächst oft mangelnde Gesetzeskenntnis der einheimischen Juristen und die dadurch bedingte fehlerhafte Rechtsanwendung betrifft, nahm die tägliche Praxis der Anwendung französischer Vorschriften durch die Justiz im Laufe des Untersuchungszeitraumes diesem Problem die anfängliche Brisanz. Dennoch blieb der Mangel an qualifiziertem einheimischen Justizpersonal während des gesamten Untersuchungszeitraums virulent und verhinderte die Einrichtung einer Justiz, die ganz dem französischen Ideal entsprach.
Es wird indes zu zeigen sein, daß die soeben erwähnten Formen der Assimilierung in den verschiedenen Gerichtsinstanzen in unterschiedlicher Weise auftraten. Zwar beschäftigte zwischen 1802 und 1803 die Sprach- oder Sportelproblematik in gewissem Maße auch noch die *Tribuneaux* (Gerichte erster Instanz). Bei den *Friedensgerichten* wurde diese Problematik, neben weiteren

---

Histoire de la Justice en France. Hierin wird dargestellt, daß die Sporteln (épices) ganz allgemein im Frankreich des ancien régime Fuß faßten: "Primitivement, petites friandises d'épicerie, dragées, confitures ou produits d'Orient, que les plaideurs (...) offraient sans aucune obligation à leurs juges seigneuriaux ou aux lieutnants des juges royaux, (...) tout aussi rapidement la monarchie a été impuissante à en contenir les débordements après qu'elles furent devenues obligatoires, au Parlement de Paris au début du XV siècle, dans les cours de province à peu près au moment de leur création" (S. 116).

In Frankreich wie in Deutschland versuchten mehrere Gesetze, die aus dieser Gewohnheit leicht entstandenen Mißbräuche einzudämmen, indem sie genau den Betrag der Sporteln und deren Anspruchsvoraussetzungen regelten. Das Edikt von Colbert vom März 1673 blieb aber erfolglos (*Royer*, S. 116), und ebenso läßt beispielsweise im Kurfürstentum Trier die Wiederholung der die Sporteln betreffenden Regelungen (1559, 1574, 1598, 1723, 1731, 1741, 1776, 1786) auf deren beschränkte Wirkung schließen. So lautet z.B. ein kurfürstlicher Beschluß vom 21. Oktober 1728, daß "die Rechtsstreitigkeiten in erster Instanz (...) im allgemeinen summarisch und unentgeltlich" seien; ein weiterer Beschluß vom 30. September 1776 beschäftigt sich mit der "Festsetzung (...) der Gebühren und Sporteln, welche (...) an die kurfürstliche Hofkammer entrichtet werden müssen" - ein Zeichen dafür, daß das Sportelwesen am linken Rheinufer noch am Vorabend der französischen Revolution fest verwurzelt war. Zur Sportelgesetzgebung des Kurfürstentums Trier und zu den oben erwähnten Beschlüssen s. *Johann Joseph Scotti*, S. 363 - 367, 494 - 500, 576, 891 - 895, 919, 963, 1020 - 1024, 1278, 1378, 1531. Hinweise auf das Sportelwesen und auf ihre formelle Abschaffung im Rheinland während der französischen Zeit in *Marcel Erkens*, S. 41, 92, 106, 136 (wo von den Friedensgerichten die Rede ist).

Aspekten wie etwa der Treue zu Frankreich oder der moralischen Integrität[15] der Richter, jedoch zu einer zentralen Frage der Justizpraxis. Es wird dabei darzulegen sein, daß die Schwierigkeit der Integration der einheimischen Friedensrichter in das Justizwesen der linksrheinischen Gebieter nicht nur durch technisch-juristische Schwierigkeiten, wie etwa mangelnde Sprach- und Rechtskenntnisse bedingt war, sondern auch durch gesellschaftlich-politische Faktoren:

1. Die Bezahlung der Friedensrichter war in einem Maße unzureichend, daß diese auf weitere Erwerbsquellen angewiesen waren; dies bedingte unmittelbar die faktische Fortführung des Sportelwesens[16].
2. Die Volksnähe der Friedensgerichtsbarkeit verlangte in den deutschsprachigen linksrheinischen Gebieten den weiteren Gebrauch des Deutschen trotz des Verbots[17].
3. Das Sportelsystem - als herkömmliches und etabliertes Faktum der Justiz - fand vermutlich auch in der Bevölkerung eine breite Akzeptanz, die die Eliminierung aus dem Rechtsalltag erschwerte und komplizierte[18].

Daraus ergibt sich das Bild einer linksrheinischen Justiz, die zur Zeit ihrer Umformung nach französischem Vorbild in den Jahren 1802-1803 noch bei weitem nicht den französischen Justizgrundsätze angepaßt ist. Dem Anspruch, der von seiten der Franzosen an die Neuorganisation des Justizwesens gestellt wurde, entsprach die Justizpraxis nur bedingt. Ursachen und Kennzeichen dieser Divergenz zwischen "Theorie" und "Praxis" nachzugehen, ist das Anliegen der vorliegenden Arbeit.

Das Hauptaugenmerk wird dabei auf die Justizorganisation gelegt werden. Daher bleibt einerseits die Behandlung derjenigen Gerichte unberücksichtigt, die aufgrund ihrer speziellen Ausrichtung von geringerem Interesse sind; dazu zählen besondere Kriminalgerichte (zu einem beträchtlichen Teil aus Militärangehörigen bestehend) und Handelsgerichte ("conseils des prud'hommes", deren Personal keine Toga trug); andererseits wird nur kurz auf die Verwaltung im engen Sinn des Wortes Bezug genommen; dies zum Teil aus Gründen der Kürze, zum Teil deshalb, weil die Verwaltung bereits Gegenstand erschöp-

---

15 Vgl. dazu Kap. II, Nr. 7, Kap. IV, Nr. 7, Kap.V, Nr. 5d.

16 Vgl. dazu Kap. II, Nr. 6a, Kap V, Nr. 5d (Fall des Friedensrichters von Contrig, Charles Heuser).

17 Vgl. dazu Kap. II, Nr. 16b, Fn. 172 (Vorschlag des Friedensrichters von Bliescastel, Dercum, zur vorläufigen Beibehaltung der deutschen Sprache).

18 Vgl. dazu unten, Schlußbemerkungen, wo die Meinung des Präsidenten des erstinstanzlichen Gerichts Kusel aufgeführt ist, daß das Sportelwesen eine längst etablierte Gewohnheit darstelle: AN Paris, BB ^{5}267.

fender Studien[19] ist und nicht zuletzt auch deshalb, weil sich nach Auffassung des Verfassers die Auseinandersetzung zwischen "Altem" und "Neuem", zwischen "ancien régime" und aus der Revolution entstandener gerichtlicher Ideologie im Bereich der Justiz als abgeschlossen darstellt.
Die nachfolgende Untersuchung widmet sich im ersten Teil den Jahren 1797 bis 1799. Diese Spanne deckt sich mit der Amtszeit *Franz Joseph Rudlers*, dem der Aufbau der linksrheinischen Justiz nach französischen Vorgaben anvertraut war. Im zweiten Teil werden die Jahre 1799 bis 1803 betrachtet. In diesen Jahren führten verschiedene Nachfolger *Rudlers* dessen Werk fort. Die linksrheinische Justizorganisation nach französischem Vorbild trat in eine Phase der Konsolidierung ein. Dementsprechend werden in diesem Teil der Untersuchung einzelne Probleme und spezielle Hindernisse bei der Implementation der französischen Justiz in den Blick genommen.

---

19 Insbesondere für das Gebiet des Roërdepartements siehe *Sabine Graumann* (1990), S. 17-146.

1. TEIL: DIE JAHRE 1797 - 1799: DIE AMTSZEIT RUDLERS

Kapitel I: Die Organisation der Justiz nach französischem Modell

1. Einleitung

Das französische revolutionäre Recht traf in den linksrheinischen Gebieten auf eine gänzlich andere Rechtsrealität. Das Rheinland war politisch zersplittert[20] und von einer veralteten Justizorganisation geprägt. Das Programm der revolutionären französischen Justiz ließ sich nicht unverändert auf das Rheinland übertragen. Es trat vielmehr auf unterschiedliche Weise - wie im folgenden darzustellen sein wird - in Synthese mit der hergebrachten rheinischen Justizpraxis.

Dieser Prozeß soll anhand des Wirkens des Regierungskommissars *Rudler*[21] im Rheinland zwischen 1797 und 1799 dargestellt werden. In diesem I. Kapitel wird insbesondere einzugehen sein

- auf die Anfänge von *Rudlers* Tätigkeit am linken Rheinufer und auf seine Anweisungen von Paris,
- auf die allgemeine reformatorische Tätigkeit *Rudlers* bis zu seinem Ausscheiden am 21. Februar 1799,
- auf die Grundsätze und Elemente der französischen Gerichtsverfassung nach der Verfassung vom 22. August 1795 und dem Rudlerschen Dekret vom 23. Januar 1798.

Die nachfolgenden Kapitel II bis V werden auf die Departemente eingehen, die nach *Rudlers* Vorgaben zwischen Maas, Rhein und Mosel entstanden.

---

20 Die seit 1798 von den französischen Truppen besetzten Gebiete des linken Rheinufers waren bis zu dieser Zeit in eine Vielzahl von Fürstentümern und Kleinstaaten zersplittert, worunter die bedeutendsten (von Norden nach Süden) die weltlichen Herzogtümer Kleve und Jülich-Berg, die geistlichen Kurfürstentümer Köln, Trier und Mainz, die Bistümer von Worms und Speyer und die Kurpfalz waren. S. über die politisch-staatlichen Verhältnisse des zersplitterten Rheinlandes von 1648 bis zur französischen Revolution *Franz Petri/Georg Droege*, Rheinische Geschichte Bd. II, Düsseldorf 1976, S. 231-235.

21 Über die Person von Franz Joseph Rudler siehe Fn. 23.

2. Die Anfänge der Tätigkeit Rudlers

a) Die Ernennung Rudlers

Der 1792 begonnene Krieg zwischen dem revolutionären Frankreich und Österreich/Preußen führte 1794 zur Besetzung des linken Rheinufers durch französische Truppen. Nach einer ersten, vierjährigen Phase der Militärverwaltung begannen die Franzosen 1798[22], den Plan einer systematischen Assimilierung dieses neu eroberten Gebietes an französisches Territorium in die Tat umzusetzen. Am 14. Brumaire an VI (4. November 1797) ernannte das Pariser Vollzugsdirektorium (Directoire exécutif) den Elsässer *Franz Joseph Rudler*, Richter am Kassationshof, zum Regierungskommissar der eroberten Gebiete zwischen Maas, Rhein und Mosel. *Rudler* sollte eine Zivilverwaltung anstelle der bisherigen militärischen Verwaltung neu organisieren und erhielt zu diesem Zweck umfassende Kompetenzen. Er war befugt, Dekrete zu erlassen, neue Beamte zu ernennen, in der französischen Republik bereits geltende Gesetze einzuführen und in Zweifelsfällen auszulegen[23].
Am 4. Frimaire an VI (24. November 1797) sandte Justizminister *Lambrechts* aus Paris weitere, detaillierte Instruktionen an *Rudler*. Er erklärte ihm, Sinn und Zweck seiner Ernennung zum Kommissar sei es, die linksrheinischen Völker in den Genuß eines "gouvernement républicain dans toute sa pureté" kommen zu lassen. *Rudler* solle in den neuen Gebieten die Errungenschaften der erlangten Freiheit proklamieren, d.h. die Abschaffung jeglicher Adelstitel sowie sämtlicher Privilegien, die Aufhebung der Zehnten, der Feudalabgaben und der Ämterkäuflichkeit. In den Herzen der Menschen solle sich vor allen

22 Der Friede von Campoformio, der im Frühjahr 1798 geschlossen wurde, sicherte die französischen Eroberungen am linken Rheinufer in ganz erheblichem Maße.

23 Über die Ernennung Rudlers siehe *Joseph Hansen*, Quellen zur Geschichte der Rheinlande... (1831-1838), S. 299 ff. Text der Ernennung in *Karl Theodor Bormann/Alexander von Daniels*, Handbuch... (1833-1843), Bd. VI, S. 454-455. Über die Person Rudlers und seinen Sachverstand schreibt *Werner Schubert* (1977), S. 83: "Seit 1778 war er Advokat am Conseil souverain in Straßburg gewesen, hatte sich 1789 sofort der Revolution angeschlossen und war Mitglied der Assemblée législative von 1791-1792. Nachdem er in Colmar Richter und später Mitglied des Direktoriums des Departements Haut Rhin gewesen war, wurde er im August 1794 Richter am Pariser Revolutionstribunal und war anschließend (...) Mitglied des Kassationsgerichtes. Aufgrund seiner Erfahrung in Verwaltung und Rechtsprechung und seiner engen verwandtschaftlichen Beziehungen zu dem Direktoriumsmitglied Reubell war er der geeignete Beamte für die schwierige Aufgabe der Französisierung der linksrheinischen Gebiete."

Dingen die "Déclaration des droits de l'homme" einprägen[24]. Sodann sollte *Rudler* den Plan der Einsetzung neuer Verwaltungs- und Justizbehörden, sowie der Einteilung des linken Rheinufers in vier Departements verwirklichen[25]. Den neu einzusetzenden Beamten obliege dann die Aufgabe, dem Regierungskommissar Listen von Bürgern einzureichen, die am geeignetsten seien, untergeordnete Ämter wie die der "agents et adjoints municipaux" und "juges de paix" zu bekleiden[26].

b) Das Dekret vom 4. Pluviôse an VI; Einsetzung der neuen Verwaltungs- und Justizorgane; Französisch wird Amtssprache

Mit dem Dekret vom 4. Pluviôse an VI (24. Januar 1798) teilte *Rudler* die linksrheinischen Territorien in vier neue Departements auf (Saar, Roër, Rhein-Mosel und Donnersberg mit den Hauptstädten Trier, Aachen, Koblenz und Mainz) und strukturierte die Justiz- und Verwaltungsbehörden nach französischem Modell um. Jedes Departement wurde in Arrondissements und Kantone unterteilt und besaß (in der Hauptstadt) eine Zentralverwaltung, ein "Tribunal civil" und ein "Tribunal criminel". In jedem Kanton wurden Friedensrichter eingesetzt. In Trier entstand zusätzlich das Revisionsgericht als übergeordnete Instanz[27]. Per Dekret wurde Französisch als Amtssprache in Justiz und Verwaltung bestimmt (Dekret vom 10. Germinal an VI - 30. März 1798)[28].

Rudlers Aufgabe war keine geringere als die, an die aus der Revolution hervorgegangene französische Republik Territorien zu assimilieren, die sich in so grundlegenden Dingen wie Sprache, Kultur, juristischen und politischen Traditionen unterschieden. Die Einwohner vieler - untereinander verschiedener und vielfach sehr kleiner - staatlicher Einheiten sollten in französische Staatsbürger umgewandelt werden. In den Departements sollten funktionierende Verwaltungs- und Justizorgane geschaffen werden.

---

24 Paris, Archives Nationales, F_{1e} 40 (ohne Seitenangabe). Der Text der Instruktion an Rudler durch das Pariser Direktorium befindet sich gedruckt in *Joseph Hansen*, Quellen... (1938), Bd. IV, S. 362-366.

25 Ebenda, S. 363: "Il s'occupera ... de nommer les membres des principales autorités, tels que ceux des administrations centrales et des tribunaux du département, ainsi que les commissaires du Directoire exécutif près de ces corps."

26 Ebenda, S. 363-364.

27 Das Dekret 4. Pluviôse an VI ist ebenso von *Bormann/Daniels*, Bd. VI, S. 466 ff, abgedruckt worden.

28 Siehe den Text des Dekrets 10. Germinal an VI bei *Bormann/ Daniels* (wie Fn. 23), Bd. VI, S. 635; zum Sprachdekret vgl. *Schubert* (wie Fn. 23), S. 85.

Während seiner Amtszeit (die im März 1799 endet) sollte *Rudler* versuchen, soweit möglich all jene Hindernisse zu beseitigen, die diesen Zielen im Wege standen. Zu den Mitarbeitern, die ihn dabei unterstützten, gehörte auch *Mulot*, sein Sekretär und Stellvertreter in den letzten Monaten seiner Amtszeit als Kommissar. *Rudler* stand den von ihm ernannten Verwaltungs- und Justizbeamten jederzeit mit Rat und Tat zur Seite und wies sie in ihren Aufgaben an. Am 1. Ventôse an VI (19. Februar 1798) wurden die neuen Zentralverwaltungen und die Gerichte der vier neuen Departements am linken Rheinufer eingesetzt.

Einige Tage zuvor (22. Pluviôse - 10. Februar) hatte *Rudler* die Kommissare des Vollzugsdirektoriums bei den oben erwähnten Zentralverwaltungen, die diesen gegenüber eine Kontrollfunktion hatten, ernannt[29]. Die Einsetzung der neuen Justiz- und Verwaltungsbehörden wurde mit feierlichem Zeremoniell in den Hauptstädten der vier neuen Departements begangen. In den aus diesem Anlaß gehaltenen Reden wurde der Triumph der neuen Ideale von Freiheit und Gleichheit, der in der französischen Präsenz zum Ausdruck komme, sowie der Wille, den von den Grundsätzen der Revolution vorgezeigten Weg zu beschreiten, hervorgehoben[30]. Zufrieden mit dem Ergebnis seiner Arbeit schrieb *Rudler* am 6. Ventôse (24. Februar) an Justizminister *Lambrechts* nach Paris, daß "le 1. Ventôse s'est fait l'installation des administrations centrales et des tribunaux civils et criminels avec beaucoup de solemnité. Dans les quatre Départements des pays conquis, les habitants de ces contrées l'ont vue avec plaisir. Elle a détruit la crainte du retour à l'ancien ordre des choses..."[31].

3. Die Etappen der Gesetzgebungstätigkeit Rudlers und Mulots Bericht aus den vier Departements (März 1798 - Februar 1799)

a) Zwischen dem 1. und 11. Germinal an VI (21. - 31. März 1798) verkündete *Rudler* in den vier Departements eine Reihe wichtiger, in Frankreich bereits geltender Gesetze und Verordnungen, namentlich

(1) die Justizordnung (Règlement sur l'organisation judiciaire) für Polizei, Zuchtpolizei- und Kriminalsachen, die die Anwendung des französischen Strafgesetzbuchs vom 3. Brumaire an III (25. Oktober 1795) und des "code des

29 *J. Hansen*, S. 545-551, mit interessanten Betrachtungen über das Gleichgewicht zwischen deutschen und neu ernannten französischen Mitgliedern der Zentralverwaltungen.

30 Ebenda, S. 564-573.

31 Ebenda, S. 574-575.

délits et des peines"[32] vom 25. September 1791 in den linksrheinischen Departements vorsah;
(2) das am 18. Ventôse an VI (8. März 1798) vom Vollzugsdirektorium erlassene Dekret, das den Import englischer Waren in die vier Departements sowohl auf dem Land- als auch auf dem Seeweg ausdrücklich verbot[33];
(3) die französische Verfassung vom 22. August 1795. Am 31. März 1798 erschien auf Anweisung *Rudlers* der Text der Verfassung auf Französisch und Deutsch. In jeder Gemeinde sollte dieser Text öffentlich vorgelesen werden. Auf diese Weise erhielt die Verfassung in den neuen linksrheinischen Departements volle Gültigkeit[34].

b) Am 3. Germinal an VI (23. März 1798) gab *Rudler* ein Rundschreiben an die Kommissare des Vollzugsdirektoriums bei den Departementsverwaltungen in Aachen, Trier, Koblenz und Mainz aus. Er forderte dazu auf, die Abfassung von Bittschriften zu unterstützen, in denen sich die Gemeinden der jeweiligen Departements zustimmend zur der Vereinigung mit Frankreich äußerten und in denen (gerade zu der Zeit der Friedensverhandlungen von Rastatt) öffentlich die Frankreichtreue der linksrheinischen Bevölkerung zum Ausdruck komme[35]. In den folgenden Monaten wurden in fast allen Gemeinden der Departements solche Bittschriften verfaßt[36].

c) *Rudler* veröffentlichte am 6. Germinal an VI (26. März 1798) eine Reihe von Maßnahmen zur Einführung derjenigen französischen Gesetze, durch die sowohl die Feudalherrschaft als auch die Feudalabgaben abgeschafft und die bäuerliche Bevölkerung befreit wurden (so die feierliche Proklamation zu Paris von der Nacht vom 4. auf den 5. August 1789, sowie das Gesetz vom 17. Juni 1791)[37]. Auf diese Weise wurde eine der größten Errungenschaften der

---

32 "Recueil des règlements et arrétés émanés du commissaire du gouvernement dans les quatre nouveaux départemens de la rive gauche du Rhin; contenant les lois, ordonnances, édits, déclarations, arrétés du directoire exécutif, décisions des ministres et instructions publiés dans ces départemens depuis le 14 brumaire an VI, première époque de leur organisation républicaine, jusqu'au 1er vendémiaire an VIII. Imprimé par ordre du commissaire du gouvernement, pour être distribué aux autorités administratives et judiciaires" (i. folg. *Recueil*) - Straßburg Jahr VII-VIII (1798-1800) Teil II, Heft 3, S. 93-125.; *J. Hansen*, S. 630.

33 *Recueil*, II, 3, S. 22 ff.; *J. Hansen* (1938), S. 630.

34 *Recueil*, III, 5, S. 169-279; *J. Hansen* (1938), S. 632.

35 *J. Hansen* (1938), S. 632-634.

36 Überblick aller an die Departementsbehörden gesandten Reunionsadressen an Frankreich siehe in *J. Hansen* (1938), S. 659-820.

37 *J. Hansen* (1938), S. 635-637.

Französischen Revolution in die Tat umgesetzt. Auf rechtlichem Gebiet sollten sich indes in der Folge erhebliche Probleme stellen. Zum einen war streitig, ab wann diese Errungenschaften gelten sollten (von der Landbevölkerung wurde die Rückwirkung der *Rudlerschen* Maßnahmen gefordert); zum anderen oblag den Bauern die Beweislast, den feudalen Charakter dieser oder jener Steuer oder Abgabe zu beweisen, was keineswegs ein einfaches Unterfangen war.
In den linksrheinischen Departements zählten denn auch Rechtsstreitigkeiten um die Abschaffung der Feudalherrschaft zur Hauptaufgabe der Gerichte, zu denen seit 1802 auch das Appellationsgericht Trier zählte[38]. Noch Jahre später sollte *Napoleon*, als er bereits zum Kaiser gekrönt worden war, den Versuch unternehmen, sämtliche rechtlichen Zweifel und Unklarheiten am linken Rheinufer zu beseitigen. In einem Dekret (9. Vendémiaire an XIII - 1. Oktober 1804) erklärte er eine ganze Reihe von namentlich aufgelisteten Einkünften und Leistungen für "vermutlich feudal"[39].

d) Mit dem Gesetz vom 17. Juni 1791, das *Rudler* am 26. März 1798 in den linksrheinischen Gebieten in Kraft setzte, wurden die Zünfte und Körperschaften abgeschafft und auch in den linksrheinischen Departements wurde die Handels- und Gewerbefreiheit eingeführt[40]. Die Maßnahmen, die *Rudler* am 26. März 1798 traf, kennzeichnen insgesamt eine besonders wichtige Etappe im Assimilierungsprozeß der linksrheinischen Gebiete an Frankreich. Mit ihnen wurden, wie es auch schon in Frankreich selbst geschehen war, die Standesunterschiede abgeschafft und die Bewohner des linken Rheinufers in den Stand des Bürgers ("citoyen français") erhoben[41].

e) Am 26. Ventôse an VI (16. März 1798) erließ *Rudler* ein Dekret, mit dem bereits konfiszierte und seit 1795 zum Nationaleigentum erklärte kirchliche Güter dem Zuständigkeitsbereich der Enregistrementverwaltung unterstellt wurden.[42]

---

38 Solange das Appellationsgericht Trier bestand, gab es zahlreiche Urteile zu den Feudalrenten: siehe die Akten im Landeshauptarchiv Koblenz (im folgenden abgekürzt LHA KO), Bestand 317, 1, Bd. IV - XV (1803-1814). Einen aufschlußreichen Eindruck hiervon gibt der Trierer Appellationsrichter *Jakob Birnbaum* in seinem dreibändigen Werk "Jurisprudence de la Cour d'Appel de Trèves et des Tribunaux de son ressort", Trier 1811-1813: Bd. III, S. 93 ff, S. 135 ff, S. 117-132, S. 121.

39 Über das kaiserliche Dekret 9. Vendémiaire an XIII (1. Oktober 1804) siehe *Bormann/Daniels*, Bd. IV, S. 554 ff.

40 *Recueil*, II, 3, S. 34; *Bormann/Daniels*, VI, S. 603.

41 *J. Hansen* (1938), S. 635-636.

42 *Recueil*, II, 3, S. 51 ff; *Bormann/Daniels*, VI, S. 608.

f) Vom 10. Germinal an VI (30. März 1798) stammt eine bereits erwähnte Regelung, die Französisch zur offiziellen Amtssprache in Verwaltung und Justiz der vier linksrheinischen Departements bestimmte[43].

g) Vom 12. Germinal an VI (1. April 1798) datiert eine Anordnung des Vollzugsdirektoriums, in den Städten Mainz und Köln provisorisch Handelsgerichte zu schaffen, deren Mitarbeiter *Rudler* unter den Händlern, Bankiers, Kaufleuten und Fabrikanten auswählte, die in der jeweiligen Stadt ihren Wohnsitz haben mußten[44].

h) Das *Rudlersche* Dekret vom 12. Floréal an VI (1. Mai 1798) verschaffte den französischen Gesetzen vom 20. September 1792 zum Personenstand in den vier linksrheinischen Departements Geltung. Die Zuständigkeit in Fragen von Personenstandsakten sowie das Führen von Geburts-, Heirats- und Sterberegister wurde den kirchlichen Behörden entzogen und den Stadtverwaltungen übertragen[45]

i) Zwischen dem 1. und 8. Prairial an VI (20. - 27. März 1798) erließ *Rudler* zwei Dekrete. Das erste betraf das Verbot jeglichen äußerlichen Adelsmerkmals oder -wappens, da solche Kennzeichen einer nunmehr abgeschafften feudalen Vergangenheit angehörten (was die Adelswappen angehe, so schrieb *Rudler* an die Zentralverwaltung des Departements Roër, es sei angebracht, sie in einem Lager aufzubewahren, sofern es die Mühe wert sei - sei es wegen ihres Werts als Antiquität, sei es wegen ihrer Bedeutung für die Kunstgeschichte "en Allemagne"...)[46]. Das zweite betraf Maßnahmen, mit denen unter anderem öffentliche Kulthandlungen verboten wurden und diese ausschließlich in den dafür eigens eingerichteten Gebäuden gestattet waren[47].
Aus weiteren Quellen[48] geht indes hervor, daß *Rudler* in seiner strengen Haltung gegenüber katholischen Kulthandlungen bestimmte Grenzen nicht überschreiten wollte, um den religiösen Glauben der linksrheinischen Bevölkerung nicht zu verletzen.

---

43 Siehe oben, Nr. 2b und Fn. 28.

44 *Recueil*, III, 6, S. 9; *Bormann/Daniels*, VI, S. 637: "parmi les négociants, banquiers, marchands et manufacturiers de la commune, où ils doivent siéger".

45 *Bormann/Daniels*, VI, S. 674.

46 *Bormann/Daniels*, VI, S. 684; *J. Hansen*, S. 841.

47 *Bormann/Daniels*, III, S. 195.

48 *Bormann/Daniels*, VI, S. 697-704.

j) Am 1. Thermidor an VI (16. Juli 1798) erließ *Rudler* in den vier Departements eine stattliche Anzahl von Gesetzen und Verordnungen zu Maßen und Gewichten, Münzen, zur Post, Polizei, Presse, Nationalfeiertagen, Kokarden und dem republikanischen Kalender sowie zur Ersetzung des Sonntags als Feiertag durch die republikanischen Dekadentage. Er ließ darüber hinaus ein erst kurz zuvor erlassenes französisches Gesetz vom 18. Messidor (6. Juli 1798) in Kraft treten, das Haussuchungen und andere besonders harte Maßnahmen zur Verhaftung von Emigranten und "agents de l'Angleterre" vorsah[49]. Letztere Maßnahmen sollten unter der Bevölkerung große Beunruhigung hervorrufen[50].
Aus weiteren Regelungen läßt sich zudem erkennen, daß die Bestimmungen über die National- und Dekadenfeiertage kaum beachtet wurden. Das Vollzugsdirektorium gab daraufhin im August und September des Jahres 1798 neue Vorschriften heraus, die die allerstrengste Beachtung dieser Festtage betrafen, mit der Auflage, von jedweder schulischen oder beruflichen Aktivität fernzubleiben[51]. Diese Vorschriften wurden am 31. Oktober[52] von *Rudler* veröffentlicht.

k) *Rudler*, der gemäß dem französischen Gesetz vom 25. Oktober 1795 in den linksrheinischen Departements alle bis dahin eingerichteten Universitäten hatte schließen lassen, verfügte mit dem Dekret vom 9. Floréal an VI (28. April 1798), in den vier Städten, in denen bereits Universitäten ihren Sitz hatten (Mainz, Bonn, Trier und Köln), die Neueröffnung von "Zentralschulen" nach französischem Vorbild (mit Französisch als ausschließlicher Unterrichtssprache). Er ernannte die Professoren nicht nur aufgrund ihrer persönlichen Qualifikation, sondern auch aufgrund ihrer politischen Zuverlässigkeit[53].

l) Am 8. November 1798 entfernte sich *Rudler* für längere Zeit - bis zum 28. Januar 1799 - aus den seiner Leitung anvertrauten Departements. Bereits im August hatte er in einem Schreiben an Justizminister *Lambrechts* angekündigt, seine Mission im Herbst abschließen zu können, da dann einerseits die wichtigsten für das Funktionieren der Behörden erforderlichen Verordnungen fertig seien, und andererseits die Dinge so kompliziert würden, daß es ihm unmöglich werde, der Lage mit einer kleinen Anzahl an Büros und einer kleinen An-

---

49 Siehe z.B. *J. Hansen*, der die Reaktionen in den Hauptstädten der vier Departements beschreibt: S. 893, 895, 901, 902.

50 AN Paris, F_{1e} 44.

51 *J. Hansen*, S. 921.

52 *Bormann/Daniels*, VI, S. 671-674.

53 *Bormann/Daniels*, VI, S. 777; *Recueil*, VIII, 15, S. 134-146.

zahl von völlig überlasteten Mitarbeitern Herr zu werden[54]. Außerdem hatte *Rudler Lambrechts* vorgeschlagen, den ausschließlichen Zuständigkeitsbereich des Justizministers für sämtliche Verwaltungs- (und selbstverständlich auch Justiz-)zweige der linksrheinischen Departements einzuschränken. Jeder einzelne Verwaltungsbereich sollte dem zuständigen Ministerium unterstellt werden, wie es bereits in den übrigen französischen Departements der Fall war.
Das Vollzugsdirektorium, an das sich *Lambrechts* wegen dieser Äußerungen *Rudlers* gewandt hatte, verfügte jedoch die Beibehaltung des aktuellen Kompetenzsystems sowie auch den Verbleib *Rudlers* in seinem Amtsbereich, wo er die erst seit kurzem bestehenden Behörden einweisen und deren anfänglichen Tätigkeiten überwachen sollte (13.Vendémiaire an VI - 4. Oktober 1798) [55]. *Lambrechts* genehmigte *Rudler* die beantragte Erholungspause und bestimmte als dessen Stellvertreter im Amt den - von *Rudler* vorgeschlagenen - Mitarbeiter (und ehemaligen Kollegen in der Legislativ-Versammlung) *Mulot*[56].

m) Am 19. Nivôse an VII (8. Januar 1799) schickte *Mulot* einen Bericht zur Situation der linksrheinischen Departements an *Lambrechts*. Er nahm darin auch zu dem "esprit public" Stellung, nachdem mehrere Akte der Auflehnung gegen die französischen Behörden zeitgleich mit dem im Spätherbst 1798 in den belgischen Territorien entflammten Aufstand zu verzeichnen waren[57]. *Mulot* betrachtete dabei jedes der vier Departements einzeln und stellte folgendes fest:
(1) Das Departement Saar verfüge nicht nur über die beste Verwaltung, nicht zuletzt dank der unermüdlichen Tätigkeit des Kommissars des Vollzugsdirektoriums bei den Gerichten, *Fayolle*[58]. Dieses Departement sei auch dasjenige,

---

54 Zu den Beweggründen von Rudlers Urlaubsreise *J. Hansen*, S. 955-956: "... d'un côté, les règlements essentiels pour faire marcher les autorités seront achevés, de l'autre les affaires se subdivisent tellement qu'il m'est impossible d'y suffire avec le petit nombre de bureaux et surtout le petit nombre de sujets capables ... qui, chargés de plusieurs objets à la fois, succombent sous le poid de la fatigue".

55 Zitiert nach *J. Hansen*, S. 956.

56 Ebenda, S. 958.

57 Eine Zusammenfassung des Berichtes, der im LHA Koblenz, Bestand 241 ff. 611 zu finden ist, gibt *J. Hansen*, S. 988-991. Der Aufstand in den belgischen Departements, wesentlich von den scharfen Maßnahmen der französischen Behörden gegen den Klerus und von der angeordneten allgemeinen Konskription verursacht, brach Ende September 1798 aus, und konnte erst Ende des Jahres dank des Zulaufs von militärischer Verstärkung aus den angrenzenden Gebieten unterdrückt werden.

58 *J. Hansen*, S. 988; über das Verhältnis zwischen Fayolle und den Strafrichtern des Saardepartements siehe *A. Grilli*, "Sprache und Recht in den französischen Rheinlanden", in: Rheinische Vierteljahresblätter, Jahrgang 57, Bonn 1993, S. 241-243.

in dem der "fanatisme exerce singulièrement son empire sur les esprits". Großes Lob verdiene die Führung der Verwaltungsgeschäfte durch *Boucqueau*, Kommissar des Vollzugsdirektoriums bei der Zentralverwaltung[59].

(2) Das Departement Donnersberg sei vom "fanatisme" der Departements Saar und Roër weniger betroffen. Der Klerus nehme dort keine strikt antifranzösische Haltung ein, und das dortige Gericht erster Instanz sei von allen vier Departements dasjenige mit der effizientesten Arbeitsweise[60].

(3) Im Departement Rhein und Mosel hätten lang anhaltende Streitigkeiten innerhalb der Zentralverwaltung der administrativen Effizienz erheblich geschadet. Gute Führung werde jedoch dem örtlichen Kommissar des Vollzugsdirektoriums, *Bordé*, bescheinigt.

(4) Im Departement Roër schließlich seien die Verwaltungskenntnisse der Beamten, angefangen bei den Mitgliedern der Zentralverwaltung, äußerst beschränkt. Vor allem in den nördlichen, ehemals preußischen Gebieten (Arrondissement Kleve) mache sich eine auflehnende Gesinnung gegenüber Frankreich stark bemerkbar. Zudem seien Banditentum und Schmuggeldelikte - letztere vor allem an der Grenze zu Holland und entlang der beiden Rheinufer[61] - an der Tagesordnung. Trotz der gut funktionierenden Justizorgane[62] wimmele es im Departement von "prêtres et de moines de toutes les couleurs"[63]. Ein allen vier Departements gemeines Übel sei - so *Mulot* - schließlich die negative Einstellung vieler Friedensrichter und Gerichtsangestellter niedrigen Ranges gegenüber Frankreich[64]. Er, *Mulot*, könne diesem Mißstand jedoch dadurch abhelfen, daß er die bisherigen Amtsinhaber durch geeignete Nachfolger ersetze.

n) Am 21. Februar 1799 gab *Rudler*, der nach seiner oben erwähnten längeren Abwesenheit seit drei Wochen wieder im Amt war, das Amt des Regierungskommissars bei den Departements zwischen Maas und Rhein und Rhein und Mosel endgültig auf, um die neue Aufgabe als Zivilkommissar bei der Rheinarmee unter dem Kommando von General *Jourdan* zu übernehmen. Am 17.

59 *J. Hansen*, S. 988.
60 Ebenda, S. 989.
61 Ebenda, S. 989-990.
62 Ebenda, S. 990.
63 Ebenda, S. 990.
64 Ebenda, S. 991.

Ventôse an VII (7. März 1799) ernennt das Vollzugsdirektorium den Lothringer *Jean Joseph Marquis*[65] zum Nachfolger im Amt *Rudlers*.
So endete nach 16 Monaten die erste und wichtigste Phase der juristisch-administrativen Assimilierung der deutschsprachigen Gebiete links des Rheins an Frankreich. *Rudler* hatte sich dabei Tag für Tag in seiner Funktion als Gesetzgeber, Berater und ständiger Überwacher mit beachtlichen Problemen organisatorischer, ideologischer und rechtstechnischer Art auseinandergesetzt. Viele dieser Probleme (beispielsweise das sprachliche) sollten jedoch auch nach seiner Amtszeit weiter bestehen und noch seine Nachfolger beschäftigen.

Nach diesem Überblick über die Anstrengungen *Rudlers* soll nun der gesetzliche Rahmen der Justizorganisation behandelt werden, die Frankreich in seinen alten Grenzen etabliert hatte und allmählich auch in den besetzten und später annektierten Gebieten wie den neuen Departements am Rhein einführen wollte.

4. Die Grundsätze und Elemente der französischen Justizorganisation

a) Vorbemerkung: Wertung der Gewaltenteilung aus heutiger Perspektive

Bei der Untersuchung der Probleme, auf die die Verwaltung der Justiz in der ersten Phase der Assimilierung traf, muß man sich stets vor Augen halten, daß die vollständige Trennung der judikativen von der legislativen und exekutiven Gewalt erst eine Errungenschaft der modernen rechtlich-politischen Erfahrung ist. In der Zeit kurz nach der französischen Revolution war diese Trennung keineswegs selbstverständlich. Obwohl in den vorliegenden Quellen oft von einem "ordre administratif" und einem "ordre judiciaire" die Rede ist und somit der Anschein einer Trennung erweckt wird, wurde in Wirklichkeit die Justiz von den französischen Behörden nicht selten in organisatorischer Hinsicht als Bestandteil der Verwaltung im weiteren Sinne betrachtet. Dies zeigt sich übrigens auch in der Tatsache, daß ein Austausch von Beamten zwischen den beiden soeben erwähnten Bereichen relativ häufig war. Eine stattliche Zahl von Justizbeamten in hohen wie niedrigen Stellungen hatte vorher Ämter in der Verwaltung bekleidet[66].

---

65 Siehe die Erwähnung des Ernennungsdekrets in *Bormann/Daniels*, S. 790; siehe auch AN Paris F_{1e} 42, sowie die Beschreibung von Marquis' Amtsübernahme in *J. Hansen*, S. 1015-1018; siehe auch *Recueil*, X, 19, S. 184.

66 Dies belegen die Fragebögen ("états de service") für die linksrheinischen Departements, die 899 Angestellte und Beamte im Dienste Frankreichs in den linksrheini-

b) Trennung der Justiz von der Verwaltung; Unentgeltlichkeit der Justizdienste

Als mit der Revolution die Ämterkäuflichkeit abgeschafft worden war, setzte sich das Prinzip der vom Volk durch Wahl auf Zeit besetzten Richterämter durch. Die Artikel 1-3 des V. Kapitels der Verfassung vom 3. September 1791 sind Ausdruck eines neuen, aus der Revolution hervorgegangenen Justizverständnisses. Während Art. 1 und 3 die Trennung der Kompetenzen bekräftigten[67], setzte Art. 2 die Unentgeltlichkeit der Justiz sowie die Wahl der Richter auf Zeit durch das Volk fest.

Die nachfolgende Verfassung vom 22. August 1795 ("Constitution de l'an III"), die bereits bei *Rudlers* Amtsantritt als Regierungskommissar in den linksrheinischen Territorien in Innerfrankreich in Kraft war und von *Rudler* per Dekret vom 31. März 1798 auch in den Gebieten links des Rheins Gültigkeit erhielt, bestätigt diese Prinzipien in den Artikeln 202, 203, 205 und 216.[68].

---

schen Departements am 5. Germinal an VIII (26. März 1800) unter dem Kommissariat von Shée verfaßt hatten.

Die "Etats des services des fonctionnaires" (abgekürzt "EdS") sind im Stadtarchiv Mainz aufbewahrt. Die EdS tragen die Archivnummer 60 und enthalten insgesamt 899 Fragebögen. Schon 1960 hatte *Karl Georg Faber* in seinem Aufsatz "Verwaltung und Justizbeamte auf dem linken Rheinufer während der französischen Herrschaft" (1960), S. 350-388, die EdS hauptsächlich im Hinblick auf Herkunft (S. 355), Studienorte (S. 359), Berufe vor der französischen Revolution (S. 364-365), Alter (S. 370), Klassenstruktur (S. 376 ff) und Tätigkeit nach Rückzug der Franzosen (S. 382 ff) analysiert.

67 Art. 1: "Le pouvoir judiciaire ne peut, en aucun cas, être exercé par le Corps législatif ni par le roi"; Art. 3: "Les tribunaux ne peuvent ni s'immiscer dans l'exercise du pouvoir législatif, ... ni entreprendre sur les fonctions administratives"...).
Siehe über die Texte der französischen Verfassungen der Revolutionszeit das Werk "Les Constitutions de la France dépuis 1789", Paris 1979 (im folgenden *Les Constitutions*), das die Verfassungen Frankreichs von 1791 bis 1958 in ihren vollständigen Fassungen, sowie je eine Darstellung von *J. Godechot* enthält; über die im Text erwähnten Artikel der Verfassung von 1791 siehe S. 58-59. Nach *J.-P.Royer* (1995) stellt die gesetzlich proklamierte Trennung von Gerichtsbarkeit und Verwaltung "l´un des legs les plus importants de l´ancienne France, que la Révolution a transmis sans aucun changements" dar (S. 417).

68 *Les Constitutions*, S. 124-125: Art. 202: "Les fonctions judiciaires ne peuvent être exercées, ni par le Corps législatif, ni par le Pouvoir exécutif"; Art. 203: "Les juges ne peuvent s'immiscer dans l'exercise du Pouvoir législatif, ni faire aucun règlement"; Art. 205: "La justice est rendue gratuitement" und Art. 216: "Tous les cinq ans, on procède à l'élection de tous les membres du tribunal".

c) Ernennung und Besoldung der Richter

Die Richter, sowohl die Friedensrichter als auch diejenigen erster Instanz, wurden in den linksrheinischen Territorien nicht gewählt sondern direkt vom Regierungskommissar ernannt. Deswegen konnten die linksrheinischen Departements auch nie die Praxis der Richterwahl kennenlernen, zumal diese von 1802 an in ganz Frankreich abgeschafft werden sollte[69].

Die französischen Verfassungen von 1791 und 1795 enthielten auch das Prinzip der Unversetzbarkeit der Richter, welches jedoch im Falle von Amtsmißbrauches seitens der Richter ("forfaiture") durchbrochen werden konnte[70]. Die Ernennung der Richter durch die Regierung und deren Unversetzbarkeit sind bis heute charakteristische Merkmale der französischen Justiz.

Die französische Revolution hatte die Richter zu vom Staat bezahlten Beamten gemacht. Das Richteramt war jedoch schlecht bezahlt. Dies hatte sowohl im französischen Inland als auch in den linksrheinischen Departements überaus häufige Beschwerden der Richter über die unzureichende Vergütung zur Folge[71].

d) Die Justizstruktur nach den Vorschriften der Verfassung vom Jahr III

Mit der Anordnung *Rudlers* am 20. Pluviôse an VI (8. Februar 1798) zur Abschaffung sämtlicher alten Gerichte, die Teil des bereits erwähnten grundlegenden Dekrets vom 4. Pluviôse an VI (23. Januar)[72] war, trat die linksrheinischen Justiz in eine neue Phase ein. Von diesem Zeitpunkt an sollte die Organisation der Friedens-, Zivil-, Straf- und Zuchtpolizeigerichte gemäß den Vorschriften der Verfassung des Jahres III gehandhabt werden. Für jeden Kanton eines Departements wurde ein Friedensrichter ernannt. Jedes Departement erhielt ein Zivilgericht erster Instanz[73], das auch dafür zuständig sein sollte, über bereits von Friedensrichtern entschiedene Verhandlungen in zweiter In-

---

69 Über die Richterwahl in Frankreich siehe *Romuald Szramkiewicz / Jacques Bouineau* (1989), S. 265-269. Siehe ferner *Jacques Ellul*, Histoire des institutions (1989), S. 179-181.

70 *Les Constitutions*, S. 58-59 und S. 124. Interessanterweise sagt hierzu *J.-P. Royer* (1995), daß "l'inamovibilité (...) était conçue en contrepartie à la nomination par le pouvoir comme une garantie indispensable de stabilité et d'indépendance" (S. 425-426).

71 Siehe insbes. Kap II, Nr. 6 und 13 und Kap. III, Nr. 5c des I. Teils; siehe auch *J. Hansen*, IV, S. 552-559.

72 Es handelt sich um die Gerichtsordnung: "Règlement sur l'ordre judiciaire"; siehe *Bormann/Daniels*, VI, S. 532-554.

73 Siehe darüber *J.-P. Royer* (1995), S. 399.

stanz ein Urteil zu fällen. Straf- und Zuchtpolizeisachen sollten je nach Anzahl der Arrondissements von drei bis sechs Zuchtpolizeigerichten pro Departement entschieden werden, die sich in erster Instanz mit Verbrechen befaßten, die keine freiheitsentziehenden oder entehrenden Strafen und in jedem Fall nicht mehr als eine zweijährige Gefängnisstrafe vorsahen. Das Urteil in Strafsachen, die mit einer Gefängnisstrafe von nicht mehr als drei Tagen geahndet wurden, wurde in einziger Instanz den Friedensrichtern übertragen. Mit freiheitsentziehenden oder entehrenden Strafen zu ahndende Straftaten sollten hingegen im ausschließlichen Kompetenzbereich der Strafgerichte verbleiben, wobei in jedem Departement ein solches Strafgericht eingerichtet wurde. Diese Strafgerichte konnten auch in zweiter Instanz über die von Zuchtpolizeigerichten gefällten Urteile befinden. Die Berufung gegen die von Zivil- und Strafgerichten erster Instanz ausgesprochenen Urteile wurde vor Gerichte der umliegenden Departements gebracht ("horizontale Berufung")[74]. Bei den Zuchtpolizeigerichten wurden Geschworene der Anklage eingesetzt, denen die Aufgabe zufiel, über den weiteren Ablauf des Verfahrens gegen den Angeklagten zu entscheiden. Daneben standen Urteilsgeschworene, die über Schuld oder Unschuld des Angeklagten zu entscheiden hatten. Vorsitzender der Geschworenen war der Präsident des "tribunal correctionnel" (Zuchtpolizeigericht), an dem die Geschworenen ihr Amt ausübten[75]. Bei den Zuchtpolizeigerichten wie auch am Strafgericht gab es schließlich die "accusateurs publics", die neben der Funktion eines öffentlichen Anklägers mit der Überwachung der Polizei-Offiziere des Departements betraut waren. Weiterhin war an jedem Gericht mit Ausnahme der Friedensgerichte ein Kommissar des Vollzugsdirektoriums beschäftigt, der laut Artikel 249 der Verfassung des Jahres III dafür zu sorgen hatte, daß im Laufe eines Gerichtsverfahrens das Gesetz eingehalten und bei Strafsachen die vom Strafgericht ausgesprochene Strafe vollstreckt wurde[76].
Rudler pflegte mit den öffentlichen Anklägern und Gerichtskommissaren einen regelmäßigen, oft sogar täglichen Briefwechsel und wandte sich an diese häufig mit der Bitte um Informationen jeglicher Art.
An jedem Gericht waren weiterhin die von den zuständigen Justizbehörden ernannten Gerichtsvollzieher ("huissiers") und Büroangestellte (greffiers et commis-greffiers)[77] beschäftigt.
Dieses neue, gestraffte Organisationsschema der Justiz sollte bis zu den von *Napoleon* vorgenommenen Reformen des Jahres 1802 unverändert bleiben. In

---

74 *Les Constitutions*, S. 125 (art. 212-219 der Verfassung vom Jahr III).
75 Ebenda, S. 128-129: Die Regelung der Anklagen- und Urteilsgeschworenen befindet sich in den Artikeln 238-243 und 251-253 der Verfassung des Jahres III.
76 Ebenda, S. 128-129 (art. 245, 248 und 249).
77 Ebenda, S. 125, 127, 128 (art. 216, 234, 245).

deren Folge wurde dann die oben erwähnte "horizontalen Berufung" (bei Gerichten nahegelegener Departements) durch die "vertikale Berufung" (bei eigentlichen Berufungsgerichten) ersetzt[78].

e) Weitere Justizgrundsätze nach der Verfassung vom Jahr III

Neben dem bereits angesprochenen Prinzipien der Unentgeltlichkeit der Rechtsprechung (wonach es den Richtern gänzlich untersagt war, von Prozeßparteien Geld anzunehmen) und der Trennung der Judikatur von der Legislative und der Exekutive, enthält die Verfassung des Jahres III weitere der Revolution entstammende Ideen, die *Rudler* im Rahmen seiner Reformierungs- (oder besser Neugründungs-)arbeit in der linksrheinischen Justiz umsetzen sollte. Dazu zählten neben der Abschaffung aller Sondergerichte (wie Kirchengerichte, Lehensgerichte etc.) die Gleichheit aller Bürger vor dem Gesetz und die öffentliche Urteilsverkündung. Zwar durften sich die Richter zur Entscheidungsfindung zurückziehen; die Urteilsverkündung selbst mußte indes mit lauter Stimme erfolgen, vorschriftsmäßig begründet und mit einem Hinweis auf die zur Anwendung gekommenen gesetzlichen Vorschriften versehen werden[79].

f) Grundsätze des Strafrechts nach derselben Verfassung

Im strafrechtlichen Bereich verbot die Verfassung, eine Person willkürlich oder außerhalb der vom Gesetz vorgeschriebenen Form anzuklagen, festzuhalten oder zu inhaftieren. Außerdem sollte gegenüber dem Angeklagten jede überflüssige Härte unterbleiben. Die Notwendigkeit und Verhältnismäßigkeit der Strafe für die begangene Straftat, das Recht eines jeden Bürgers, vor Gericht auszusagen und angehört zu werden, das Verbot der Rückwirkung des Gesetzes und nicht zuletzt die Unveräußerlichkeit der menschlichen Person sollten gewährleistet sein[80].

---

78 Grundlage dieser neuen "senkrechten" Appellation war art. 61 der Verfassung vom 13. Dezember 1799 (Verfassung von Jahr VIII; Napoleon war einige Wochen zuvor erster Konsul geworden, nach dem Staatsstreich vom 18. Brumaire), der die Errichtung spezifischer Appellationsgerichte in Zivilsachen vorsah: "En matière civile, il y a des tribunaux de première instance et des tribunaux d'appel (...)", aus: *Les Constitutions*, S. 158.

79 Ebenda, S. 101-102 und 126-128: art. 3 (Gleichheit vor dem Gesetz), 208 (Öffentlichkeit und Mündlichkeit des Verfahrens).

80 Ebenda, S. 102 und S. 126-127: art. 222 (Verbot willkürlicher Haft), 232 (Verbot jeder Strenge bei der Vernehmung oder im Strafvollzug, die vom Gesetz nicht vor-

g) Die Justiz "en detail": das Justizbild nach dem Dekret vom 4. Pluviôse "sur l'ordre judiciaire"

Die eben genannten Grundsätze finden sich in der bereits erwähnten Verordnung vom 4. Pluviôse an VI (23. Januar 1798) wieder, dem sogenannten "Règlement sur l'ordre judiciaire". Es legte darüber hinaus fest, daß die Parteien sich im Gerichtsverfahren persönlich zu verteidigen oder diese Aufgabe Rechtskundigen zu übertragen hätten.
Das Mindestalter für die Ernennung zum Richter am Gericht, zum Friedensrichter oder Beisitzer, zum Handels- oder Kassationsrichter oder zum Kommissar des Vollzugsdirektoriums bei den Gerichten wurde von *Rudler* in Übereinstimmung mit Artikel 209 auf 30 Jahre festgesetzt[81].
Das "Règlement" vom 4. Pluviôse legte ferner en detail die gerichtliche Organisation fest und knüpfte dabei an die Vorgaben der Verfassung des Jahres III an. Die Friedensrichter sollten auf eine Aussöhnung der beiden Prozeßparteien hinwirken. Erschien eine Einigung ausgeschlossen, so konnten sie bei Klagen, deren Wert 50 Francs nicht überstieg, ein Urteil - ohne Berufungsmöglichkeit - fällen. Darüber hinaus konnten sie in erster Instanz (mit der Möglichkeit der Berufung vor einem Zivilgericht) Streitigkeiten bis zu einem Streitwert in Höhe von 100 Francs entscheiden. In jedem Fall waren sie dazu verpflichtet, einen "greffier" (Gerichtsschreiber) zu ernennen, der in keinem Verwandtschaftsverhältnis bis zum dritten Grad zu ihnen stehen durfte. Damit sollte einer Günstlingswirtschaft entgegengewirkt werden. Die Gerichtsschreiber mußten unbedingt ("assidûment") in dem Kanton, in dem sie ihr Amt ausubten, ihren Wohnsitz haben[82]. Ihr Amt war weder mit dem Amt des Gemeindeangestellten noch mit dem des Verwaltungsangestellten des Departements, des Gerichtsschreibers, des "avoués", des Gerichtsvollziehers, eines Zivil- oder Handelsrichters, des Beziehers indirekter Steuern oder dem des Kommissars der Vollzugsgewalt vereinbar. Der Gerichtsschreiber mußte sich daher innerhalb von drei Tagen für ein Amt entscheiden.
Dieselbe Unvereinbarkeit der Ämter galt auch für die Beisitzer der Friedensrichter und die "greffiers"[83]. Ausgenommen hiervon blieben Marktflecken oder Dörfer mit weniger als 4000 Einwohnern. Hier konnten die "greffiers" auch in der Stadtverwaltung angestellt bleiben. Grundlage für die Unvereinbarkeit der

---

gesehen ist), 12 (Verhältnismäßigkeit und Notwendigkeit der Strafe), 11 (Recht auf Verteidigung), 14 (Rückwirkungsverbot), 15 (Unveräußerlichkeit der Person).

81 *Bormann/Daniels*, VI, S. 543.

82 *Bormann/Daniels*, VI, S. 534.

83 *Bormann/Daniels*, VI, S. 534, 536.

Ämter war Artikel 26, der den allgemeinen Grundsatz des Verbots der Ämterhäufung aufstellte[84].
Neben seiner normalen Tätigkeit als Mitarbeiter des Friedensrichters in der täglichen Abwicklung der gerichtlichen Amtsgeschäfte war der Beisitzer in allen Angelegenheiten Stellvertreter des Friedensrichters, sollte dieser abwesend oder verhindert sein. War ein Friedensrichter länger als acht Tage abwesend, so hatte der ihn vertretende Beisitzer ein Anrecht auf den anteiligen Verdienst des Friedensrichters[85].
Bereits anhängige Verfahren wurden nach dem Règlement vom 4. Pluviôse an VI von dem Zivilgericht des Departements, in dem sich das zuvor zuständige, jetzt abgeschaffte, alte Gericht befand, entschieden[86].
Berufungsverfahren hingegen wurden an das Zivilgericht des Departements weitergeleitet, das die Parteien unter Berücksichtigung der bereits erwähnten Vorschrift des Art. 219 der Verfassung (horizontale Berufung) als Berufungsgericht wählten, also an das Zivilgericht des nächstgelegenen Departements. Hierzu sah Art. 167 des Règlements weiterhin vor, daß die vier, in den "pays conquis entre Rhin et Moselle, Meuse et Rhin" eingerichteten Zivilgerichte untereinander reziprok Berufungsgerichte seien - unter Ausschluß der Zivilgerichte der anderen Departements[87].
Art. 150 regelte außerdem die Versetzung der Richter einer Kammer an eine andere Kammer desselben Gerichts. Dieser Fall konnte lediglich zweimal pro Jahr eintreten und zwar zu genau festgelegten Zeitpunkten, nämlich am 15. Floréal und am 15. Brumaire. Art. 151 legte die gleichen Daten für das "mouvement", d.h. den Übertritt der Richter eines Zivilgerichts an ein Straf- oder Zuchtpolizeigericht oder die Übernahme des Vorsitz der Anklagegeschworenen, fest.
Schließlich waren auch die Zivilrichter dazu verpflichtet, an dem Ort, an dem sie ihre Ämter ausübten, ihren Wohnsitz zu haben. Sie durften außerdem - bei Androhung der Amtsenthebung -, bis zum Verwandtschaftsgrad Cousin untereinander nicht verwandt sein[88].
Artt. 260 ff. legten im einzelnen die Amtskleidung der Richter fest. Für die Friedensrichter war keinerlei "vêtement particulier" vorgesehen, sondern lediglich als Unterscheidungsmerkmal ein metallener Olivenzweig sowie ein in der Hand gehaltener, mannshoher weißer Stock, der in einem elfenbeinfarbe-

---

84 Ebenda, S. 535: "Les lois françaises ne permettent pas de cumuler plusieurs emplois sur la même tête."
85 Ebenda, S. 535.
86 Ebenda, S. 535-536.
87 Ebenda, S. 543 (art. 142) und S. 545.
88 Ebenda, S. 542 und 544.

nen Apfel endete, in den die Form eines Auges eingraviert war. Die Richter erster Instanz und die Kommissare des Vollzugsdirektoriums trugen hingegen feierliche Roben: schwarze Anzüge mit Umhang aus schwarzer Seide mit Verzierungen in gleicher Farbe, sowie eine runde, mit gleichfalls schwarzen Federn verzierte Kopfbedeckung. Diese Vorschriften zur Amtskleidung der Richter erster Instanz nahmen wörtlich die Vorgaben des Gesetzes vom 18. Februar 1791 "relative au traitement et au costume des membres du tribunal de cassation" wieder auf[89].

Mit diesen Detailfragen soll die Untersuchung des "Règlement sur l'ordre judiciaire" vom 4. Pluviôse an VI, das die Justiz in den linksrheinischen Departements neu organisierte, abgeschlossen werden.

89 Ebenda, S. 552-553.

Kapitel II: Das Departement Saar[90]

1. Einleitung

Im Saardepartement, dessen Gebiet zum größten Teil mit dem Gebiet des ehemaligen Kurfürstentums Trier identisch war, trieben eifrige Regierungskommissare wie *Boucqueau*, *Duplat* und *Fayolle* die Verwirklichung des französischen Justizmodells voran. Sie stießen allerdings auf eine Reihe von Problemen, von denen die wichtigsten der Mangel an qualifiziertem und effizientem Personal, das Sportelwesen und die Sprachenfrage waren.
Im Folgenden wird zu zeigen sein, daß sich deshalb Angleichung an das neue, proklamierte Justizmodell verzögerte. Zwischen "Ideal" und Praxis der Justiz sollte im Saardepartement noch während der *Rudlerschen* Zeit eine Kluft bestehen.
Es entstand darüber hinaus ein gewisses Solidaritätsgefühl zwischen höheren und niederen Justizbeamten gegenüber den Regierungskommissaren. Deswegen bagatellisierten die Trierer Zivilrichter des erstinstanzlichen Gerichts, wenn sie von *Rudler* um Informationen über Verfehlungen von Friedensrichter gebetenen wurden, etwaige Vorfälle und versuchten, ihre Kollegen der Friedensgerichtsbarkeit zu schützen. Diese Vorkommnisse aber auch die hinsichtlich der Sprachenfrage häufig auftretenden Konflikte mit den Kommissaren bei den Zivil- und Strafgerichten des Saardepartements deuten auf eine mäßige Frankreichbegeisterung unter den von *Rudler* meist aus dem Kreis der Einheimischen ernannten Justizbeamten hin.
Untersuchungsgegenstand des vorliegenden Kapitels sollen sein:
- die Ernennungen in der Zentralverwaltung und in der Justiz,
- die Reden von Kommissar *Boucqueau* und Zivilgerichtspräsident *Rosbach* über das ideale Modell der französischen Justiz,
- *Rudlers* Personalpolitik,
- die Gehälterfrage,
- die Verfehlungen der Friedensrichter und die schützende Haltung der Richter erster Instanz,
- Mißstände am Zivil- und Kriminalgericht,
- die Arbeitsüberlastung,
- der Personalmangel,
- Fragen in der Geschworenenwahl,
- Spannungen am Zuchtpolizeigericht Prüm,
- die politische Sensibilisierung der Justizbeamten,

---

90 AN Paris, BB^5 255.

- das Sportelwesen,
- die Sprachenfrage und
- die Organisation der Gefängnisse.

2. Ernennungen in der Zentralverwaltung und in der Justiz

Zum Kommissar der Zentralverwaltung wurde *Sta* aus Gent ernannt, der bereits Kommissar an den Gerichten erster Instanz im Departement Escaut (Belgien) gewesen war. Er war sowohl von Direktoriumsmitglied *Merlin de Douai* als auch von Justizminister *Lambrechts* empfohlen worden. Am 22. Januar 1798 wurde er in das Departement Rhein und Mosel versetzt, um dort das gleiche Amt auszuüben. Sein Nachfolger im Departement Saar wurde der 26jährige Brüsseler *Boucqueau*, ein der republikanischen Idee ergebenen Beamter.
Die Herkunft der anderen Mitglieder der neuen Zentralverwaltung läßt sich wie folgt skizzieren: *Lafontaine*, der auf eine Berufserfahrung im Bereich der zivilen und militärischen Verwaltung zurückblicken konnte, hatte eine Empfehlung des "représentant du peuple" (des Abgeordneten) *Merlin de Thionville*, während der aus Bouillon (Departement Ardenne, Belgien) stammende *Labourdinnière* auf Empfehlung eines anderen Abgeordneten, *Baudin*, für das Amt vorgeschlagen wurde. Die "deutschen" Mitglieder (der Trierer Anwalt *Haan*, der Koblenzer "avocat et baillif" *Gerhards* und der Trierer *Lintz*, "échevin" (Mitglied der Stadtverwaltung zu Zeiten des Kurfürsten)) wurden allesamt von den "patriotes du pays" empfohlen.
Bach l'ainé (d.h. „der ältere"), Kommissar bei den Zivil- und Strafgerichten erster Instanz und als rechtschaffener und aufgeklärter Mann bekannt, lehnte das Amt ab. An seiner Stelle erhielt - auf besonderes Betreiben des Justizministers *Lambrechts* hin - *Fayolle* das Amt.. Als sein Stellvertreter wurde - auf Empfehlung *Merlin de Douais* - *Duplat* ernannt.
Die Richter am Zivil- und Strafgericht erster Instanz[91] wurden von den "patriotes du pays" vorgeschlagen, wie auch der "ministère public" des Zivil- und

91 Gunter aus Trier, Burg aus Cochem, Seyppel aus Trier, Stephany, Gorres, Wernekow, Gand und Weitert, der fast unmittelbar danach zurücktrat, aus Merzig,, waren Anwälte; Eichorn, Buchel und Rosbach waren "échevins"; die Trierer Singer und Gattermann waren ehemalige Räte des örtlichen Kurfürstlichen Gerichtshofs; die Trierer Linius, Diederich, Becker und Dehard waren "baillifs"; der Mainzer Wolff l'ainé war Angestellter bei der Stadtverwaltung von Wolfkirchen, lehnte das Amt jedoch ab und so wurde der vom Kriegsminister empfohlene ehemalige Richter in Savoyen, Mabboux, ernannt.

Strafgerichts, *Hartmann* (der im Juni 1798 *Thambergers* Amt im Departement Donnersberg übernehmen und unmittelbar in *Haan* aus Bouzonville, Departement Mosel, seinen Nachfolger haben sollte), und die Kommissare an den Zuchtpolizeigerichten, *Haupt* aus Münstermaifeld, *Keucher* aus Wittlich (von Beruf Geschäftsmann) und *Kinds* aus Schoenecken[92].

3. Die Rede von Boucqueau

In Trier wurde die Einsetzung der neuen Behörden durch traditionelle Symbole begleitet: die Pflanzung von Freiheitsbäumen und eine Militärparade[93]. *Labourdinnière*, *Lintz* und *Boucqueau* hielten feierliche Reden. Insbesondere letzterer wandte sich zunächst an die Bevölkerung und erst dann an die Richter des Departements, und machte in seinen beiden Reden die Neuerungen in der französischen Verwaltung und Justiz deutlich. Seine Reden bilden ein gutes Beispiel für die Darstellung derjenigen Elemente, durch die sich die von den Franzosen eingebrachte neue Ordnung von der alten unterscheiden sollte.

a) Motive und Ziele Frankreichs

Boucqueau begann seine erste Rede mit dem Hinweis an seine neuen Mitbürger ("concitoyens"), daß die Strenge eines durch die Rechte des Siegers gestärkten Militärregimes nun enden werde und sie statt dessen die gleichen Rechte und Institutionen erhielten, "qui font le bonheur de la France"[94]. Mit diesen Worten faßte *Boucqueau* schlagwortartig die Motive zusammen, die Frankreich zur neuen Assimilationspolitik geführt hätten. Das Vollzugsdirektorium, über etwaige Mißstände in den linksrheinischen Provinzen unterrichtet, wolle diese beseitigen und eine wirksame Verwaltung einrichten. Es seien die "Patriotes du Pays", die die Republik dazu veranlaßt hätten, einen Kommissar ("un commissaire spécial") aus der "première Magistrature de la République" ans linke Rheinufer zu entsenden, der dieser wichtigen Aufgabe aufgrund seiner Fähigkeiten und Redlichkeit würdig sei[95]. Heute träten ausgebildete und patriotische Verwalter und unbestechliche und republiktreue Richter ihr Amt an.[96]. Das Sammelsurium von nicht zueinander passenden Sitten und

---

92 AN Paris, BB^5 255; *J. Hansen*, IV, S. 459 und 547-548.

93 STA Trier, FZ u. 7; s. auch *J. Hansen*, IV, S. 571 - 573.

94 Stadtarchiv Trier, FZ u. 7, S. 6 des gedruckten Heftes, in dem die Eröffnungsreden enthalten sind.

95 Ebenda, S. 7.

96 Ebenda, S. 7.

Gebräuchen ("lois et coutumes discordantes"), aus denen sich "la jurisprudence gothique" dieser Provinzen zusammensetze, müsse den neuen Forderungen nach Vereinfachung, Rationalisierung und Neugründung von Justiz, Verwaltung und Gesetz - gegründet auf den Menschenrechten und den wahren Prinzipien der Gerechtigkeit - Platz machen.[97]

b) Vom "étranger" zum "citoyen"

Boucqueau forderte von seinen Untergebenen vor allem Ruhe, gutes Verhalten und Achtung der Gesetze, und das in einer Zeit, in der Anzeichen von Auflehnung gegen die französischen Behörden - etwa durch das Zerreißen der Freiheitsbäume - nicht selten sichtbar waren[98]. Nur durch Respekt und Bürgerdisziplin werde sich der Übergang vom "étranger" zum "citoyen" auch links des Rheins endlich verwirklichen lassen: "À cette époque heureuse disparaîtra pour vous ... la dénomination odieuse de pays conquis; vous étiez à la France par droit de conquête, vous deviendrez Français par droit d'adoption"[99].

c) Appell an die Richter

In seiner zweiten, an die "Citoyens Juges du Département de la Sarre" gewandten Rede stellte *Boucqueau* den Richtern ihre neuen Aufgaben vor und forderte sie zur sorgfältigen Ausübung ihrer Pflichten auf. Als erfahrene Rechtsanwender, seien sie am besten geeignet, die Vorteile der neuen französischen zivil- und strafrechtlichen Gesetzgebung in die neuen Provinzen zu tragen[100]. Denn weder dürfe das Gesetz durch Laien oder Unerfahrene angewandt, noch dürften die "Lois et Usages du Pays", jetzt als "jurisprudence gothique" bezeichnet, beibehalten werden.

d) Die Friedensrichter

Mit nicht weniger Abneigung begegnete *Boucqueau* der alten Gerichtsverfassung[101]. Nach *Boucqueau* war das in der Verfassung vom III. Jahr enthaltene Justizmodell ohne Zweifel eine bahnbrechende Neuheit. Dafür stünden die Institute der "Tribunaux de paix" und die Möglichkeit, gegen ein Urteil Beru-

97 Ebenda, S. 7.

98 Vgl. z.B. *J. Hansen*, IV, S. 836-839, 959-970.

99 STA Trier, FZ u. 7, S. 9.

100 Ebenda, S. 15 des Heftes.

101 Ebenda, S. 15: so Boucqueau: "Ces juridictions sans nombre, ces tribunaux multipliés, dédales obscures de la chicane où allait se perdre (...) la fortune des citoyens."

fung vor einem anderen, in einem naheliegenden Departement gelegenen Gericht einzulegen. Laut *Boucqueau* war der Friedensrichter eine Art "Père de famille", geliebt und geachtet, der selbst und ohne Einspruch die Streitigkeiten entscheide, die in seiner großen Familie aufträten.[102]. Den wesentlichen Vorteil der Friedensgerichtsbarkeit sah er in der nicht formgebundenen, auf friedlicher Basis und in Zusammenarbeit mit den Parteien erlangten Entscheidung, die oft zur Konsequenz hatte, daß diese wieder auf die Wirksamkeit der Justiz vertrauten: "Ce juge impassible, accoutumé à voir s'élever devant lui les orages des passions humaines, mais toujours maître de lui-même, se sert, pour concilier le différend de ses Concitoyens, des léçons d'une longue expérience; il connaît le coeur humain ..."[103]. Wenn aber die Unvereinbarkeit der Positionen oder die Hartnäckigkeit der Parteien die Aufgabe des Friedensrichters unmöglich machten, dann bliebe der Verweis auf ein "tribunal supérieur", dessen Tätigkeit von strengeren und komplizierteren Verfahrensnormen geregelt sei, immer offen: "Et le bon droit triomphera"[104]. Gegen Fehler der erstinstanzlichen Richter sehe schließlich das Gesetz dann die Möglichkeit der Berufung an das Gericht eines benachbarten Departements vor. Damit weist *Boucqueau*, ohne es ausdrücklich zu sagen, auf Art. 219 der Constitution de l'an III hin.

e) Das Strafverfahren

Das Meisterwerk der französischen Gesetzgebung - so *Boucqueau* weiter - sei aber der "Code de la jurisprudence criminelle". Grund dafür seien die garantierte Verhältnismäßigkeit zwischen Straftat und Strafe, die dem Angeklagten zugesicherten Verteidigungsrechte und die Beachtung der individuellen Freiheit. Im Strafverfahren würden insbesondere die letzten beiden Grundsätze ausnahmslos angewendet, und die Geschworenen sorgten dann für eine gerechte und volksnahe Justiz[105].

Das Ziel von *Boucqueaus* Rede an die Richter des neu eingesetzten Saardepartements war offensichtlich, ein radikale Änderung, eine Zäsur zwischen "alter" und "neuer" Ordnung in der Justiz ohne jegliche Kontinuität aufzuzeigen.

---

102 Ebenda, S. 16.
103 Ebenda, S. 16.
104 Ebenda, S. 17.
105 Ebenda, S. 18-20.

4. Die Rede von Rosbach: die Unentgeltlichkeit der Justiz, Eintracht und Vertrauen

Noch ein Jahr später, anläßlich der ersten Jahresfeier der Einsetzung der Departementsbehörden am 1. Ventôse VII (19. Februar 1799), nahm *Rosbach*, Präsident des Zivilgerichts, in seiner Rede nicht wenige der Argumente *Boucqueaus* wieder auf. In deutscher Sprache deutete er auf die Überwindung der Ungleichheit der Stände hin[106] und betonte dann das von *Boucqueau* nicht erwähnte Prinzip der Unentgeltlichkeit: "Auch die Justizverwaltung ist ein nicht minder wesentlicher Gegenstand der allgemeinen Aufmerksamkeit ... Wie viele Familien sind vearmet, ehe sie zum Besitz eines strittiges Guts gelangen konnten, und was für eine große Zahl von Menschen mußte darben, um die Kosten von drei Instanzen an Richter, Advokaten und Prokuratoren beizubringen. Jetzt aber ist die Justiz unentgeltlich, der Richter wird von der Nation bezahlt, die streitenden Theile können ihre Rechtshändel selbst vertheidigen, und das Gesetz verordnet sogar, daß zuerst der, der Güte und dann erst jener des Rechts eingeschlagen werden solle; mißlingt dieser erste Versuch, so ist ein Rechtshandel öfters in wenigen Stunden oder Tagen abgemacht, der sonsten ganze Reihe von Jahren angedauert hat; der Liegende kommt gleich zum Besitz seines Guts ..."[107].

Rosbach bemerkt, dies alles sei noch "eine Morgenröthe", zumal der Krieg wieder ausgebrochen[108] und die Kontributionen der Bürger zum Militär noch sehr hoch seien. Am Ende der Rede *Rosbachs* findet sich ein klarer Appell an die Justiz zur Wahrung von Harmonie und Ehrlichkeit: "Die Handhabung der Gesetze, und die damit unverbrüchlich verbundene gute Ordnung aber wird von der Wachsamkeit deren abhängen, denen diese Gewalt von der fränkischen Regierung anvertraut ist ... ratlos sollen unsere Bemühungen zum Wohl unserer Mitbürger seyn; entfernt sey jede Leidenschaft; gehaßt sey der, welcher mit Nebenabsichten zu Werk gienge... Eintracht und Vertrauen beseele unsere Handlungen, und Gerechtigkeit sey unser Losungs-Wort ... Es herrsche die Gerechtigkeit! Es blühe die Republik!"[109].

---

106 Ebenda, S. 6 des Heftes, das die Rede Rosbachs enthält: "Die Strafgesetze treffen den Bettler wie den im Überfluß lebenden Reichen".

107 Ebenda, S. 6.

108 Ebenda, S. 6. Diesmal stellte sich der Krieg anfänglich sehr ungünstig für die französische Armee dar, weil sie in Deutschland mehrmals vom Erzherzog Karl geschlagen wurde und in Italien von den glänzenden Siegen Napoleons unter Suworows Offensive nichts mehr zu spüren war.

109 Ebenda, S. 8.

Rosbachs Bezeichnung der neuen Justizorganisation als „Morgenröthe" und der appellative Charakter seiner Rede insgesamt legen Zweifel nahe, ob die Justiz tatsächlich diesem Bild entsprach und führen damit zu der Frage nach dem wirklichen Zustand der Justiz und des Justizpersonals im Saardepartement seit der Amtsübernahme *Rudlers*.

5. Rudlers Einstellungspolitik und ihre Kriterien

Verschiedene Aspekte der Justizorganisation standen im Gegensatz zu *Boucqueaus* und *Rosbachs* Bild und bewiesen die Schwierigkeiten des Assimilationsprozesses. Sie sollen hier näher betrachtet werden.
Da die Ernennung von Justizbeamten in die Kompetenz *Rudlers* fiel, kam die Bevölkerung am linken Rheinufer nicht in den Genuß des in Innerfrankreich schon seit Jahren geltenden Rechts auf Richterwahl[110]. *Rudler* seinerseits mußte für die Wahl der Justiz- und Verwaltungsbeamten drei Faktoren berücksichtigen:
a) die von französischer Seite kommenden, meist zugunsten französischer Kandidaten geäußerten Empfehlungen,
b) die Haltung der linksrheinischen profranzösischen Republikaner, der sogenannten Föderierten oder Cisrhenanen, die auf die Einstellung von Männern, die ihren Ansichten nahestanden, drängten und
c) die von den - gegenüber der Republik wenig loyalen - Beamten des früheren Regimes erworbenen unverzichtbaren Verwaltungserfahrungen, die deren sofortige Entlassung aus ihren Ämtern ausschloß.
Marquis, *Rudlers* Nachfolger, bemerkte zur Einstellungspolitik seines Vorgängers, *Rudler* habe immer versucht, neben den mit den französischen Gesetzen nicht vertrauten Einheimischen zweisprachige und schon verwaltungs- und gesetzeskundige Franzosen zu ernennen[111]. Diese Äußerung *Marquis'* macht *Rudlers* Versuch deutlich, eine die fachlichen Kompetenzen besonders berücksichtigende Einstellungspraxis zu üben und sich dadurch den unzähligen - nicht selten von distinguierten und hochgestellten Persönlichkeiten kommenden - Empfehlungen sowie dem politischen Druck der "extremen" Republikaner so weit wie möglich zu entziehen.
Rudler war oft auf die Nachrichten und Urteile der örtlichen Behörden angewiesen, um zur Besetzung von Posten in der Justiz geeignete Kandidaten, die neben der politischen Treue gegenüber der Republik auch Fachkenntnisse be-

110 Vgl. Ernennungsdekret Rudlers in *J. Hansen*, IV, S. 300-301.
111 AN Paris, BB^5 255.

sitzen sollten, auswählen zu können[112]. Abgesehen von den verschiedenen Kommissarsposten bei Verwaltung und Gerichten, die durchweg republiktreuen oder -begeisterten Franzosen gewährt wurden[113], blieb die Justiz im Saardepartement in stärkerem Maße in den Händen der Einheimischen als die Verwaltung[114].
Dessen ungeachtet wurde *Rudlers* Personalpolitik, die in bestimmten Bereichen der Verwaltung vor allem Franzosen und Elsässern, weniger aber den einheimischen Patrioten die Tore öffnete, von den Föderierten scharf kritisiert[115].

6. Die Brisanz der Gehälterfrage im Saar-Departement

Das vielleicht größte Problem, dem die französischen Behörden im Saardepartement begegneten, waren die niedrigen Gehälter, die ständig Beamte zu Korruption oder Unterschlagung verleiteten. In der Zeit der Militärverwaltung waren die Gehälter der Beamten zwar noch höher gewesen[116], doch zwang die kritische Finanzlage Frankreichs *Rudler* - auf Anregung von Justizminister *Lambrechts* und dem Pariser Direktorium - zu einer den Lebensverhältnissen am linken Rheinufer kaum noch angemessenen Festsetzung der neuen Beamtengehälter. So äußerte sich *Lambrechts* gegenüber *Rudler*, daß die Regierung entschlossen sei, soweit wie möglich die Ausgaben im Rheinland ("dans les pays entre Meuse, Rhin et Moselle") zu senken. Zwar wünsche auch er, daß die Beamten angemessen bezahlt werden, jedoch ließen die Umstände und die wirtschaftliche Lage dies nicht zu.[117]. Der Gefahr einer wachsenden Bestechlichkeit der Beamten setzte *Lambrechts* die Hoffnung entgegen, daß der Wunsch, am Aufbau einer der Freiheit dienenden Regierung mizuwirken, und ihr Eifer sie an ihre Ämter binde[118]. Selbst Reise- und Umzugskosten würden den Beamten verweigert[119].

---

112 Vgl. z.B. den Brief vom 14. Ventôse an VI (4. März 1798) des Zivilgerichtes des Saardepartements an Rudler über die Wahl der Friedensrichter: LHA KO, 241 ff. 565.

113 So wurde z.B. der Posten des Substitut du Commissaire bei den erstinstanzlichen Gerichten des Saardepartements dem eifrigen Duplat gewährt.

114 Vgl. *A. Grilli*: Sprache und Recht... (1993).

115 Vgl. z.B. *J. Hansen*, IV, S. 830-831, über die Stellungnahme von Görres zu dieser Frage.

116 Vgl. darüber die Ausführungen von *J. Hansen*, IV, S. 552-553.

117 Ebenda, S. 553; siehe auch AN Paris, F_{1e} 40.

118 Ebenda, S. 554.

119 Ebenda, S. 553.

Das einzige, was der für die schwierige Gehaltslage seiner Funktionäre sensible Regierungskommissar seinem Justizminister abringen konnte, war das Versprechen, daß bei einer Verbesserung der Finanzlage Frankreichs auch die Beamten wieder besser bezahlt würden: "Je sens comme vous combien il importe que les fonctionnaires publics soient suffisamment payés, et j'attends que l'amélioration des finances permette de rendre plus douce leur situation ... Mais en attendant je ne puis que suivre l'ordre établi"[120].
Konsequenz dieser geringen Einkünfte war, daß sich viele Amtsträger nicht auf das Schreiben von Beschwerden beschränkten, sondern Nebentätigkeiten aufnahmen. So wurde oft das Amt als Friedensrichter mit einem Nebenberuf als "avoué" (Anwalt) verbunden.

a) Der Fall des Friedensrichters Zink: Ausübung von Nebentätigkeiten

Aus dem Kanton Trier wandte sich der Friedensrichter *Zink* wiederholt an *Rudler* - sein Gehalt sei zu mager. Deshalb habe er seine Richtertätigkeit bisher mit der Nebentätigkeit als "avoué" verbunden. Dies habe ihm erlaubt, seine allzu niedrige Besoldung aufzubessern. Jetzt aber werde ihm diese zweite Beschäftigung vom Tribunal civil des Saardepartements unter Berufung auf Art. 23 des "règlement judiciaire", wonach Friedensrichter nicht zugleich das Amt eines Anwalts ("avoué") ausüben dürften.[121].
Nach seiner Auffassung sei der "avoué" aber gar kein Beamter mehr, so daß deshalb auch keine Gefahr der Ämterhäufung mehr bestünde. Außerdem übe er die Anwaltstätigkeit nur aus, um Bekannten in Schwierigkeiten zu helfen, nicht um davon seinen ganzen Lebensunterhalt zu bestreiten. Ihm sei von seinen Klienten lediglich eine Belohnung für seine Mühe versprochen worden[122].
Rudler, dem das gute Funktionieren des Justizapparates und die Ämtertrennung besonders am Herzen lag, antwortete *Zink* in einem ersten Brief: Den Friedensrichtern sei es strengstens verboten, als Anwälte in den in ihre Zuständigkeit fallenden Sachen aufzutreten, denn dies würde zu einer Häufung von Tätigkeiten führen, die innerhalb eines Prozesses streng getrennt - und konsequenterweise von zwei verschiedenen Personen - ausgeübt werden müßten[123].
In einem zweiten Antwortbrief an *Zink* vom 22. Prairial an VI (6. Juni 1798) betonte *Rudler*, das Verbot gelte nur innerhalb des Zuständigkeitsbereichs der Friedensrichter. *Zink* sei daher durch eine falsche Anwendung des Art. 23 der

120 Ebenda, S. 556.
121 LHA KO, 241 ff. 565, S. 247.
122 Ebenda, S. 247.
123 Ebenda, S. 235.

Möglichkeit enthoben worden, vor dem Zivilgericht die Fälle von Privatpersonen, die ihn damit beauftragt hätten, zu vertreten. Wenn das Gesetz den Friedensrichtern verbiete, als Anwalt aufzutreten, so könne dies nur die Fälle betreffen, in die Personen involviert seien, die dem Zuständigkeitsbereich der Rechtsprechung der jeweiligen Friedensrichter unterfielen[124].
Auf noch problematischere Formen des Nebenerwerbs deutet übrigens die Polemik von *Joseph Görres* 1799 gegen die "Bande der Harpyen, die...Erpressungen ohne Zahl verüben und sich auch sonst des Mißbrauchs der Amtsgewalt schuldig machen"[125], hin. Interessant wäre es, die Stimmung der Bevölkerung in den linksrheinischen Gebieten als Reaktion auf diese Gegebenheiten näher zu untersuchen. Dazu müßten aber auch nicht amtliche Quellen herangezogen werden. Dies würde den Rahmen dieser Arbeit indes sprengen.

b) Fazit

Die Reduzierung der Gehälter in der Justizverwaltung machte sich bei einem Großteil der Beamten deutlich bemerkbar. Das strenge Prinzip der Unentgeltlichkeit der Justiz erklärte jeden (früher als normal betrachteten) Versuch, sich von den streitenden Parteien selbst für seine eigenen Leistungen belohnen zu lassen, als rechtswidrig. Das durchschnittliche Jahresgehalt eines erstinstanzlichen Richters belief sich jetzt auf 1.800 Livres, gegenüber den 2.700 eines öffentlichen Anklägers und den 900 eines Friedensrichters[126].

7. Die Friedensrichter: mangelnde Kompetenz und Untätigkeit

Berichte erreichten *Rudler* auch über fehlende Kenntnisse des Justizpersonals, insbesondere der Friedensrichter, und Fehler bei der Rechtsanwendung.

a) Der Bericht Hannes über die öffentliche Ordnung

Am 4. Floréal an VI (23. April 1798) schrieb der neuernannte öffentliche Ankläger bei dem Tribunal criminel des Saardepartements, *Hanne,* an *Rudler*, er werde alles unternehmen, was in seiner Macht stehe, um den Eifer und die

---

124 Ebenda, S. 261.

125 *J. Hansen*, IV, S. 558.

126 AN Paris, F_{1e} 40, der den entsprechenden Beschluß des Justizministers Lambrechts vom 8. Pluviôse an VI (27. Januar 1798) enthält.

Arbeitskraft der Gendarmenchefs, Friedensrichter und Geschworenenvorsitzenden anzutreiben, von deren Tätigkeit der Erfolg seiner Aufgabe, die Sicherheit der Bürger und das Wiederaufleben des "esprit public" des Saardepartements abhänge. Zu beklagen sei eine große Anzahl von Friedensrichtern, die unfähig seien, wichtige Aufgaben wahrzunehmen, die dringend ersetzt werden müßten. Es seien Männer, die viel Schwäche und Trägheit zeigten, wenig Talent, keinen guten Willen und noch weniger Patriotismus hätten und den Siegeszug der Freiheit sicherlich nur behindern könnten[127].

Das von *Hanne* gezeichnete Bild des Departements war beunruhigend: Räuberbanden liefen durch die Wälder und verkehrten ungestraft in den Straßen. Schiffer hätten friedliche, die republikanische Kokarde auf ihrer Brust tragende Bürger mehrmals mit Messern angegriffen. Dennoch sei von dem zuständigen Trierer Friedensrichter nichts unternommen worden[128]. Vielmehr habe er die strafwürdigen Angeklagten wieder auf freien Fuß gesetzt. Er, *Hanne*, habe diesen Friedensrichter wegen des Fehlers ermahnt. *Hanne* schließt mit den Worten: "Qu'ai-je à attendre d'un homme plus dangereux que nul?"[129].

Es erscheint nachvollziehbar, daß allzu eifrige und strenge Beamte bei ihren weniger engagierten Kollegen Abneigung hervorriefen, wenn sie die französischen Gesetze oder Verordnungen allzu penibel ausführten. Typisch dafür ist der Fall *Duplats*, eines Mitglieds der Zentralverwaltung, der *Rudlers* Verordnung über die sofortige Anwendung der französischen Sprache vor Gericht durch die Wahl eines französischen Gerichtsschreibers am Tribunal criminel streng anwenden wollte und deswegen von den Richtern dieses Gerichts bekämpft wurde[130].

b) Die Vorkehrungen Rudlers

Rudlers Antwort auf den Bericht seines Untergebenen ließ nicht lange auf sich warten. Der Regierungskommissar beauftragte *Hanne* selbst, zusammen mit den Richtern des Tribunal civil die sich der "indolence, peu de talent, mauvaise volonté et de l'antipatriotisme" schuldig machenden Friedensrichter festzustellen. Sein Ziel war ihre Entlassung, denn es könne ganz und gar nicht angehen könne, die Ausübung solch wichtiger öffentlicher Ämter diesen Männern zu überlassen[131].

---

127 LHA KO, 241 ff. 565, S. 147.

128 Ebenda, S. 147.

129 Ebenda, S. 147.

130 Darüber insbesondere LHA KO, 241 ff. 565, S. 285; 241 ff. 566, S. 34, 49, 53.

131 LHA KO, 241 ff. 565, S. 157.

c) Die Zivilrichter "schützen" den untersuchten Zivilrichter vor Rudler

Die am 15. Prairial an VI (3. Juni 1798) verfaßten Antwortschreiben der Zivilrichter an *Rudler* decken weitere interessante Hintergründe auf. Einerseits verteidigen die Richter die getadelten und unter Anklage gestellten Kollegen der Friedensgerichte[132]; andererseits deuten sie an, daß das Verhältnis zwischen ihnen und *Hanne* von Mißtrauen und einer gewissen Kälte geprägt sei. Sie teilen *Rudler* nämlich mit, *Hanne* hätte sich geweigert, ihnen die Ergebnisse seiner Untersuchungen mitzuteilen: "Il a jugé à propos de nous répondre que ce serait à vous seul, Citoyen Commissaire, à qui il ferait connaître le résultat de ses recherches..."[133]. Ein Beispiel für die nicht gerade gelungene Zusammenarbeit zwischen zwei wichtigen Justizbehörden des Saardepartements!

Auch über die Begebenheit, in die Schiffer involviert waren, äußerten sich die Zivilrichter zugunsten des Trierer Friedensrichters. In einem Schreiben an *Rudler* vom 28. Prairial an VI (16. Juni 1798) teilten sie mit, sie hätten die streitigen Prozeßakten des Friedensrichters von zwei Richtern (der eine vom Zivil-, der andere vom Kriminalgericht) nachprüfen lassen, mit dem Zweck, dessen Benehmen zu überprüfen[134]. Aus den Bemerkungen der zwei Richter ergebe sich kein Schuldvorwurf gegen den Friedensrichter. Die Schlußfolgerung der Zivilrichter sei, daß das fragliche Gericht nicht von schlechtem Willen geleitet worden sei, da es ja vom 23. Germinal (dem Tag der Anzeige durch den provisorischen Staatsanwalt) bis zum 27. Germinal einschließlich der Sache nachgegangen sei und die Parteien sowie die Zeugen angehört habe[135].

Die Antwort der Zivilrichter überzeugte *Rudler* nicht. Er gab dem Zivilgericht auf, die betreffende Strafsache "par le Directeur du jury" (d.h. vor dem erstinstanzlichen Tribunal criminel) verfolgen zu lassen. Die durch *Zink* angeordnete Freilassung der angeklagten Schiffer sei nichts anderes als eine provisorische Polizeientscheidung gewesen. Sie hindere nicht daran, die Sache erneut vor Gericht zu verhandeln[136].

Trotz dieser Maßnahme bleibt festzuhalten: Die Bestrebungen *Hannes* und *Rudlers*, die Justiz von Willkür zu befreien, verloren durch das Verhalten der Richter des Tribunal civil ihre Schärfe und blieben letztlich ohne Folgen. We-

132 Ebenda, S. 253: ("aucune plainte ne vous étant parvenue jusqu'à présent ...").

133 Ebenda, S. 253.

134 Ebenda, S. 269.

135 Ebenda, S. 269.

136 Ebenda, S. 289.

der wurde *Zink* aus seinem Amt entlassen noch überliefern uns die Quellen Nachrichten über eine groß angelegte Säuberung der Justiz des Saardepartements während der Amtszeit des Regierungskommissars *Rudler*.

8. Mißachtung interner Normen bei den Gerichten

Nach *Rudler* oblag es in erster Linie den "Magistrats", ein gutes Beispiel zu geben. Zeitweise war aber unter den Richtern eine Tendenz spürbar, interne, die Justizorganisation betreffende Verordnungen - wie z.B. solche die die Urlaubszeit regelten - zu mißachten. Am 22. Nivôse an VII (11. Januar 1799) wies *Rudler* den Vorsitzenden des Zivil- und Kriminalgerichts des Saardepartements an, sicherzustellen, daß sich kein Richter ohne Erlaubnis der Kollegen ("de son corps") absentiere. Eine solche Erlaubnis dürfe darüber hinaus nur nach Anhörung des zuständigen Kommissars des Vollzugsdirektoriums erfolgen, dem es obliege, die Ordnung des Gerichts ("Police du Tribunal") zu überwachen[137].

Fast ein Jahr später ereignete sich der schwere Fall einer Urkundenfälschung durch einige (im Dokument nicht genauer bezeichnete) Justizbeamte. Gefälscht worden seien - so die Mitglieder der Zentralverwaltung in einem Schreiben vom 6. Nivôse an VIII (27. Dezember 1799), das sowohl an die Vorsitzenden der Zuchtpolizei- und Kriminalgerichte als auch an die Friedensrichter, die Regierungskommissare bei den Gerichten und an die ganzen "corps administratifs du Département" gerichtet war - die Unterschriften von "mémoires de frais de justice... revêtus d'ordonnances et visa des juges taxateurs et commissaires du gouvernement chargés de les viser ..."[138]. Es liege sowohl im öffentlichen Interesse als auch im Interesse der Justiz, daß solche Mißbräuche bekämpft würden. Es wurde empfohlen, daß zukünftig die Unterzeichnung durch die zuständigen Beamten nicht ausreichen dürfe, sondern daß vielmehr die Akten auch abzustempeln seien[139]. Die Quellen sagen jedoch nichts über die Verfolgung oder Verhaftung der Täter.

---

137 LHA KO, 241 ff. 565, S. 167.

138 STA Trier, FZ Nr. 484. (27. Dezember 1799).

139 Ebenda, 27. Dezember 1799.

9. Arbeitsüberlastung der Gerichte

Die von *Rudler* durch das Reglement vom 4. Pluviôse an VI neu geschaffenen Friedensgerichte und Tribunale erster Instanz hatten die bei den früheren, jetzt aufgehobenen Gerichten noch anhängigen Rechtsfälle zu übernehmen. Dies führte unvermeidlich zu ihrer Überlastung. *Rudler* jedoch ordnete für diesen Fall keine allgemeinen, von allen Justizorganen zu befolgenden Maßnahmen an, sondern beschränkte sich lediglich darauf, zu besserer und rationellerer Arbeitsverteilung aufzufordern.
Duplat wies *Rudler* mit Schreiben vom 14. Germinal an VI (3. April 1798) auf diese heikle Problematik hin. Eine schnelle Erledigung der früheren Rechtssachen würde, sofern dies überhaupt möglich sei, unvermeidlich eine noch größere Verzögerung bei der Behandlung der aktuellen Fälle nach sich ziehen[140]. Als eifriger Beamter wies *Duplat* schließlich auf die Gefahr eines Aufschrei des Volkes und der öffentlichen Kritik ("cri du peuple et le reproche public")[141] in einer jetzt volksnah zu betrachtenden Justizordnung hin.

Elf Tage später, am 25. Germinal an VI (14. April 1798), antwortete *Rudler*, es sei bei der neuen Arbeitsbelastung unerläßlich, daß das Tribunal civil eine Zeitlang "un travail extraordinaire" verrichte. Es stehe ihm frei, die Sitzungen und ihre Dauer so festzusetzen, daß das Gericht so schnell wie möglich diesen Arbeitsrückstand beseitigen könne[142].

10. Mangel an Gerichtsschreibern und Geschworenen

Ein weiteres Problem bestand darin, daß die niedrigeren Posten in der Justiz nur schwer zu besetzen waren. Während für die Ernennung der Friedensrichter und Richter erster Instanz des Saardepartements keine großen Probleme zu bestehen schienen[143], standen für die Ämter der "huissiers" (Gerichtsvollzieher) nicht genügend Bewerber zur Verfügung. Man wandte sich an diejenigen,

---

140 LHA KO, 241 ff. 565, S. 67.

141 Ebenda, S. 102.

142 Ebenda, S. 131.

143 Ebenda, S. 78: Für die Auswahl der erstgenannten bediente sich Rudler der Hilfe des Tribunal civil, welches seinerseits auf die Kenntnisse der Lokalbehörden, wie z.B. der Gemeindeverwaltungen, zurückgriff. Denn den Zivilrichter selbst war ein Teil des Departements, wie z.B. die "Pays de Nassau, de Mayence, Deuxponts, Arenberg" noch schlecht bekannt. Es oblag dann den Lokalbehörden Behörden, Rudler eine entsprechende Kandidatenliste für die neu zu besetzenden Posten vorzulegen.

die schon unter dem vergangenen Regime tätig gewesen waren. Das Tribunal civil, von *Rudler* mit der Aufstellung einer entsprechenden Kandidatenliste beauftragt, wandte sich seinerseits an die Friedensrichter - es sollten nämlich nicht unterschiedslos alle früheren huissiers wieder eingesetzt werden, sondern nur diejenigen, die wegen ihres Patriotismus und ihrer Fähigkeiten den Vorzug verdienten[144]. Am 14. Frimaire an VII (4. November 1798) teilte *Rudler* dem Kommissar des Direktoriums beim Zivilgericht des Saardepartements, *Staadt*, mit, gemäß der vorgelegten Liste stünden nur 18 Gerichtsvollzieher zur Verfügung, "während es zumindest einen für jeden Kanton geben sollte"[145]. Noch einmal wurden daher die früheren Amtsinhaber berücksichtigt, die für die Ausübung der neuen Funktionen als geeignet angesehen wurden.
Der Zentralverwaltung des Departements oblag auch die Vorbereitung der Listen der Anklage- und Urteilsgeschworenen, die dann *Rudler* zugeleitet werden mußten. Wegen bürokratischer Schwierigkeiten erfolgte die Aufstellung der nach dem französischen Code des délits et des peines alle drei Monate vorzulegenden Liste oft mit Verspätung[146]. Voraussetzung für die Ernennung als Geschworener waren "civisme et probité". *Rudler*, der auf diese Eigenschaften großen Wert legte, bestimmte mit Schreiben vom 17. Messidor an VI (25. Juni 1798) neben den vom Code dés delits et des peines aufgestellten Inkompatibilitätserfordernissen eine weitere Voraussetzung für die Ernennung: die Inkompatibilität mit der Tätigkeit als Gemeindebeamte ("agents et adjoints des communes")[147].
Nachdem man *Rudler* davon unterrichtet hatte, daß einige Bürger rechtswidrig als Geschworene tätig waren, ordnete er mit einem an die Kommissare des Vollzugsdirektoriums bei den Zivil- und Kriminalgerichten adressierten Schreiben vom 16 Ventôse an VI (6. März 1798) an, solche Rechtswidrigkeiten sofort zu beseitigen[148]. Es komme nach Art. 147 der geltenden Verfassung den Gerichtskommissaren die Aufgabe zu, für die Einhaltung der Formvorschriften und die richtige Gesetzesanwendung in den ihnen anvertrauten Gerichten zu sorgen. *Rudler* interpretierte dabei den Wortlaut der Verfassung recht weit, wenn er seinen Untergebenen empfiehlt, zwecks endgültiger Beseitigung von Unregelmäßigkeiten bei der Geschworenenwahl während des entsprechenden Auslosungsverfahrens immer selbst anwesend zu sein[149].

---

144 LHA KO, 241 ff. 565, S. 227.
145 LHA KO, 241 ff. 565, S. 52.
146 LHA KO, 241 ff. 565, S. 205.
147 Ebenda, S. 289.
148 LHA KO, 241 ff. 565, S. 96.
149 Ebenda, S. 98.

11. Konflikte zwischen Lokalbehörden: der Fall Keuchen

Am 24. Vendémiaire an VII (15. Oktober 1798) informierte die Zentralverwaltung des Departements *Rudler* über die angebliche Mißhandlung eines "tyranneau" (der die Einwohner durch Schreckensherrschaft regieren wolle), derer sich der Bürger *Keuchen*, Kommissar des Vollzugsdirektoriums beim Tribunal correctionnel von Prüm, schuldig gemacht haben solle[150]. Was den Beamten der Zentralverwaltung am meisten am Herzen zu liegen schien, war die positive Einstellung der Bevölkerung zur französischen Regierung, die verloren gehen könnte, wenn man solche aufrührerischen und zum Amtsmißbrauch geneigten Beamten unbestraft ließe[151].

Der Hinweis auf *Keuchens* übertriebene Prinzipien begründet den Verdacht, daß die Zentralverwaltung die Entlassung dieses Beamten nicht nur wegen seiner vermeintlichen Mißbräuche der Amtsgewalt verlangte, sondern vielmehr wegen seiner vermutlich jakobinisch-politischen Einstellung, die den auf "Ruhe und Ordnung" bedachten Beamten der Zentralverwaltung mißfiel. Dieser Verdacht - und verallgemeinernd die Hypothese, daß Spannungen innerhalb der verschiedenartig politisch eingestellten Departementsbeamtenschaft bestanden haben - erhärtet sich an anderer Stelle oben zitierten Schreibens. Dort wiesen die Beamte Zentralverwaltung auf die Notwendigkeit der Beibehaltung der erforderlichen Umsicht bei der Umsetzung der Freiheit hin. Sie schlossen mit den Worten: "Notre Département a joui jusqu'à présent de la plus heureuse tranquillité à l'ombre des lois et par suite de l'harmonie personelle qui a subsiste entre tous les fonctionnaires publics..."[152].

12. Politische Sensibilisierung des Personals in Verwaltung und Justiz

In den Anweisungen an *Rudler* vom 4. Frimaire an VI (24. November 1797)[153] schien Justizminister *Lambrechts* besonderen Wert auf die Herstellung eines profranzösischen öffentlichen Geistes am linken Rheinufer zu legen. Dieses Ziel könne mit der Gründung von Bürgergesellschaften ("sociétés patriotiques") erreicht werden. *Rudler* habe die neugeborenen Gesellschaften aber zu kontrollieren, damit sie keine Gefahr für die öffentliche Ordnung bildeten und verfassungsgemäß blieben[154]. (*Lambrechts* bezieht sich hier auf Art. 362 der

---

150 LHA KO, 241 ff. 566, S. 178.
151 Ebenda, S. 178.
152 Ebenda, S. 178.
153 *J. Hansen*, IV, S. 366.
154 Ebenda, S. 366.

Verfassung vom Jahr III, der die Möglichkeit Bürgergesellschaften ins Leben zu rufen und deren Tätigkeitsfeld aus Furcht vor dem Wiederentstehen der jakobinischen Partei streng begrenzte.)
Das Saardepartement bildete in diesem Bereich keine Ausnahme. Mit Schreiben vom 7. Ventôse an VI (25. Februar 1798) kündigte der Kommissar des Direktoriums bei der Zentralverwaltung, *Boucqueau*, die Gründung eines Verfasungszirkels "cercle constitutionnel", für den sich alle Beamten eingesetzt hätten, bei *Rudler* an. Sein Ziel war es, unter den Beamten des Departements die republikanische Idee neu zu entfachen und jeder Tendenz zur Apathie entgegenzuwirken[155]. Alle Themen, die mit dem Wohlstand der neuen Departements und der exakten Ausführung der Gesetze zusammenhingen, dürften im Zirkel gerne diskutiert werden. Jedoch dürfe ihm keine politische Entscheidungs- oder Einflußfunktion zukommen[156].

13. Die Frage des Sportelwesens

Vom 22. Messidor an VI (10. Juli 1798) datiert ein Bericht *Boucqueaus* aus Trier an *Rudler*, in dem er schreibt, daß die Gewohnheit einiger Beamter, sich für die Ausübung ihrer Tätigkeit rechtswidrig Geldsummen von den Bürgern entrichten zu lassen, noch nicht verschwunden sei[157]. Deswegen sei *Rudlers* Erlaß vom 14. Messidor (2. Juli) über die Unterdrückung solcher Phänomene bei Strafe im Saardepartement herzlich willkommen: Er habe sofort eine Abschrift an die Zentralverwaltung geschickt und diese aufgefordert, den Erlaß in den zwei Sprachen drucken zu lassen.[158]
Die Namen oder Amtsbezeichnungen der unterschlagenden Beamten gehen aus der Quelle nicht hervor. Die von *Boucqueau* auf *Rudlers* Dekret bezogenen Worte "très nécessaire" lassen jedoch vermuten, daß dieses Phänomen im gesamten Departement auftrat. Ob davon mehr die Justiz oder mehr die Verwaltung betroffen war bleibt unklar.

155 LHA KO, 241 ff. 565, S. 71.
156 Ebenda, S. 71.
157 Ebenda, S. 267.
158 Ebenda, S. 267.

14. Kritischer Bauzustand der Justizräume

Der Zustand der zur Ausübung der Justiztätigkeit bestimmten Räumlichkeiten war sehr kritisch. *Fayolle* berichtete an die Zentralverwaltung, daß den Gerichten, die seit der Epoche des 1er Ventôse bestünden, es noch heute an Platz und fast allen notwendigen Dingen fehle[159]. Dieser prekären Lage sei es zuzuschreiben, daß die Justiz in der Behandlung der Rechtsfälle so langsam vorankomme[160]. Mit Beschluß vom 17. Prairial an VI (5. Juni 1798) ordnete die Zentralverwaltung die Bereitstellung des Piaristenseminars für die Justiz an[161].

15. Fortbestand alter Gerichtsgebräuche

Ein weiteres Problem bestand darin, daß selbst noch Monate nach dem Inkrafttreten von *Rudlers* Règlement sur l'orde judiciaire vor Gericht von Anwälten teilweise weiterhin die überkommenen prozessualen Gebräuche angewandt wurden.[162]. Hinzu kam die Geldentwertung, die die gesetzliche Regelung, wonach die Friedensgerichte ohne Berufungsmöglichkeiten über Streitsachen bis zu 50 Francs entscheiden dürfen, ernsthaft zu beeinträchtigen schien. Dies bezeugt der Bericht des Trierer Zivilgerichts an *Rudler* vom 12. Messidor an VI (30. Juli 1798)[163].

16. Die Gerichtssprache

Die Sprachenfrage ist ein weiteres Beispiel dafür, daß in der Anfangszeit die gesetzliche Vorgabe auf der einen Seite und der Justizalltag auf der anderen Seite divergierten.

a) Mißachtung von Rudlers Sprachdekret in der Praxis

Im März 1798 ordnete *Rudler* per Dekret an, daß mit sofortiger Wirkung ausnahmslos Französisch die Amtssprache sowohl der Justiz als auch der Ver-

159 Ebenda, S. 251.
160 Ebenda, S. 251.
161 Ebenda, S. 257.
162 Ebenda, S. 271.
163 Ebenda, S. 271.

waltung sein sollte[164]. Zuvor waren in der Praxis die Akten mehr oder weniger konsequent zweisprachig geführt worden. An Widerstand von Seiten der Richter und der deutschsprachigen Geschworenen an den Gerichten fehlte es nicht und *Fayolles* (Kommissar des Vollzugsdirektoriums für die erstinstanzlichen Gerichte im Saardepartement) gedrucktes Manifest "Aux Directeurs des Jurys d'accusation et juges de paix des cantons du Département" zeigt, daß *Rudlers* Sprachdekret noch neun Monate nach seiner Verabschiedung weithin unbeachtet geblieben war. Die Gerichtsakten wurden weiter in deutscher Sprache verfaßt: "Il n'est presque aucune des procédures que vous avez instruites, qui ne soient pas empreintes du vice de cette infraction"[165]. Wie sollte man sich erklären, daß für den Zweck "de faire aimer la République" besonders ausgewählte Beamte das Gesetz so oft übertreten hatten? Zwar habe das Tribunal criminel gegenüber dieser so weit verbreiteten Gesetzesübertretung Geduld gezeigt und für Übersetzungen des Gesetzestextes ins Deutsche gesorgt[166]. Jetzt aber sei der Moment gekommen, das Gesetz wieder strikt anzuwenden: "Le vœu bien prononcé de cette loi, ... l'espoir de vos justiciables, le vôtre même, ô vous qui aspirez à partager avec eux et l'honneur et la gloire du nom français, l'exigent ..."[167]. *Fayolle* drohte schließlich den widerstrebenden Beamten mit Strafmaßnahmen und gab der Hoffnung Ausdruck, daß es zu solchen strengen Schritten nicht kommen möge[168].

b) Stimmen zugunsten des Deutschen

Fayolles strenger Eingriff im Saardepartement verhinderte nicht, daß sich auch weiterhin aus der Justiz Stimmen gegen den alleinigen Gebrauch des Französischen vor Gericht erhoben. Französisch sei zahlreichen Beamten unbekannt[169]. Der Zwang zur französischen Sprache Einschränkung der Möglichkeit der Verteidigung vor Gericht, ja sogar dazu, daß auf eine Verteidigung gänzlich verzichtet würde - mit schlimmen Konsequenzen für die Angeklagten[170]. Hin-

164 Über Rudlers Sprachdekret siehe *J. Hansen*, IV, S. 639; *Bormann/Daniels*, Bd. VI, S. 635.

165 LHA KO, 241 ff. 566, S. 65.

166 Ebenda, S. 65.

167 Ebenda, S. 65.

168 Ebenda, S. 65.

169 Vgl. darüber *A. Grilli*, Sprache und Recht ... (1993), in dem der ausführliche Bericht des Strafgerichtes des Saardepartements an Rudler über die Sprachenfrage enthalten ist. Siehe auch LHA KO, 241 ff. 565, S. 133 und 134.

170 LHA KO, 241 ff. 565, S. 133-134.

zu komme die Unfähigkeit der "deutschen" Geschworenen, die ihnen anvertrauten Strafsachen schnell und sinnvoll zu entscheiden[171].
Teilweise wurde gefordert[172], man müsse warten, bis sich Französisch am linken Rheinufer als Volkssprache neben Deutsch etabliert habe, wie es im Elsaß und in Lothringen der Fall gewesen sei. Konsequenz des *Rudlerschen* Sprachdekrets war es jedenfalls, daß die Notwendigkeit von Gerichtsdolmetschern und deren Einfluß zunahm. Bis in die napoleonische Kaiserzeit hinein sollte die Kenntnis beider Sprachen die Einstellung als Richter oder Gerichtsschreiber in den vier linksrheinischen Departements begünstigen[173].

c) Historische Perspektive

Gerade die Frage der Gerichtssprache zeigt, daß die französische Konzeption für die Justiz im Rheinland seit der Zeit *Rudlers* nicht nur von (nach)revolutionären Sozialvorstellungen geprägt war. Ziel war vielmehr auch - getragen von einem von der Revolution inspirierten Nationalbewußtsein - eine staatliche Integration des Rheinlands in die Französische Republik - bis hin eben zur Einbeziehung der linksrheinischen Justiz in die Konzeption "une nation - une langue". Daraus darf jedoch keineswegs gefolgert werden, daß die erwähnten Widerstände seitens der deutschsprachigen Richter und Geschworenen etwa von einem gleichen deutschen Nationalbewußtsein getragen worden wären. Dies wäre eine bloße Projektion von Entwicklungen im Verlauf des weiteren 19. Jahrhunderts in eine Zeit, in der für die deutschsprachige Bevölkerung eher lokale bzw. regionale Gewohnheiten und Beziehungsgeflechte dem Vereinheitlichungs- und Zentralisierungsstreben der radikalen Repräsentanten französischer Herrschaft entgegenstanden.

17. Der Strafvollzug: die Gefängnisfrage

Während der Amtszeit von Kommissar *Franz Joseph Rudler* mußte in den vier linksrheinischen Departements auch der Strafvollzug neu organisiert werden. Viele Gebäude, die als Gefängnisse benutzt wurden, bedurften einer Renovie-

---

171 LHA KO, 315, 2, Bd. 4 (Registernummer 64).

172 In diese Richtung geht der Vorschlag des Bliescasteler Friedensrichters, Franz Karl Dercum, an Rudler: LHA KO, 241 ff., 1249, S. 16.

173 Siehe z.B. AN Paris, BB^5 267: Am 13. Dezember 1813 rät der Präsident des Trierer Appellationsgerichts Garreau dem Justizminister Regnier von der Einstellung der französischen Richter Feurel als Präsident des erstinstanzlichen Gerichts Simmern ab, weil "la langue allemande ne lui est pas assez familière".

rung und Modernisierung. Es gab kaum Wachpersonal, so daß Ausbrüche an der Tagesordnung waren. Die schwache finanzielle Lage der französischen Administration machte es darüber hinaus praktisch unmöglich, die notwendigen Finanzmittel zur Neuordnung der Gefängnisse bereitzustellen, so daß der Zustand der Gefängnisse kaum verbessert werden konnte. Nicht immer ließ sich die eigentlich vorgesehene Trennung zwischen den Häftlingen, die in den Untersuchungsgefängnissen ("maisons d'arrêt") auf ihr Urteil warteten, und den bereits zu einer Haftstrafe verurteilten Häftlingen vornehmen (die in den eigentlichen Gefängnissen untergebracht sein sollten) verwirklichen. Es bestand die Gefahr, dieses Prinzip der Trennung zwischen Untersuchungshäftlingen und bereits Abgeurteilten, das Bestandteil der Verfassung von 1795[174] ist, in den vier linksrheinischen Departements nicht in die Tat umsetzen zu können. *Rudler* war sich dieser Gefahr sehr wohl bewußt und versuchte dadurch Abhilfe zu schaffen, daß er die Zentralverwaltungen der Departements dazu aufrief, die notwendigen Maßnahmen zu ergreifen und ihm Kostenvoranschläge für die anstehenden Renovierungsarbeiten in den Gefängnissen vorzulegen. Als erstes reagierte das Departement Saar auf diesen Aufruf. Mit Beschluß vom 29. Prairial an VI (17. Juni 1798) ordneten die Zentralverwaltungen an, das örtliche Dominikanerkloster in ein "maison d'arrêt, de justice et de détention" umzufunktionieren, und folgten dabei Artikel 70 des "Code des délits et des peines"[175]. Ein Kloster bot in der Tat diverse Vorteile. Neben der dort gegebenen Sicherheit und Sauberkeit verfügte es über genügend Platz, um alle Gefangenen aufzunehmen, und konnte somit - solange keine anderen geeigneten Gebäude zur Verfügung standen - sowohl als Untersuchungsgefängnis als auch als Gefängnis dienen[176].

---

174 Es ist dort in dem Teil "justice correctionnelle et criminelle" unter Art. 227 aufgeführt: "Nulle personne, dans le cas où sa détention est autorisée par la loi, ne peut être conduite ou détenue que dans les lieux légalment et publiquement désignés pour servir de maison d'arrêt, de maison de justice ou de maison de détention"; *Les Constitutions*, S. 126.

175 LHA KO, 241 ff. 557, S. 1: "Indépendemment des prisons, qui sont établies commes peines, il y a près de chaque directeur de jury d'accusation une maison d'arrêt, pour y retenir ceux, qui y sont envoyés par mandat d'officier de police, et près de chaque tribunal criminel une maison de justice, pour détenir ceux, contre lesquels il est intervenu une ordonnance de prise de corps."

176 Ebenda, S. 1.

Kapitel III: Das Departement Rhein und Mosel[177]

1. Einleitung

Im Rhein-Mosel-Departement gerieten die von *Rudler* eingeführten Neuerungen von zwei Seiten unter Druck. Einerseits drängten die franzosenfreundlichen Cisrhenanen auf die Beschleunigung der Assimilation, indem sie die Beseitigung aller "unzuverlässigen Republikaner" aus der Verwaltung forderten. Auf der anderen Seite wurden von anderen Teilen der Justiz einige der Neuerungen *Rudlers*, wie z.B. die Einsetzung von Regierungskommissaren mit Kontrollfunktionen oder die Einführung der französischen Gerichtssprache, strikt abgelehnt. In diesem Departement stand *Rudler* somit gleichsam unter zwei Feuern.

Im Folgenden wird zu zeigen sein, daß diese Konstellation und das Aufkommen verschiedenartiger organisatorischer und fachlicher Fragen es hindern, den Integrationsprozeß im Rhein-Mosel-Departement am Ende des Kommissariats *Rudlers* als vollendet zu betrachten. Teils sind es die gleichen Probleme, die schon im Saardepartement eine Angleichung verzögert haben, teils ergeben sich Besonderheiten aus den speziellen Verhältnissen im Rhein-Mosel-Departement.

In diesem Kapitel sollen folgende Bereiche untersucht werden:

- die Ernennungen in der Zentralverwaltung und in der Justiz,
- die Kritik der Cisrhenanen an *Rudlers* Personalpolitik,
- Probleme bei der Neuorganisation der Justiz ("esprit public", Schwierigkeiten bei der Ernennung einzelner Justizbeamter, die Gehälterfrage, die Sprachenfrage, Reibungen zwischen Kommissaren und Gerichten) sowie
- verschiedene Einzelfragen (noch anhängige Verfahren, Härte des französischen Strafrechts, Zuständigkeit der Militärgerichte für die Zivilbevölkerung, Arbeitsüberlastung der Gerichte, Probleme der Gefängnisorganisation, Mobilität der Richter, Probleme bei der Aufhebung der Zehnten).

2. Ernennungen in der Zentralverwaltung und in der Justiz

Auf Empfehlung *Lambrechts* und *Bassanges* (Kommissars im Departement Ourthe) wurde *Philippe Boucqueau* Kommissar der Zentralverwaltung. Am 22. Januar 1798 sollte ihm *Sta* im Amt folgen. Er selbst siedelte ins Departement Saar über. Der Rhetorikprofessor *Godon* wurde Mitglied der Departe-

177 AN Paris, BB^5 255.

mentsverwaltung auf Empfehlung des Volksvertreters (d.h. des Abgeordneten beim Rat der Fünfhundert) *Roemers. Champein* (der bereits französischer Kommissar in Bonn war) konnte auf die Unterstützung von *Barras* (Mitglieds des Vollzugsdirektoriums), von *Lambrechts* und von General *Cherins*, der an der Spitze des Generalstabs der "Armée d'Allemagne" stand, zählen. Die "deutschen" Mitglieder *Holthoff* (ehemals Mitglied der Bonner Bezirksregierung), *Saur* aus Andernach ("échevin" der ehemaligen Stadtverwaltung in vorfranzösischer Zeit) und *Vanrecum* (Verwalter des Arrondissements Trier) wurden von den "patriotes du pays" vorgeschlagen. *Saur* und *Vanrecum* hatten laut *Hansen* jedoch auch die Empfehlung von General *Lefebvre* bzw. von Direktoriumsmitglied *Reubell*[178].
Kommissar *Larcher* am Zivil- und Strafgericht (dem 1799 *Blouet* im Amt nachfolgen sollte) war zuvor Stellvertreter an den Gerichten im Departement Oberrhein und konnte sich der Empfehlung von sogar zwei Direktoriumsmitgliedern erfreuen: *Merlin de Douai* und *Reubell.* Seinem Stellvertreter *Sergent* folgte nach dessen Rücktritt *Nell* (der die Empfehlung seines Vorgängers und der Mitglieder des Gerichts besaß).
Die Koblenzer Richter[179] wurden alle - mit Ausnahme von *Dupont* aus Keysersberg (Empfehlung von *Reubell*) und *Collas* (Empfehlung der Abgeordneten *Gauthier*, *Couppé*, *Gouddin* und der Gesandtschaft aus Guadeloupe, woher *Collas* vermutlich stammte) - von den "patriotes du pays" empfohlen.
Der öffentliche Ankläger *Blouet* aus Thionville (er war Richter im Departement Mosel "avant et dépuis la Révolution") besaß die Empfehlung des Abge-

---

178 AN Paris, BB[5] 255; *J. Hansen*, IV, S. 458-459, 547-548 und 550-551.

179 Doetsch, Sabel und Maehler waren "conseillers", d.h. Richter im "ancien régime"; Lebens (von Lassaux im Amt gefolgt), Bachoven aus Münstereifel, Clothen aus Boppard und Crebel waren Anwälte; Dahm aus Bursheim, Blum, Harding aus Mainz, Collas, Gerdom aus Andernach waren vor der Ankunft der Franzosen und während der Zeit der Militäradministration ehemalige "baillifs" oder Friedensrichter; Tippel aus Oberwald und Dupont aus Kaysersberg im Departement Oberrhein waren lediglich "hommes de loi", während Reinech aus Koblenz als "jurisconsulte" bezeichnet wurde; der Bonner Hamecher wie auch der Koblenzer Schreiber waren Mitglieder der jeweiligen Stadtverwaltungen; Escher war Professor an der "Ecole centrale" in Straßburg (er sollte später das angebotene Amt ablehnen, an seiner Statt sollte der Koblenzer Gunther treten), während im Falle des Bonners Eschweiler und des Koblenzers Aldenhoven keine Hinweise auf vorher ausgeübte Tätigkeiten vorliegen; vom Creuznacher Schmitt, Präsident des Kriminalgerichts (sein Nachfolger in diesem Amt sollte Lebens werden) heißt es, er sei Mitglied des "tribunal d'appel" gewesen: da es jedoch zu jener Zeit ein solches Gericht in den eben erst geschaffenen linksrheinischen Departements noch nicht gab, ist damit vermutlich das alte Kurfürstliche Berufungsgericht gemeint: das Koblenzer Hofgericht.

ordneten *Merlin de Thionville*, während die Kommissare an den Zuchtpolizeigerichten *Gerolt* (Jurist aus Bonn), *Wirthtumb* (aus Koblenz) und *Spener* (Jurist aus Simmern) von den "patriotes du pays" benannt wurden.

3. Stellungnahmen zu Rudlers Personalpolitik

Der rheinländische Jurist *Andreas Georg Friedrich Rebmann*[180] gibt ein - alles in allem - positives Urteil über die von *Rudler* getroffenen Auswahl der Verwaltungs- und Justizangestellten ab: "Son choix, considéré en totalité, (principalement dans la partie justiciaire) fut aussi bon qu'il pouvait l'être dans les circonstances que j'ai rappellées"[181]. Dabei unterließ er nicht den Hinweis darauf, daß auch eine stattliche Anzahl von Justizbeamten des "ancien régime", die "anciens baillifs", für Neuernennungen kandidiert hätten, soweit sie weder durch eine Aversion gegen Frankreich[182] noch infolge mangelnder französischer Sprachkenntnisse[183] davon abgehalten worden wären.
Im Departement Rhein und Mosel erlangte vor allem die kritische Haltung der Föderierten gegenüber der *Rudlerschen* Einstellungspolitik von Verwaltungs- und Justizpersonal großes Bedeutung. Diejenigen, die nicht bedingungslos von *Rudler* mit einem neuen Amt betraut wurden[184], beschuldigten mehrmals zahlreiche neu ernannte Verwaltungsbeamte, "unzuverlässige Republikaner" zu sein. Dabei suchte sich *Rudler* auch aus den Reihen der Föderierten Berater für die Politik in den neuen linksrheinischen Departements aus. (*Hansen* gibt ein äußerst hartes Urteil über die Föderierten allgemein ab, indem er sie als "junge und in der Verwaltung ganz unerfahrene, besitzlose und zu radikalen Maß-

---

180 Zu Leben und Werk Rebmanns siehe insbesondere *Nadescha von Wrasky*, A.G.F. Rebmann. Leben und Werk eines Publizisten zur Zeit der großen französischen Revolution (phil. Diss. Heidelberg), Heidelberg 1907, S. 104; *Rainer Kawa*, Georg Friedrich Rebmann (1768-1824), Studien zu Leben und Werk eines deutschen Jakobiners, Bonn 1980; *Christian Wirth*, Der Jurist Johann Andreas Georg Friedrich Rebmann zwischen Revolution und Restauration (iur. Diss. Saarbrücken), Saarbrükken 1995; *Elmar Wadle/Gerhard Sauder* (Hg.), Georg Griedrich Rebmann (1768 - 1824) - Autor, Jakobiner, Richter -, Sigmaringen 1997.
Das Zitat ist entnommen aus: *Georg Friedrich Rebmann*, Coup d'oeil sur les quatre Départements de la rive gauche du Rhin, Trèves, Ventôse an X (1802), S. 24.

181 Ebenda, S. 24-25.

182 Ebenda, S. 25.

183 Ebenda, S. 25.

184 Ebenda, S. 27: Rebmann gibt als Grund dafür ihre jugendliche Unerfahrenheit in Verwaltungsangelegenheiten an - trotz ihres glühenden Enthusiasmus für die republikanischen Ideen.

nahmen geneigte Männer", bezeichnet, die "keinen Anhang im Bürgertum besaßen")[185]. Der Cisrhenane *Geich* drückt sich am 13. März 1798 folgendermaßen aus: "... Nie werden die Patrioten Cisrhenaniens es zugeben, daß Chouans Horden ihren Mitbürgern die Früchte ihrer Freiheit entreißen ... wir haben jahrelang um diese Freiheit gerungen, sie ist uns zuteil geworden, und keiner ... soll uns dieselbe rauben."[186]
Ungefähr einen Monat vorher hatte *Görres* anläßlich der Errichtung der neuen Zentralverwaltung im Departement am 1. Ventôse an VI (19. Februar 1798), die aufgrund ihrer Zusammensetzung bei den cisrhenanischen Patrioten nicht gerade großen Zuspruch gefunden hatte, in seinem "Roten Blatt" die Mitglieder der Zentralverwaltung aufgefordert, die Sache der Freiheit weder zu verraten noch durch nachlassenden Enthusiasmus zu schwächen[187].

4. Die Verwaltung: innere Kontraste und Kritik der Cisrhenanen

Wenige Tage nach ihrer Errichtung veröffentlicht die Zentralverwaltung im Departement Rhein und Mosel am 22. Februar 1798 einen zweisprachigen Aufruf an die Bevölkerung, in dem der feste Wille, für die neuen Ideen einzutreten, nochmals bekräftigt wurde: "Unsere Gesinnungen und unser Eifer, die echten Grundsätze siegen zu machen, seien die nämlichen, und nichts sei vermögend, die heilsame Eintracht zu trennen, (...) deren Zweck (...) die Beglükkung des Volkes ist."[188] Die Realität jedoch sah anders aus: Nur wenige Monate später sollten zwischen den französischen und den linksrheinischen Mitgliedern der Zentralverwaltung erbitterte Kontroversen aufbrechen. Grund dafür war die Entscheidung des Sekretärs *Méhée*, mehrere den französischen Mitgliedern *Champein* und *Godons* genehme Angestellte - darunter auch seinen eigenen Stellvertreter *Rogier* - wegen Unterschlagung im Amt zu entlassen[189]. Dieser Beschluß, der die Tätigkeit der Zentralverwaltung[190] von Juni bis August 1798 lähmen sollte, wurde er von *Champein* und *Godon*, die die Amtsenthebung *Méhées* forderten, bei *Rudler* kritisiert. Gegen die Amtsenthebung *Méhées* sprachen sich jedoch *Vanrecum*, *Holthoff* und *Sanz* aus. Zur "affaire de Coblence" erging schließlich eine direkte und eindeutige Stellungnahme des Direktoriums in Paris. Am 13. August 1798 wurden nicht nur *Mé-*

---

185 *J. Hansen*, IV, S. 546.
186 Ebenda, S. 547.
187 Ebenda, S. 570-571.
188 Ebenda, S. 569-570.
189 Ebenda, S. 568-569.
190 Ebenda, S. 876-877.

hée und *Rogier* ihrer Ämter enthoben, sondern auch der Kommissar bei der Zentralverwaltung *Sta* wurde seines Amtes enthoben[191].

Aus der "affaire de Coblence" lassen sich mindestens zwei Beobachtungen ableiten:

a) Unter den verschiedenen Mitgliedern der Zentralverwaltungen und den ihnen jeweils zuzuordnenden Büroangestellten bestand ein Geflecht von Beziehungen, das Protektion und Mißgunst nach sich zog, wobei das sprachliche Element (entweder zur französischen oder zur linksrheinischen "Gruppe" gehörend) eine wichtige Rolle spielte.

b) Die Cisrhenanische Presse übte eine Kontrollfunktion aus und kritisierte des öfteren die Arbeit der Verwaltungen der Departements. *Görres* selbst beschuldigte beispielsweise in seinem "Roten Blatt"[192] Kommissar *Sta* der Korruption und löste damit seine Suspendierung aus.
Dies erklärt auch die energische Reaktion *Champeins* und *Godons*, die am 10. September 1798 *Rudler* um die Genehmigung baten, die Verbreitung des Blattes verbieten zu dürfen: "Son auteur ou rédacteur s'appelle Goerres, jeune homme de 19 ou 20 ans, qui (...) s'est follement imaginé, qu'il devait avoir la même prépondérance dans la société, qu'il a eue dans son collège, et prétend régler tous les potentats et même les républiques..."[193].
In einem Schreiben zu seiner Verteidigung rechtfertigte *Görres* seine Kritik und seine an die Departementsverwaltung gerichteten Anregungen und erklärte gegenüber *Rudler*, es sei absolut "essentiel aux intérêts de la République d'oser peindre avec franchise la conduite de ceux qui oseraient mésurer de la confiance, que leur a accordée le Gouvernement (...). Depuis trop longtemps ces contrées avaient été abandonnées à la rapacité d'une foule de voraces vautours..."[194]. Am 20. Oktober beschloß die Zentralverwaltung, das Erscheinen des "Roten Blattes" einzustellen, obwohl einem solchen Beschluß weder *Rudler* noch *Lambrechts* zugestimmt hatten[195].

---

191 Ebenda, S. 907-908.
192 Ebenda, S. 908.
193 Ebenda, S. 932.
194 Ebenda, S. 934.
195 Ebenda, S. 934.

5. Organisatorische Probleme der Justiz

Die Verwaltung der Justiz stellte *Rudler* im Departement Rhein-Mosel vor gewichtige Probleme, die in erster Linie organisatorische Fragen, die Haltung einiger Beamter zu Frankreich, die niedrigen Gehälter und eine ganze Reihe von rechtlichen Angelegenheiten betrafen. Die Quellen überliefern hierzu eine rege Korrespondenz zwischen *Rudler*, den Gerichten erster Instanz des Departements und den ihnen vorstehenden Kommissaren.

a) Die Treue zu Frankreich von Verwaltungs- und Justizbeamten: die Haltung Rudlers

In einem Brief an die Zentralverwaltung des Departements vom 17. Fructidor an VI (4. September 1798) bat Generalkommissar *Rudler* um nähere Informationen bezüglich einer sehr wichtigen Tatsache, die es verdiene, vertieft zu werden: Die "agents et adjoints" der Bauernkantone um Bonn, die sich in einer Sitzung zusammengefunden hatten, um eigentlich die Feierlichkeiten zum Freiheitsfest zu organisieren, hatten erklärt, daß sie an diesem Fest gar nicht teilnehmen wollten. *Rudler* zeigte jedoch keine Anstalten, sofortige Strafmaßnahmen gegen das Personal des Bauernkantons Bonn zu verhängen. Dies ist ein weiteres Anzeichen für das bedachte, ruhige und gemäßigte Vorgehen des Generalkommissar: "Les questions, qui se présentent, sont celles de savoir si ces membres agents et adjoints ont ou non assisté à la fête (...)"[196].
In einem späteren Brief vom 3. Vendémiaire an VI (24. September 1798) billigte und bestätigte *Rudler* die von der Zentralverwaltung gegenüber den uneinsichtigen Beamten des Bauernkantons Bonn angewandten Strafmaßnahmen (größtenteils Versetzungen in andere Verwaltungssitze). Sein Wunsch sei es, daß "ces communes, à l'exemple de leurs voisines, rentreront dans le devoir."[197]
Ein weiterer ungewöhnlicher Fall ist der des Mönches *Laurentius Aldenhoven*, der - wie aus einem Schreiben des öffentlichen Anklägers beim Strafgericht des Departements, *Brouel*, vom 14. Vendémiaire an VII (5. Oktober 1798) an *Rudler* hervorgeht - von der Zentralverwaltung beschuldigt wird, am 13 Messidor "contre la Révolution" gebetet zu haben[198]. *Brouel* informierte den Bonner Directeur du Jury über den Vorfall und bat ihn, die notwendigen Schritte einzuleiten. *Rudler* wies *Brouel* in seinem Antwortschreiben vom 9. Brumaire

196 LHA KO, 241 ff. 561, S. 13.
197 Ebenda, S. 41.
198 Ebenda, S. 71.

an VII (30. Oktober 1798) darauf hin, daß *Aldenhoven* aufgrund der von ihm angeführten Rechtfertigung nicht mit einer schweren Strafe für die begangene Tat zu rechnen hätte, schlimmstenfalls mit einer "peine correctionnelle"[199].
Hart ist dagegen die Reaktion *Rudlers* im Falle *Dahm*, da es sich bei diesem Richter am Zivilgericht des Departements um einen Beamten in juristischen Diensten handelte. Diesem war vorgeworfen worden, die vom Kanton Koblenz verfaßte Akte der Reunionsadresse an Frankreich nicht unterschrieben zu haben. *Rudler* erklärte dazu: "Je vous avoue que j'ai peine à croire qu'un magistrat, l'un des premiers fonctionnaires publics d'un département, ait pu manifester une conduite aussi anticivique. Cependent, Citoyen, il importe fort que je sache si cette inculpation est ou non fondée, et je dois le savoir de vous même..."[200] Da die Quellen hinsichtlich der getroffenen Disziplinarmaßnahmen gegenüber *Dahm* und der weiteren Korrespondenz mit *Rudler* schweigen, ist anzunehmen, daß *Rudlers* Härte sich wohl auf die gewählten Worte beschränkte.
Insgesamt verlangte *Rudler* von den Beamten der Justizkammer ein vorbildliches Verhalten. Dies äußerte er am 1. Vendémiaire an VII (22. September 1798) unmißverständlich gegenüber *Brouel*, der sich um das Amt des Kommissars an den Gerichten des Departements bewarb, ein Amt, das jedoch schon von *Blouet* besetzt war[201]. Laut *Rudler* war das Amt des Kommissars des Vollzugsdirektoriums mehr "fiable" als das des öffentlichen Anklägers, nicht zuletzt deshalb, weil letzteres alle zwei Jahre durch Volkswahl besetzt werde (was für einen Franzosen in einem Gebiet, in dem zu vermuten war, daß dort bevorzugt Einheimische gewählt würden[202], äußerst heikel war). Rudler machte deutlich, daß ein solcher Aufstieg in der beruflichen Laufbahn darüber hinaus von Verdiensten abhängig sei: "Le Gouvernement déplace rarement ceux qu'il a honoré de sa confiance, et qui ne cessent de s'en montrer dignes par le zèle et l'exactitude avec lesquels ils remplissent leur devoir (...)"[203].

b) Schwierigkeiten beim Dienstantritt eines Justizbeamten

Eine von *Rudler* als gravierend bezeichnete Verfehlung sollte in der Zeit zwischen November und Dezember 1798 von seinem Stellvertreter *Mulot* begangen werden. Der Zivilrichter am Gericht des Departements und zum "Directeur du Jury" beim Bonner "Tribunal de police correctionnel" ernannte *Dupont*

199 Ebenda, S. 157.
200 Ebenda, S. 15: Schreiben Rudlers vom 17.Fructidor an VI (4.September 1798).
201 Ebenda, S. 39.
202 Ebenda, S. 40.
203 Ebenda, S. 40.

hatte erklärte, es sei ihm unmöglich, sein Amt im neuen Amtssitz anzutreten, da keinerlei finanzielle Mittel zur Deckung der Reisekosten zur Verfügung stünden[204]. *Dupont* hatte sich (wie aus seinem Brief an *Blouet* vom 6. Frimaire an VII (26. November 1798) hervorgeht) vergebens an Bekannte und auch an die Verwaltung mit der Bitte um einen Vorschuß gewandt. Die Ausgaben für die Umzüge der zum "Directeur du Jury" ernannten Beamten, die sich auf 300 Francs beliefen, wurden dem betreffenden Beamten von der Verwaltung erst nach der Reise zurückerstattet. *Dupont* schließt seinen Brief an *Blouet* mit dem tristen Aufruf "à me faire compter cette somme en bloc et par avance et dès lors, je me rends à mon poste sans l'ombre d'un retardement: sans cela, il m'est impossible de le faire."[205] Vier Tage später sollte *Dupont Blouet* mitteilen, er werde, nachdem es ihm unmöglich sei, seinen Dienst in Bonn anzutreten, sein Richteramt am "Tribunal civil" wieder aufnehmen[206]. Am Tage des Erhalts des Briefes informierte *Blouet Rudlers* Stellvertreter *Mulot* in Mainz über den Vorfall und machte dabei kein Hehl daraus, daß er Verständnis für *Dupont*s Reaktion habe: "En rendant hommage à la vérité, je dois convenir qu'il paraît avoir tout fait pour se mettre en situation de se rendre à son nouveau poste à Bonn, mais qu'il a été contrarié par les circonstances"[207]. *Rudler* dagegen wollte diese Entschuldigung nicht gelten lassen. Er hielt das Fernbleiben *Dupont*s von seinem neuen Amt für nicht gerechtfertigt. Dies erstaunt um so mehr, als gerade er sich doch gegenüber dem Problem der fehlenden Finanzmittel für die Beamten der vier Departements des Rheinlands so sensibel gezeigt hatte[208]. Das Gesetz - so *Rudler* - garantierte dem Beamten, der - um das Amt des Directeur du Jury auszuüben - einen Umzug vorzunehmen habe, die Bereitstellung von 300 Francs. Daher sei das von *Dupont* vorgebrachte "défaut d'argent" ein absolut widersinniger Vorwand. Der Brief *Rudlers* an *Dupont* vom 19. Frimaire an VII (9. Dezember 1798) ist in sehr bestimmtem Ton abgefaßt. Er erinnert ihn darin an seine Verpflichtungen als französischer Justizbeamter und droht damit, ihm die Ernennung nach Art. 130 der Verordnung vom 1. Thermidor an VI[209] zu entziehen. Dieser Artikel sah die Amtsenthebung für "tout fonction-

---

204 Ebenda, S. 261.

205 Ebenda, S. 262.

206 Ebenda, S. 295.

207 Ebenda, S. 291: Schreiben Blouets vom 10. Frimaire an 7 (30. November 1798).

208 Ebenda, S. 323.

209 Ebenda, S. 324: 19. Juli 1798: Es handelt sich um den zweiten Teil des "Règlement sur l'ordre administratif", das am genannten Datum zusammen mit anderen Gesetzen und Bestimmungen für mehrere Bereiche der Administration in Kraft getreten war; über das "Règlement sur l'ordre administratif" Rudlers siehe *Bormann/Daniels*, VI, S. 466 (zit. Kap. I, Fn. 23).

naire public qui s'absente de son poste sans autorisation légitime"[210] vor. *Rudler* schloß mit den Worten: "J'ai chargé le citoyen *Blouet* de requérir votre remplacement dans les trois jours de la remise qu'il vous fera de la présente au cas où vous ne seriez pas à votre poste "[211]. Die Ausübung des Dienstes habe absoluten Vorrang. Nur so sei sicherzustellen, daß das Amt des Directeur du Jury auf jeden Fall besetzt sei.
Am Tag zuvor (18. Frimaire an VII - 8. Dezember 1798) hatte *Mulot* bei *Blouet* einen noch härteren Ton bezüglich *Dupont* angeschlagen und ihm auch die Möglichkeit verwehrt, in sein altes Amt des Zivilrichters zurückzukehren, sollte er nicht innerhalb der äußerst kurzen Zeitspanne von drei Tagen nach Bonn kommen: "Le citoyen *Dupont* ne pouvra plus être regardé même comme juge, sa contravention à l'art. 198 de mon Règlement du 1er Thermidor sur l'ordre administratif le privant par le seul fait de sa place"[212].

c) Die Gehälterfrage: zahlreiche Klagen an die französischen Behörden; die Reiseentschädigung der Geschworenen

Der Fall *Dupont* erinnert an die schon im Saardepartement bestehende Problematik der niedrigen Löhne der Beamten und der Schwierigkeiten der Verwaltung, diese angemessen zu bezahlen.
Darüber hinaus bestanden Unsicherheiten über die Höhe der zu entrichtenden Gehälter für bestimmte Gruppen von Angestellten in der Justizverwaltung, so daß sich die Zentralverwaltung des Departements in einem Brief vom 25. Fructidor an VI (12. September 1798) an *Rudler* mit der Frage wandte, ob die Gehälter der Pförtner und Wächter ("concierges et guichetiers") der Gefängnisse und Untersuchungsgefängnisse ("maisons d'arrêt, de justice et des prisons") genauso hoch sein sollten, wie die Gehälter der entsprechenden Beamten in den Besserungsanstalten, d.h. 800 Francs[213].
Eine ähnliche Unklarheit bestand bezüglich des Gehalts des beim "Tribunal criminel" tätigen Übersetzers: Sollte er einen bestimmten festgesetzten Betrag erhalten oder nach anfallender Arbeit entlohnt werden? Die Mitglieder des "Tribunal criminel" betonten jedenfalls, die Präsenz eines Übersetzers sei absolut notwendig (Brief an *Rudler* vom 8. Brumaire an VII (29. November 1798))[214], da die Prozesse gemäß dem bereits erwähnten[215] Dekret vom 10.

---

210 LHA KO, 241 ff. 561, S. 323.
211 Ebenda, S. 324.
212 Ebenda, S. 327.
213 Ebenda, S. 29.
214 Ebenda, S. 197.
215 Siehe Kapitel I, Nr. 2b.

Germinal an VI (30. März 1798) auf Französisch zu führen seien: "La majorité des jurés et des accusés ne connaissant pas les deux langues, nous ne pouvons nous dispenser de l'interprète pour cette instruction, ainsi que lorsqu'il faut procéder à l'interrogatoire d'un prévenu qui ignore la langue française"[216]. Man versicherte, dabei die von *Rudler* in einem vorausgehenden Schreiben festgelegten Kriterien der Sparsamkeit beachtet (30. Vendémiaire an VI - 21. Oktober 1798)[217] und einem Übersetzer bei Gericht nie mehr als 5 Francs pro Gerichtssitzung gezahlt zu haben. Die Mitglieder des Gerichts hielten ein Übersetzer-Gehalt von 1 Franc pro Stunde bei Simultanübersetzung von Verhören für angemessen[218]. Jedenfalls zähle das Kriminalgericht es zu seinen Aufgaben, jetzt und auch in Zukunft Rudlers wirtschaftlichen und gerechten Ansichten über die Interessen der Republik zu entsprechen[219]. Die Bezahlung pro Sitzung, die von den Mitgliedern des "tribunal criminel" favorisiert wurde, ist Indiz dafür, daß man für die Vergütung des Übersetzers auf eine nach Art und Dauer des Auftrags variable Bezahlung zurückgreifen wollte.

Daniel Hunten, "concierge" beim Zivil- und Strafgericht des Departements, befand sich in einer mißlichen finanziellen Lage: Seit acht Monaten erhielt er keine Bezahlung. Als einzige Antwort auf seine Nachfragen bei Gericht erreichte ihn die Mitteilung, es stünden keinerlei Geldmittel für seine Bezahlung zur Verfügung. Da er keiner anderen beruflichen Tätigkeit nachging, die ihm Verdienstmöglichkeiten gebracht hätte, wandte sich *Hunten* an *Rudler*[220]. Zehn Tage später forderte *Rudler* das Zivil- und Strafgericht auf, sich *Hunten* gegenüber korrekt zu verhalten und ihm die geschuldeten Beträge auszubezahlen. Zu diesem Zwecke sollte der Jahresfonds von 1.500 Francs herangezogen werden, der für Wartungsarbeiten an den beiden Gebäude bereitgestellt worden war, ein Fonds, der eigentlich auch für die Auszahlung des Gehaltes eines "concierge" verwendet werden sollte[221]. *Rudler* verstand nicht, warum *Hunten* nicht schon früher bezahlt worden war, und schrieb die Verzögerung der Untätigkeit der beiden Gerichte zu[222].

---

216 LHA KO, 241 ff. 561, S. 198.

217 Ebenda, S. 197.

218 Ebenda, S. 197.

219 Ebenda, S. 197.

220 Ebenda, S. 85: "Il ne me reste d'autre ressource que la confiance que j'ai en vous, Citoyen Commissaire, et qui est trop forte pour me laisser craindre une reponse défavorable." Brief vom 17. Vendémiaire an VII (8. Oktober 1798).

221 Ebenda, S. 107.

222 Ebenda, S. 107.

Ein Brief *Rudlers* an *Blouet* vom 2. Floréal an VI (21. April 1798)[223] spiegelt die Beschwerden von Richtern sowohl des Zivil- als auch des Strafgerichts über ihre Gehälter wider. Die Richter hatten sich direkt an den Justizminister in Paris gewandt, *Rudler* also "übersprungen". Dieser informierte seinerseits *Blouet* darüber, daß der Justizminister "paraît fatigué de toutes ces réclamations" (die Klagen über zu niedrige Gehälter waren offensichtlich sehr zahlreich!) und daß die Richter der ersten Instanz des Departements in jedem Fall als einzige auf der unsinnigen Forderung nach einer Gehaltserhöhung bestünden, die die vom Gesetz festgelegte Höchstgrenze überschreite. Diese Höchstgrenze, deren Betrag Justizminister *Lambrechts* an *Rudler* weitergeleitet hatte, belief sich für die Richter der Departementsgerichte erster Instanz auf eine jährliche Summe von 1.800 Francs[224].
Bezüglich der Kostenerstattung für Geschworene und Zeugen vor dem Zivil- und Strafgericht des Departements[225] teilte *Rudler* mit, daß weniger geschuldet werde, wenn diese in dem selben Ort wohnten, in dem das Gericht tage. Außerdem stünde den Geschworenen lediglich eine Entschädigung von drei Francs pro Tag zu, wenn sie sich zur Amtsausübung an einen anderen Ort zu begeben hätten. Eine derartige Entschädigung sei auch für die Zeugen vorgesehen. Dies sei auch mit den Forderungen nach Sparsamkeit der Verwaltung zu vereinbaren (Brief vom 12. Floréal an VI - 1. Mai 1798)[226].
Über die Problematik der Nebentätigkeit von Justizbeamten, die versuchten, so ihr mageres Gehalt aufzubessern, überliefern die Quellen für das Departement Rhein und Mosel kein analoges Beispiel zu dem des Richters *Zink* im Departement Saar, der sich an *Rudler* wandte und auf sein gutes Recht, zugleich Friedensrichter und "avoué" zu sein, pochte. Es ist jedoch sehr wahrscheinlich, daß diese Phänomen nicht nur im Saardepartement, sondern auch in allen anderen linksrheinischen Departements keineswegs unbekannt war[227].

---

223 LHA KO, 241 ff. 560, S. 39.

224 Siehe hierzu z.B. das Schreiben Rudlers an Lambrechts über das Problem der niedrigen Richtergehälter vom 8. Pluviôse an VI (27. Januar 1798) und das Antwortschreiben von Lambrechts vom 21. Pluviôse (9. Februar), das die Gehälter der Richter auf 1.800 Livres im Jahr festgesetzt hatte: AN Paris, F_{1e} 42.

225 Die Geschworenen waren von der Verfassung des Jahres 1795 in den Artikeln 238-243 und 251-253 in doppelter Form als Anklage- und Urteilsgeschworenen vorgesehen, was in Frankreich erstmals mit dem Gesetz vom 16. September 1791 und in den Departements der Rheinlande mit dem Rudlerschen Dekret vom 4. Pluviôse an VI (23. Januar 1798) eingeführt worden war. S. dazu Kapitel I, Nr. 4d

226 LHA KO, 241 ff. 560, S. 71.

227 Über den Fall des Friedensrichters Zink siehe Kap. II, Nr. 6a; siehe auch *J. Hansen*, IV, S. 558.

d) Die Sprachenfrage: Die Stellung der Übersetzer wird allmählich amtlich; Skepsis und Widerstände der Gerichte

Im Departement Rhein und Mosel brachte das bereits erwähnte *Rudlers*che Dekret vom 10. Germinal an VI (30. März 1798), mit dem Französisch als einzige Amtssprache in die Verwaltung wie auch in die Justiz eingeführt wurde, einige praktische Probleme mit sich[228]. Wie bereits ausgeführt, beschäftigten sowohl die Straf- als auch die Zivilkammern der Gerichte erster Instanz Übersetzer. Andere Gerichte des Departements verfuhren mit dem Einverständnis *Rudlers* in gleicher Weise.

Am 16. Fructidor an VI (3. September 1798) erklärte der "Directeur du Jury d'accusation" beim "Tribunal correctionnel" des Arrondissements Bonn gegenüber *Rudler*, die Ernennung eines Dolmetschers beim örtlichen Zuchtpolizeigericht sei "juste en tous cas"[229]. Aber schon am 22. April 1798, weniger als einen Monat nach Erscheinen des *Rudlerschen* Sprachdekrets, hatte das Kriminalgericht des Departements die Genehmigung erbeten, einen Dolmetscher beschäftigen zu können. Das Gericht zeichnete das alarmierende Bild eines Strafverfahrens, daß aufgrund der Sprachschwierigkeiten nicht mehr ordnungsgemäß durchgeführt werden könne[230].

Offensichtlich hatten die Sprachschwierigkeiten zwischen den Bürgern, den "Justiciables", und der Justizverwaltung einen tiefen Abgrund offengelegt und so zu einem Klima des Mißtrauens der Bürger gegenüber der Verwaltung geführt. Um das Problem zumindest teilweise zu lösen, schlugen die Richter des Tribunal criminel (die die Hilfe eines Dolmetschers offensichtlich für nicht ausreichend hielten) *Rudler* eine Abänderung seines Sprachdekrets vor. Es sollte dort die Möglichkeit vorgesehen werden, die Vernehmungen der Angeklagten in den Strafprozeßakten auf Deutsch abzufassen und gegebenenfalls anschließend diese Texte ins Französische zu übersetzen[231]. Dieser Vorschlag, der zweifelsohne aufgrund gravierender praktischer Probleme entstanden war[232], fand bei *Rudler* keine Beachtung. Nicht anders war seine Reaktion auf

228 Über den Text des Dekrets siehe Kapitel I, Fn. 28. Wie bereits gezeigt, war Rudler an einer schrittweisen und "sanften" Einführung des Französischen als Amtssprache in den neuen, deutschsprachigen Departements des Rheinlands interessiert, s. dazu Kap. II Nr. 16.

229 LHA KO, 241 ff. 561, S. 5.

230 LHA KO, 241 ff. 560, S. 53-54.

231 Ebenda, S. 54.

232 Dies waren die gleichen Probleme, die schon im Departement Saar aufgetreten waren: "Nous sommes réduits dans la situation pénible que les prévenus restent sans conseils, vu que presque tous les mondes réfusent les défenses officielles (...) à l'égard du

eine vergleichbare Anfrage der Richter des Tribunal criminel des Departements Saar, das Dekret für eine gewisse Zeit außer Kraft zu setzen[233], die *Rudler* am 15. April erhielt.

In seinem Antwortschreiben an die Koblenzer Richter vom 9. Prairial an VI (28. Mai 1798) bekräftigte *Rudler* seine Ansicht, deren Forderung sei gegenstandslos, da der geltende und von *Rudler* per Dekret[234] auf die linksrheinischen Departements erweiterte "code des délits et des peines" weder die Unterzeichnung der Vernehmungsakte durch die Angeklagten noch ein ausführliches Vernehmungsprotokoll vorsähe, sondern lediglich "des notes", also Vermerke über die Antworten der Verhörten. Diese Notizen könnten unproblematisch auch in Französisch abgefaßt sein[235]. Bei dieser Gelegenheit bot sich *Rudler* die Möglichkeit, den Strafrichtern erster Instanz des Departements in erzieherischem Ton Mut zu machen: "L'espérence vous convaincra qu'avec de la bonne volonté, et l'amour du gouvernement auquel nos fonctions nous attachent, on parvient facilement a surmonter toutes les difficultés."[236]

Dennoch scheint es, daß das Dekret zur Abfassung der Gerichtsakten auf Französisch in der praktischen Anwendung auf beträchtliche Schwierigkeiten stieß, und dies vor allem bei unteren Gerichten, die von Natur aus dem Volke näher standen: bei den Friedensrichtern. Vom 28. Germinal an VI (17. April 1798) datiert ein Bericht des Kommissars beim Straf- und Zivilgericht des Departements, *Larcher* (dessen Nachfolger als "accusateur public" später *Blouet* werden sollte). Darin macht der Kommissar darauf aufmerksam, daß - obwohl er und das Gericht Verfechter des Sprachdekrets vom 10. Germinal[237] seien - Französisch bei der großen Mehrzahl der Kantone als Sprache völlig unbekannt sei und die Friedensrichter und deren Beisitzer sich daher gezwungen sähen, von ihren Ämtern zurückzutreten. Eine Amtsausübung sei praktisch unmöglich. Sie könnten in ihren Ämtern auch nicht ersetzt werden. Das Funktionieren der Friedensjustiz ("le plus beau des établissements"), die schon von *Boucqueau* als Errungenschaft der Revolution im Departement Saar gerühmt

---

défaut de la langue française ...". So schrieben die Richter des Tribunal criminel dieses Departements am 8. November 1798 an Rudler; LHA KO, 241 ff. 566, S. 117.

233 LHA KO, 241 ff. 565, S. 133: Schreiben des Tribunal criminel des Saardepartements an Rudler vom 26. Germinal an VI (15. April 1798).

234 LHA KO, 241 ff. 560, S. 149.

235 Ebenda, S. 149.

236 Ebenda, S. 149.

237 Ebenda, S. 37: "Il a senti avec moi, que le public vous en devait de la reconnaissance puisque vous l'obligez sans contrainte de se familiariser avec une langue qui doit être celle de tout citoyen français, titre dont les habitants de ce Département seront incessamment honorés."

worden war[238], wäre sonst schwer in Mitleidenschaft gezogen. Darüber hinaus sei auch das Funktionieren des Tribunal criminel schwer betroffen, da jede Rechtssache vorher vor einem Friedensgericht verhandelt werden müsse[239]. Selbst *Rudlers* "affection pour la justice" würde davon in extremer Weise berührt[240]. Es finden sich in den Quellen jedoch keinerlei Hinweise auf nur einen einzigen Rücktritt eines Friedensrichters im Departement Rhein und Mosel erwähnt. Es ist daher anzunehmen, daß *Larchers* Befürchtungen übertrieben waren.

Larcher schrieb am 2. Prairial an VI (21. Mai 1798) erneut an *Rudler* und beschrieb ihm den Widerstand der Strafjustiz ("tribunaux correctionnels et criminels") gegenüber dem Sprachdekret[241]. Es handele sich dabei nicht nur um passiven Widerstand der Strafrichter, die an der Notwendigkeit, die Akten auf Französisch zu verfassen, zu zweifeln schienen und die Prozeßakten weiterhin in deutscher Sprache abfaßten. Ihr Widerstand werde vielmehr aktiv, indem sie behaupteten, es sei sogar legitim, die Prozeßakten weiterhin in Deutsch abzufassen. Das Sprachdekret sehe nämlich trotz des Aufrufs zur Verwendung der französischen Sprache keinerlei Sanktionen vor. Weder würden die Akten ungültig noch könnten Richter oder Gerichtsschreiber bestraft werden, die weiter auf Deutsch schrieben[242]. Für *Larcher* (Elsässer aus Colmar)[243] bestand die einzige Lösung des Problems in dem Verbot, auf Deutsch zu schreiben und dieses Verbot mit Strafe zu bewehren[244].

Rudler antwortete *Larcher* in seinem gewohnten, pädagogischen Schreibstil. So bestätigte er aufs neue sein Vertrauen in das von ihm eingeführte System der Kontrolle, die die Kommissare über die rechtlichen Organe auszuüben hätten. Daher genüge es, wenn *Larcher* die Namen derjenigen Beamten melde, die gegen das Dekret vom 10. Germinal verstoßen hätten. Gleichzeitig wies *Rudler* darauf hin, daß für die praktische Anwendung des Dekrets Eifer und Devotion genügten "que les fonctionnaires publics doivent à la République"[245] und daher Zwangsmaßnahmen überflüssig seien. Aus den Quellen geht nicht hervor, ob auch im Departement Rhein und Mosel das Tribunal civil auf die

---

238 Siehe Kap. II, Nr. 3d
239 LHA KO, 241 ff. 560, S. 38.
240 Ebenda, S. 38.
241 LHA KO, 241 ff. 560, S. 141.
242 Ebenda, S. 141.
243 EdS Mainz, Fragebogen "Larcher".
244 LHA KO, 241 ff. 560, S. 141.
245 Ebenda, S. 151.

negativen Konsequenzen des Sprachdekrets hingewiesen hatte, wie es bereits durch das entsprechende Gericht im Departement Saar geschehen war[246].

e) Das französische Kontrollsystem über die Gerichte bewirkt Spannungen

Das von *Rudler* in den linksrheinischen Departements auf der Grundlage der Verfassung des Jahres III geschaffene Kontrollsystem der Justiz- und Verwaltungsorgane rief bald Konflikte und Rivalitäten zwischen "Kontrolleuren" und "Kontrollierten" hervor (wie es schon aufgrund des problematischen Zusammenwirkens von französischen und deutschen Mitgliedern der "administration centrale"[247] geschehen war).
Im Departement Rhein und Mosel kam es im April des Jahres 1798 zu einer Auseinandersetzung zwischen Kommissar *Larcher* und den Richtern des Zivilgerichts infolge einer Anordnung *Larchers* zur Übermittlung einiger Prozeßakten, was diesem vom Gericht verweigert wurde. Nach der neuen Gesetzgebung (insbesondere aufgrund des "Règlement sur l'ordre judiciaire")[248] hatte der Kommissar beim Gericht erster Instanz der Departements in seiner Eigenschaft als Vertreter der Zentralregierung die Pflicht, bei allen in seine Zuständigkeit fallenden Zivilverfahren mit eigenen Schlußanträgen unter bestimmten Umständen einzuschreiten, wie es Justizminister *Lambrechts* in einem vom 13. Pluviôse an VI (1. Februar 1798) datierten, erläuternden Schreiben an *Larcher* darlegte. Erforderlich sei dies zur Wahrung von Interessen der Republik, der Gemeinden, von Kindern, verheirateten Frauen und von Beteiligten, die ohne Möglichkeit der Verteidigung vor Gericht abwesend seien[249]. Nach Meinung des Justizministers müsse der Kommissar im Besitz aller erforderlichen Unterlagen sein, um seine Schlußanträge mit Sachkenntnis vortragen zu können. Daher müßten ihm die Verfahrensakten vom Zivilgericht zugeleitet werden.
Mit Beschluß vom 2. Floréal an VI (21. April 1798) erklärte das Tribunal civil, daß es nicht verpflichtet sei, von sämtlichen anhängigen Verfahren beim Zivilgericht, an denen die französische Republik beteiligt sei, die Akten an den Kommissar weiterzuleiten. Eine solche Verpflichtung sei weder in einer spezifisch geltenden Vorschrift und noch weniger im Reglement sur l'ordre judiciaire vorgesehen. Darüber hinaus sei es einem Justizorgan untersagt, Verordnungen zu erlassen mit Ausnahme des "ordre et police des audiences"[250]. Was die Notwendigkeit eines Plädoyers des Kommissars in das öffentliche Interesse

---

246 Vgl. dazu *A. Grilli*, Sprache und Recht, S. 233-234.
247 Siehe oben, Nr. 4.
248 Siehe *Bormann/Daniels*, VI, S. 532 ff.
249 LHA KO, 241 ff. 560, S. 49.
250 Ebenda, S. 45-46.

berührenden Verfahren anbelangte, erklärte das Tribunal civil, daß dies schon durch Art. 298 des " règlement général sur l'ordre judiciaire" vorgesehen sei[251]. Diese wahrscheinlich auf ungenauer Gesetzeskenntnis oder der Befürchtung der Richter, bei ihren Aktivitäten allzu sehr unter Kontrolle zu stehen, beruhende Weigerung des Tribunal civil, dem Kommissar Akten übermitteln, stieß bei *Larcher* auf völliges Unverständnis, bei *Rudler* auf Mißbilligung. Beide bewerteten jedoch die Weigerung des Tribunal civil unterschiedlich. Während für *Larcher* die Gründe für eine solche Weigerung im wesentlichen "politischer" Art, d.h. von frankreichfeindlicher Gesinnung getragen, waren[252], beschränkte *Rudler* sich darauf (Brief vom 12. Floréal an VI (1. Mai 1798) an das Zivilgericht)[253], die Richter aufzufordern, die das öffentliche Interesse berührenden Prozeßakten im Interesse der Ordnung und des Funktionierens des Justizapparats an *Larcher* weiterzuleiten. Weder verdächtigte er dabei die Richter noch beschuldigte er sie offen der mangelnden Treue zur Republik: "C'est dans vos mains, Citoyens, qu'est le dépôt de la fortune de vos concitoyens; c'est par conséquent à vous à employer tous les moyens qui vous paraissent propres à ne pas compromettre celle des uns et des autres; ce qui peut-être ne manquerait pas d'arriver si les magistrats n'avaient pas le temps suffisant pour l'examen des affaires qui sont portées devant eux"[254].

6. Rudler und die Justizbehörden vor zahlreichen Einzelfragen

Auch im Departement Rhein und Mosel führte *Rudler* eine lebhafte Korrespondenz mit den Justizorganen (in erster Linie mit dem Kriminal- und Zivilgericht sowie mit den Regierungskommissaren der Gerichte). Dabei ging es meist um die Lösung spezifischer Einzelprobleme oder um Fragen über Bedeutung und Inhalt einzelner Gesetzesvorschriften. *Rudler* wollte Zweifel klären und den linksrheinischen Juristen Wege aufzeigen, wie sie komplizierte Probleme handhaben und sich dabei seiner überaus gründlichen Kenntnis der französischen Gesetzgebung bedienen könnten. Auf diese Weise wurde er seiner ihm von Paris übertragenen Aufgabe als Erzieher der linksrheinischen Departements hin zu französischen Sitten und Gebräuchen gerecht.

---

251 Ebenda, S. 45.

252 Über die Zivilrichter und den Gerichtspräsidenten Dupont bemerkt Larcher, daß sie sich zu einer solchen Tat entschlossen hätten "ne connaissant pas plus la langue française qu'ils ne paraissent aimer les Français": Brief an Rudler vom 3. Floréal an VI (22. April 1798); ebenda, S. 41.

253 Ebenda, S. 67.

254 Ebenda, S. 68.

a) Noch anhängige Verfahren

An *Rudler* wurde die Frage getragen, ob die vor den nunmehr aufgelösten Gerichten (den Gerichte der alten weltlichen und geistlichen Fürstentümer) eingeleiteten, anhängigen Strafverfahren erst bei Beginn der Gerichtsverhandlung ("remise au directeur du jury") oder bereits in der Ermittlungsphase entsprechend den neuen französischen Verfahrensvorschriften geführt werden sollten. *Rudler* empfahl *Larcher* (Schreiben vom 10.Floréal an VI - 29. April 1798), zur Lösung dieses Problems Artikel 142 des Règlement sur l'ordre judiciaire vom 4. Pluviôse, sowie Artikel 217 des Code des délits et des peines zu Rate zu ziehen[255].

b) Revision der alten Urteile

Am 25. Floréal an VI (18. Mai 1798) schrieb *Rudler* an das Tribunal criminel als Reaktion auf ein Gesuch des Bürgers *Rübsamen.* Dieser hatte um die Revision eines am alten Koblenzer Gericht vor der Errichtung der republikanischen Gerichte in den vier neuen Departements ergangenen Urteils gebeten, aufgrund dessen er zu sechs Jahren Freiheitsstrafe verurteilt worden war[256]. *Rudler* vertrat die Meinung, daß die Personen, die glaubten, von den nun abgeschafften Justizorganen "mal jugés" worden zu sein, doch stets die Möglichkeit hätten Berufung einzulegen, und zwar entweder beim Kassationsgericht oder indem sie sich an den Justizminister wandten oder aber an das Strafgericht desjenigen Arrondissements, in dem die Urteile gefällt worden waren[257].
Wollte man indes Berufung gegen Urteile von Gerichten erster Instanz der neuen französischen Justizorganisation einlegen, so sollte der Mechanismus des "appel circulaire" Anwendung finden, der von der Verfassung des Jahres 1795 eingeführt worden war[258]. Erst die nachfolgende Verfassung des Jahres

255 Ebenda, S. 65. Hier scheint Rudler zur ersten Alternative zu neigen. Art. 216 und 217 des code des délits et des peines regeln nämlich dieses Institut. (Art. 216: "dans les vingt-quatre heures de la remise qui lui est faite d'un prévenu dans la maison d'arrêt, le directeur du jury l'interroge (...)"; Art. 217: "Après avoir entendu le prévenu (...) le directeur du jury examine d'abord si les formes prescrites par la loi pour la vaidité du mandat d'arrêt ont été remplies"). S. *Bormann/Daniels*, III, S. 258; Art. 142 des Réglement sur l'ordre judiciaire regelt dann allgemein die Behandlung der schon rechtshängigen Straf- und Zivilsachen: sie werden von dem Gericht übernommen, das seinen Sitz am Ort des abgeschafften alten Gerichts hat: *Bormann/Daniels*, IV, S. 543.

256 Ebenda, S. 103.

257 Ebenda, S. 103.

258 S. darüber Kap. I, Nr. 4d und Fn. 74.

VIII vom 13. Dezember 1799 sollte das bis heute geltende System einführen, das die Möglichkeit eröffnet, bei einem "Tribunal d'appel", das dem Gericht erster Instanz übergeordnet ist, Berufung einzulegen (Art. 61)[259].

c) Härte der neuen französischen Strafgesetzgebung

Die Häufigkeit von Diebstählen in den linksrheinischen Departements veranlaßte *Rudler*, in den neuen, seiner Verwaltung unterstehenden Departements das Strafgesetz zur Unterbindung von Diebstählen vom 29. Nivôse an VI (18. Januar 1798) einzuführen. Dieses Gesetz, das auf *Rudlers* Anordnung hin am 29. Floréal an VI (18. Mai 1798) in Kraft trat, war ausgesprochen streng. Im Falle von Diebstählen wies es die Kompetenzen einem "Conseil de guerre" zu und in schweren Fällen sah es die Todesstrafe vor. Hierin wich es vom französischen Code pénal des Jahres 1795 ab, der im allgemeinen die Zuständigkeit eines ordentlichen Richters und die Fesselstrafe vorsah.
Blouet, "accusateur public" beim Strafgericht, machte *Rudler* auf die Frage der Rückwirkung eines solchen Gesetzes aufmerksam. Für den Fall der Rückwirkung vertrat *Blouet* die Meinung, daß diejenigen, die aufgrund eines solchen Gesetzes wegen eines Delikts angeklagt seien, daß vor dem Inkrafttreten des Gesetzes begangen wurde, einem Kriegsgericht und der im neuen Gesetz vorgesehenen Strafe unterworfen werden müßten[260]. Mit der Einführung des neuen Gesetzes, das die Todesstrafe für Diebstahl vorsah (wie es übrigens bereits vor der Ankunft der Franzosen der Fall war), habe die französische Regierung jedoch recht wenig Nachsicht gezeigt. Durch den Code pénal sei die Todesstrafe abgeschafft und durch eine Gefängnisstrafe ersetzt worden, während nun - durch das Gesetz vom 29. Nivôse - die Todesstrafe wieder eingeführt werde[261]. *Blouet* stellte abschließend fest, daß nach seiner und der Meinung seines Kollegen *Larcher* der "Conseil de guerre" dem ordentlichen Richter in jedem Falle vorzuziehen sei, da diese Justiz schneller und mächtiger sei und man schließlich nie wissen könne, welchen Weg die Geschworenen wählten. *Blouets* Zweifel bezogen sich lediglich auf die Strafandrohung, während er mit der

---

259 Siehe "*Les Constitutions*", S. 158.

260 Schreiben vom 2. Messidor an VI (20. Juni 1798), LHA KO, 241 ff. 560, S. 165.

261 Ebenda, S. 166: "Ne pourrait-on pas dire que les habitants de ce pays, en passant sous le gouvernement Républicain, c'est-à-dire les coupables de pareils délits, ont fait une transition de la peine de mort, prononcée par leurs lois, à la peine des fers prononcée par le Code pénal, et que par la promulgation de la loi du 29. Nivôse, ils feraient une transition de la peine des fers à celle de mort?".

Verschärfung des Verfahrensrechts vollkommen einverstanden war: "Dans le pays on a besoin d'exemples frappants ..."[262]:
Rudlers Antwort an *Blouet* vom 8. Thermidor an VI (26. Juli 1798) war klar und deutlich. Er forderte *Blouet* auf, im Gesetzestext zu nachzusehen, um Klarheit daraus zu gewinnen. Er betonte, daß das Gesetz auf keinen Fall Rückwirkung entfalten dürfe: "Il est de principe qu'un accusé ne peut être jugé que d'après les lois éxistantes au moment où le crime a été commis: aucune loi ne doit avoir d'effet rétroactif"[263].

d) Zuständigkeit der Militärgerichte für Straftaten der Zivilbevölkerung

Blouet selbst setzte *Rudler* gerade in diesen Wochen von einem besonders schwerwiegenden Ereignis in Kenntnis, das sich in Koblenz zugetragen hatte. Unter Beihilfe des Kommandanten der französischen Garnison hatten sowohl Bürger als auch Militärs der Stadt den in der Festung Ehrenbreitstein eingeschlossenen kaiserlichen Truppen Lebensmittel zugeschanzt.
Blouet, der keinerlei Zweifel an der Zuständigkeit der Militärgerichte für die angeklagten Militärs hegte, wollte wissen, welche Verfahrensform im Falle der zivilen Angeklagten angewendet werden sollten. Dürfe das Urteil von einem normalen Richter gesprochen werden oder sei ein Militärgericht zuständig?[264].
Blouet betonte dabei, seine Zweifel gingen auf die Tatsache zurück, daß die französischen Gesetze, nach denen die Militärrichter, die auch für die Verurteilung der von Zivilpersonen zusammen mit Militärs begangenen Straftaten zuständig seien, vor kurzem von der "Assemblée Legislative" einschränkend abgeändert worden seien. Diese Änderungen seien aber in den neuen linksrheinischen Departements noch nicht rechtswirksam geworden. *Blouet* bat *Rudler* mit folgenden Worten um Hilfe: "Veuillez donc bien, Citoyen Commissaire, m'aider de vos lumières et me fixer un plan de conduite, pour qu'on ne puisse m'accuser de n'avoir pas fait mon devoir"[265].
Nach Meinung *Rudlers* galt für diesen Sachverhalt dennoch stets die Zuständigkeit des Militärgerichts, auch in Fällen, in denen Zivilpersonen vor Gericht standen, da die Gesetze für die neuen Departements noch keine Geltung hätten. Nachdem sich *Rudler* über diese Frage mit dem Justizminister beraten hatte, entschied er sich für die Anwendung des Gesetzes 13. Brumaire an V (3. November 1796), das es erlaube, die Einwohner eines durch die Armeen der

262 Ebenda, S. 166.
263 Ebenda, S. 187.
264 Ebenda, S. 173: Schreiben vom 10. Messidor an VI (28. Juni 1798).
265 Ebenda, S. 174.

Republik besetzten Landes vor einen Kriegsrat ("conseil de guerre") zu stellen[266]. Den bürgerlichen Angeklagten sollte nach Meinung *Rudlers* das gleiche Schicksal zuteil werden wie dem "principal accusé" (dem Kommandanten der Koblenzer Garnison), der sich vor einem Militärgericht zu verantworten hatte[267].

Außerdem deutete *Rudler* in einem Antwortschreiben vom selben 15. Thermidor an *Blouet* an, daß der Kommandant der Garnison keinesfalls - auch wenn es sich um eine Zivilperson handele - unter den Zuständigkeitsbereich ordentlicher Gerichte der linksrheinischen Departements fallen könne: Diese könnten bis zu einer vom Gesetzgeber angeordneten Vereinigung nicht als Teil der Republik angesehen werden, mit der Konsequenz, daß ein französischer Staatsbürger nicht von ihnen verurteilt werden könne[268].

e) Konsequenzen der Überlastung der Gerichte durch noch anhängige Altverfahren

Die Überlastung der Gerichte erster Instanz der Departements durch bereits anhängige Verfahren hatte einen beträchtliche Verzögerung, besonders im Bereich der Strafverfahren, zur Folge. So verlängerte sich die Untersuchungshaft der Angeklagten - ohne Verhör und ohne die Möglichkeit, sich zu verteidigen.

Am 18. Brumaire an VII (9. November 1798) berichtete *Rudler* dem "Directeur du jury" des Arrondissements Koblenz, *Blum*, von einem Bürger *Lefebvre*, "postillon des postes de l'armée"[269], der seit über einem Monat im Koblenzer "maison d'arrêt" (Untersuchungsgefängnis) festgehalten werde und lediglich einem einzigen Verhör unterzogen worden sei, obwohl er des öfteren schriftlich um eine Verhandlung und um die Möglichkeit der Verteidigung gebeten habe. In seinem Antwortschreiben wies *Blum* darauf hin, daß *Lefebvre* mittlerweile, d.h. am 4. Brumaire (29. Oktober), auf freien Fuß gesetzt worden sei. Er bestätigte - sich gleichsam entschuldigend - die schleppende Vorgehensweise bei den Ermittlungen der Strafprozesse: "La multitude des causes criminelles, de l'instruction desquelles je me trouve chargé, est cause que les instructions particulières ne peuvent point prendre quelques fois les progrès que je désirerais moi-même..."[270].

---

266 Ebenda, S. 193: Schreiben an Divisions-General Thureau, "commandant dans le Département de Rhin et Moselle", vom 15. Thermidor an VI (2. August 1798).

267 Ebenda, S. 193.

268 Ebenda, S. 195.

269 LHA KO, 241 ff. 561, S. 227.

270 Ebenda, S. 243.

f) Kosten der Hafträume der Friedensgerichte

In den einzelnen Gemeinden des Departements wurden bisweilen Räumlichkeiten eingerichtet, um verhaftete Personen auf Anordnung der Friedensrichter in Gewahrsam zu nehmen. Die Instandhaltung dieser Räume, die Verpflegung und Beaufsichtigung der Häftlings sowie eventuelle Behandlungskosten verursachten jedoch Ausgaben für die sowieso nicht finanzkräftigen Gemeindeverwaltungen, die diese auf Dauer nicht tragen konnten. Mit Schreiben vom 2. Frimaire an VII (22. November 1798) bat die Zentralverwaltung des Departements *Rudler* um Auskunft, wie diese verschiedenen Ausgaben zu erstatten seien[271].

g) Mobilität der Richter

Die von *Rudler* den Anordnungen des Vollzugsdirektoriums gemäß ernannten Richter der ersten Instanz wurden, sobald sie das Amt des Kommissars antraten, in ein Verzeichnis ("Tableau") eingetragen, das beim Zivilgericht hinterlegt wurde und dazu bestimmt war, Versetzungen der Richter von einem zum anderen Gericht innerhalb eines Departements zu regeln. Es stellte sich die Frage, in welcher Reihenfolge die Richter in das Tableau eingetragen werden sollten, deren Ernennung auf dasselbe Datum fiel? Das Zivilgericht des Departements Rhein und Mosel wandte als Kriterium dafür das Alter der Richter an[272]. *Rudler* lehnte eine solche Vorgehensweise jedoch mit der Begründung ab, es könnte auf diese Weise Günstlingswirtschaft ("convenances") bei der Versetzung der Richter entstehen. Mit Schreiben vom 28. Brumaire an VII (18. November 1798) gab *Rudler* dem Kommissar beim Zivil- und Strafgericht, *Blouet*, die Anweisung, unparteiisch vorzugehen und das Los entscheiden zu lassen[273].

h) Die Unmöglichkeit der rückwirkenden Abschaffung der Feudalrechte

Am 21. Frimaire an VI (11. Dezember 1797) hatte sich *Rudler* in einer Proklamation an die linksrheinische Bevölkerung gewandt mit dem Inhalt. Ziel war es, die Bevölkerung vom Beginn des sechsten Jahres an (22. September 1797) von jedweder Feudal- oder Zehntenbelastung zu befreien: "...werdet ihr

271 Ebenda, S. 251.

272 Ebenda, S. 219: Sitzung des Zivilgerichts vom 10. Brumaire an VII (31. Oktober 1798).

273 Ebenda, S. 233.

zugleich vom ersten Tage dieses Jahres an zu rechnen euch freuen der Befreiung von Zehnten, die großenteils die Früchte eurer Arbeit verschlangen, sowie der Befreiung von jenen Rechten, die der Lehngeist erfand, euren Genuß und den Preis euren Schweißes euch zu rauben"...[274] Eine solche Geste stand im konsequenten Einklang mit der Abschaffung der Feudalrechte in Frankreich, deren feierliche Proklamation in der Nacht des 4. August 1789 in Paris im unmittelbaren zeitlichen Zusammenhang zu einem der bedeutendsten Augenblikke der Revolution stand.

Die praktische Anwendung der *Rudlerschen* Proklamation hing jedoch davon ab, wie man ihren Wortlaut (Tag des Beginns des Jahres VI) interpretierte. Die Gemeinden machten eine Rückwirkung geltend mit der Folge, daß die für die vorangegangenen Monate des Jahres VI bereits gezahlten Zehnten zurückerstattet werden müßten. Die örtlichen Justizorgane ("cidevant baillifs", die später durch die Friedensrichter ersetzt werden sollten) hingegen waren der Auffassung, die französischen Gesetze hätten in keinem Falle rückwirkend Gültigkeit. Die Zentralverwaltung legte *Rudler* die Frage zur Entscheidung vor[275]. Dies führte zu heftigen Kontroversen zwischen den Gemeindeverwaltungen und den "baillifs". *Rudler* hielt sich erneut an die Gesetze, die dem Prinzip der Wirkung ex nunc folgten, und erklärte: "Les avantages assurés au peuple de ces contrées par ma proclamation du 21.frimaire ne peuvent être revendiqués par eux pour le temps qui a précedé cette époque ... Ce n'est qu'à ce jour où le soleil de la liberté a commencé a luire sur ces contrées. Elles ne peuvent donc aussi prétendre à partager plutôt les heureux effets de son influence"[276]. Die Bezugnahme auf den ersten Tag des Jahres VI als Datum der Befreiung vom Feudalsystem scheint lediglich symbolischen oder rhetorischen, auf jeden Fall aber keinen subjektiv-rechtlichen Charakter zu haben. Die Bevölkerung des Rheinlands konnte darauf keinerlei Ansprüche stützen.

274 Zitiert nach. *J. Hansen*, IV, S. 415-418.

275 LHA KO, 241 ff. 561, S. 19: Brief vom 22. Fructidor an VI(9. September 1798).

276 Ebenda, S. 33: Antwortschreiben an die Zentralverwaltung vom 29. Fructidor an VI (15. September 1798).

Kapitel IV: Das Departement Roër[277]

1. Einleitung

Im Departement Roër, dem flächenmäßig größten und bevölkerungsreichsten der vier linksrheinischen Departements mit so wichtigen Städten wie Köln und Aachen, sah sich *Rudler* im wesentlichen den gleichen Problemen gegenüber, wie sie auch in den anderen Departements bestanden. Dazu zählten etwa die Sprachenfrage oder Unklarheiten bei der Interpretation der neu eingeführten französischen Gesetze. Darüber hinaus existierten auch einige für das Roër-Departement spezifische Probleme. Besonders bezeichnend dafür ist die Tatsache, daß mit der Schaffung des Departements am linken Rheinufer die Bewohner des rechten und des linken Rheinufers, die vor dem Einmarsch der französischen Truppen beide zum Kurfürstentum Köln gehört hatten, nun Bewohnern "fremder" Staaten wurden. Diese neue Situation belastete das Verhältnis zu den Gerichten des rechten Rheinufers und erschwerte die Anerkennung der Urteile, die von diesen Gerichten ausgesprochen wurden. Außerdem existierten besondere geistliche und weltliche Gerichte, über deren Abschaffung oder Beibehaltung *Rudler* entscheiden mußte. *A. J. Dorsch*, Kommissar bei der Zentralverwaltung in Aachen[278], *J. Vossen (der Ältere)*, Kommissar beim Zivil- und Strafgericht erster Instanz mit Sitz in Köln und *A. Keil*, "accusateur public" bei den gleichen Gerichten, wurden mit der Aufgabe betraut, die französischen Gesetze im Departement einzuführen und darüber zu wachen, daß diese auch ordnungsgemäß angewendet wurden[279]. *Rudler* unterhielt mit diesen eine intensive Korrespondenz, in erster Linie zu streitigen Fragen innerhalb der Justiz.

Im diesem Kapitel sollen die verschiedenen Probleme, mit denen die französische Justiz im Roër-Departement am Anfang konfrontiert war, dargestellt werden. Im einzelnen werden dabei untersucht:

- die Ernennungen in der Zentralverwaltung und in der Justiz,
- der Entwicklung der Integration der französischen Justiz, untersucht anhand der Reden von *Dorsch*, *Vossen* und *Venedey*,
- *Vossens* klare Analyse der Organisation der Justiz am Anfang der *Rudlerschen* Zeit,

---

277 AN Paris, BB^5 255.

278 EdS, STA Mainz, Fragebogen "Dorsch"; *J. Hansen*, IV, S. 458. In der Zeit der Mainzer Republik galt er als Patriot. Er wurde von Justizminister Lambrechts persönlich für das neue Amt vorgeschlagen.

279 EdS, STA Mainz, Fragebogen "Vossen"; *J. Hansen*, IV, S. 551.

– die Besonderheiten des Roër-Departements im Verhältnis zu den anderen Departements,
– Einzelprobleme unterschiedlichster Art, mit denen die Justiz im Roër-Departement zu kämpfen hatte (Spannungen innerhalb des Personals, die Friedensgerichtsbarkeit, das Amt der Geschworenen, die Gerichtssprache, die Problematik der Nebenbeschäftigung, die Gehälterfrage, Wohnsitzpflicht und Urlaub der Richter, die Situation der Gefängnisse, der Mangel an "esprit public", der Übergang vom alten zum neuen Strafverfahren, die Milde des alten Strafrechts, das Inkrafttreten der neuen Hypothekengesetze sowie brisante Einzelfälle, in denen der Justizminister *Rudler* einfach überging) und
– der Bericht *Dorschs* über den Zustand der Justiz am Ende des Kommissariatszeit *Rudlers*.

2. Ernennungen in der Zentralverwaltung und in der Justiz

Zum Kommissar der Zentralverwaltung ernannte *Rudler Dorsch*, der seit 1795 in Paris lebte und in guter Verbindung mit dem Direktoriumsmitglied *Reubell* stand. Er besaß die Empfehlung von Justizminister *Lambrechts* und wurde per Direktoriumsdekret vom 18. Nivôse an VI (7. Januar 1798)[280] im Amt bestätigt. Von den Mitgliedern der Zentralverwaltung wurde *Caselli* von *Merlin de Douai*, *Lambrechts* und dem Generalsekretär des Direktoriums, *Lagarde*, empfohlen. Zuvor hatte er das Amt eines Kommissars bei der Stadtverwaltung von Düren ausgeübt[281]. *Cogels*, der bis dahin Gesundheitsbeamter in Brüssel und zuvor Professor für klassische Sprachen war wurde *Rudler* in einem Schreiben vom 24. Brumaire an VI (14. November 1797) von *Lambrechts* empfohlen. Der Minister, der ihn persönlich kannte, bezeichnet ihn als "homme dont on pourrait peut-être tirer un parti avantageux dans les pays conquis, dont il connaît le langage, les mœurs et la situation"[282]. *Bouget*, *Cromm* und *Wasserfall* hatten schon im ehemaligen Stadtrat ("Regence") mitgewirkt. Sie und waren von den "patriotes du pays" empfohlen worden. Der neue Kommissar an den Zivil- und Strafgerichten erster Instanz, *Vossen l'ainé (der Ältere)*[283], war

280 AN Paris, BB^5 255.

281 AN Paris, BB^5 255.

282 *J. Hansen*, IV, S. 458; siehe auch den Fragebogen von Cagels in den Etats de Service des fonctionnaires ("EdS"), STA Mainz. Cogels hatte in Leiden und Leuwen Philologie und Medizin studiert.

283 AN Paris, BB^5 255; EdS, STA Mainz. Vossen war ein "homme de loi" aus Aachen und 42 Jahre alt. Er hatte sein Jurastudium in Trier, Marburg und Wetzlar absolviert und war seit 1780 Anwalt und seit 1786 Stadtrat von Aachen.

ebenfalls von den "patriotes du pays" vorgeschlagen worden. Sein Stellvertreter, *Hebert*[284], erhielt das neue Amt auf Empfehlung des Abgeordneten *Deutzel* und des Kommissars am Pariser Zuchtpolizeigericht, *Petit*.
Zu Richtern des Departements wurden *Rittmann*, *Pangh*, *Sybertz*, *Giessen*, *Boelmann*, *Maerken*, *Kley*, *Schoenzgen*, *Zurhoven*, *Hohenschurtz*, *Schwartz*, *Fischer*, *Herberts* (dessen Nachfolger nach seinem Rücktritt *Schmitz* wurde), *Keil* (später zum öffentlichen Ankläger ernannt und von *Eschweiler* im Amt abgelöst), *Finance* (ihm folgte nach seinen Ernennung zum Kommissar beim Zuchtpolizeigericht von Kleve *Zumbach* im Amt), *Eberhard*, *Guntzer*, *Niebelen*, *Kempin*, *Baur* (ihm folgte *Keil* im Amt) ernannt. Sie waren allesamt von den "patriotes du pays" vorgeschlagen worden. Die Ernennung von *Eberhard* wurde später per Direktoriumsdekret vom 18. Floréal an VI (7. Mai 1798) widerrufen. An seine Stelle trat *Antoine*.
Zu Kommissaren der Zuchtpolizeigerichte wurden *Vossen der Jüngere* in Aachen, *Gall* in Köln, *Cremer* in Krefeld und *Biergans* in Kleve (dessen Nachfolge trat später *Finance* an) ernannt. Auch sie erhielten ihr Amt auf Vorschlag der "patriotes du pays".
Nach ihrer früheren Stellung lassen sich die soeben aufgeführten Personen in zwei Gruppen einteilen. Ein Teil von ihnen (*Rittmann*, *Pangh*, *Sybertz*, *Giessen*, *Boelmann*, *Maerken*, *Kley*, *Schoenzgen*, *Zurhoven*, *Schwartz*, *Fischer*, *Herberts*, *Cremer*) hatte vor der Ankunft der Franzosen kein Amt inne. Ein anderer Teil (*Blumhoffer*, *Hohenschurtz*, *Guntzer*, *Niebelen*) hatte bereits in der Stadtverwaltung mitgearbeitet. *Eberhard* und *Biergans* hingegen waren Literaten ("hommes de lettres"). *Keil* war Regierungskommissar gewesen mit der Sonderaufgabe, die Kunstgegenstände in den annektierten Gebieten am linken Rheinufer sicherzustellen. Die Ernennung dazu hatte er am 25. Fructidor an IV (11. September 1796)[285] erhalten. *Kempin*, *Vossen "cadet"* und *Gall* waren "hommes de loi", also Juristen. *Gall* war allerdings auch "homme de lettres". Er hatte Philosophie, altertümliche Literaturen, Physik und Medizin in Duisburg, Köln und Giessen sowie Jura in Düsseldorf studiert, literarische Werke auf Deutsch übersetzt und Griechisch unterrichtet. Der rheinischen Verwaltung trat er im November 1795 als "chef de bureau" der Zentralverwaltung "d'entre Meuse et Rhin" bei, wurde später Professor an der Bonner Universität und Verwalter dieses Kantons, danach Dolmetschersekretär bei der Intermediatkommission unter dem damaligen Vorsitz *Shées* und schließlich

---

284 AN Paris, BB^5 255; EdS, STA Mainz. Hebert stammte aus Paris, war 45 Jahre alt und Richter im Departement Ourthe.

285 AN Paris, BB^5 255; EdS, STA Mainz.

Regierungskommissar am Kölner Zuchtpolizeigericht[286]. Er bietet ein gutes Beispiel für die damals gegebene Möglichkeit, zwischen einer Tätigkeit in der Lehre, der Verwaltung und der Justiz zu wechseln. *Baur* schließlich, ein Elsässer aus Saverne (Departement Oberrhein), war zuvor Präsident des örtlichen Zuchtpolizeigerichts gewesen.

3. Ziele und Vorzüge der französischen Justiz nach den Worten von Dorsch, Vossen und Venedey

Am 1. Ventôse an VI (19. Februar 1798) hielten *Dorsch* und *Vossen* anläßlich der feierlichen Einsetzung der Zentralverwaltung und der Gerichte des Departements feierliche Einweihungsreden. Beide Ansprachen weisen im wesentlichen dieselben Grundzüge auf.

Dorschs Rede ist ein Aufruf zur Vaterlandsliebe. Nur sie könne jedwedes Gefühl von Haß und Parteigängertum besiegen: "Nur ein Geist, nur ein Entschluß belebe euch, nämlich dieser, an dem Wohl eures Vaterlandes zu arbeiten und gewissenhaft den Gesetzen nachzuleben, die die Richtschnur eines politischen Wandels sein sollen"[287]. *Vossen* betonte in seiner Rede die Tatsache, daß der Anschluß der linksrheinischen Territorien an Frankreich und ihre Eingliederung in das französische Verwaltungs- und Justizsystem Voraussetzung für eine gerechte und stabile Verwaltung sei, unter der die Bewohner der linksrheinischen Gebiete in Zukunft leben würden, sowie den Triumph des ewigen Prinzips der Gleichheit der Bürger vor dem Gesetz darstellte und damit das Ende von Willkür und Ungleichheit bedeuteten[288].

Venedey, Vertreter des Verfassungszirkels des Departements, wurde in seiner Rede detaillierter. Er begrüßte die Abschaffung des chaotischen Justizsystems der Vergangenheit und unterstrich - nicht anders als *Boucqueau* zur gleichen Zeit im Departement Saar - die Einsetzung der Friedensrichter, wodurch ein wirksames Mittel zur schnellen praktischen Anwendung der Gesetze geschaffen sei[289], sowie das Prinzip der Unentgeltlichkeit der Justiz[290].

---

286 AN Paris, BB^5 255; EdS, STA Mainz.

287 *J. Hansen*, IV, S. 565.

288 Zitiert nach ebenda, S. 567.

289 Ebenda, S. 568: "Diese werden, anstatt wie ehemals die Zwiste so lange wie möglich zu verlängern, dieselben in der Geburt zu ersticken trachten, dann wird die Gerechtigkeit nie mehr zur feilen Dirne erniedrigt."

290 Ebenda, S. 568: "Recht wird sowohl an den Friedengerichten als an den Obertribunalen unentgeltlich gesprochen werden."

4. Die Situation der Justiz laut Vossens Bericht

Wenige Tage nach der Einweihung der neuen Verwaltungs- und Justizbehörden bot sich am 12. Ventôse an VI (2. März 1798) für *Vossen* die Gelegenheit, *Rudler* in einem langen, in mehrere Punkte gegliederten Bericht die aktuelle Lage sowie die rechtlichen Probleme des Departements zu erläutern[291]. Dabei gehe es vor allem um organisatorische Fragen, aber auch um die Person und die Fähigkeiten der kurz zuvor eingestellten Richter. *Vossen* hielt es für angebracht, diesen Problemen sofort auf den Grund zu gehen.

a) Die Gerichte

Der erste von *Vossen* angesprochene Punkt bezog sich auf die Gefahr einer verspäteten Aufnahme der Tätigkeit der neuen Gerichte. Dies werde nicht durch fehlende Räumlichkeiten verursacht, sondern durch das Fehlen von Dekreten und Vorschriften zur "organisation judiciaire". Verspätungen ließen sich auch bezüglich der Zustellung der Ernennungsakten von einigen Richtern am Strafgericht feststellen. Deshalb bat *Vossen Rudler*, ihm die "résolution sur la nomination du secrétaire du tribunal criminel et sur la nomination des membres qui doivent encore être choisis, pour compléter le nombre constitutionnel des juges"[292] zuzuschicken. Die Gerichte hätten auch dringenden Bedarf an praktischen, zur Amtsausübung notwendigen Gegenständen, wie zum Beispiel "papiers, plumes, encre, pain et cire à cacheter, cachets, écriboires, chandelles"[293]. *Vossen* berichtete, er habe sich eiligst an die Stadtverwaltung von Köln gewandt, um diese Sachen zu beantragen.
Der zweite Teil des Berichts widmete sich den Richtern und ihren Fähigkeiten. *Vossen* erklärte darin, Beschwerden über *Fischer*, der zum Mitglied des Kölner Gerichts ernannt worden sei, erhalten zu haben, der sich im selben Jahr wegen einer Kriminalsache aus dem Jahre 1787 in Düsseldorf vor Gericht zu verantworten gehabt habe. Da das dem Verfahren folgende Urteil vom 21. Juli 1788 ihn nicht freigesprochen habe, fragte *Vossen Rudler*, ob *Fischer* im Richteramt bleiben solle. *Fischer* könne jedenfalls auf die Unterstützung der "patriotes" bauen, die wünschten, daß er im Amt bleibe[294].
Drastischer verfuhr *Vossen* mit *Eberhard*, der seines Erachtens als Richter "bon à rien" sei. Auch erführe dieser keinerlei Unterstützung durch die

291 LHA KO, 241 ff. 567, S. 59.
292 Ebenda, S. 60.
293 Ebenda, S. 66.
294 Ebenda, S. 63.

cisrhenanen Patrioten[295]. Der Richter von Aldenhoven (Jülich), *Michels,* hingegen sei Opfer einer Denunziation: Er habe - trotz des *Rudlerschen* Dekrets vom 21. Frimaire an VI (11. Dezember 1797), mit dem die Feudalrechte abgeschafft worden waren - die Feudalabgaben einzelner Mühlen bestätigt. *Michels* habe sein Verhalten *Vossen* gegenüber jedoch damit begründet, daß die "banalité" von einer "observance d'un privilège" herrühre[296].

b) Die Friedensgerichte

Es finden sich in den Quellen zahlreiche Anmerkungen mit interessanten Details zu den Fähigkeiten einzelner Friedensrichter. *Vossen* schenkte den von den Gerichten erster Instanz des Departements vorgelegten Listen, in denen Bürger, die das Amt des Friedensrichters bekleiden wollten, erwähnt waren, besondere Beachtung und gab diesbezüglich gegenüber *Rudler* Stellungnahmen ab.

Krey, der für den Kanton Geilenkirchen vorgeschlagen wurde, sei von mehreren Verwaltern und Einwohnern des Kantons kritisiert worden, die erklärt hätten, daß dieser Bürger nicht ihr Vertrauen für eine Tätigkeit in der Justiz besitze.. Statt *Krey* schlug *Vossen* daher *Begasse* vor, ehemaliger Baillif von Geilenkirchen, der das Vertrauen jener Bürger zu genießen schien[297].

Anstelle von *Stoltzen*, "baillif à Steinbach", der für den Kanton Gemund vorgesehen war, schlug *Vossen Degen* vor, "homme de loi" (Jurist) aus Düren, von dessen Patriotismus und Fähigkeiten *Vossen* selbst überzeugt war. *Stoltzen* war ursprünglich Angestellter der Forstverwaltung gewesen, jedoch aufgrund der zahlreichen Anzeigen, die gegen ihn erhoben wurden, seines Amtes enthoben worden. *Vossen* erwähnt nicht, von wem diese Anzeigen vorgebracht worden waren. Es ist daher nicht auszuschließen, daß diese anonym waren. *Vossen*: "Je ne crois pas qu'il soit assez pur pour remplir les fonctions de juge"[298].

Unter den Personen, die für den Kanton Köln vorgeschlagen wurden, war zunächst *Eschweiler*. Dieser galt als frommer Mann und wurde *Rudler* von *Vossen* für das Amt das Richters am Zivilgericht vorgeschlagen. Später sollte er durch *Venedey*[299], einem Befürworter des Verfassungszirkels, ersetzt wer-

295 Ebenda, S. 64.
296 Ebenda, S. 64.
297 Ebenda, S. 65.
298 Ebenda, S. 65.
299 Dieser wurde bereits weiter oben als einer der Redner anläßlich der Einweihungsfeier der neuen Departements-Behörden erwähnt. Siehe oben, Nr. 3.

den. Dieser konnte sich der Unterstützung de Patrioten erfreuen[300]. Von mehreren Seiten hatte *Rudler* sodann Empfehlungen zur Ernennung von *Efferzt* zum Friedensrichter erhalten, der zwar ein exzellenter Patriot, leider jedoch taub sei. Dies dürfte letztlich der Grund gewesen sein, warum *Vossen* ihn *Rudler* nicht vorgeschlagen hatte.
Statt dessen schlug *Vossen* den Bürger *Kerris* zur Ernennung zum Friedensrichter im Kanton Neuß vor, ein gebildeter Mensch und guter Patriot, der von den Arbeitern hoch geschätzt werde. Dieser hatte zwar nicht um seine Ernennung gebeten, *Vossen* war jedoch sicher, daß er, wenn er erst einmal in das Amt berufen war, dieses auch akzeptieren werde[301].
Vossens Bericht endete mit einem Aufruf an *Rudler*, die Gehälter der Richter definitiv festzusetzen. Diese machten sich nämlich, was den Unterhalt ihrer selbst wie auch ihrer Familien anbelangte, erhebliche Sorgen[302].

c) Schlußfolgerungen aus dem Bericht Vossens

Aus dem Bericht *Vossens* zur Situation der Justiz im Departement Roër lassen sich einige Schlußfolgerungen ziehen. So spielte bei der Auswahl der Richter in erster Linie deren Verhalten (vorausgesetzt, sie hatten bereits ein Amt bekleidet) in der Zeit vor der Ankunft der Franzosen eine nicht geringe Rolle. Dies zeigt der Fall *Fischer*, der von den "patriotes" zwar unterstützt wurde, sich dennoch in einem Gerichtsverfahren zu verantworten hatte und 1788 vom Düsseldorfer Gericht verurteilt worden war. Zweitens war die Unterstützung der "patriotes" von Bedeutung, um zur Ernennung als Richter vorgeschlagen zu werden. Auch *Vossen* maß dem Patriotismus und der Treue zu Frankreich große Bedeutung bei. Dies zeigt besonders der Fall *Kerris*, der nicht zuletzt deshalb vorgeschlagen wurde, weil er als "bon patriote" galt. *Vossen* schlug *Venedey* für das Amt des Friedensrichters in Köln im wesentlichen aufgrund seiner Frankreichtreue vor. Das patriotische Element war, so bedeutend es in den Augen *Vossens* (wie auch *Rudlers*) war, letztlich nicht allein entscheidend für die Ernennung zum Richter oder die Beibehaltung des Richteramts.
Der Kommissar bei den Gerichten schien auch besonderen Wert auf das zu legen, was man heute "öffentliche Meinung" nennen würde. Die Meinung der jeweiligen Angestellten sowie der Einwohner des Departements über die Personen, die in das Richteramt gewählt werden sollten, war ihm wichtig. Hier ist

300 LHA KO, 241 ff. 567, S. 66: "Cette nomination est vivement sollicitée par tous les patriotes de cette commune."
301 Ebenda, S. 67.
302 Ebenda, S. 68.

der Fall *Krey* in Geilenkirchen zu nennen, an dessen Stelle der "populärere" *Begasse* zum Richter berufen wurde.
Im Falle von *Michels*, Richter in Aldenhoven, fiel jedoch ein anderer, weniger "politischer", sondern eher fachlicher Umstand zu dessen Ungunsten ins Gewicht. Es war der Vorwurf, ein französisches Gesetz von großer Relevanz, das *Rudlersche* Dekret vom 21. Frimaire an VI, mit dem die Feudalrechte in den linksrheinischen Departements abgeschafft wurden, nicht korrekt angewendet zu haben.
Schließlich darf nicht außer acht gelassen werden, daß in einigen Fällen (*Begasse*, *Stoltzen*) Personen für das Richteramt vorgeschlagen wurden, die bereits im "ancien régime" das Amt eines "baillif" bekleidet hatten, was auf einen gewissen Grad an Kontinuität in den unteren Posten der Justiz zwischen neuem und altem Regime schließen läßt. Wenn die Quellen des öfteren Kritik an Friedensrichtern, namentlich über deren mangelnden Patriotismus, überliefern, so mag eine mögliche Erklärung darin zu finden sein, daß diese ihre Mentalität als ehemalige Baillifs auch in ihrem neuen Amt als Friedensrichter beibehalten hatten. Dies zeigt sich etwa bei der Annahme von Honoraren, was im Widerspruch zum neuen Prinzip der Unentgeltlichkeit der Justiz stand, oder allgemein in einer gewissen Affinität zu alten Gesetzen und Gebräuchen.

5. Besonderheiten im Roër-Departement

a) Das Bestehen alter Exemtionsgerichte

(1) Conseil aulique

Einen Monat nach seinem Bericht zur Justiz im Departement machte *Vossen* in einem Schreiben vom 18. Germinal an VI (7. April 1798) *Rudler* darauf aufmerksam, daß der "Conseil aulique", ein Gericht zweiter Instanz mit Sitz in Düsseldorf (rechtes Rheinufer), das bereits während des "ancien régime" tätig war und auch während der Zeit der Militärverwaltung unter General *Hoche* seine Tätigkeit beibehalten hatte, seine Aktivität am linken Rheinufer nicht, wie es *Rudler* für die alten Gerichte per Dekret vom 4. Pluviôse angeordnet hatte, am 20. Pluviôse an VI eingestellt hatte, sondern erst 2 Monate später, d.h. am 15. Germinal. Die Frage war nun, ob die vom "Conseil aulique" in diesen beiden Monaten erlassenen Urteile als nichtig zu betrachten seien, mit der Folge, daß die betreffenden Verfahren an einem Zivilgericht neu hätten entschieden werden müssen, oder ob diese Urteile Gültigkeit behielten - außer für die Parteien, die gemäß Art. 142 des "règlement judiciaire" Berufung einlegen könnten[303].

Der von *Vossen* angesprochene Fall weist auf ein Dilemma hin. Einerseits war die unbedingte Beachtung des *Rudlerschen* Dekrets vom 4. Pluviôse an VI, mit dem die alte Justizorganisation aufgehoben worden war, dringend erforderlich. Andererseits bestand die praktische Notwendigkeit, bereits erlassene Urteile und Beschlüsse - wie die des Conseil aulique - aufrechtzuerhalten, um weder den geordneten Ablauf des "Alltagslebens" der Justiz zu beeinträchtigen, noch die vor kurzem von *Rudler* geschaffenen Gerichte mit neuer, unvorhersehbarer Arbeit zu überlasten. Letztere hatten nämlich schon genug Arbeit mit der Fortsetzung bereits vor den alten Gerichten anhängiger Rechtsstreitigkeiten. *Vossen* entschied sich für eine pragmatische Lösung, da die Aufhebung dieser Urteile viel Ärger in den Familien verursachen würde. Zudem könne das ohnehin überlastete Zivilgericht so von einer neuen Last befreit werden, ohne Schaden für die Parteien, die gegen die betroffenen Urteile ja Berufung einlegen könnten[304].

Am 29. April 1798 griff der Conseil aulique mit einem Schreiben an *Rudler*[305] in die Diskussion ein, um die von ihm neu erlassenen Urteile zu verteidigen. Er führte dazu eine Reihe von Argumenten ins Feld. So seien diese Urteile auf der Grundlage der vor dem 20. Pluviôse vorgelegten Sitzungsberichte verkündet worden. Das die linksrheinischen Gerichte betreffende *Rudlersche* Dekret vom 4. Pluviôse sei ihnen nicht in der gebührenden offiziellen Form zugestellt worden und schließlich wären im Falle einer Annullierung des Urteilsspruchs die Parteien, die bereits Recht bekommen hätten, in ihren Rechten verletzt[306].

Aber weder die Meinung *Vossens* noch die Verteidigung des Conseil aulique konnten *Rudler* von seiner Entscheidung abbringen, die Bestimmungen des Dekrets vom 4. Pluviôse vollständig und ausnahmslos durchzusetzen. Der einzig gangbare Weg sei, wie *Rudler* in einem Schreiben vom 25. Germinal an VI (14. April 1798) an *Vossen* bemerkte, derjenige, sämtliche, nach dem 20. Pluviôse an VI verkündeten Urteile des Conseil aulique für nichtig zu erklären. Die Prozesse müßten dann dem Zuständigkeitsbereich des Zivilgerichts unterstellt werden[307]. Das Dekret vom 4. Pluviôse, dem für den Übergang vom alten System zum neuen Justiz- und Verwaltungssystem französischer Prägung eine "grundlegende" Bedeutung zukomme, gestatte keinerlei Ausnahmen.

---

303 LHA KO, 241 ff. 567, S. 141.

304 Ebenda, S. 142.

305 Ebenda, S. 251.

306 Ebenda, S. 252.

307 Ebenda, S. 159.

(2) Offizialat

In Köln übte ein weiteres, auf die Zeit des Kurfürstentums zurückgehendes Gericht trotz des Verbots durch das Dekret vom 4. Pluviôse weiterhin seine Tätigkeit aus: das "officialat" (Offizialat), das, wie *Vossen* am 8. Floréal an VI (27. April 1798) an *Rudler* schrieb, ehemals innerkirchliche Fälle und viele gemischte Fälle, bei denen Priester und Laien beteiligt gewesen seien, abgeurteilt habe - "un corps bien aristocratique"[308]. *Vossen* teilte *Rudler* mit, er habe dem "officialat" bereits eine Aufforderung zukommen lassen, jedwede Aktivität einzustellen. Das "officialat" habe darauf jedoch, anstatt dieser Aufforderung nachzukommen, mit einem Protest zur Verteidigung seiner Vorrechte reagiert.
Auf diese vom 1. Floréal an VI (20. April 1798) datierte Aufforderung *Vossens*, sich nicht mehr in irgendeine Justizsache welcher Art auch immer einzumischen und alle Unterlagen zu übersenden, erwiderte das "officialat" mit der Feststellung, es besitze auch unter der neuen französischen Gesetzgebung weiterhin die Zuständigkeit für Streitigkeiten kirchlicher Natur, und das nicht nur auf linksrheinischem Gebiet sondern rechts des Rheins in Preußen, Münster und Osnabrück. "Ce tribunal est une partie essentielle de la constitution du clergé"[309] (Schreiben vom 6. Floréal an VI). Man forderte *Vossen* daher dazu auf, diese Gerichtsbarkeit solange gelten zu lassen, bis das Schicksal des Klerus entschieden sei[310].
Die vom "officialat" vorgebrachte Verteidigung verwies auf die wesentliche Bedeutung der Tätigkeit dieses Gerichts im kirchlichen Bereich. Dies hatte jedoch - wie bereits im Falle des Conseil aulique weiter oben gesehen - keinerlei Einfluß auf *Rudlers* Entscheidung, den neu eingesetzten Gerichten einzig und allein die Kompetenz zuzugestehen, sich mit sämtlichen, die Bewohner des linken Rheinufers betreffenden Rechtsstreitigkeiten zu befassen - und dies ohne jeglichen Unterschied, ohne Ausnahmen und ohne Beibehaltung spezieller Gerichte für bestimmte Streitigkeiten, seien sie nun geistlicher oder weltlicher Art. Jeder, und dies galt ohne Ausnahme, war dem allgemeinen Recht unterstellt, das ausschließlich von Friedensrichtern, Richtern der Gerichte erster Instanz, Berufungs- und Kassationsgerichten gemäß des in der Verfassung des Jahres III festgelegten Schemas gesprochen wurde. Dies war der Tenor des Briefes von *Rudler* an das "officialat" vom 12. Floréal an VI (1. Mai 1798), mit dem diesem jede gerichtliche Tätigkeit untersagt wurde: "Le

---

308 Ebenda, S. 269.
309 Ebenda, S. 273-274.
310 Ebenda, S. 274.

gouvernement français, citoyens, ne reconnaît que les tribunaux qu'il institue. Ceux existants actuellement dans les quatre nouveaux Départements sur la rive gauche du Rhin étant établis pour connaître de toutes les contestations (...), je ne puis maintenir l'officialité de Cologne dans aucune espèce de fonctions de judicature"[311].

Rudlers Absicht war jedoch nicht die totale Abschaffung des "officialat". Es sollte vielmehr als Disziplinarorgan des Kirchenapparats weiterbestehen dürfen und konnte als solches auch seine Tätigkeit weiterhin ausüben, ohne jedoch gerichtlich tätig zu werden[312]. Zu diesem Zwecke erteilte *Rudler Vossen* die Anweisung, sämtliche notwendigen Vorkehrungen zu treffen, damit das "officialat" diesem erteilten Befehl Folge leiste[313]. Das "officialat" akzeptierte dies. Mit Schreiben vom 3. Prairial an VI (22. Mai 1798) erklärte es sich mit den *Rudlerschen* Anordnungen einverstanden. Man bat lediglich darum, wieder in den Besitz der damals rechtswidrig ("sans aucun droit") von der Kölner Stadtverwaltung beschlagnahmten Räume und des mobilen Eigentums zu gelangen[314].

(3) Schrein

Am 28. Floréal an VI (17. Mai 1798) informierte das Zivilgericht *Rudler* darüber, daß in Köln ein Gericht besonderer Art bestehe, das von der Stadtverwaltung geleitet und "Schrein" genannt werde[315]. Nach den alten Gesetzen und Gewohnheiten der Stadt war (die nach Meinung der Richter in gewisser Weise einzig seien)[316] der "Schrein" als Organ freiwilliger Gerichtsbarkeit zuständig, über Erb- und Hypothekenstreitigkeiten zu urteilen. Auch die Führung der Hypothekenregister, wovon es 23 verschiedene gab, fiel in den Zuständigkeitsbereich des Schreins.

Wie ließ sich das Fortbestehen dieses alten Gerichtsorgans mit der von *Rudler* geforderten Notwendigkeit zu Rationalisierung der Justiz vereinbaren? In der Hypotheken- und Erbschaftsregelung herrschte in Köln große Verwirrung und Unsicherheit, da nicht mehr klar war, ob die Kompetenz in diesen Angelegenheiten weiterhin dem Schrein oder aber den mit der neuen Justizorganisation geschaffenen ordentlichen Gerichten zufiel: "Chaque particulier ayant des affaires au dit tribunal nous adressa ses plaintes et demandes, et même la muni-

---

311 Ebenda, S. 287.
312 Ebenda, S. 288.
313 Ebenda, S. 271.
314 Ebenda, S. 407.
315 Die Zivilrichter nannten dies auf Französisch "tribunal d'échevinat".
316 Ebenda, S. 393.

cipalité nous représenta l'état incerte dans lequel se trouvent les propriétés de ses administres en nous priant très instamment de remédier aux inconvénients qui en pourraient résulter"[317].

Um diese verworrene Situation, in der ein vereinzeltes Überbleibsel der alten Gerichtsordnung - zudem auf bestimmte Sachverhalte beschränkt - die Rationalisierung der Justiz nach französischem Modell überlebt hatte, zu bereinigen, schlugen die Richter am Zivilgericht *Rudler* vor, sie direkt mit den Ämtern und Kompetenzen des Schreins zu betrauen und den praktischen Ablauf den Friedensrichtern anzuvertrauen. Sie selbst wußten sehr wohl, daß sie ohne *Rudlers* Einwilligung eine solche Aufgabe nicht übernehmen konnten, da gemäß dem von Frankreich übernommenen Prinzip der Gewaltenteilung ein Gerichtsorgan keinerlei Vorschriften einführen konnte[318]. Sie legten aus diesem Grunde *Rudler* den Text eines von ihnen verfaßten Beschlusses mit der Bitte vor, dessen Inhalt zu bestätigen.

Dieser Beschluß nahm auf die besonderen Rechtstraditionen und Gewohnheiten der Stadt Köln bezüglich der Regelung von Erbschaften "ab intestato" und Hypotheken Rücksicht: "Cette singularité consiste principalement en ce que les adhéritages sont traités dans deux protocoles séparés, dont chacun est sous la direction des fonctionnaires et employés particuliers"[319]. In Ermangelung von Gesetzesvorschriften, die den Zuständigkeitsbereich des Schreins regelten, und um zu vermeiden, daß vom Schrein gefaßte Beschlüsse von den neuen, ordentlichen Gerichte für nichtig erklärt würden, erklärte sich das Zivilgericht als von Natur aus für bisher dem Schrein übergebene Verfahren zuständig. Kraft der Regelung zum "ordre judiciaire" sei es generell für alle Rechtsstreitigkeiten, die Güter beträfen, ("causes réelles")[320] zuständig.

Das Zivilgericht beschloß daher, die Kompetenzen des Schreins zu übernehmen und dafür den Vorsitz der diversen Ämter jenes Organs turnusmäßig den Friedensrichtern und deren Beisitzern zu übertragen und verfügte, daß alle Zuständigkeiten, die zuvor von den verschiedenen Gerichten des Bistums ausgeübt wurden sowie die Ausstellung von Testamenten zukünftig vom Zivilgericht wahrgenommen werden sollten[321].

Die Initiative des Zivilgerichts fand bei *Rudler* keine Zustimmung. Der Kommissar erkannte wohl an, daß sich das Gericht in seinem Handeln von Beweggründen hatte leiten lassen, die eng mit dem öffentlichen Wohl verbunden wa-

---

317 Ebenda, S. 394.
318 Ebenda, S. 394.
319 Ebenda, S. 395.
320 Ebenda, S. 396.
321 Ebenda, S. 397.

ren, Motiven, denen man eigentlich nur zustimmen könne[322]. Dennoch mißbilligte er eine solche Initiative, weil er vorsorglich über die "objets d'intérêt public", die es mittels Dekreten, Beschlüssen oder Bestimmungen zu regeln galt, in Kenntnis gesetzt zu werden wünschte und nicht erst im Augenblick der Bestätigung oder Sanktion der bereits getroffenen Maßnahmen. Hier wird *Rudlers* Befürchtung deutlich, die Zivilrichter des Departements könnten sich mit ihrer Initiative normative Kompetenzen aneignen, die ihnen nicht zustanden. Was das eigentliche Problem anbelangt (das gegenüber der Furcht *Rudlers* vor einer Kompetenzüberschreitung seitens der Zivilrichter fast an zweite Stelle zu rücken scheint), versicherte *Rudler*, daß die in Kürze ergehenden Vorschriften zum Notariat sämtliche Unklarheiten und Kompetenzstreitigkeiten beseitigen würden[323].

Im Falle des Schreins geben die Quellen keine Auskunft über einen etwaigen Versuch des Gerichts, sich selbst an die französischen Behörden zu wenden, um die alten Kompetenzen zu erhalten. Dies hat seinen Grund offensichtlich darin, daß der Schrein weniger ein einheitliches, autonomes oder - wie im Falle des "conseil aulique" oder des "officialat" - kollegiales Gerichtsorgan war, sondern aus verschiedenen Ämtern bestand, die alle von der Kölner Stadtverwaltung abhängig waren.

Bemerkenswert ist im Falle des Schreins zudem, daß die Initiative, ein solches Gericht abzuschaffen oder besser, es in die neue französische Gerichtsordnung zu integrieren, nicht direkt von den französischen Kontrollbehörden (*Vossen* oder *Rudler*) ausging, sondern von einem Gericht mit der erklärten Absicht, die gewohnte, juristische Tradition Kölns nicht zu verfälschen, sondern "les anciennes lois, uses et costumes, conservés par votre règlement sur l'ordre judiciaire avec la nouvelle organisation des tribunaux" zu versöhnen[324].

b) Zuständigkeitsfragen zwischen Gerichten des rechten und linken Rheinufers - Internationales Privatrecht (im Sinne der heutigen Terminologie)

Die Eroberung der linksrheinischen Territorien durch die Franzosen (und die daraus resultierende Schaffung der Departements) hatte das Entstehen einer neuen politischen Grenze zur Folge, die vorher nicht bestand: den Rhein. Im Departement Roër stellte sich das Problem der Wahl des zuständigen Gerichts im Falle von Rechtsstreitigkeiten, die Bewohner des einen und des anderen Ufers betrafen, also nunmehr untereinander Ausländer waren.

---

322 LHA KO, 241 ff. 570, S. 59: Schreiben vom 21. Prairial an VI (9. Juni 1798).

323 Ebenda, S. 59.

324 LHA KO, 241 ff. 567, S. 394.

Rudler antwortete am 12. Floréal an VI (1. Mai 1798)[325] auf den Vorschlag *Vossens*, ein provisorisches, eigens dafür zuständiges Gericht zu schaffen, daß die Einrichtung eines solchen Gerichts nicht notwendig sei, und erklärte, daß jeder Bürger vor dem Gericht, vor dem er "justiciable naturel" sei, Kläger oder Beklagter zu sein habe. Dabei stützte er sich auf die neue Gegebenheit, daß die Bewohner des linksrheinischen Ufers - auch wenn sie formal noch nicht französische Bürger waren -[326], sich dennoch desselben Rechtsschutzes wie ein Franzose erfreuen konnten: "Un français qui a des droits à excercer contre un habitant d'un pays étranger se pourvoit (...) devant le tribunal dans le ressort duquel se trouve enclavé le domicile de celui contre qui il a des réclamations à faire. De même un étranger est obligé de diriger son action contre un français devant les tribunaux de la République"[327]. Da nun Rheinländer des rechten Rheinufers für diejenigen des linken Rheinufers Ausländer geworden seien, habe sich jeder gemäß den Gesetzen des Landes seiner Zugehörigkeit zu verhalten und auf dieser Basis die eigenen Rechte geltend zu machen. Die Bürger erhielten damit die Gerechtigkeit, die "ils doivent attendre des magistrats investis de la confiance du gouvernement"[328].
Aber was sollte in dem Falle geschehen, daß ein Rechtsstreit zwischen einem Bürger und einem Ausländer - nach den von *Rudler* zusammengefaßten Prinzipien - entschieden werden mußte, ein zuständiges Gericht aber entweder ganz fehlte oder seine Tätigkeit eingestellt hatte?
Rudler äußerte sich dazu nicht. *Vossen* wiederholte daher mehrmals seine Anfragen an den Kommissar. Einige Tage nach den allgemeinen Anweisungen *Rudlers* vom 12. Floréal an VI schickte *Vossen* ihm am 16. Floréal an VI (5. Mai 1798) einen neuen Bericht zu, in dem er ihm das Problem detailliert darlegte: Außer den noch laufenden Streitfällen ergäben sich zwischen den Bewohnern des rechten und linken Rheinufers täglich neue. Zu der Zeit, als sie noch Bürger ein und desselben Staates waren, hätten sich die streitenden Parteien in erster Instanz an den "conseil aulique", in zweiter und letzter Instanz an das Revisionsgericht in Bonn gewandt. Da diese Gerichtsorgane von der neuen französischen Gerichtsverfassung aber abgeschafft worden seien, gebe es weder für die Bewohner des rechten Rheinufers, die noch dem Kurfürstentum angehörten, noch für diejenigen des linken Rheinufers, die gegenüber Bewohnern des rechten Rheinufers ihre Rechte geltend machen wollten, einen Richter der zweiten Instanz. Auch schien der Kurfürst keine Absicht zu haben,

325 Ebenda, S. 283.
326 Die offizielle Annexion erfolgte mit dem Vertrag von Lunéville im Jahre 1802 und mit dem Gesetz vom 9. März 1801 und dem Konsularbeschluß vom 30. Juni 1802.
327 Ebenda, S. 284.
328 Ebenda, S. 284.

einen solchen ins Amt zu berufen. So blieben die Rheinländer des linken wie auch des rechten Rheinufers ohne Rechtsschutz in Fällen, in denen man sich an Gerichte des rechten Rheinufers zu wenden hätte, und es sei nicht klar, ob man sich dann an ein französisches Gericht wenden dürfe.. Daher bat *Vossen Rudler* um ein "règlement provisoire pour les causes pendantes actuellement et qui naissent journellement entre les habitants des deux rives (...)"[329].
In seinem Antwortschreiben verwies *Rudler Vossen* auf seine bereits im Schreiben vom 12. Floréal erwähnten Anweisungen und betonte, daß auch hier das allgemein anerkannte und beachtete Prinzip gelte, daß in jedem Fall und immer das Gericht des Beklagten zuständig sei: "Soit dans l'intérieur de la République, soit d'étranger à étranger, le demandeur doive suivre le domicile du défendeur"[330].
Da *Vossen* diese Antwort nicht überzeugte, wandte er sich am 5. Prairial an VI (24. Mai 1798) mit demselben Argument erneut an *Rudler*: "Vous persistez a me dire" - brachte *Vossen* vor - "que les habitants des nouveaux Départements doivent se pourvoir contre eux (die Bewohner des rechten Rheinufers) comme contre des sujets de puissance étrangère"[331]. Da aber die französischen Truppen einen Großteil des Gebiets des Kurfürstentums am rechten Rheinufer besetzt hätten, stellte sich die Frage, an welche fremde Macht sich die Bürger, die sich gerade wegen Frankreich in der Lage befanden, ihre Verfahren nicht vor Gericht bringen zu können, wenden konnten? Die Quellen sagen nichts über eine Antwort *Rudlers* auf *Vossens* Fragen.
Aus dem Briefwechsel zwischen *Rudler* und *Vossen* gewinnt man den Eindruck einer gewissen Abstraktheit und Realitätsferne *Rudlers*. Das prozeßrechtliche Prinzip, das zwischen Ausländern galt (Zuständigkeit des Gerichtes des Beklagten), konnte aufgrund der besonderen politisch-militärischen Situation auf einen Großteil der Streitigkeiten zwischen Personen rechts und links des Rheins überhaupt nicht angewandt werden. *Rudler* bot dennoch dafür keinerlei Alternativlösung an, sondern verharrte auf den abstrakten Prinzipien.
Eine Erklärung dafür könnte sein, daß *Rudler* an eine schnelle "Normalisierung" der politisch-administrativen Beziehungen zwischen den beiden Rheinufern geglaubt hat (das linke zu Frankreich gehörend - das rechte zu Preußen und dem Kurfürstentum Köln), so daß in Kürze das Prozeßprinzip des "forum rei" wieder angewandt werden könne.

---

329 Ebenda, S. 299.

330 Ebenda, S. 363: Schreiben vom 25. Floréal an VI (14. Mai 1798).

331 Ebenda, S. 417.

c) Zuständigkeit der Gerichte des vormaligen, jetzt geteilten Herzogtums Kleve

In der Zwischenzeit befand sich *Rudler* einem Zuständigkeitsproblem der Strafgerichte gegenüber, das durch die Teilung des alten - diesseits wie jenseits des Rheins gelegenen - preußischen Herzogtums Kleve in zwei verschiedene Staaten nach Einmarsch der französischen Truppen hervorgerufen worden war. Auch in diesem Falle stellte die neue Grenze am Rhein, die es vorher nicht gab, die gerichtliche Zuständigkeit vor schwerwiegende Probleme.
Mit Schreiben vom 2. Floréal an VI (21. April 1798)[332] teilte das Strafgericht *Rudler* mit, es habe einige "procédures criminelles" aus der Gerichtskanzlei des Herzogtums Kleve (das bis zum Rhein von den Franzosen besetzt war) erhalten und bat um Auskunft darüber, ob in diesem Falle französisches Recht anzuwenden sei oder ob, um die Verfahren und die Berufungsverfahren zu Ende zu führen und die Urteile zu verkünden, das alte preußische Gerichtsverfahren fortgelte. Dieses Recht sehe die Ermittlung wie auch die Urteilsverkündung durch den Strafrichter von Wesel sowie, im Falle einer Verurteilung, die Weiterleitung der Akten an die Regierungsbehörde in Kleve vor, die von dort in letzter Instanz dem preußischen König übermittelt werden sollten. Erst nachdem die Bestätigung des Urteils aus Berlin eingegangen sei, könne das Urteil rechtskräftig werden, und man könne es veröffentlichen.
Einige Akten, die in den Besitz des Strafgerichts gelangt seien, befaßten sich auch einige, die sich mit auf linksrheinischer Seite begangenen Delikten befaßten, weswegen dafür aus französischer Sicht theoretisch der französische Richter zuständig sei. Da sich die Angeklagten jedoch - wie die Richter des Strafgerichts mitteilten - noch im Gefängnis Wesel befänden, also auf preußischem Gebiet am linken Rheinufer, sei ihre Übergabe durch Preußen an die französischen Behörden erforderlich, um endgültig am linken Rheinufer über sie Recht zu sprechen. Daher schlugen die Richter *Rudler* vor, sämtliche Prozeßakten der in Wesel inhaftierten Angeklagten an das Strafgericht des Königs von Preußen mit Sitz in Wesel zu übergeben "pour par lui être statué ce qu'il appartiendra"[333].
Rudler war jedoch mit diesem Vorschlag der Strafrichter nicht einverstanden. Seiner Ansicht nach waren der Ablauf und die Beendigung der Verfahren von auf linkem Rheinufer begangenen Delikten sowie die Verkündung des entsprechenden Urteils Ausdruck der Souveränität, auf die der französische Staat keinesfalls verzichten könne. *Rudler* schrieb am 14. Floréal an VI (3. Mai 1798) an das Strafgericht: "Je vous observe qu'au moyen de ce que le pays de Cleves

332 Ebenda, S. 231.
333 Ebenda, S. 233.

se trouve faire partie de l'un des nouveaux Départements établis sur la rive gauche de Rhin, aucune puissance étrangère ne doit exercer aucune sorte de pouvoir judiciaire sur les habitants de ces contrées qui sont maintenant régies par les lois françaises"[334]. So kam es für *Rudler* einer unzulässigen Einschränkung der Souveränität gleich, von der Klever Justiz verkündete Urteile vollstrecken zu müssen - Urteile die aus einer Justiz stammten, die noch zu Preußen gehörte - oder Strafprozesse nach preußischem Recht zu entscheiden und zu Ende zu führen (geschweige denn den Berliner Hof danach um Genehmigung zu ersuchen). Dies gelte auch für den Fall, daß sich Gerichte, die der neuen französischen Rechtsorganisation angehörten, mit diesen anhängigen Strafverfahren befassen müßten.
Was die auf preußischem Territorium Inhaftierten betraf, so war es für *Rudler* ganz offensichtlich notwendig, die Übergabe dieser Angeklagten durch die preußischen Behörden zu erreichen, zumal die Übertragung des Verfahrens an den Strafrichter in Wesel zu unterbleiben habe: "Ces accusés doivent être jugés dans l'un des tribunaux des nouveaux Départements"[335]. *Rudler* forderte deshalb das Strafgericht dazu auf, mit dem Weseler Strafrichter Vereinbarungen zu treffen, um eine erfolgreiche Überführung der Angeklagten sicherzustellen. Letztere sollten gleichzeitig über ihre Rechte, die ihnen nach französischem Gesetz zustanden, in Kenntnis gesetzt werden. Zu diesen Rechten zählten:

(1) Sie konnten beim Justizminister gegen das gegen sie ausgesprochene oder noch auszusprechende Urteil Kassationsklage erheben.

(2) Sollten von der preußischen Justiz in Kleve bereits zwei Urteile ausgesprochen worden sein, die zu zwei oder vier Jahren Gefängnisstrafe verurteilt hatten, so konnten die Verurteilten einen Antrag auf Aufhebung oder Umänderung der Strafe vor dem zuständigen Strafgericht auf linksrheinischer Seite stellen[336].

Am 16. Floréal an VI (5. Mai 1798) schrieb *Rudler* an den Vorsitzenden des Weseler Strafgerichts: "La procédure dont l'instruction a été commencée a Gueldre contre ces accusés doit nécessairement être continuée jusqu'à jugement définitif au tribunal criminel de l'arrondissement dans lequel ce pays est enclavé. Là, ils seront devant leurs juges naturels"[337]. Er bat daher um die

---

334 Ebenda, S. 289.
335 Ebenda, S. 290.
336 Ebenda, S. 290.
337 Ebenda, S. 297.

Überführung der in Wesel inhaftierten Angeklagten an das Strafgericht des Departements Roër, wobei zu gewährleisten sei, daß die französische Regierung alle geeigneten Maßnahmen zu deren Bewachung treffe[338].
Zwar findet sich in den Quellen keine Antwort der Weseler Justizbehörden. Es ist jedoch an dieser Stelle hervorzuheben, was die Übergabe der Angeklagten an Frankreich für Preußen politisch bedeutet hätte: Diese Übergabe wäre gleichbedeutend mit der Anerkennung der französischen, auch juristischen, Souveränität auf linksrheinischem Gebiet gewesen, und das zu einem Zeitpunkt, zu dem diese Souveränität - trotz Campoformio - noch nicht international und ohne Einwände und Vorbehalte von Österreich und Preußen anerkannt worden war. Zu einer Anerkennung in Frieden und ohne Rückeroberungsabsichten sollte es erst 1801 mit dem Traktat von Lunéville kommen.
Die letzten Gliederungspunkte haben spezifische Besonderheiten des Roër-Departements in den Vordergrund gestellt. Im Folgenden sollen Probleme der Justizorganisation im Departement Roër beleuchtet werden, die sich in vergleichbarer Weise schon in den anderen Departements gestellt haben.

6. Spannungen und Zwietracht

a) Persönliche Rivalitäten

Im Departement Roër mangelte es nicht an persönlichen Rivalitäten unter den Beamten der Justizverwaltung. Bezeichnend ist die Streitsache *Laurency* gegen *Hoffstadt*.
Am 26. Germinal an VI (15. April 1798) schrieb *Laurency Junior* an den Kommissar der Zentralverwaltung, *Dorsch*, um die Sache seines Vaters, des ehemaligen und jetzt durch *Hoffstadt* ersetzten Friedensrichters im Kanton Heinsberg zu vertreten. Der Friedensrichter *Hoffstadt* sei ein Aristokrat, ein Mann, der - vom Vater protegiert - mehrere Willkürakte und Machtmißbräuche begangen habe[339]. Die berechtigten Beschwerden hiergegen seien immer unterdrückt worden, weil sich Vater und Sohn ihren Einfluß und die Protektion durch die Regierungsbehörde in Düsseldorf zunutze gemacht hätten. *Laurencys* Vater habe bereits uneigennützig und ohne weitere Absichten gegen die Ernennung *Hoffstadts* Beschwerde beim Kommissar des Vollzugsdirektoriums der Stadtverwaltung des Kantons Heinsberg eingelegt. Aus dem Dokument ging hervor, daß *Hoffstadt* vor der von *Rudler* ins Leben gerufenen Neuorgani-

338 Ebenda, S. 297.
339 Ebenda, S. 193.

sation der Gerichte Beisitzer in der Regierungsbehörde von Jülich war. *Laurency senior* teilte in seinem Beschwerdeschreiben an den Kommissar der Stadtverwaltung, *Launenschloß*, weiterhin mit, daß *Hoffstadt* mit 25 Jahren weder das Alter noch andere verfassungsmäßig vorgeschriebene Voraussetzungen für das Friedensrichteramt besitze und außerdem von frankreichfeindlichen Gefühlen durchdrungen sei. Außerdem unterstehe er noch der väterlichen Gewalt und habe keine eigenen finanziellen Einkünfte, so daß er nicht in der Lage sei, Schadensersatz zu bezahlen, sollte er der "forfaiture" oder der Veruntreuung für schuldig befunden werden. *Laurency senior* beschloß seine Ausführungen an *Launenschloß*, indem er *Hoffstadt* anklagte, ein Verleumder, "faussaire et coupable de plusieurs excès et actes arbitraires" zu sein[340].
Am 26. Germinal an VI erklärte *Launenschloß* sich, was die an *Hoffstadt* gerichteten Anklagen anbelangte, für nicht zuständig und übergab *Dorsch* die Akten[341]. Wenige Tage später forderte *Rudler* mit einem Schreiben an das Zivilgericht dieses dazu auf, alle nötigen Informationen zusammenzutragen, damit er eine angemessene Entscheidung im Falle *Hoffstadt* treffen könne.
In seiner Antwort nahm *Rudler* auf die ihm zum Falle *Hoffstadt* vorgelegten Beschwerden Bezug sowie auf die Tatsache, daß es zwischen letzterem und *Laurency* ein noch anhängiges Verfahren gebe. Er gab seiner Sorge um die Moral Ausdruck, die die Justizbeamten auszeichnen sollte, und stellte fest, daß es gefährlich sei "d'admettre ou de maintenir dans ces places de fonctions publiques des hommes tels qu'on me dépeint le C. en Hoffstadt."[342]
Einige Tage später erhielt *Rudler* von *Dorsch* einige Schreiben *Hoffstadts* zu seiner Verteidigung gegen die Anklagen von *Laurency* und einen Brief von *Hoffstadt* an *Launenschloß*[343], aus dem sich ein vollständigeres Bild der Streitigkeiten der beiden Rivalen ergibt. In *Laurency* sei der Haß auf *Hoffstadt* gewachsen, weil *Hoffstadt*, als er noch Beisitzer beim Friedensgericht in Heinsberg, an dem *Laurency* als Richter arbeitete, gewesen sei, *Laurency* bei der "Direction générale du pays d'entre Meuse et Rhin" denunziert habe, was schließlich per Dekret vom 11. Vendémiaire an V (2. Oktober 1796) seine Suspendierung vom Dienst zur Folge gehabt habe[344]. In seinem Schreiben an *Dorsch* reagierte *Hoffstadt* umfassend auf die Anklagen, die ihm von *Laurency* zur Last gelegt wurden. *Hoffstadt* wies darauf hin, daß er selbst sein Amt im Dienste Frankreichs stets mit Treue und Eifer[345] ausgeübt habe. Er verteidigte

340 LHA KO, 241 ff. 567, S. 199: Schreiben an Launenschloß vom Germinal an VI.
341 Ebenda, S. 202.
342 Ebenda, S. 263.
343 Ebenda, S. 321 und 329.
344 Ebenda, S. 329.
345 Ebenda, S. 330.

sich schließlich auch dagegen, daß er nicht das erforderliche Alter habe, um das Amt des Friedensrichters auszuüben. Er selbst sei es gewesen, der dem Zivilgericht mitgeteilt habe, er sei unter dreißig. Trotzdem habe er die Anordnung erhalten, den Dienst anzutreten, da vom Regierungskommissar als Anforderung zur Besetzung des Amtes des Friedensrichters in den eroberten Gebieten die Vollendung des dreißigsten Lebensjahres nicht festgelegt worden sei. Dies habe seinen Grund darin gehabt, daß gerade junge Leute ausgesprochen frankreichtreu seien und es daher nachteilig für die "chose publique" sei, solche Leute von diesen Ämtern auszuschließen[346].

b) Klagen über mangelnden Patriotismus

Im Falle des Friedensrichters des Kantons Düren wurden die Anklagen nicht von einem neidischen Rivalen vorgebracht, sondern vom "cercle constitutionnel" (Verfassungszirkel). Gegenstand war dabei mangelnder Patriotismus. In einem Schreiben an *Rudler* vom 20. Floréal an VI (9. Mai 1798) bat der Dürener Friedensrichter *Pangh* den Kommissar, ihm den genauen Inhalt der gegen ihn vorgebrachten Beschwerden mitzuteilen, und informierte ihn seinerseits darüber, daß seinen Denunzianten in Wirklichkeit die Maske des Patriotismus als Vorwand diente "pour flétir impunément des fonctionnaires publics que vous avez choisi vous-même et jugés dignes de votre confiance"[347]. Aus den Quellen geht nicht hervor, ob der Versuch des Verfassungszirkels, *Pangh* abzusetzen, darauf zielte, einen "Mann seiner Wahl" als Richter im Kanton Düren zu bestimmen.

c) Dorsch bittet Rudler um klare Kompetenzvorschriften

Dorsch war besorgt um die gerechte Erfüllung der ihm übertragenen administrativen Aufgaben. Er wollte Kompetenzstreitigkeiten, Zwistigkeiten und Neid zwischen Verwaltungsorganen des Departements und den ernannten Kommissaren mit Kontrollfunktion - wo immer möglich - vermeiden und bat *Rudler* mit Schreiben vom 20. Floréal an VI (9. Mai 1798) um eine Richtlinie, "dans lequel les pouvoirs des administrations et ceux des commissaires près d'elles seront exactement spécifiés"[348]. Auf die Verwaltung Bezug nehmend bestätigte *Dorsch*, ihm seien von mehreren Seiten Klagen eingegangen. Auch frankreichtreue Patrioten hätten bei der Ausübung ihres Amtes eklatante Feh-

346 Ebenda, S. 330.
347 Ebenda, S. 319.
348 Ebenda, S. 399.

ler[349], ihre Zuständigkeit und die Gerichtsbarkeit betreffend, begangen. *Dorsch* gestand, das Amt des Kommissars sei besonders undankbar, da die Verwaltungsorgane mit ihrer Überwachung wenig einverstanden seien. Eine Initiative *Rudlers* hätte nach Meinung *Dorschs* den Vorteil, alles wieder einer gewissen Ordnung zu unterstellen und den von verschiedenen Seiten gegen die Kommissare vorgebrachten Klagen über Willkür und Machtmißbrauch ein Ende zu bereiten. Nur so könne man diesen Diskussionen und Konflikten wirksam begegnen[350].
Galt dieses von *Dorsch* so kritisch gezeichnete Bild der Beziehungen zwischen der Verwaltung und den Kommissaren auch für die Justiz? Die zuvor betrachteten Dokumente vom Konflikt zwischen dem Zivilgericht und dem Kommissar des Vollzugsdirektoriums im Departement Rhein und Mosel[351] scheinen ein spannungs- und konfliktgeladene Klima auch für die Justiz zu bestätigen.

d) Keil empfiehlt den Kommissaren am Zuchtpolizeigericht Flexibilität

Aus den Quellen ergibt sich eine Unsicherheit der bei den "Tribunaux correctionnels" (Zuchtpolizeigerichten) angestellten Kommissare des Departements Roër. Ihre Urteile litten überaus häufig unter Formmängel. Sollten die Kommissare immer Berufung einlegen, sobald sie einen solchen Mangel entdeckten, wären die öffentlichen Finanzen durch enorme Justizkosten belastet worden. Dies ist es auch, was der öffentliche Ankläger am Strafgericht, *Keil*, sinngemäß am 5. Prairial an VI (24. Mai 1798) an *Rudler* schreibt[352]. Um eine übermäßige (wenn auch juristisch gerechtfertigte) Härte der Kommissare gegenüber der von Zuchtpolizeigerichten ausgesprochenen Urteile zu vermeiden, schlug *Keil Rudler* eine "flexiblere" Lösung vor, die der Konfliktvermeidung dienen sollte. Die Kommissare sollten für eine bestimmte Zeit mit freundlichen Hinweisen ("avertissements fraternels") die Aufmerksamkeit der Zuchtpolizeigerichte auf die Mängel ihrer Urteile lenken und sie dabei auffordern, diese zu beseitigen. Dies gelte um so mehr, als das neue Strafgesetzbuch für die Richter ein absolutes Novum war, "présentant un vaste champ d'étude avec lequel les juges ne pourraient se familiariser que pour une assiduité constante"[353].

349 Ebenda, S. 399.
350 Ebenda, S. 400
351 S. Kap. III, Nr. 5e
352 Ebenda, S. 421.
353 Ebenda, S. 421.

7. Das Bild der Friedensgerichtsbarkeit im Bericht eines lokalen Verwaltungsbeamten

Während im Departement Roër Dokumente, die Konflikte zwischen Verwaltungsangestellten und Kommissaren auch auf städtischem Niveau bezeugen, nicht fehlten[354], liegen uns für die untere Ebene der Justizverwaltung (Friedensrichter) keinerlei Zeugnisse über Konflikte zur Zuständigkeit oder Gerichtsbarkeit[355], wohl aber von Unfähigkeit und mangelnder Loyalität vor.
Am 15. Thermidor an VI (2. August 1798) schrieb *Müller*, ein Steuerbeamter ("receveur de l'enregistrement du domaine national à Kevelar"), an *Rudler*[356], um sich vor dem Vorwurf der Nachlässigkeit und schwerfälligen Arbeitsweise bei der Absendung der Akten, die er zu registrieren verpflichtet war - insbesondere der Urteile der Friedensrichter - zu rechtfertigen. Er führte dazu an, diese Urteile seien voller Übertretungen der "Règlements" und außerdem dunkel und verwirrt. Daher sei es notwendig gewesen, vor der Registrierung weitere Klärungen einzuholen[357]. Allgemein arbeiteten, so *Müller* weiter, die Friedensrichter unzuverlässig: "Leurs greffiers possèdent encore moins de connaissances et leurs huissiers savent à peine faire leurs noms (...)"[358]. Er, *Müller*, habe sie mehrmals aufgefordert, die Akten gemäß dem Dekret vom 10. Germinal auf französisch abzufassen, aber umsonst: Es werde weiterhin nach den alten Gewohnheiten verfahren, was dem Fortschritt der Republik absolut abträglich sei. Aufgrund seines Eifers und seiner Pflichterfüllung habe sich *Müller* den Haß der Friedensrichter zugezogen, die sich nichts sehnlicher wünschten, als die treuen und pflichtbewußten französischen Beamten in Mißkredit zu bringen[359]. (Es bleibt unklar, ob *Müller* unter "Franzosen" die in Frankreich

354 LHA KO, 241 ff. 570, S. 255: Am 8. Thermidor an VI (26. Juli 1798) schrieb der Kommissar des Vollzugsdirektoriums im Kanton Montjoie, Simeon, in seinem Bericht zum bestehenden Konflikt zwischen dem Vorsitzenden der Stadtverwaltung und Kommissar Burken an Rudler: "Ils se sont dénoncés avec acharnement; ils ont provoqué naturellement leurs destitutions (...)". Burken sei Mönch, und laut Simeon sei so ein Mönch-Kommissar, "qui permet que St. Sébastien précède le drapeau tricolore dans les fêtes publiques", bei den Patrioten und aufgeklärten Personen nicht gern gesehen.

355 Dem Friedensrichter des Kantons war bei der Ausübung seines Amtes kein Kommissar mit Kontrollfunktion beigeordnet, da in den linksrheinischen Departements die Überwachung des Amts des Friedensrichters dem Kommissar bei den Gerichten (Zivil- und Strafgericht) erster Instanz - unter Mithilfe der Gerichte - zufiel.

356 Ebenda, S. 243.

357 Ebenda, S. 244.

358 Ebenda, S. 244.

359 Ebenda, S. 245.

geborenen Beamten verstand oder diejenigen, die lediglich im Dienste Frankreichs standen).

Müllers Bericht an *Rudler* fuhr sodann mit der Anklage des Friedensrichters von Xanten fort, ein Mann, der nie auch nur in Ansätzen einen Dienst für die Republik geleistet habe, sich keiner Achtung erfreue und schwersten Amtsmißbrauch beginge, indem er sich ständig enorme Gehälter bezahlen ließe. Darüber hinaus verberge er auch seinen Frankreichhaß in keiner Weise. Anläßlich der Feierlichkeiten zur Errichtung des Freiheitsbaums sei er der einzige unter den zum Bankett geladenen Gästen gewesen, der weder auf die Republik und das Direktorium noch auf *Rudler* angestoßen habe[360]. *Müller* beschloß seinen Bericht, indem er den Regierungskommissar seiner Treue und seines Eifers versicherte.

Rudler bat seinerseits mit Schreiben vom 29. Thermidor an VI (16. August 1798) [361] *Vossen* um weitere Auskünfte über den Xantener Friedensrichter *De Bruyn* und machte kein Hehl aus seiner Absicht, ihn als Friedensrichter abzusetzen. Seiner Ansicht nach war *De Bruyn* "un homme qui aurait ouvertement une conduite autant immorale comme incivique et reprochable sur tous les rapports"[362].

Die von *Müller* vorgebrachten Klagen über die Friedensrichter und deren mutmaßlichen Unzulänglichkeiten bedachte *Rudler* hingegen mit keinerlei Kommentar. Mit diesem Verhalten wollte er sich wohl als über den Parteien, den Streitigkeiten und Spannungen innerhalb der unteren Justiz stehend darstellen (dies vor allem im Falle einer mutmaßlichen "französischen" und einer anderen, Neuheiten gegenüber abgeneigten, eher konservativen Partei), wovon das Schreiben *Müllers* zeugt.

8. Die Geschworenen: individuelle Freiheit und öffentliches Interesse; die Aufforderungen Dorschs und die Sorgen Rudlers

Neben dem Phänomen der mangelnden Frankreichtreue der Friedensrichter sowie deren Gewohnheit, sich weiterhin von den Prozeßparteien ("justiciables") entgegen dem Grundsatz der Unentgeltlichkeit der Justiz bezahlen zu lassen[363], verdient die von *Keil*, dem öffentlichen Ankläger, in besonderem Maße vorgebrachte Sorge um die Loyalität der Geschworenen gegenüber der

360 Ebenda, S. 245.

361 Ebenda, S. 287.

362 Ebenda, S. 288.

363 Ebenda, S. 255-256. Das Phänomen trat auch in den anderen linksrheinischen Departements auf.

Republik im Departement Roër besondere Beachtung. Aus dieser Sorge heraus bat er *Rudler* mit Schreiben vom 29. Thermidor an VI (16. August 1798)[364], in den neuen Departements so bald wie möglich den Text des Gesetzes vom 19. Fructidor an V zu veröffentlichen. Dessen Artikel 23 verfügte, daß die Urteilsgeschworenen sich einstimmig zu erklären hätten, daß sie während der gesamten Dauer ihrer Beratung keinerlei Kontakt mit der Außenwelt haben dürften und schließlich, daß sie ihre Entscheidung mit (absoluter) Mehrheit nur dann treffen könnten, wenn sie sich in erster Sitzung nach 24 Stunden nicht einstimmig hätten einigen können. Die Erfahrungen, die er gemacht habe - so *Keil* - bewegten ihn dazu, seine Bitte vor *Rudler* noch einmal zu wiederholen[365]. Da er kein Recht habe, die Urteilsgeschworenen zu ersetzen, bestünde die Gefahr, daß Geschworene, die stark der alten Rechtsprechung des Landes zuneigten und ausgesprochene Feinde der französischen Gesetzgebung seien, sich trotz unwiderlegbarer Beweise zugunsten der Angeklagten aussprechen könnten, und sich so erlaubten, die französischen Gesetze zu übertreten[366]. Episoden dieser Art hatte es laut *Keil* bereits gegeben: Beispielsweise hätten drei Geschworene, "anciens avocats", kürzlich zwei der Fälschung öffentlicher Akten und Wechsel Angeklagte freigesprochen, obwohl gegen diese belastende Beweise vorgelegen hätten, wonach die Delikte nicht nur im Departement Roër, sondern auch in Paris, Lille, Dünkirchen, Brüssel Lüttich und Maastricht begangen worden seien. Die drei Geschworenen hätten indessen behauptet, die Beweise seien nicht ausreichend. Die Taubheit eines von ihnen hätte es dem Strafgericht ermöglicht, die Gerichtsverhandlung zu annullieren und so ganz eindeutig schuldige Männer wieder auf freien Fuß zu setzen. Eine rasche Veröffentlichung und Vollstreckung des Artikels 33 des Gesetzes vom 19. Fructidor an V würde, so *Keil*, in Zukunft derartige Amtsmißbräuche ("aussi révoltants qui éludent l'action de la justice et ménacent la société") [367] verhindern.
Der öffentliche Ankläger *Keil* war mithin bereit, die individuelle Freiheit der Geschworenen, von der mehrheitlichen Meinung abzuweichen, in beträchtlichem Maße einzuschränken, wenn damit nur ein Beschluß zustande käme, der im Interesse des Strafgesetzes läge.
Ein Antwortschreiben *Rudlers* ist nicht erhalten geblieben, so daß die Meinung des Regierungskommissars in dieser Sache dunkel bleibt. Was hingegen aus den Quellen hervorgeht, sind seine Beanstandungen der ihm von *Dorsch* vorgelegten Geschworenenlisten und insbesondere der Aufstellung des letzten

364 LHA KO, 241 ff. 570, S. 291.
365 Ebenda, S. 292.
366 Ebenda, S. 292.
367 Ebenda, S. 293.

Quartals des Jahres VI[368]. (Der Zentralverwaltung der Departements fiel die Aufgabe zu, von Quartal zu Quartal die Listen der Anklage- und Urteilsgeschworenen zu erstellen, wie es der Art. 485 des "Code des Délits et des Peines" vorsah. Der Kommissar bei der Zentralverwaltung legte diese sodann dem Regierungskommissar zur Genehmigung vor.)

Dorsch hatte mit einem gedruckten Rundschreiben vom 14. Prairial an VI (2. Juni 1798)[369] die Geschworenen über ihre Aufgaben aufgeklärt. Er hatte sie darüber informiert, daß sie als Geschworene der Anklage ("jurés d'accusation") nicht über Schuld oder Unschuld der Angeklagten zu urteilen hätten, sondern nur darüber, ob ausreichende Beweise zur Fortführung der Verhandlung nach dem Ermittlungsverfahren vorlägen. Als Urteilsgeschworene ("jurés de jugement") hätten sie sich bei der Beurteilung von Schuld oder Unschuld des Angeklagten, von ihrer Vernunft, ihrem Gewissen und ihrer inneren Überzeugung leiten zu lassen[370]. Das Institut der Geschworenen sei "un des plus beaux établissements du noveau régime", da es - so *Dorsch* weiter - nicht nur ermögliche, das Verbrechen zu bestrafen, sondern auch den Unschuldigen vor etwaigen Gesetzesirrtümern zu bewahren[371]. Es folgten *Dorschs* Mahnungen an die Geschworenen, im Falle fehlender legitimer Gründe für das Fernbleiben den jeweiligen "Directeur du Jury" darauf hinzuweisen und - unter Androhung schwerer Sanktionen, bis hin zur Inhaftierung[372] - den Dienst unverzüglich anzutreten.

Als *Rudler* die Liste der Geschworenen erhielt, machte er strenge Anmerkungen[373]. Zuallererst enthalte die Liste zu viele Familiennamen ohne Erwähnung des Namens der Person. Zweitens seien die Gemeinden, in denen die Geschworenen ihren Wohnsitz hätten, nicht ausdrücklich genannt und in vielen Fällen sogar überhaupt nicht erwähnt. Diese Angaben sein jedoch unverzichtbar: "Et il est singulièrement essentiel que ces dénominations et désignations d'habitations soient connues"[374]. Ein anderer schwerwiegender Fehler bestehe darin, daß in vielen Fällen Angaben zur "qualité" (Beruf oder Tätigkeit) der Geschworenen fehlten. Er forderte *Dorsch* auf, solche Fehler zu korrigieren und diese in Zukunft zu unterlassen. Zugleich machte *Rudler* ihn darauf aufmerksam, daß er die Vorschriften zur Unvereinbarkeit genauestens zu beachten habe. So könnten die Gemeindeangestellten ("agents et adjoints") gemäß

368 S. weiter unten in diesem Abschnitt.
369 Ebenda, S. 73.
370 Ebenda, S. 73.
371 Ebenda, S. 74.
372 Ebenda, S. 75.
373 Ebenda, S. 155: Schreiben Rudlers vom 18. Messidor an VI (6. Juli 1798).
374 Ebenda, S. 155.

Art. 484 des "Code des délits et des peines" nicht das Amt der Geschworenen ausüben[375].
Keinerlei Stellungnahme *Rudlers* liegt jedoch mehr oder weniger ausgeprägten Patriotismus der in den Listen erwähnten Geschworenen vor. Offensichtlich waren ihm zu diesem Zeitpunkt keine negativen Beobachtungen seitens der Richter der ersten Instanz, der Zentralverwaltung oder der Kommissare übermittelt worden. Von deren Informationen hing er jedoch vorwiegend ab, da er aus der Entfernung nicht die Eigenschaften und Meinungen der einzelnen Bürger erkennen konnte.

9. Die Gerichtssprache

Am 29. Germinal an VI (18. April 1798)[376] informierte die Zentralverwaltung *Rudler* vom Erhalt des Dekrets vom 10. Germinal zur Abfassung der Akten auf französisch. Sie war der Meinung, es sei angebracht, auch Briefe und von den Bürgern des Departements den Behörden eingebrachte Petitionen dieser Pflicht zu unterstellen. Dies sei von mehreren Beamten und Angestellten der Republik, insbesondere vom "directeur de l'enregistrement des domaines nationaux"[377] vorgeschlagen worden.
Rudlers Antwort darauf fiel gemäßigt aus. Die Einführung von Französisch als offizieller Sprache in den linksrheinischen Departements sei zwar ein unabänderliches Ziel; man sollte aber dennoch nicht zu sehr drängen[378]. Wieder einmal - wie bereits im Falle des Strafgerichts des Departements Saar, das ihn gebeten hatte, die Rechtswirksamkeit des Dekrets vom 10. Germinal aufzuheben, da es sich auf ein Land, dessen Hauptsprache auch vor Gericht Deutsch war, nicht anwenden lasse - demonstrierte *Rudler* seine Taktik eines schrittweisen und "sanften" Vorgehens bei der Einführung des Französischen in den linksrheinischen Gebieten - und das nicht zuletzt deshalb, weil er selbst elsässischer Herkunft war.
Auf das Dekret vom 10. Germinal an VI gingen unterschiedliche Reaktionen der einzelnen Verwaltungs- und Justizorgane der linksrheinischen Departements ein. Während das Strafgericht (wie auch andere Rechtsorgane)[379] des Departements Saar diese Entwicklung zu verzögern suchten und auf einem

---

375 Ebenda, S. 156.
376 LHA KO, 241 ff. 567, S. 187.
377 Ebenda, S. 187.
378 Ebenda, S. 237: Rudlers Antwort an die Zentralverwaltung des Roërdepartements vom 4. Floréal an VI (23. April 1798).
379 Darüber *A. Grilli*, "Sprache und Recht..." (1993), S. 230 ff.

Aufschub der Dekretsanwendung bestanden, wurde von Seiten der Zentralverwaltung und des "enregistrement des domaines nationaux" des Departements Roër auf ein schnelleres Voranschreiten gedrängt. Letztere schlugen ein Vorgehen vor, das über die ursprünglichen Absichten *Rudlers* hinaus ging und Französisch nicht nur als offizielle Schriftsprache in Behördenakten (Verwaltung und Gericht) vorsah, sondern auch für jeden vorschrieb, der von außen mit diesen Behörden in irgendeiner Form in Berührung kam. Diese unterschiedlichen Standpunkte erklären sich vielleicht aus dem Umstand, daß in der Justiz der prozentuale Anteil an ortsansässigem linksrheinischem Personal (mit recht spärlichen Französischkenntnissen) sehr viel höher war als im Bereich der Verwaltung[380]. So ist beispielsweise bekannt, daß die Hälfte (zwei oder drei, je nach Zusammensetzung) der Mitglieder der Zentralverwaltung französischer Muttersprache war[381], während dies sicherlich weder für die Gerichte erster Instanz und noch weniger für Friedens- oder Zuchtpolizeigerichte zutraf. *Rudler* blieb jedenfalls seiner Linie eines schrittweisen Vorgehens treu und nahm gegenüber den aus den verschiedenen Departements eingehenden gegensätzlichen Aufforderungen eine ausgleichende Haltung des "goldenen Mittelwegs" ein. Ebenso, wie er dem "konservativen" Strafgericht des Saar-Departements mit einer Absage geantwortet hatte, stand er auch der "extremistischen" Zentralverwaltung des Departements Roër ablehnend gegenüber: "Le nombre des pétitionnaires qui n'ont pas la moindre connaissance de la langue française est encore trop considérable; celui en revanche des traducteurs capables de mériter leur confiance trop petit (...)"[382].
Das Verfassen einer Petition stelle ein Grundrecht dar. Dies dürfe nicht durch das Erfordernis der französischen Sprache behindert werden. Den Petenten auf so radikale Weise die französische Sprache aufzuerlegen bedeute in diesem Moment, die Anfragen und Wünsche der Bürger gegenüber der Verwaltung zum Schweigen zu bringen.
Dabei stellt sich allerdings legitimerweise die Frage, warum *Rudler* den Petenten das Recht, ihre Schriften in Deutsch abzufassen, zugestand, während er diejenigen, die im Bereich der Justiz Berufung einlegen, unerwähnt ließ, obwohl es in den Augen des Regierungskommissars ebenso ein Recht des Bürgers war, gerichtliche Berufung einzulegen, wie eine Petition einzubringen. Die Antwort ist nicht einfach und aller Wahrscheinlichkeit nach in den Zahlen zu suchen. Petitionen wurden weit häufiger eingereicht als Berufung vor Ge-

380 Ebenda, S. 248-252.
381 Siehe z.B. Hinweise auf die Zusammensetzung der Zentralverwaltungen in *J. Hansen*, IV, S. 457-460.
382 LHA KO, 241 ff. 567, S. 237.

richt eingelegt wurde. Und nicht nur das: Während vor Gericht ein Bürger nach erfolgreicher Berufung (in zivilrechtlichen Sachen) Kostenerstattung für eventuell entstandenen Ausgaben für die Übersetzung der Berufung beantragen konnte, war für einen Petenten, der sich mit Ausgaben konfrontiert sah, eine Kostenerstattung nicht möglich. Die Verwaltungen sollten - nach Meinung *Rudlers* - die Bürger gleichwohl dazu ermuntern, Petitionen auf Französisch abzufassen: "Les invitations réitérées fondées sur l'avantage d'une décision plus prompte (...) dont se jouira celui qui se sera enoncé dans cette langue ameneront insensiblement les administrés au but désiré sans entraîner après soi les désagréments des mésures coercitives"[383].

Rudler maß der Kenntnis beider Sprachen besondere Bedeutung für die Gerichtsschreiber bei, mehr noch als dem pünktlichen Erscheinen von Übersetzern und Dolmetschern vor Gericht. Dem Friedensrichter des Kantons Ravenstein, *Krül*, der ihn um Ratschläge zur Notwendigkeit der pünktlichen Übersetzung aller Prozeßakten bat, antwortete *Rudler*, es genüge, "d'avoir une analyse raisonnée mais succincte et précise de l'objet de la réclamation de chaque Citoyen"[384]. Dies sei eine Arbeit, die *Krül* selbst im mündlichen Teil des Prozesses leisten und so seinen Mitbürgern einen weiteren Dienst, diesmal linguistischer Art, erweisen könne[385].

10. Nebenbeschäftigungen

Auch im Departement Roër stellte sich das Problem der Vereinbarkeit des Amtes eines Friedensrichters mit dem des "avoué" (Anwalt).

Am 22. Floréal an VI (11. Mai 1798)[386] erklärte *Vossen Rudler*, er habe die Friedensrichter bislang noch nicht als "avoués" bei Verfahren am Zivilgericht des Departements zulassen wollen, da die ihnen im öffentlichen Interesse anvertrauten Aufgaben zu sehr unter ihrer häufigen Abwesenheit litten. Auch "les municipaux" (die Gemeindeangestellten), so *Vossen*, fühlten sich absolut berechtigt (wie die Friedensrichter), ihrer Tätigkeit als "avoués" nachzugehen[387]. *Rudlers* Antwort fiel im großen und ganzen wie schon im Departement Saar aus. Da von Gesetzes wegen keine Unvereinbarkeit bestünde (wie es hingegen für die Geschworenen gelte), könnten Friedensrichter auch "avoués"

383 Ebenda, S. 237.
384 Ebenda, S. 431: Schreiben Rudlers an Krül vom 7. Prairial an VI (26. Mai 1798).
385 Ebenda, S. 431.
386 Ebenda, S. 343.
387 Ebenda, S. 343.

sein. Diesen Beruf könnten sie jedoch (um Interessenkonflikte zu vermeiden) nur in den Verfahren ausüben, für die kein Friedensrichter zuständig sei[388].
Die Stadtangestellten könnten - um Interessenkonflikte zu vermeiden - nur in solchen Fällen als "avoué" fungieren, in denen die Stadtverwaltung keinerlei eigenes Interesse habe und auch als Prozeßpartei nicht beteiligt sei[389]. *Vossen* erklärte *Rudler* am 5. Prairial an VI (24. Mai 1798)[390], er wolle sich nach den erhaltenen Anweisungen richten. Er hätte niemals einen Friedensrichter an der Möglichkeit, Parteien zu verteidigen, gehindert, wenn er nicht im "Dictionnaire des décisions du Ministre de la justice" unter "Unvereinbarkeit" den Beschluß Nr. 2648 gefunden hätte, demzufolge Friedensrichter außerhalb ihrer Arrondissements in keinem Verfahren verteidigen könnten, da sie verpflichtet seien, in dem Kanton, in dem sie arbeiteten, auch ihren Wohnsitz zu haben und sich nicht zu entfernen[391].
Wieder einmal bewies der überaus gewissenhafte und eifrige *Vossen* seine besondere Kenntnis der Gesetze. Es ist nicht bekannt, ob dem pragmatischeren *Rudler* der von *Vossen* zitierte Beschluß aus Vergeßlichkeit oder Unkenntnis entgangen war.

11. Die Gehälterfrage

Was das Problem der niedrigen oder zu spät ausbezahlten Gehälter angeht, wurden auch im Departement Roër viele Stimmen laut. Und gerade der fleißige und effiziente *Vossen* war es, der sich in einem Schreiben vom 4. Thermidor an VI (22. Juli 1798)[392] an *Rudler* mit der Bitte um sein letztes Monatsgehalt (Pluviôse) wandte, das laut *Vossen* an seinen Kollegen *Hebert* bereits ausbezahlt worden sei. *Vossen* merkte dabei an, er würde sich niemals in dieser Sache an *Rudler* wenden, hätte er nicht beträchtliche Ausgaben für seinen Aufenthalt in Köln aus seiner eigenen Tasche zu entrichten gehabt. Außerdem sprach er einen zweiten Punkt an. Er verstehe nicht, warum das Vollzugsdirektorium *Dorsch* eine Summe von 200 Francs für Ausgaben für die Unterkunft bewilligt habe, obwohl doch bekannt sei, daß die Kommissare der Zentralverwaltung sehr gut bezahlt seien, während sie nur 600 Livres pro Trimester erhielten und zudem noch verpflichtet seien, ihre Büros auf eigene Kosten

388 Ebenda, S. 391.
389 Ebenda, S. 391: Schreiben vom 28. Floréal an VI (17. Mai 1798).
390 Ebenda, S. 419.
391 Ebenda, S. 419.
392 LHA KO, 241 ff. 570, S. 197.

zu unterhalten. Er fragte an, ob es nicht gerechter sei, dasselbe Verfahren auch auf die Kommissare bei Gericht anzuwenden[393].
Am 9. Fructidor an VI (27. August 1798) antwortete *Rudler*: *Dorsch* habe keinerlei Gehaltserhöhung erhalten, sondern lediglich eine Erhöhung aufgrund einer zweiten Tätigkeit als "agent général des contributions". Er versprach, baldmöglichst für die Erstattung der Reise- und Aufenthaltskosten zu sorgen[394].
Die Richter des Zivilgerichts reklamierten bei *Rudler* am 26. Thermidor an VI (13. August 1798)[395] ein Gehalt von über den per Dekret des Justizministers festgelegten 1.800 Francs, da die Stadt Köln mehr als 40.000 Einwohner zähle. Das Leben dort sei exorbitant teuer, und sie sähen sich ohne die Zahlung irgendeiner Form von Zuschuß nicht in der Lage, ihrer Tätigkeit weiter nachzugehen. Da sie infolge Tausender noch anhängiger alter Rechtssachen völlig an Arbeit überlastet seien, was für die Gerichte im französischen Inland nicht zuträfe, baten sie *Rudler*, für den Fall, daß ein Sonderfonds für einen Zuschuß nicht genehmigt werden sollte, die Prozeßparteien zur Bezahlung dieser außergewöhnlichen und sehr schwierigen Arbeiten, die sie überlasteten und der Justiz in gewisser Weise fremd seien, heranziehen zu dürfen[396]. Sie erklärten sich in der Ausübung ihrer Ämter für loyal und treu. Sie seien eher bereit zurückzutreten, anstatt andere, illegale Mittel zu suchen, um ihr Einkommen aufzubessern, und so ihre Funktionen, die "ne doivent jamais être exercées que par les citoyens intactes"[397], zu entehren.
Rudlers Antwort vom 17. Fructidor an VI (3. September 1798)[398] war in einem konzilianten und beipflichtenden Grundton abgefaßt. Er habe die Notwendigkeit einer Gehaltserhöhung im öffentlichen Dienst der neuen Departements mehrmals dem Justizminister vorgebracht - bislang jedoch vergeblich. Man müsse daher ein diesbezügliches Gesetz aus Paris abwarten. Den Vorschlag, sich für die noch offenen Altverfahren von den Prozeßparteien bezahlen zu lassen, konnte *Rudler* nur aufs entschiedenste von sich weisen, weil dadurch der Grundsatz der Unentgeltlichkeit der Justiz verletzt werde. *Rudler* beschloß sein Schreiben mit dem Aufruf, "que votre zèle ne se ressentira pas, et que les premiers magistrats d'un Département donneront l'exemple du patriotisme et du courage qui les animent"[399].

393 Ebenda, S. 198.
394 Ebenda, S. 305.
395 Ebenda, S. 275.
396 Ebenda, S. 276.
397 Ebenda, S. 276.
398 Ebenda, S. 311.
399 Ebenda, S. 311.

Unklarheiten und Zweifel bestanden auch bezüglich der Frage, wie und aus welchem Fonds bestimmte Gruppen von Justizangestellten bezahlt werden sollten. *Rudler* teilte *Hebert* dazu mit, die "huissiers", die Gerichtsvollzieher, bei den Strafgerichten hätten gemäß dem Dekret der Convention national vom 26. November 1792 Anrecht auf ein Jahresgehalt von 600 Francs[400]. Dieser Betrag sei aus derselben Kasse und mit denselben Formalitäten zu entrichten wie die Richtergehälter. Die Zentralverwaltung des Departements werde dann die Zahlung der Gehälter "dans la Caisse du Receveur des droits d'enregistrement, comme frais de justice"[401] anweisen. Dieselbe Institution sei für die Entlohnung der "exécuteurs des jugements criminels" (der Henker) zuständig, die gemäß den Anweisungen *Rudlers* vom 2. Thermidor (20. Juli), nach denen "chacun des nouveaux Départements doit être incessamment pourvu d'un instrument de mort"[402] (die Guillotine), von der Zentralverwaltung in den neuen Departements angestellt worden waren.

Es ist anzunehmen, daß auch im Departement Roër die geringe Höhe der Gehälter der Verwaltungs- und Justizangestellten nicht wenige von ihnen dazu zwang oder verführte, einer legalen oder illegalen Nebenbeschäftigung nachzugehen. An dieser Stelle sei an den bereits zitierten Brief der Richter des Zivilgerichts an *Rudler* erinnert[403].

In bestimmten Fällen überschritt die Ausübung einer Nebentätigkeit die Grenze zur Illegalität. So gab *Rudler* am 8. Thermidor an VI (26. Juli 1798)[404] der Zentralverwaltung die Anweisung, die erforderlichen Maßnahmen gegen die Beamten zu treffen, die sich erlaubten, willkürlich Steuern festzusetzen[405]. Dieses Phänomen habe in der Stadtverwaltung von Ravenstein beängstigende Ausmaße angenommen, wo die ortsansässigen Beamten unrechtmäßigerweise für jedes Haus einen Gulden und für jeden Morgen Land zehn Taler erhielten. Diese Erpressungen müßten sofort beendet werden[406].

---

400 Schreiben Rudlers vom 16. Germinal an VI (15. April 1798): LHA KO, 241 ff. 567, S. 174.

401 Ebenda, S. 174.

402 LHA KO, 241 ff. 570, S. 241.

403 Ebenda, S. 276: erinnert, In dem Brief hieß es: "Nous pourrions bien trouver d'autres moyens", um das niedrige Gehalt aufzubessern.

404 Ebenda, S. 203.

405 Ebenda, S. 203.

406 Ebenda, S. 203.

12. Die Richter: Wohnsitzpflicht am Ort ihrer Tätigkeit; Regelungen bezüglich ihres Urlaubs

Keil lenkte mit Schreiben vom 11. Messidor an VI (29. Juni 1798)[407] *Rudlers* Aufmerksamkeit erneut auf das Gesetz vom 12. September 1791 zum Wohnsitz der Beamten im öffentlichen Dienst. Dieses Gesetz unterwarf im Titel I die Beamten der Pflicht, den Wohnsitz während der gesamten Dauer ihres Amtes an dem Ort zu nehmen, an dem sie ihrer Beschäftigung nachgingen und setzte unter Titel XIII die Nichtbeachtung dieser Vorschrift einem endgültigen Verzicht auf die Stelle mit nachfolgender Ersetzung gleich[408]. Aus den Worten *Keils* an *Rudler* läßt sich leicht schließen, daß viele Beamte ihren Wohnsitz nicht an dem Ort, an dem sich ihr Arbeitsplatz befand, genommen hatten: "Vous me dispenserez sans doute, Citoyen Commissaire, de vous communiquer les faits qui me déterminent à vous prier de publier les articles de la loi précitée dans les quatre nouveaux Departements; l'exacte et prompte distribution de la justice (...) sera pour vous un motif puissant de prendre ma demande en considération"[409].

Keil riet *Rudler* außerdem, die Genehmigung des Urlaubs der Justizbeamten so zu regeln, daß in den Registern die Abwesenheitsgenehmigung, die (vom Gericht genehmigte) Begründung, sowie Beginn und Ende des Urlaubs eingetragen werden müßten[410].

Rudler stimmte zu. Das Gesetz vom 12. September 1791, dessen baldmögliche Anwendung *Keil* wünschte, sei in den zweiten Teil des "Règlement sur l'ordre administratif" integriert worden, und dieses befinde sich im Augenblick im Druck und würde so bald wie möglich veröffentlicht[411].

13. Die Situation in den Gefängnissen

Die Überbelegung der Gefängnisse stellte im Departement Roër ein großes Problem dar. Am 2. Thermidor an VI (20. Juli 1798)[412] teilte *Hebert Rudler* in einem Schreiben mit, daß *Servais Titz*, der bereits vom "Tribunal criminel des pays conquis entre Meuse et Rhin" am 28. Floréal an V verurteilt worden war, (ein Urteil, das auch in Berufung bestätigt wurde) vom "Directeur du jury" des

407 Ebenda, S. 131.
408 Ebenda, S. 131.
409 Ebenda, S. 132.
410 Ebenda, S. 132.
411 Ebenda, S. 201: Schreiben vom 7. Thermidor an VI (25. Juli 1798).
412 Ebenda, S. 193.

Kölner Arrondissements eigenmächtig auf freien Fuß gesetzt worden sei, um nicht für dessen Verpflegung sorgen zu müssen. Dies sei keineswegs ein Einzelfall, da auch viele andere Häftlinge im gleichen Zeitraum und aus demselben Grund aus der Haft entlassen worden seien[413]. *Rudler* wandte sich gegen solch eigenmächtiges Vorgehen und forderte die rechtzeitige ordnungsgemäße Vollziehung der Strafe. Der Gefangene sollte jedoch weiterhin das Recht haben, eine Strafaufhebung oder -umänderung gemäß dem Gesetz vom 3. September 1792 zu beantragen[414].

14. Esprit public

Am 12. Thermidor an VI (30. Juli 1798)[415] gab *Rudler* seiner Besorgnis über die zahlreichen, täglich aus den Stadtverwaltungen und von den Kommissaren eingehenden Beschwerden über die langsame Art und Weise, in der die Einwohner den Anordnungen der Verwaltung Folge leisteten, Ausdruck. Der verunsicherten Zentralverwaltung gab er Anweisungen, wie darauf zu reagieren sei. Nachdem er darauf hingewiesen hatte, daß die Administratoren gegebenenfalls von den Vorschriften in Titel I des zweiten Teils des Code pénal (der sich mit "crimes et attentats contre la chose publique" befaßt) sowie denen im Gesetz vom 19. Juli 1791 über die Zuchtpolizei Gebrauch machen könnten, erinnerte *Rudler* daran, daß vor allem in der Anfangsphase der Angliederung der linksrheinischen Territorien an Frankreich Erziehung vor Drohungen der Vorzug zu geben sei. Gegen nachgewiesene Amtsmißbräuche solle jedoch mit der Härte der Strafandrohung vorgegangen werden[416].

15. Probleme des Übergangs vom alten zum neuen Strafverfahren

Ein langer Bericht der Richter des Strafgerichts an *Rudler* vom 23. Floréal an VI (12. Mai 1798)[417] behandelt überaus wichtige Fragestellungen des Straf- und Strafverfahrensrechts am Übergang von der alten zur neuen Gesetzgebung und Justizorganisation. Die Fragen lauteten im einzelnen:

---

413 Ebenda, S. 193.
414 Ebenda, S. 217.
415 Ebenda, S. 219.
416 Ebenda, S. 220.
417 LHA KO, 241 ff. 567, S. 355.

a) Was sollte mit den von den alten, abgeschafften Gerichten zwar ausgesprochenen, jedoch noch nicht verkündeten Urteilen geschehen? Sollte in diesen Fällen der öffentliche Ankläger dennoch erneut Anklage erheben[418]?

b) Sollten all jene Verfahren als "anhängig" bei den alten Gerichten gelten, bei denen auch nur eine Verfahrenshandlung abgeschlossen war oder nur diejenigen, in denen der Angeklagte bereits einem Verhör unterzogen worden war?

Das Strafgericht neigte zu folgender Lösung: Aufgrund des Grundsatzes des Rückwirkungsverbots des Strafgesetzes und auch deshalb, weil der Code des délits et des peines noch nicht veröffentlicht war (obwohl die Departementsverwaltung ihnen Exemplare davon habe zukommen lassen), betonten die Richter, daß sie in allen, bei den abgeschafften Gerichten noch nicht entschiedenen Streitsachen nach den alten Gesetzen verfahren würden, solange der Code nicht endgültig veröffentlicht sei[419].
Was den bestehenden Unterschied zwischen Strafen und Verfahren anbelangt, waren die Richter der Auffassung, daß in vielen Fällen die alten Gesetze und das alte Verfahren günstiger für den Angeklagten seien, da diese mildernde Umstände und größere Möglichkeiten vorsahen, die reguläre Strafe abzustufen. Dazu führten sie das Beispiel eines Einbruchdiebstahls an, bei dem "les lois allemandes et la pratique des tribunaux ne punissent pas de la même peine"[420]. Außerdem - so die Richter weiter - würden die alten Gesetze bei der Festsetzung der Dauer der Haftstrafe die Zeit der Haft während des Ermittlungsverfahrens anrechnen. Dies sei ein ganz wesentlicher Gesichtspunkt, da die Verfahren eine beträchtliche Zeit in Anspruch nähmen.
Sollte *Rudler* ihre Auffassung nicht teilen, baten die Richter, bei den noch unentschiedenen Prozessen wenigstens die Strafen nach der alten Praxis festsetzen zu können - und nicht nach dem Code pénal von 1791 (der vor dem Code des délits et des peines des Jahres 1795 erschienen war). Die alten Gesetze sähen nämlich mildere Strafen für die Angeklagten vor als der Code pénal. Es gelte der Grundsatz des "favor rei"[421].
Auf diesen ausführlichen Bericht der Richter folgte am 1. Prairial an VI (20. Mai 1798)[422] eine ebenso ausführliche Antwort *Rudlers*. Der Kommissar stimmte mit den Richtern im ersten Punkt überein. Er sah ebenfalls die Notwendigkeit, bereits mit den Urteilen der alten Gerichte verhängte Strafen in

418 Ebenda, S. 356.
419 Ebenda, S. 356-357.
420 Ebenda, S. 357.
421 Ebenda, S. 358.
422 Ebenda, S. 401.

jedem Fall zu vollstrecken, auch wenn diese Urteile dem Verurteilten noch nicht verkündet worden seien. Er wich auch in den anderen Fragen nicht weit vom Standpunkt der Richter ab. Jedes an einem alten Gericht begonnene Verfahren müsse in jedem Falle unter Beibehaltung der alten Formen fortgeführt werden. Jede Tat, die nur nach neuem Recht strafbar sei bzw. nach der alten Gesetzgebung mit einer weniger harten Strafe belegt gewesen sei, sollte mit Freispruch enden oder schlimmstenfalls eine Zuchtpolizeistrafe für den Angeklagten zur Folge haben[423].
Dies bedeutete, daß die alte Gesetzgebung für während ihrer Zeit begangene Delikte weiter angewandt wurde.

16. Die Milde des "alten" Strafrechts

Auch *Vossen der Jüngere* (*Vossen cadet*, wie er bezeichnet wird), der Directeur du Jury und Direktionskommissar von Aachen, bestand auf der besonderen "Milde" der alten Gesetze. Er teilte *Rudler* am 29. Messidor an VI (17. Juli 1798)[424] mit, daß nicht klar sei, wie das Delikt des versuchten Diebstahls zu bestrafen sei. So sei im "Code des délits et des peines" kein - lediglich versuchter - Diebstahl erwähnt und das (von *Rudler* jedoch noch nicht erlassene) Gesetz vom 15. Prairial an IV sehe im Prinzip dieselbe Strafe für das versuchte wie für das begangene Vergehen vor, während die alten lokalen Gesetze die vollendete Tat weitaus härter bestraften als den Versuch[425]. Diese "Strenge" der französischen Strafgesetze, die schon die Richter des Strafgerichts hervorgehoben hatten, sollte auch im späteren "Code pénal" von 1810 beibehalten werden.

17. Die Notwendigkeit der Veröffentlichung neuer Hypothekengesetze

Mit Schreiben vom 19. Messidor an VI (7. Juli 1798)[426] informierte *Vossen der Ältere Rudler* von der Notwendigkeit, eine Bestimmung zum Vollzug der vom Zivilgericht ausgesprochenen Urteile auszugeben, und dies vor allem hinsichtlich der Hypotheken und der Übereignung von Immobilien. Eine solche Regelung sei dringend notwendig, da die Gewohnheiten der deutschsprachigen

423 Ebenda, S. 402.
424 Ebenda, S. 181.
425 Ebenda, S. 182.
426 Ebenda, S. 163.

Länder sehr kompliziert und willkürlich seien. Das derzeitige Fehlen von Vorschriften bewirke, daß ganz genaue Formen bei der Übereignung von mobilem Gut zu beachten seien, während es für Immobilien keinerlei Regelungen gebe. Sollte beim Verkauf eines Hauses oder Grundstücks - so fragte sich *Vossen* - mit derselben Leichtigkeit vorgegangen werden, wie das beim Verkauf eines Stuhls oder einer Kuh geschehe[427]?

18. Brisante Fälle, in denen der Justizminister direkt bei den Lokalbehörden intervenierte und Rudler überging

Die Korrespondenz *Rudlers* mit dem Justizminister in Paris, der neben den anderen Ministern die einzige *Rudler* übergeordnete Behörde, ist im Falle des Departements Roër sehr reichhaltig. Häufig fand eine Korrespondenz aber nicht nur zwischen *Rudler* und dem Justizminister ab. Oft wurde *Rudler* übergangen, die ihm untergeordneten Behörden (*Dorsch*, *Vossen*) wandten sich direkt an Paris. Bisweilen schien *Lambrechts* von einem solchen "Übergehen" *Rudlers* nicht gerade angetan zu sein. So antwortete der Minister, als *Vossen* sich an ihn mit der dringenden Bitte wandte, ihm zur Verwendung bei Gericht die vollständige Sammlung der "bulletins des lois" sowie "les Collections des lois pour la Belgique"[428] zukommen zu lassen, daß er nur mit *Rudler* korrespondiere und daß man sich an diesen zunächst zu wenden habe: "Je ne corresponds en générale pour ces Départements qu'avec le Citoyen Rudler, Commissaire du Gouvernement, et c'est avec lui que les nouvelles autorités de ces Départements doivent correspondre directement"[429].
In Wahrheit war es jedoch *Lambrechts* selbst, der *Rudler* "übersprang" und sich direkt mit der Bitte um Informationen zu vielfältigen Problemen an *Vossen* und *Dorsch* oder den Gendarmerie-Kommandanten, General *Wirion*, wandte.

a) Schwere Verfehlungen von Friedensrichtern

Am 9. Pluviôse an VI (28. Januar 1798)[430] bat *Lambrechts Dorsch* um Aufklärung über das Verhalten des Friedensrichters des Kantons Sittard, *Koch*. Dieser hatte ohne vorhergehende Nachforschungen oder Haftmaßnahmen drei Ange-

427 Ebenda, S. 164.
428 AN Paris, BB^5 262: Brief vom 26. Ventôse an VI (16. März 1798).
429 AN Paris, BB^5 262: Brief vom 5. Germinal an VI (25. März 1798).
430 Ebenda, BB^5 262.

klagte (*Frederick Becker*, *Nicolas Kochar*, *Henry Boneck*), die der Volksaufwiegelung bei einem Auflauf gegen Frankreich für schuldig befunden worden waren und dabei auch einige Einwohner verletzt und als Feiglinge[431] bezeichnet hatten, auf freien Fuß gesetzt habe. *Dorsch* bat seinerseits *Vossen* um Auskunft[432], und schließlich schrieb *Dorsch* an *Lambrechts*, er halte das Verhalten von Friedensrichter *Koch* für tadelnswert, da er in diesem Fall eindeutig parteiisch geurteilt habe[433].

Vollkommen anders stellte sich dagegen die Lage im direkt von *Vossen der Jüngere* an *Lambrechts* gesandten Bericht vom 19. Pluviôse an VII (7. Februar 1799)[434] dar. Richter *Koch* habe die Angeklagten zu Recht auf freien Fuß gesetzt, da die einzige Zeugenaussage von einem Zeugen stamme, der in seinen Ausführungen äußerst unsicher gewesen sei. Was das Verhalten *Koch*s anbelangt, stellt *Vossen der Jüngere* klar, daß er nicht sagen könne, ob dieser von dem patriotischem Eifer geprägt sei, den die öffentlichen Beamten eigentlich besitzen müßten. Jedoch gäbe es sicherlich Friedensrichter mit noch geringerer patriotischer Gesinnung. *Vossen* erwähnt in diesem Zusammenhang die Friedensrichter *Duzen*, *Pangh*, *Krey*, Friedensrichter in Geilenkirchen, sowie *Hoffstadt*, Friedensrichter in Heinsberg[435].

Noch weitaus positiver zugunsten *Kochs* fiel ein zweiter Bericht von *Vossen* an *Lambrechts* aus, der vom 24. Ventôse an VII (12. Februar 1799) datiert[436]: *Vossen* stellte fest, er habe die Ehre und die Genugtuung, *Lambrechts* mitteilen zu können, daß *Koch* zwar vielleicht etwas zu phlegmatisch, jedoch ein Mann mit guten Prinzipien und gutem Benehmen sei. Als Bürgen für seine Behauptungen seien u.a. der Kollege beim Kanton Sittard und der Directeur du Jury zu nennen, die nach einer Inspektion vor Ort den tatsächlichen Hergang der Ereignisse klären könnten. Die Gendarmen hätten kein Wort Deutsch gesprochen und sich zu leichtfertig auf die Aussagen eines einzigen, anonymen Zeugen verlassen. So hätten sie fälschlicherweise dem sich in Sittard zugetragenen Streit, in den die drei Angeklagten verwickelt waren, einen "politischen", konterrevolutionären Charakter zugeschrieben. Dies treffe jedoch keineswegs zu[437]. Wenn Beamte einen Tadel verdienten, so seien dies die Gendarmen und nicht Richter *Koch*.

---

431 Ebenda, BB^5 262.
432 Ebenda, BB^5 262.
433 Ebenda, BB^5 262.
434 Ebenda, BB^5 262.
435 Ebenda, BB^5 262.
436 Ebenda, BB^5 262.
437 Ebenda, BB^5 262.

b) Vermutliche "Untreue" zahlreicher Friedensrichter

Sodann lenkte *Vossen Lambrechts* Aufmerksamkeit wieder auf die drei Friedensrichter der Kantone Düren, Geilenkirchen und Heinsberg, die er bereits im vorhergehenden Schreiben erwähnt hatte. Diese hätten den Eid auf die Verfassung unter Ausreden, an denen man ihre feindliche Gesinnung erkennen könne, vorläufig abgelehnt, während der Friedensrichter des Kantons Eschweiler erpresserisch gehandelt habe. Unter dem Vorwand, bereits seit acht Monaten kein Brot für sich und seine Familie gehabt zu haben, sei die von einem Angeklagten bezahlte Strafe in seiner eigenen Tasche gelandet. *Vossen* räumte jedoch ein, es sei ein ziemlich bedauernswerter Zustand, wenn Friedensrichter sich zwischen den Alternativen zu entscheiden hätten, entweder aus Mangel an Geldmitteln zu leiden oder erpresserisch zu handeln[438].
Die Antwort *Lambrechts* - als Anmerkung am Rand des *Vossenschen* Schreibens angebracht - gab exakte Anweisungen. Man müsse sich genau der Gründe versichern, aus denen die oben genannten Friedensrichter den Eid nicht abgelegt hätten. Vielleicht würde sich dabei herausstellen, daß es nicht Böswilligkeit, sondern die besonderen Umstände gewesen seien, die sie davon abgehalten hätten. Was den Fall des Friedensrichters von Eschweiler betreffe, so ordnete *Lambrechts* an, diejenigen, die sich "concussions" und "vexations"[439] erlaubten, zu bestrafen.
Lambrechts griff im Falle der Friedensrichter persönlich ein - entweder mit der Aufforderung, den Anschuldigungen auf den Grund zu gehen oder mit Anordnungen zur Amtsenthebung. Am 26. Thermidor an VI (13. August 1798) teilte *Rudler Lambrechts* mit, Friedensrichter *Biergans* im Kanton Aldenhoven aufgrund seines Fanatismus seines Amts enthoben zu haben[440]. Leider geben die Quellen keinerlei Auskunft darüber, ob es sich dabei um konterrevolutionären Fanatismus oder exzessiven Jakobinismus gehandelt habe.
Mit Schreiben vom 28. Pluviôse an VII (16. Februar 1799) bat der Minister *Lambrechts Rudler*, sämtliche notwendigen Informationen über *Pangh* (Friedensrichter in Düren) und *Krey* (Friedensrichter in Geilenkirchen) zusammenzutragen. *Rudler* wandte sich deshalb an *Dorsch* und erhielt einen langen, vom 19. Ventôse an VII (9. März 1798)[441] datierten Bericht, in dem unter anderem festgestellt wurde, daß *Pangh* trotz seines Talents und seiner beruflichen Eignung niemals "republikanisch" gewesen sei und sich unzivilisierter Handlun-

---

438 Ebenda, BB[5] 262.
439 Ebenda, BB[5] 262.
440 Ebenda, BB[5] 263.
441 Ebenda, BB[5] 263.

gen schuldig gemacht habe, wie z.B. der Weigerung, den Eid des Hasses auf das Königtum abzulegen. *Krey* hingegen müsse als frankreichtreu und nicht konterrevolutionär gelten, da er nationale, mediatisierte Güter erworben habe[442].

c) Die Friedensrichter und die Wahrung der öffentlichen Ordnung; Wirion korrespondiert direkt mit Paris

Klagen über die Friedensrichter kamen auch vom Gendarmerie-Kommandanten, General *Wirion*, der darüber nicht nur mit *Lambrechts*, sondern auch mit dem Polizeiminister korrespondierte[443]. Anläßlich eines Volksauflaufs im Departement Saar im Herbst des Jahres 1798 hätten die Friedensrichter nicht in ausreichendem Maße die Aktionen zur Wiederherstellung der Ordnung unterstützt und diese in einigen Fällen sogar behindert. Der Friedensrichter von Prüm sei beispielsweise als Sohn des "ancien baillif de l'Electeur de Trèves" ein Feind der Republik. *Wirion* korrespondierte in diesen Fällen direkt mit dem Justizminister, informierte aber zugleich *Rudler* über diese Korrespondenz.

Lambrechts intervenierte persönlich bei den Justizorganen des Departements. Ein Beispiel dafür ist das Schreiben vom 3. Vendémiaire an VIII (24. September 1799) an das Strafgericht zu den mit den Geschworenendirektoren abzustimmenden Urlaubszeiten[444]. Daraus ergibt sich das Gesamtbild einer Situation, in der neben dem "vorrangigen" Briefwechsel zwischen den lokalen Gerichtsorganen und dem Kommissar des Vollugsdirektoriums (zuerst *Rudler*, später dessen Nachfolger) "zweitrangige", direkte schriftliche Kontakte mit dem Justizminister unterhalten wurden, ohne den Weg über den Kommissar einzuhalten (wovon *Rudler* aber meistens unterrichtet war).

Der Briefwechsel zwischen *Rudler* und *Lambrechts* fand immer in zwei Ausprägungen statt:

(1) *Rudler* bat selbst um Informationen oder lieferte Paris Klarstellungen;

(2) *Rudler* präsentierte *Lambrechts* Streitfälle oder Probleme, die ihm von den Gerichtsorganen des Departements vorgelegt worden waren.

Außerdem gab es, wie bereits dargestellt, eine direkte Korrespondenz zwischen *Lambrechts* und *Wirion* (oder bisweilen auch zwischen *Wirion* und dem Polizeiminister) zu Fragen, die die Polizei oder die öffentliche Ordnung betrafen.

---

442 Ebenda, BB^{5} 263.

443 Ebenda, BB^{5} 263.

444 Ebenda, BB^{5} 262.

19. Bericht Dorschs an Rudler über die Beeinflussung von Geschworenen

Am 19. Ventôse an VII (11. März 1799) lieferte *Dorsch* interessante Informationen zu den in der Praxis bestehenden Beziehungen zwischen den Geschworenen und den Directeurs du Jury. Er berichtete *Rudler* über das nach seinem Dafürhalten wenig republikanische Verhalten des Directeur du Jury des Arrondissements Kleve, *Boutier*. Die Directeurs hätten einen derartigen Einfluß auf die aus der weniger gebildeten Klasse des Volks ausgewählten Geschworenen, daß diese sich blind von ihnen leiten ließen. Auf diese Weise würde in Wirklichkeit die Meinung eines einzigen Mannes zur Meinung der Geschworenen. Und wenn ein Directeur für Leidenschaften und Haßgefühle empfänglich sei, "à combien de dangers la société n'est elle pas exposée?"[445]. *Boutier* gehörte für *Dorsch* unglücklicherweise gerade zu dem Personenkreis, der sich leicht durch Emotionen leiten ließ.
Im Bericht *Dorschs* an *Rudler* werden die Gefahren aufgezeigt, die entstehen können, wenn Geschworenen sowohl kulturell als auch sozial zu sehr beeinflußbar seien. Hier findet sich bezüglich der Geschworenen nicht mehr der ach so positive Ton des Lobes, den beispielsweise *Boucqueau* im Departement Saar anläßlich der Einsetzung der neuen Verwaltungs- und Gerichtsorgane benutzte[446].

20. Die Militärbehörde beklagt sich über die Untätigkeit der Gerichte

Am 19. Pluviôse an VII (7. Februar 1799) adressierte General *Turreau*, der Kommandant der im Departement Roër stationierten französischen Truppen, einen Brief an den Justizminister. Er beklagte darin die Tatenlosigkeit und die Nachlässigkeit der ansässigen Gerichtsorgane bei der Vorbeugung bestimmter schwerer Verbrechen, wozu er auch den Schmuggel zwischen den beiden Rheinufern zählte. Insbesondere wies er darauf hin, daß ihm die Gerichte des Departements Roër ihm tadelnswert erschienen: "Toute fonction publique qui ne fait rien, fait beaucoup de mal"[447].
Erneut überging eine Militärbehörde *Rudler* und wandte sich direkt an *Lambrechts*, der seinerseits *Rudler* über den Inhalt des Schreibens von *Turreau* am 11. Ventôse an VII (1. März 1799) in Kenntnis setzte. *Lambrechts* machte *Rudler* gegenüber kein Hehl aus seiner Skepsis bezüglich *Turreau*s Erklärun-

445 Ebenda, BB^5 263.
446 Ebenda, BB^5 263.
447 Ebenda, BB^5 263.

gen. Er hielt diese für übertrieben und stellte fest, daß, wenn auch einige Beamte sich von ihren Pflichten entfernt hätten, die Mehrzahl weiterhin ihren Verpflichtungen treu bliebe[448].

21. Eine Woche vor dem Ausscheiden Rudlers berichtet Dorsch über die Lage der Justiz im Roër-Departement

Unter demselben Datum (11. Ventôse an VII) wandte sich auch *Dorsch* mit einem langen Bericht zur Lage der Justiz im Departement Roër direkt an den Justizminister - wohl mit Wissen *Rudlers*. Dies geschah genau ein Jahr, nachdem *Vossen* zum gleichen Thema einen Bericht an *Rudler* geschickt hatte[449]. Nach *Dorschs* Ansicht war die Kritik *Turreaus* keineswegs unbegründet. Der Kommissar bei der Zentralverwaltung unterteilte seinen Bericht in mehrere Themenkomplexe:

a) Die Friedensrichter

Dorsch bestätigte, viele Friedensrichter sowohl bei den Kölner Gerichten wie auch bei Regierungskommissar *Rudler* angezeigt zu haben: "Je me suis plaint d'eux en masse dans divers rapports"[450]. *Dorsch* führte sodann Beispiele für nachlässige Arbeit an und nannte dabei die Friedensrichter aus Köln, Sittard und Heinsberg. *Dorsch* führte weiter aus, in letzter Zeit sei die Zahl der Anzeigen gegenüber Friedensrichtern deutlich angestiegen. Da diese aber in vielen Fällen vage und ohne Tatsachengrundlagen und Beweismittel seien, betonte er die Notwendigkeit, Beweise für die Wahrhaftigkeit der gegen die Friedensrichter vorgebrachten Anklagen zu sammeln, und erinnerte *Lambrechts*, er habe bei den Kantonskommissaren Informationen über das politische Verhalten der Friedensrichter wie auch über deren Haltung zur Republik angefordert. Diese Informationen hätten *Dorsch* jedoch nur sehr sporadisch erreicht, was seinen Grund wohl in den vor kurzem eingetretenen Überschwemmungen im Departement habe. Hätte er die notwendigen Angaben erhalten, hätte er die Aufgabe, die er sich gestellt hatte, gerne erfüllt, d.h. einen langen und detaillierten Bericht über die Friedensrichter des Departements Roër verfaßt[451].

---

448 Ebenda, BB^5 263.
449 Ebenda, BB^5 263: Dieser erste Brief datiert vom 2. März 1798.
450 Ebenda, BB^5 263.
451 Ebenda, BB^5 263.

b) Die Geschworenen

Dorsch lenkte sodann *Lambrechts* Aufmerksamkeit auf einige ungerechte Entscheidungen von Geschworenen. Diese seien auch der Grund, warum er den Kantonskommissaren zu äußerster Aufmerksamkeit bei der Auswahl der Geschworenen geraten habe. *Dorsch* war jedoch der Meinung, der Hauptgrund für irrtümliche oder ungerechte Entscheidungen der Geschworenen gehe von den Directeurs du Jury aus. Ihnen falle nämlich die Verantwortung für diese empörenden Entscheidungen zu, da sie die Aufgabe hätten, den Geschworenen klar, präzise und unparteiisch die korrekt abgefaßte Anklageakte vorzulegen, um sicherzustellen, daß diese sich sachkundig dazu äußern könnten[452]. Wenn diese Funktionen nicht sorgfältig ausgeübt würden, sei es leicht möglich, daß die endgültige Entscheidung der Geschworenen falsch ausfalle. Seine Kritik richtete sich im einzelnen gegen die Directeurs du Jury von Aachen, Köln und Kleve, da diese wenig bewandert in der Justiz seien und kaum Bereitschaft zeigten, ihre Aufgaben zu erfüllen - sei es in fachlicher wie auch in politischer Hinsicht (Frankreichtreue)[453].

c) Die Kritik Turreaus

Dorsch ging sodann zur Analyse der von *Turreau* geübten Kritik über. *Turreau* hatte im einzelnen folgende Sachverhalte kritisierte: die Freilassung von Personen, die aus benachbarten Departements gekommen seien, um zur Revolte gegen die staatlich anerkannten Behörden aufzurufen; die unerklärliche Flucht eines Häftlings aus dem Klever Gefängnis; das unterbliebene Hissen der Nationalflagge in allen Städten der Departements sowie die Weigerung zahlreicher Einwohner - Frauen wie Männer - die Trikolore-Kokarde zu tragen. Was den letzten Punkt betraf, so sah *Dorsch* die Schuld vor allem im Verhalten der Friedensrichter, die Personen, die das entsprechende Gesetz übertraten, sofort wieder auf freien Fuß gesetzt hätten. Schuld trügen weiterhin die Militärs, "qui laissent souvent passer et repasser des individus sans cocarde"[454]. Weitere Kritikpunkte waren der Mord an einem Soldaten in einem Kölner Hotel, bei dem die Schuldigen straffrei blieben, und schließlich die Verletzung eines französischen Offiziers in Köln[455].

---

452 Ebenda, BB^5 263.
453 Ebenda, BB^5 263.
454 Ebenda, BB^5 263.
455 Ebenda, BB^5 263.

Dorsch hob gegenüber *Lambrechts* des weiteren den Umstand hervor, daß die Soldaten die bürgerlichen Behörden regelmäßig als für die ihnen anvertraute Amtsausübung wenig geeignet hielten. Zwar läßt sich vermuten, daß sich hinter diesem Verhalten der Militärs Rivalität und Groll verbargen, weil ihnen mit *Rudlers* Ankunft die Leitung der Verwaltung verweigert worden war. Ausdrücklich sagt *Dorsch* dies jedoch nicht.

d) Dorsch äußert sich zugunsten einer Justizreform

Dorsch hielt jedenfalls eine Reform der Justizverwaltung für unabdingbar. Diese sei jedoch mit Sachverstand durchzuführen. Aus diesem Grund - so betonte er - sei es unerläßlich, das Gesamtbild der Leitung aller unterschiedlichen Gerichte vor Augen zu haben und dabei die Fähigkeiten und Mängel aller Richter genau zu kennen. Nur so sei die Justiz auf korrekte Weise zu reformieren, wobei Einzelstandpunkte, Eifersucht, Neid und persönliche Rachegefühle zu vermeiden seien[456].
Dorsch zeigte sich jedoch skeptisch, ob es genügend Menschen gebe, die diese Voraussetzungen erfüllten. Wenn man auf einen breit angelegten Austausch des Personals der Justizverwaltung hinarbeite, werde es nicht einfach sein, unter den Einwohnern der Kantone des Departements fähige Männer zu finden, die in der Lage seien, das Richteramt zu bekleiden, und zugleich von republikanischen Gefühlen erfüllt seien. Es gäbe davon mehr, stellte *Dorsch* fest, wenn die linksrheinischen Juristen den alten Prinzipien dieser Gebiete nicht mehr so stark verhaftet wären. Auch dürfte es aufgrund der niedrigen Gehälter der Richter und insbesondere der Friedensrichter schwierig sein, aus anderen Departements Männer umzusiedeln, die diese Ämter zu bekleiden hätten[457].
Nach *Dorschs* Ansicht befand sich die Justiz im Departement Roër (dies ließe sich jedoch auch auf die anderen drei Departements am linken Rheinufer übertragen) in einem unlösbaren Dilemma. Entweder müsse man auf die Patrioten zurückzugreifen, die jedoch nicht immer fachlich kompetent seien, oder aber sich auf die bereits erfahrenen, aber ideologisch ans "ancien régime" gebundenen Richter verlassen.
Es bleibt anzumerken, daß *Dorschs* Bericht an *Lambrechts* sehr viel vollständiger war als der Bericht von *Vossen* an *Rudler* ein Jahr zuvor (kurz nach der Einsetzung der neuen Justizbehörden in den linksrheinischen Departements). Es wurden im Bericht *Dorschs* auch neuere Themen angesprochen, wie beispielsweise die Inkompetenz einiger "Directeurs du Jury" oder die zwischen

456 Ebenda, BB[5] 263.
457 Ebenda, BB[5] 263.

den "Directeurs du Jury" und den Geschworenen bestehenden engen Beziehungen. Die Tatsache, daß es *Dorsch* war (der als Kommissar bei der Zentralverwaltung des Departement Roër eigentlich mit Aufgaben der Exekutive betraut war), der einen so vollständigen Bericht zur Justiz vorlegte, bestätigt die Annahme, daß die Organisation von Verwaltung und Justiz - obwohl es sich dabei eigentlich um zwei völlig verschiedenartige Bereiche handelt - in der Praxis keineswegs als streng voneinander getrennt betrachtet wurde.

Kapitel V: Das Departement Donnersberg[458]

1. Einleitung

Hauptstadt dieses Departements war Mainz, wo zugleich der Regierungskommissar seinen Sitz hatte. Von den anderen Departements unterschied sich dieses vor allem durch die massiven Präsenz von ehemals nach Frankreich geflohenem frankreichfreundlichem Personal in Verwaltung und Justiz. Dies war nicht weiter verwunderlich: Mainz war die Stadt des republikanisch-jakobinischen Experiments des Jahres 1793, die Stadt *Försters*, die sich nach der Rückeroberung durch österreichisch-preußische Truppen einer massiven Abwanderung von republikanischen Mainzern nach Frankreich gegenüber sah. Viele von ihnen ließen sich in Paris nieder und nahmen Kontakt zu den wichtigen Persönlichkeiten des politischen Lebens der Stadt auf. Sie hatten Frankreich ihre Dienste für den Fall angeboten, daß die Gebiete, aus denen sie stammten, zurückerobert und dauerhaft besetzt sein sollten. Dies führte letztlich zu einer Spaltung der Justiz im Donnersberg-Departement: Während die Zivil- und Kriminalgerichte - aufgrund der überwiegend frankreichfreundlichen Haltung der Richter und Beamten - den Neuerungen offen gegenüberstanden, hielten zahlreiche Friedensrichter an den althergebrachten Verfahrensregeln fest. Korruption und Gesetzesübertretungen waren an der Tagesordnung. Gerade im Bereich der „unteren" Justiz bestanden somit erhebliche Schwierigkeiten bei der Anpassung an die Prinzipien der Unentgeltlichkeit und Gewaltenteilung.

In diesem Kapitel sollen folgende Themen behandelt werden:
a) die Ernennungen in der Zentralverwaltung und in der Justiz,
b) die Einstellung *Rudlers* zur Rekrutierung lokaler Patrioten in die Beamtenschaft,
c) der "esprit public" im Departement und
d) der Zustand der Zivil- und Kriminalgerichte (in organisatorischer, fachlicher und ethischer Hinsicht) sowie die Probleme innerhalb der Friedensgerichtsbarkeit.

458 AN Paris, BB^5 255.

2. Die Ernennungen in der Zentralverwaltung und in der Justiz

Zu Mitgliedern der Zentralverwaltung wurden im Dezember 1797 neben den Franzosen *Malingré* und *Bertrand* sowie Kommissar *Cosson* die "Deutschen" *Moßdorf*, *Gugel* und *Petersen*[459] ernannt. Der Pariser Literaturprofessor *Cosson* war vom Direktoriumsmitglied *Merlin de Douai* und vom Justizminister empfohlen worden, während *Malingré* die direkte Empfehlung *Lambrechts* besaß. *Bertrand* konnte auf die Unterstützung von fünf Mitgliedern des Rats der Fünfhundert bauen. *Petersen*, *Moßdorf* und *Gugel* waren hingegen von den "patriotes du pays" vorgeschlagen worden[460].
Der Kommissar der Gerichte erster Instanz im Departement, *Thamberger*, stammte aus dem Departement Oberrhein und kam auf Empfehlung des Kommissars dieser Zentralverwaltung. Sein Stellvertreter, *Boost*, besaß die Empfehlung der "patriotes du pays".
Zu den neu ernannten Richtern zählten zunächst *Linck* (Jurist und Literat), *Rebmann* (ebenfalls Jurist und Literat und sowie Beisitzer an mehreren Gerichten), der direkt von *Reubell* empfohlen worden war, und *Blau* (Angestellter am Pariser Justizministerium), der ein Empfehlung *Lambrechts* besaß. Sie alle galten als geflohene Patrioten ("patriotes réfugiés"), hatten somit die Erfahrung des *Försterschen* jakobinischen Experiments gemacht. Ihre anderen Kollegen waren en bloc von den "patriotes du pays" vorgeschlagen worden, und viele unter ihnen hatten bereits Erfahrungen in juristischen Ämtern gesammelt: *Capperano* war Friedensrichter im Kanton Bingen, *Nimis* (dessen Nachfolger später *Keppel* werden sollte) war Richter im Kanton Kurweiler, *Muller* (dem nach seinem Rücktritt *Fischer* im Amt folgen sollte) war Richter im Kanton Alzey, *Schall* war Rat am alten Berufungsgericht in Mainz, *Schmitt* war Richter am Mainzer Tribunal, *Handel* war Richter im Kanton Grünstadt und der aus Straßburg stammende Staatsanwalt *Zimmermann* (der später durch *Hartmann* ersetzt wurde) war "défenseur officiel" im Departement Niederrhein.
Einige Justizbeamte kamen aus dem admistrativen Bereich: *Friedrich Schmitt* war Mitglied der Stadtverwaltung von Kreuznach, *Macké* war Kommissar bei der Mainzer Stadtverwaltung. *Pein* hingegen war protestantischer Pfarrer, *Bodmann* war Literat und ehemaliger Professor.
Kommissar am Zuchtpolizeigericht in Mainz wurde *Dagrefeuille*, der vorher Kommissar im Kanton Riquewihr im Departement Oberrhein war. Er galt als aufgeklärter Patriot; außerdem kannte er Kommissar *Rudler* persönlich. *Dagrefeuille* wurde nach seiner Ernennung zum Steuerinspektor im Donnersberg-

459 AN Paris, BB^5 255; *J. Hansen*, IV, S. 459-60 und 548.
460 AN Paris, BB^5 255; *J. Hansen*, IV, S. 548.

Departement durch *Fiesse* ersetzt. Die weiteren Kommissare an den Zuchtpolizeigerichten, *Schwind* in Speyer, *Bauer* in Kaiserslautern und *Sturtz* in Zweibrücken, waren sämtlich von den "patriotes du pays" vorgeschlagen worden.

Die für das Departement Donnersberg charakteristische Präsenz einer gewissen Anzahl von jakobinischen Patrioten, die einst geflohen waren und nach ihrer Rückkehr mit öffentlichen Ämter betraut wurden, legt eine kurze Analyse zweier zusammenhängender Faktoren nahe:
a) *Rudlers* Haltung gegenüber den "patriotes" des Departements sowie
b) der allgemeine Zustand der "öffentlichen Gesinnung".

3. Rudlers Einstellung gegenüber den Mainzer Patrioten

Zwar wurden einstmals geflohenen Patrioten Ämter von Bedeutung angeboten, zwar besaßen Frankreich freundlich Gesinnte allgemein großen Einfluß - so schlugen sie *Rudler* ja en bloc die Namen der Richter erster Instanz vor. Dies bedeutete aber keineswegs, daß dadurch Personen, die nicht zum engsten Kreis der "patriotes du pays" zählten, der Zugang zu Ämtern in Verwaltung und Justiz versperrt worden wäre. *Rudler* war - ganz im Gegenteil - sehr daran gelegen, zum einen die lokalen Verwaltungen nicht mit zu vielen radikalen Patrioten zu besetzen, deren oft impulsiver Charakter zweifelsohne zu Schwierigkeiten mit der Bevölkerung geführt hätte[461]. *Rudler* verstand es vielmehr, auch Verdienste und fachliche Kompetenz von Personen, die nicht nur nicht jakobinisch gesinnt, sondern auch vor der Ankunft der Franzosen aktiv im Dienst waren, zu würdigen.
Ein typisches Beispiel bietet die Stadtverwaltung Mainz. Nachdem *Rudler* am 11. Januar 1798 feierlich Einzug in die Stadt gehalten hatte, teilte er am folgenden Tag (23. Nivôse an VI)[462] *Lambrechts* in einem Schreiben mit, daß aufgrund der in den städtischen Behörden vorherrschenden Atmosphäre ein Ersatz der jetzigen Stadtverwaltung durch eine "patriotisch" gesinnte in höchstem Maß erforderlich sei. Die Stadtverwaltung müsse in der Lage sein, effizient zu arbeiten und zugleich Exzesse einzuschränken oder zu verhindern wissen. Deshalb, so *Rudler*, habe er unbescholtenen Personen mit gutem Ruf städtische Ämter übertragen. Unter ihnen befänden sich auch einige ehemalige

---

461 *J. Hansen* behauptet, Rudler hätte die Richter "durchweg den Föderierten, den früheren Mainzer Klubisten und anderen zuverlässigen Republikanern" entnommen. Vorsichtiger sei er hingegen mit den Verwaltungsstellen umgegangen. *J. Hansen*, IV, S. 549-550.

462 AN Paris, F_{1e} 42.

Mitglieder der alten Regierungsbehörde ("Régence"), deren Weltoffenheit und "bons sentiments" allgemein bekannt seien. Diese Personen seien ihm von den "patriotes" empfohlen worden[463]. Seinem Schreiben legte er einen Aufruf an die Mainzer Bevölkerung bei, in dem der Wille, eine stabile und entschlossene republikanische Verwaltung einzusetzen, kundgetan und das Dekret zur Auflösung der früheren städtischen Behörden veröffentlicht wurde[464]. Zu den Mitgliedern der neuen Stadtverwaltung[465] zählten einige (*Umpfenbach*, *Eulenz* und *Staudenheimer*), die bereits 1793 in der Mainzer Stadtverwaltung mitgewirkt hatten. Die anderen vier Mitglieder standen der radikalen Strömung innerhalb der patriotischen Partei fern, die ihrerseits mit Beanstandungen dieser Politik der "lauen" Ernennungen an den Kommissar herantreten sollte[466].
Es ist daher wahrscheinlich, daß die von *Rudler* für die Ernennungen in der Mainzer Stadtverwaltung um Rat gefragten "patriotes" politisch ziemlich weit von ihren radikaleren Landsleuten entfernt standen und im wesentlichen eins mit dem Kommissar und dessen Philosophie des "rechten Mittelwegs" waren.
Lambrechts stimmte in einem Schreiben vom 12. Pluviôse an VI (21. Januar 1798)[467] im wesentlichen der *Rudlerschen* Tätigkeit in Mainz zu und ersuchte ihn, rasch bei der Ernennung der Mitglieder der Zentralverwaltungen der linksrheinischen Departements voranzuschreiten, da diese unabdingbar Organe der administrativen Koordination darstellten. *Rudler* kam dem noch innerhalb des Monats Februar 1798 nach[468].

4. "Esprit public"

Im Departement Donnersberg machte sich eine frankreichfreundliche Atmosphäre bemerkbar - und dies sowohl im Bereich der Zivilverwaltung und Justiz als auch in der öffentlichen Meinung.
In der Öffentlichkeit hatte es von Anfang an keinerlei Zeichen der Abneigung gegen das neue Regime gegeben. Im Gegenteil, das Fest der Souveränität des Volkes, das am 30. Ventôse an VI (20. März 1798)[469] von den französischen

463 Ebenda.
464 Ebenda.
465 Die von Rudler am 14. Januar 1798 ernannten Mitglieder der Mainzer Munizipalverwaltung waren Umpfenbach (Präsident), Euler, Staudenheimer, Cronauer, Lindt, Hefner und Zentner; siehe *J. Hansen*, IV, S. 501-502.
466 Siehe *J. Hansen*, IV, S. 502.
467 AN Paris, F_{1e} 42.
468 Siehe Kapitel I, Nr. 2b.
469 AN Paris, F_{1e} 42.

Behörden zum ersten Mal in Mainz organisiert wurde, wurde von der Bevölkerung begeistert angenommen. Der Kommissar der Zentralverwaltung, *Cosson*, komponierte den Text einer Hymne auf Französisch, *Lehne* auf Deutsch, und beide wurden gesungen. *Rudler* berichtete, Frauen und Männer hätten ungeachtet der unter dem "Ancien Régime" herrschenden Unterschiede an den Feierlichkeiten teilgenommen und die allgemein herrschenden Begeisterung habe an die ersten Zeiten der französischen Revolution erinnert[470].
Dagegen herrschte wohl unter den Verwaltungs- und Justizangestellten des Departements Donnersberg, die *Rudler* bei seiner Ankunft vorfand, anfänglich ein ziemliches Desinteresse an den französischen Neuerungen und wenig Enthusiasmus. So berichtete *Rudler* in einem Schreiben an *Lambrechts* zur allgemeinen Lage in den linksrheinischen Departements am 20. Frimaire an VI (10. Dezember 1797)[471], die Richter der alten zum Zeitpunkt des Schreibens noch tätigen unzähligen Gerichte[472] seien in der Mehrheit treue Anhänger der alten Herrscher und hätten sich mehrheitlich geweigert, den von General *Augereau*[473] auferlegten Treueid gegenüber der Republik zu leisten.
Mit den Ernennungen vom 1. Ventôse an VI (19. Februar 1798) traten allerdings Änderungen ein. Gerade aus dem Departement Donnersberg kamen 1799 die sichtbarsten Solidaritätsbezeugungen zugunsten des energischen Kommissars *Lakanal*, obwohl dieser seiner Unerbittlichkeit und seiner radikalen Maßnahmen zum Schutze der öffentlichen Ordnung wegen von den Zentralverwaltungen der Departemente Saar und Rhein und Mosel[474] kritisiert wurde. Ein leidenschaftliches, von den "patriotes de Mayence" am 7. November 1799 verfaßtes und von vielen herausragenden Persönlichkeiten der lokalen Verwaltung und Justiz (darunter *Petersen*, *Schraut*, *Macké* und *Reb-*

470 Ebenda.

471 Ebenda.

472 Ebenda: Rudler beklagte, die Anzahl der alten Gerichte sei "presqu'infini" und allein in Köln gebe es dreiundfünfzig davon.

473 Dieser Treueid auf die französische Republik wurde von General Augereau am 14. November 1797 verfügt. Zur Eidesleistung waren sämtliche Angestellten der Verwaltungen der damals noch als militärisch besetzt betrachteten linksrheinischen Gebiete verpflichtet - unter der Strafandrohung der Entlassung aus dem Amt. Der Mehrheit der Beamten gelang es aber, einen solchen Eid zu verweigern, über dessen genauen Wortlaut Unsicherheit herrschte (*J. Hansen*, IV, S. 391-400). Rudler schreibt an Lambrechts in dem im Text erwähnten Schreiben vom 20. Frimaire an VI (10. Dezember 1797), daß der Eid "a été la pierre de touche qui a fait connaître les vrais amis de la liberté et de la France", AN Paris, F_{1e} 42.

474 *J. Hansen*, IV, S. 1205 und 1211. Lakanal war einer der Nachfolger Rudlers, von August bis November 1799 im Amt.

mann)[475] unterzeichnetes Schreiben ersuchte die Mitglieder des Direktoriums darum, *Lakanal* zu vertrauen, denn sein Verdienst sei es, daß "le solde a été payé, les défenseurs de la patrie ont été vêtus, (...) le patriotsme a repris son essor, l'esprit public enfini s'est amélioré (...)"[476].

5. Die Justiz: Probleme organisatorischer, fachlicher und ethischer Art

Im Departement Donnersberg traten - wie schon in den anderen Departements - Fragen hinsichtlich Justizorganisation und Gesetzesauslegung auf; außerdem gab es auch hier sprachliche Barrieren. Was jedoch am meisten auffällt, sind die zahlreichen Hinweise auf Korruption und Gesetzesmißachtungen seitens der Friedensrichter in den verschiedenen Kantonen.

a) Das Verfahren zur Ersetzung eines Kammerpräsidenten am Gericht

Das Zivil- und Strafgericht erster Instanz des Departements sah sich mit Problemen bei der Ausübung seiner Tätigkeit konfrontiert. Es wandte sich deshalb an *Rudler*, um Anweisungen zu erhalten, wie gemäß den entsprechenden Gesetzen vorgegangen werden solle und wie dem Mangel an Erfahrung zu begegnen sei, der sich daraus ergebe, daß diese Justizeinrichtung erst seit kurzem bestehe.
Am 1. Frimaire an VII (21. November 1798) wandte sich beispielsweise *Linck*, Interimspräsident nach dem Rücktritt des Richters *Bodmann* (Präsident der ersten Kammer), mit der Bitte an *Rudler*, ihm doch Richtlinien an die Hand zu geben, wer den Nachfolger wählen solle - das gesamte Gericht oder nur die betroffene Kammer[477]. *Rudler* nannte *Linck* die Art. 295, 296 und 297 des

475 Über den von den meisten Mitgliedern der Justiz und Verwaltung des Departements unterschriebenen und am 16. Brumaire an VIII (7. November 1799) an das Pariser Vollzugsdirektorium mitgeteilten offenen Unterstützungsbrief für Lakanal siehe AN Paris, F_{1e} 43. Lakanal galt als Jakobiner und hatte in den wenigen Monaten seines Kommissariats strenge Maßnahmen zur Unterdrückung aller antifranzösischen Bewegungen und offenen Stimmungen in den vier Departements getroffen, die infolge der ungünstigen militärischen Lage Frankreichs nach dem Sieg des Erzherzogs Karl bei Stockach am 25. März 1799 der Gefahr eines österreichisch-preußischen Angriffes ausgesetzt waren. Lakanal wurde am 29. November 1799 seines Amtes enthoben und durch das ehemalige Konventsmitglied Dubois-Dubais ersetzt. Siehe AN Paris, F_{1e} 43 und *J. Hansen*, IV, S. 1057-1058, 1164-1178, 1186, 1216-1217, 1225, 1238.

476 AN Paris, F_{1e} 43; *J. Hansen*, IV, S. 1216.

477 Landesarchiv (LA) Speyer, Bestand G 2 354.

Règlement sur l'ordre judiciaire und schlug die zweite Lösung vor[478]. Die Richter wandten sich auch deshalb an *Rudler*, weil der stellvertretende Kommissar am Gericht, *Boost*, *Rudler* gegenüber am 12. Vendémiaire an VII (3. Oktober 1798) erklärt hatte, sowohl er als auch sein Kollege *Thamberger* seien mit Arbeit überlastet und könnten oftmals ihre Tätigkeit bei Gericht nicht angemessen ausüben. Dies treffe vor allem auf den strafrechtlichen Bereich zu[479].

b) Die Rückwirkung der Strafgesetze

Probleme bei der Auslegung der französischen Gesetze ergaben sich insbesondere in den Fällen, in denen es um Rückwirkung ging. Dies betraf vor allem den strafrechtlichen Bereich. Häufig ging es um die Frage, wann ein für den Angeklagten günstigeres Gesetz zur Anwendung kommen konnte: ab dem Zeitpunkt, zu dem es auf französischem Staatsgebiet Wirksamkeit entfaltet hatte, oder ab seiner Veröffentlichung in den vier Departements. Konnte ein solches Gesetz auch auf Taten angewendet werden, die zeitlich vor dem Erlaß des Gesetzes begangen wurden?

Als Beispiel mag das Amnestiegesetz vom 4. Brumaire an IV (27. Oktober 1795) dienen, das *Rudler* am 20. Ventôse an VI (10. März 1798) veröffentlicht hatte. Das Kriminalgericht hatte dieses Gesetz bei einem der Erpressung Angeklagten angewandt, der jedoch sein Vergehen beging, bevor das Gesetz vom 4. Brumaire an IV in Frankreich in Kraft getreten war. *Rudler* billigte in seinem Antwortschreiben an Kommissar *Thamberger* vom 22. Pluviôse an VII (10. Februar 1799)das Vorgehen des Gerichts[480].

Ein noch interessanterer Fall wurde *Rudler* vom Kriminalgericht mit Schreiben vom 22. Pluviôse an VII (10. Februar 1799)[481] vorgelegt: Sollte ein vor der Veröffentlichung des Codes des délits et des peines begangenes Delikt auch dann gemäß den Bestimmungen dieses Code (von 1791) und des darauffolgenden Code pénal (von 1795) geahndet werden, wenn die vorhergehenden materiellen strafrechtlichen Bestimmungen für dieses Delikt weniger harte Strafen vorsahen?

Es bestand dabei folgendes Problem: Die Richter der neuen, von *Rudler* am 1. Ventôse an VI geschaffenen Strafgerichte waren durch Art. 420 des Règlement sur l'ordre judiciaire dazu verpflichtet, sich bei der Beurteilung von Delikten, die in der Zeit vor dem 1. Ventôse an VI begangen worden waren, an den Code

478 LA Speyer, G 2 354.
479 LA Speyer, G 2 355.
480 LA Speyer, G 2 360.
481 LA Speyer, G 2 360.

pénal zu halten. Es stellte sich nun die Frage, ob sie von dieser Norm abweichen durften, wenn die vorhergehenden strafrechtlichen Bestimmungen günstiger für den Angeklagten ausfielen. Ganz offensichtlich hatte es *Rudler* mit Art. 420 seines Règlements beabsichtigt, die Anwendung des Strafrechts zu vereinfachen und zu vermeiden, daß die Richter bald auf die alte, bald auf die neue Gesetzgebung zurückgreifen mußten.
Allerdings verletzte dieses Vorhaben das Prinzip der Rückwirkungsverbots des Strafgesetzes (was der Code pénal selbst in Art. 3 statuiert hat)[482]. Es widersprach nach Meinung der Richter des Departements auch dem Sinn des gesamten Règlements im strafrechtlichen Bereich, nämlich die Härte der alten strafrechtlichen Gesetzgebung zu mildern und die Angeklagten in den Genuß der Strafvorteile des Code pénal kommen zu lassen. Die französische strafrechtliche Gesetzgebung dürfe daher auf keinen Fall rückwirkenden Charakter haben, wenn sie härtere Strafen vorsehe als die vorhergehende Gesetzgebung[483].
Bemerkenswert dabei ist, daß sich die Richter zu Vorreitern eines Prinzips des Rückwirkungsverbots des Strafrechts machen, das nicht absolut, sondern vom gesetzlichen Grundsatz des "favor rei" abhängig ist. Im konkreten Fall, in dem die Richter *Rudler* um Auskunft erbaten, handelte es sich um einen Prozeß wegen Diebstahls. Die Angeklagten, *Jacques Wagner* und *Christophe Harrens*, hätten nach altem Recht eine Haftstrafe von zwei Jahren verbüßen müssen, während der Code pénal für das gleiche Vergehen eine Mindeststrafe von acht Jahren Kettenstrafe vorsah. Am 17. Pluviôse an VII (5. Februar 1799) hatten die Mainzer Kriminalrichter das Verfahren in Erwartung der Anweisungen *Rudlers* hinsichtlich der Auslegung des Art. 420 des Règlement sur l'ordre judiciaire ausgesetzt[484].
Rudler bestätigte in seinem Antwortschreiben vom 1. Ventôse an VII (19. Februar 1799)[485] die von den Richtern aufgestellte These des "favor rei". Tatsächlich verfolge der Gesetzgeber mit dem Art. 420 die Absicht, die schrecklichen und barbarischen Gesetze, " sous l'empire desquelles nous avions trop longtemps vécu", abzuschaffen[486]. *Rudler* fügte hinzu, es sei in bestimmten

482 "Nul délit ne peut être puni de Peines qui n'étaient pas prononcés par la loi avant qu'il fût commis". Der Wortlaut des Art. 3 des Code pénal wird von den Richtern des Tribunal criminel in ihrem Brief ausdrücklich erwähnt: LA Speyer, G 2 360.

483 LA Speyer, G 2 360.

484 LA Speyer, G 2 360.

485 LA Speyer, G 2 360.

486 LA Speyer, G 2 360.

Fällen sogar angebracht, den Code pénal dann rückwirkend anzuwenden, wenn er günstigere Vorschriften als das vorherige Strafrecht enthalte[487].

c) Die Gerichtssprache

Hinsichtlich der Einführung des Französischen als offizielle Gerichtssprache per Dekret vom 10. Germinal an VI (30. März 1798) reagierten im Departement Donnersberg weniger die Zivil- und Strafgerichte mit Verwunderung, wie es im Departement Saar[488] und im Departement Rhein und Mosel[489] der Fall war, sondern die Friedensrichter. Doch waren solche Reaktionen eher die Ausnahme. Ein Beispiel dafür bietet der Friedensrichters von Dürkheim, *Leopold*[490], der an den "inconvénient de reléguer l'idiome allemand des actes publics"[491] erinnerte.
In seinem Antwortschreiben an *Thamberger* vom 20. Floréal an VI (9. Mai 1798) stellte *Rudler* erneut sein gemäßigtes Vorgehen bei der Einführung des Französischen als offizielle Amtssprache an den Gerichten unter Beweis. Es sollte zwar keineswegs das Recht der Prozeßparteien ("justiciables") eingeschränkt werden, Gesuche oder Verteidigungsschriften in der Sprache vorzulegen, die ihnen vertrauter sei. Andererseits verbat er sich aber weitere Beschwerden zu diesem Thema. Wollten die Bewohner des linken Rheinufers als Franzosen behandelt werden, so hätten sie auch deren Gewohnheiten anzunehmen. Die Schwierigkeiten, auf die sie dabei stoßen könnten, stünden in keinem Verhältnis zu dem unschätzbaren Vorteil, Recht von gewählten Richter gesprochen zu bekommen und ein für alle Mal von der trägen Arbeitsweise und den "formes barbares et souvent inintelligibles" der alten Rechtsprechungsorgane befreit zu sein[492].

d) Der kritische Zustand der Friedensgerichte: Sportelwesen, Korruption, Nichteinhaltung des Gewaltenteilungsprinzips

Zahlreich belegt sind Probleme und Unzulänglichkeiten von Friedensrichtern im Departement Donnersberg. Dies bestätigt, daß eben diese Ämter den wah-

487 LA Speyer, G 2 360.
488 Siehe Kap. II Abschnitt 16.
489 Siehe Kap. III Abschnitt 5 d).
490 LA Speyer, G 2 367: So schrieb Gerichtskommissar Thamberger an Rudler am 14. Floréal an VI (3. Mai 1798).
491 LA Speyer, G 2 367.
492 LA Speyer, G 2 367.

ren Schwachpunkt der Justizreform darstellten, die *Rudler* per Dekret vom 4. Pluviôse an VI eingeführt hatte.
Viele Friedensrichter ließen sich weiterhin von den Parteien bezahlen (was nach französischem Recht unrechtmäßig war) und begingen in der täglichen Ausübung ihrer Tätigkeit zahlreiche Gesetzes- oder Kompetenzüberschreitungen. Außerdem, so *Thamberger* am15. Ventôse an VI (3. März 1798) an *Rudler*[493], stoße das Gericht erster Instanz, wenn es versuche, Namenslisten mit für das Amt als Friedensrichter geeigneten Bürger zu erstellen, die sodann für die Ernennung Kommissar *Rudler* vorzulegen seien, auf erhebliche Schwierigkeiten. Es mangele an Personen, die in ausreichendem Maße über fachliche Kenntnisse verfügten und außerdem Patrioten seien. Nach Meinung *Thambergers* gab es diese Personen, nur seien sie den Gerichten nicht bekannt[494].

(1) Die betroffenen Bezirke

Hauptsächlich von Korruption, Erpressung und Gesetzesüberschreitungen betroffen waren die Kantone Contrig, Homburg, Neustadt, Pirmasens und Waldfischbach[495]. Die Friedensrichter dieser Bezirke verlangten für Ladungen vor Gericht oder andere gerichtliche Vorgänge Geldbeträge und beriefen sich dabei häufig auf Bestimmungen aus nicht mehr geltenden deutschen Gerichtsverfassungen. Beispielhaft dafür ist der Fall des Pirmasenser Friedensrichters, der - wie der Kommissar beim Zuchtpolizeigericht von Zweibrücken *Sturtz* in einem Bericht erwähnte - persönlich Zahlungen als "Schreibgelder" nach Art. 105 des abgeschafften "code judiciaire allemand" des Kurfürstentums Mainz einbehalten haben soll, die zur Deckung der Kosten der Zusendung von Gerichtsakten an die Gerichtskanzlei hätten entrichtet werden müssen[496].
Was *Charles Heuser*, den Friedensrichter von Contrig betraf, so bat *Hartmann*, *Thambergers* Nachfolger[497], *Rudler* um Nachsicht[498], da *Heuser* aufgrund seines geringen Gehalts dazu veranlaßt worden sei, das Gesetz zu übertreten. Allerdings erkannte er an, daß dieser Mann unwürdig sei, die ihm anvertrauten Aufgaben auszuüben und beantragte seine Absetzung[499]. Diesem Antrag wur-

493 LA Speyer, G 2 377.
494 LA Speyer, G 2 377.
495 LA Speyer, G 2 384, 389, 390, 392.
496 LA Speyer, G 2 379.
497 Thamberger war im Juni 1798 zurückgetreten. Siehe die "Etats des nominations" (Ernennungslisten) der Justizbeamten des Donnersberg-Departements 1798, in: AN Paris, BB^5 255.
498 LA Speyer, G 2 380: Schreiben vom 9. Frimaire an VII (29. November 1798).
499 LA Speyer, G 2 380.

de jedoch nicht stattgegeben. Das Journal der Rechtsgelehrsamkeit[500] belegt *Heuser* auch im Jahr 1799 als Friedensrichter. *Heuser* wurde außerdem beschuldigt, sich in Verwaltungsangelegenheiten seines Kantons einzumischen. Damit verstoße er gegen das Prinzip der Gewaltenteilung. Dies erklärte *Malingré*, der Kommissar der Stadtverwaltung des Kantons Contrig am 12. Thermidor an VI (30. Juli 1798)[501] und warf dabei die Frage auf, ob *Heuser* sich deswegen nicht der "forfaiture" (der rechtswidrigen Amtsüberschreitung) schuldig gemacht habe.

Auch *Willem Zinck* (nicht zu verwechseln mit dem gleichnamigen Trierer Friedensrichter) wurde von *Nimis*, dem Kommissar der Munizipalität von Neustadt[502], und von *Hartmann*[503] der Erpressung und der rechtswidrigen Einmischung in Vorgänge beschuldigt, die der Verwaltung vorbehalten seien. Die Anschuldigungen *Hartmanns* lauteten im einzelnen:

(a) *Zinck* habe sich unrechtmäßig 13 Gulden für eine Vorladung bei Gericht bezahlen lassen;

(b) *Zinck* habe einen Gerichtsbeamten damit beauftragt, Siegel anzubringen, anstatt dies selbst vorzunehmen;

(c) *Zinck* habe unrechtmäßig zusammen mit seinen Assessoren das Amt des Notars ausgeübt;

(d) *Zinck* habe Assessoren ernannt, ohne sie den Treueid gegenüber der Republik leisten zu lassen[504].

Rudler, der am 4. Brumaire an VII (25. Oktober 1798) *Zinck* seines Amts enthob[505], antwortete *Hartmann* am 15. Brumaire an VII (5. November 1798): Die von *Zinck* im administrativen Bereich begangenen rechtswidrigen Handlungen seien von Machtmißbrauch gekennzeichnet. Sie würden annulliert, wobei diese Annullierungen das Gericht des Departements nicht beträfen. Die Richter seien in keinster Weise für Gesetzesverstöße, die durch Verwaltungsbeamte in der Ausübung ihres Amtes begangen wurden, zuständig, sondern nur die obersten Verwaltungsorgane, also die Regierung und er selbst[506].

---

500 Siehe *Journal der Rechtsgelehrsamkeit* (1799), S. 131, in dem unter den Friedensrichtern des Donnersberg-Departements der Name Heuser noch vorkommt.

501 LA Speyer, G 2 384.

502 LA Speyer, G 2 390: Schreiben vom 13. Fructidor an VI (30. August 1798).

503 LA Speyer, G 2 390: Schreiben vom 11. Brumaire an VII (1. November 1798).

504 LA Speyer, G 2 390 (Schreiben vom 1. November 1798).

505 LA Speyer, G 2 390; Zincks Nachfolger wurde Ansmann, siehe *Journal der Rechtsgelehrsamkeit* (1799), S. 131-132.

506 LA Speyer, G 2 390. Die Lösung der Zuständigkeitsfrage richtete sich damals strikt nach dem Prinzip der Gewaltenteilung. Die moderne Auffassung, nach der auch im

Im Kanton Pirmasens griff der Friedensrichter *Reider* unrechtmäßig in Angelegenheiten der Verwaltung ein. *Rudler* bat deshalb am 10. Brumaire an VII (31. Oktober 1798) *Hartmann*, auf die Kommissare bei den Zuchtpolizeigerichten des Departements einzuwirken. Diese sollten die Friedensrichter der zu ihren Arrondissements gehörenden Kantone davon in Kenntnis setzen, daß jede Einmischung in Angelegenheiten der Verwaltung sie der "forfaiture" schuldig werden ließe, was ihre unmittelbare Amtsenthebung zur Folge hätte[507].

(2) Fazit

Besonders auffällig im Departement Donnersberg ist die Tendenz zahlreicher Friedensrichter, über die ihnen eigentlich zustehenden gerichtlichen Kompetenzen hinaus sich zunehmend mit administrativen Aufgaben zu befassen. Dieses Verhalten dürfte wohl auf eine geringe Vertrautheit mit den Gesetzen und den juristischen Grundsätzen französischer Herkunft zurückzuführen sein.

Bereich der dritten Gewalt Tätigkeiten ausgeübt werden müssen, die originär der Verwaltung zustehen (z.B. die Regelung interne Organisationsfragen), hatte sich noch nicht durchgesetzt.

507 LA Speyer, G 2 392.

2. TEIL: DIE JAHRE 1799 - 1803: DIE KONSOLIDIERUNG DER JUSTIZ

Kapitel I: Einführung

1. Der historische Rahmen

a) Die Nachfolger Rudlers

Die juristisch-administrative Assimilierung der linksrheinischen Territorien an Frankreich, ein Werk, das von *Rudler* begonnen und ein beachtliches Stück vorangebracht worden war, wurde von seinen Nachfolgern weiter betrieben. Dies waren *Jean Joseph Marquis* (7. März - 3. August 1799), *Joseph Lakanal* (3. August - 29. November 1799), *Louis Thibault Dubois-Dubais* (29. November - 22. Dezember 1799), *Henri Shée* (22. Dezember 1799 - 22. September 1800), *Jean Baptiste Moise Jollivet* (22. September 1800 - 20. Dezember 1801) und *André Jeanbon Saint'André*[508]. Ab dem 14. Mai 1800 wurde Rudlers Nachfolgern durch Konsularbeschluß der Titel eines General-Regierungskommissars verliehen. Mit dem Konsularbeschluß vom 9. September 1800 wurde die ausschließliche Kompetenz des Justizministers für sämtliche, die linksrheinischen Departements betreffenden Angelegenheiten gemindert. Jeder Verwaltungszweig, bis hin zum Generalkommissar sollte dem jeweils zuständigen Ministerium in Paris "ratione materiae" unterstellt werden[509].

b) Der Frieden von Lunéville: die Annexion

Stellte der Vertrag von Campoformio für Frankreich eine gute Gelegenheit dar, in einem neuen Klima des Friedens den Assimilierungsprozeß zu beginnen, so bestätigte der Friede von Lunéville vom 9. Februar 1801 die internationale Anerkennung der Eroberung durch Frankreich: *Kaiser Franz II* überließ offizi-

508 Siehe *J. Hansen*, S. 1015, 1150-1151, 1238-1241, 1242-1243, 1293-1295. Siehe auch (zur Ernennung von *Shée* und *Jeanbon Saint'André*) das umfassende Werk über die Präfekte Frankreichs von *René Bargeton, Pierre Bougard, Bernard Le Clère* und *Pierre Francois Pinaud* (Hrsg.), Les préfets du 11 Ventôse an VIII au 4. September 1870. Répertoires nominatif et territorial, Paris 1981, S. 168 und 277.

509 Der Text des Konsularbeschlusses befindet sich in AN Paris, F_{1e} 43. Siehe auch *J. Hansen*, S. 1278-1279. Siehe den Konsularbeschluß vom 9. September 1800 in *Bormann/Daniels*, IV, S. 173; siehe auch *J. Hansen*, S. 1293.

ell im Namen des Heiligen Römischen Reiches Deutscher Nation Frankreich die Gebiete am linken Rheinufer[510].

Am 9. März 1801 erklärte ein französisches Gesetz die vier linksrheinischen Departements zum integrierten Bestandteil Frankreichs. Am 30. Juni 1802 verfügte ein Konsularbeschluß die völlige administrative Gleichstellung dieser Gebiete mit Wirkung vom folgenden 23. September sowie - ab dem 20. Februar 1803 - die Aufhebung des Amtes des Generalkommissars als Verbindungsinstanz zwischen Zentralregierung und lokalen Behörden[511]. Von jenem Zeitpunkt an bis zum Ende der französischen Präsenz im Jahre 1814 sollte das Präfektursystem das Leben in der Verwaltung in den linksrheinischen wie auch in den anderen Departements des französischen Staates prägen.

2. Tendenzen in der Entwicklung der Justiz

Im Zeitraum zwischen 1799 und 1802 bestanden weiterhin die gleichen Probleme juristischer wie auch organisatorischer Art, mit denen sich schon *Rudler* befassen mußte: die Sprachenfrage, persönliche Konflikte und Kompetenzüberschreitungen innerhalb der Verwaltung, die Unfähigkeit und geringe Loyalität einzelner Beamter.

Zweierlei jedoch ist besonders bemerkenswert:

a) Die Zahl der Anfragen an den Generalkommissar um Ratschläge und Erklärungen zum Verständnis oder der Anwendung der geltenden französischen Gesetze ging quantitativ zurück. Dies war ein klares Zeichen für eine immer größere Vertrautheit der linksrheinischen Richter mit der Materie.

b) Die Aufmerksamkeit der Behörden konzentrierte sich immer stärker auf die Neuordnung der Gerichtsverwaltung, vor allem auch in Hinsicht auf die Justizreform, die in Frankreich mit den Bestimmungen der Verfassung vom 25. Dezember 1799 (Verfassung des Jahres VIII)[512] begonnen worden war und in den linksrheinischen Departements vor allem durch das Gesetz vom 27. Ventôse an VIII (18. März 1800)[513] Anwendung finden sollte.

In diesem Zusammenhang sollte auch in den linksrheinischen Departements das Präfektursystem eingeführt werden. Deshalb schickte Kommissar *Henri*

---

510 Siehe *J. Hansen*, S. 1296-1302.

511 Das Gesetz vom 9. März 1801 ist wiedergegeben in AN Paris, F_{1e} 43 und *Bormann/Daniels*, IV, S. 106. Die Verordnung vom 30. Juni 1802 (völlige Angleichung an Frankreich) ist enthalten bei *Bormann/Daniels*, IV, S. 402 und *J. Hansen*, S. 1293.

512 *Les Constitutions*, S. 158 (art. 60-68).

513 Dies geschah dann durch den Konsularbeschluß vom 1. September 1802 (14. Fructidor an X). Siehe *Bormann/Daniels*, IV, S. 134 ff.

Shée am 26. März 1800 den Verwaltungs- und Justizbeamten der Departements einen auf Französisch abgefaßten Fragebogen zu, der 16 Fragen enthielt. Ihre Beantwortung sollte Informationen zu persönlichen (Alter, Schul- bzw. Universitätsbildung, Wohnsitz, Familie) und beruflicher Angaben (Kenntnis der deutschen Sprache, berufliche Tätigkeiten vor und nach der Revolution, Ämter, die der Betreffende eventuell auszuüben anstrebte, etc.) über die Beamten liefern, um eine ihren Fähigkeiten entsprechende Anstellung im Rahmen der geplanten Reform des "ordre judiciaire" und des "ordre administratif" vorzubereiten[514].
Was insbesondere die Justiz anbelangt, so sollte es ab dem Jahr VIII (1800) und bis weit ins Jahr 1802 hinein zahlreiche Kandidaturen für das Amt des Richters, Gerichtsschreibers und Gerichtsvollziehers oder Anfragen zur Bestätigung eines solchen Amtes in der künftigen Justizorganisation geben[515].

Zusammenfassend läßt sich feststellen, daß im Laufe der Jahre 1799-1802 die anfängliche "Probephase" der Justizverwaltung der linksrheinischen Departements, die die Amtszeit *Rudlers* gekennzeichnet hatte, endete, um in eine neue Phase der Festigung und Konsolidierung in organisatorischer und personeller Hinsicht einzutreten, die eine definitive Stabilisierung in den Jahren des Konsulats und des Kaiserreichs (1802-1814) zur Folge haben sollte.

---

514 Es handelt sich um die bereits erwähnten, am 26. März 1800 verfaßten und an die Verwaltungs- und Justizbeamten der linksrheinischen Departements gerichteten "Etats des Services des fonctionnaires" (EdS).

515 Die Bewerbungen zu den Justizstellen sind in den Pariser Archives Nationales aufbewahrt, meistens unter den Beständen BB^5 258-260 (Donnersberg), 261 (Rhein-Mosel), 262-264 (Roër), 265-267 (Saar).

Kapitel II: Die Verwaltungsreform in den linksrheinischen Departements, Ansätze einer künftigen Justizreform

1. Einleitung

Anfang 1800 wuchs bei den zuständigen französischen Behörden die Überzeugung, das linke Rheinufer müsse einer umfassenden, vom Modell des auch in Innerfrankreich umzusetzenden Konsularbeschlusses vom 28 Pluviôse an VIII (17. Februar 1800: Einsetzung der Präfekturen) und des Gesetzes vom 27 Ventôse desselben Jahres (18. März: Justizreform) inspirierten Verwaltungs- und Justizerneuerung unterzogen werden.
Die weitere Entwicklung im Rheinland läßt sich wie folgt zusammenfassen:
a) Die Zukunft des linken Rheinufers wurde von französischer Seite jetzt als eng mit der Frankreichs verbunden empfunden. Das Rheinland sollte bei jeder administrativen und gerichtlichen Neuerung dem französischen Modell folgen.
b) Die Assimilation sollte umfassend sein und sowohl Verwaltung als auch Justiz mit einbeziehen. Verwaltung und Justiz wurden als zusammenhängende Elemente eines einzigen Integrationsplans betrachtet.
c) Aus Zweckmäßigkeitsgründen wurde die Verwaltungsreform im Rheinland vorgezogen. Von französischer Seite wurde nämlich das vorherige Inkrafttreten der Verfassung vom 25. Dezember 1799 (Constitution de l'an VIII) als für die Justizreform unerläßlich erachtet. Diese Verfassung sah auch für die Justiz wesentliche Neuerungen vor, worunter die wichtigste die Unversetzbarkeit der Richter war.

Das folgende Kapitel stellt anhand von 21 wichtigen, chronologisch vom März 1800 bis zum Juli 1802 (d.h. bis zum Vorabend der Justizreform am linken Rheinufer) geordneten Dokumenten sowohl den Weg zur Durchführung der Verwaltungs- und Justizreform im Rheinland als auch die (französische) Idee ihrer Verbindung als Teile eines umfassenden Assimilationszieles dar.
Eine solche auf einzelnen Quellen beruhende Perspektive macht die französische Überzeugung, die Assimilation sei im Gange und die Rheinländer seien fast zu französischen Bürgern geworden, besonders deutlich.

2. Die Ausdehnung der Verwaltungsreform ans linke Rheinufer

a) Die Situation der Verwaltung: Shées Eindrücke und erste Ideen

Am 28. Ventôse an VIII (19. März 1800) schrieb *Shée* an den Justizminister[516]: Die Kunde von der Einführung des Präfektursystems in den inländischen Departements Frankreichs gemäß Konsularbeschluß vom 28. Pluviôse an VIII (17. Februar 1800) sei auch in die linksrheinischen Departements vorgedrungen. Viele Beamte übten - in Erwartung der Anwendung dieser Maßnahme auch auf die linksrheinischen Departements und in Sorge um ihre berufliche Zukunft - ihre Ämter bereits mit einem gewissen unerfreulichen Desinteresse aus[517]. Da es ungeeignet erscheine, vor der neuen Verwaltungsorganisation die vakanten Stellen für städtische Beamte zu besetzen, blieben sie gänzlich leer. Daraus zog *Shée* den Schluß: "La marche des autorités administratives est presque entièrement paralysée"[518]. Sollte die Regierung sich denn doch dafür entscheiden, in den linksrheinischen Departements in kurzer Zeit das Präfektursystem einzuführen, sei es - so *Shées* Meinung - angebracht, für die Präfekturen, Unterpräfekturen und Sekretariate Männer auszuwählen, die beide Sprachen beherrschten und sowohl "probité et talents notoires" hatten als auch den "esprit des localités" kannten. Einzig die Kombination dieser Qualifikationen könne ein Funktionieren des neu einzuführenden Verwaltungsapparats garantieren[519].

b) Shées weitere Vorschläge: eine schnelle Reform der Verwaltung und die Schaffung eines Berufungsgerichts pro Departement

Am 21. Germinal an VIII (11. April 1800) schrieb *Shée* erneut an den Justizminister[520]. Da er noch nicht wußte, welche Vorkehrungen die Regierung hinsichtlich der Reform des "ordre administratif" in den linksrheinischen Departements zu treffen gedachte, war *Shée* besorgt. Aachen und Koblenz besäßen keine funktionierende Stadtobrigkeit, die Arbeit derjenigen von Trier und Mainz lasse äußerst zu wünschen übrig. Personen, die Ämter in der lokalen Verwaltung übernehmen könnten, seien sehr spärlich gesät.

---

516 AN Paris, F_{1e} 43 (ohne Seiten- oder Blattangaben).

517 AN Paris, F_{1e} 43.

518 AN Paris, F_{1e} 43.

519 AN Paris, F_{1e} 43.

520 AN Paris, F_{1e} 43 Nr. 368.

Shée hielt zwar eine Reform des "ordre judiciaire" für überaus wünschenswert sei[521]. Er war sich jedoch bewußt, daß sie derzeit noch nicht in Aussicht stand. Daher empfahl er, kurzfristig eine Reform innerhalb der Verwaltung durchzuführen. Dadurch erhalte sie mehr Effizienz. Zudem sei sie auf lokaler Ebene in den Händen der Präfekten und Unterpräfekten zu konzentrieren. Dies stelle auch unter finanziellem Aspekt einen Vorteil dar, da Kosten eingespart und die Anzahl der Verwaltungsorgane reduziert werden könnten, wenn nur fähige und zuverlässige Personen ausgewählt würden. Von den zur Zeit im Dienst Frankreichs stehenden Beamten könne man nämlich lediglich ein Drittel als "bons" bezeichnen[522].
Im folgenden legte *Shée Abrial* seine Meinung zur Reform der Justiz dar. In jedem Departement sollten ein aus lediglich neun Richtern zusammengesetztes ziviles Berufungsgericht und ein Kriminalgericht eingerichtet werden, während Zivilsachen in erster Instanz an eigens für jedes Arrondissement geschaffenen "tribunaux civils" entschieden werden sollten. Auf diese Weise würde man einen doppelten Erfolg erzielen: Man würde einerseits das Gerichtssystem in den linksrheinischen Territorien an das im "Inland" bestehende angleichen und könne andererseits die Rechtsstreitigkeiten rasch entscheiden, ohne die Bürger der neuen Departements zu langen und kostenträchtigen Reisen zu zwingen[523].

c) Shée über den "esprit public", der die Verwaltungsreform zu verschieben drohe

Am 25. Germinal an VIII (15. April 1800) wandte sich *Shée* abermals an den Justizminister[524]. Er bekräftigte sein Urteil über die träge Arbeitsweise der Verwaltung in den linksrheinischen Departements, die aufgrund von Gerüchten über eine mögliche Wiedereingliederung der linksrheinischen Territorien in das Heilige Römische Reich Deutscher Nation ungeahnte Ausmaße angenommen habe.
Shée berichtete in diesem Zusammenhang von einem Brief, den er von der Zentralverwaltung des Departements Donnersberg erhalten habe, in dem unter anderem verschiedene Probleme erwähnt würden, die das Funktionieren der Verwaltung beträfen[525]. Er nutzte die Gelegenheit, *Abrial* über den recht wenig

521 Ebenda: "Un seul tribunal d'appel ne pouvant suffire avant la réunion définitive des quatre départements".
522 Ebenda.
523 Ebenda.
524 AN Paris, F_{1e} 43, Nr. 369.
525 AN Paris, F_{1e} 43, Nr. 367.

frankreichfreundlichen "esprit public" zu berichten, der in den linksrheinischen Departements vorherrsche, was zweifelsohne einen weiteren Aufschub der entscheidenden Verwaltungsreformen mit sich bringe. Fast alle Einwohner seien weit davon entfernt, Gefühle der Frankreichtreue zu entwickeln, da die Hoffnungen enttäuscht worden seien, die die ersten Proklamationen und Absichtserklärungen in ihnen erweckt hätten. Der versprochene Wohlstand habe sich aufgrund zahlreicher Schikanen von Bürgern, die sich als Vertreter des französischen Volkes bezeichneten, aber nur Unheil gebracht hätten, der Unsicherheit und Instabilität der französischen Gesetze und des durch die Geißel des Kriegs hervorgerufenen wirtschaftlichen Zusammenbruchs nie eingestellt[526]. Nur durch eine Vereinfachung des Verwaltungsapparates - die Verwaltungsaufgaben sollten nach *Shée* einer kleinen Anzahl von geschickten Händen anvertraut werden - und durch eine starke Regierung, die über eine väterliche und weise Verwaltung, eine unparteiische, gerechte und schnelle Justiz verfüge, könne das Schicksal der linksrheinischen Bevölkerung entschieden werden und so ein Gefühl der Frankreichtreue entstehen. Die Bevölkerung sei ihrem Wesen nach keineswegs aufrührerisch oder rebellisch, sondern vielmehr dazu geneigt, sich gefügig einer Regierung anzuvertrauen, allerdings unter der Voraussetzung, daß für ihr Wohl und ihre Zufriedenheit gesorgt werde[527].
Shée bat Minister *Abrial* insbesondere darum, ihn über die Absichten der Regierung in bezug auf das französische Rheinland in Kenntnis zu setzen[528].

d) Shée drängt auf größere Effizienz und schnelle Reformen in Verwaltung und Justiz

Am 10. Floréal an VIII (30. April 1800)[529] bekräftigte *Shée* dem Justizminister gegnüber noch einmal im wesentlichen die in den vorhergehenden Schreiben aufgestellten Forderungen und betonte erneut die Übel, von denen die Departements betroffen seien: die völlige Desorganisation in der Verwaltung, das unermeßliche Leid, das von den militärischen Beschlagnahmen, von Immoralität und Ignoranz einer großen Zahl von Beamten verursacht werde, sowie die von den Feinden der Republik angezettelten Machenschaften[530]. *Shée* brach noch einmal eine Lanze für die Einführung des Präfektursystems, dessen nicht zu vernachlässigender Vorteil in einer Säuberung des gesamten Verwaltungs-

526 AN Paris, F_{1e} 43, Nr. 369.
527 Ebenda.
528 Ebenda.
529 AN Paris, F_{1e} 43, Nr. 370.
530 Ebenda.

personals bestehe, weil die Verwaltung so in entschlossene, fähige und kompetente Hände gelegt werde. Er empfahl, die Kompetenz des Generalkommissars, sobald die Reform in Angriff genommen sei, als Verbindungselement zwischen der örtlichen Verwaltung und Paris unverändert beizubehalten. Im gerichtlichen Bereich sei die Schaffung von Berufungsgerichten in jedem der vier Departements als Vorwegnahme einer künftigen Reform angebracht, damit die vom Revisionsgericht in Trier aufgehobenen Urteile dorthin zur Tatsachenüberprüfung verwiesen werden könnten[531].

e) Justizminister Abrial stellt Shées Vorschläge Bonaparte vor: Die Assimilation müsse fortgesetzt und abgeschlossen werden

Gerade zur gleichen Zeit, als *Shée* beherzte Aufrufe an *Abrial* richtete, die unerläßlichen Reformen in den linksrheinischen Departements doch einzuführen, arbeitete *Abrial* an einem "Rapport" und legte diesen auch den Konsuln vor. Darin faßte er die Positionen *Shées* zusammen und führte sie als die seinen an. In seinem "Rapport aux Consuls de la République" vom Floréal an VIII (April 1800)[532] wies *Abrial* erneut darauf hin, daß die Verwaltung dahinsieche und in allen Bereichen allergrößten Verwirrungen ausgesetzt sei. Interessant ist dabei, daß *Abrial* fast wörtlich den Text *Shées* übernommen hatte und so eine vollkommene Übereinstimmung seiner Ansichten mit denen des Generalkommissars demonstrierte.
War es in einem Land, dessen Schicksal noch nicht endgültig geklärt war, angebracht, französische Gesetze in Verwaltung und Justiz einzuführen? Für *Abrial* stellte sich diese Frage nicht mehr. Wenn überhaupt, so habe man vor der Ratifizierung des Vertrags von Campoformio auf die Assimilierung verzichten sollen. Damals hingegen hatte man sich dafür entschieden, die öffentliche Gesinnung auf die Assimilierung einzustimmen, indem man nicht nur republikanische Behörden eingesetzt sondern auch alle französischen Gesetze eingeführt habe. Der Jahre zuvor einmal eingeschlagene Weg könne jetzt nicht mehr unterbrochen werden. Es gehe vielmehr darum, das begonnene Werk zu vollenden, indem man ein altes, ausgedientes Verwaltungssystem durch ein neues ersetze[533]. Andererseits seien die linksrheinischen Gebiete in gewisser Weise faktisch französisch geworden, und so schlug *Abrial* - und dabei übernahm er in allen Punkten *Shées* Vorschläge für den administrativen Teil - den Konsuln folgendes vor:

---

531 Ebenda.
532 AN Paris, F_{1e} 43, Nr. 395.
533 Ebenda.

(1) Für jedes der vier Departements sei eine Präfektur einzurichten.

(2) Die Präfektur des Departements Donnersberg sei *Shée* zuzuweisen, der jedoch weiterhin auch seine anderen Ämter beibehalten solle.

(3) Für jedes Arrondissment seien Unterpräfekturen einzurichten. (Diese territoriale Einheit, die für die Verwaltung erst mit der Verfassung des Jahres VIII eingeführt wurde, bestand bereits für den gerichtlichen Bereich. Es war der den "Tribunaux correctionnels" der Departements zugeordnete Zuständigkeitsbereich.)

(4) *Shée* sei damit zu beauftragen, geeignete Personen für die Bekleidung der neuen Ämter vorzuschlagen.

(5) *Shée* selbst sei die Aufgabe zu übertragen, Ämter in der Verwaltung niedrigeren Ranges zu besetzen[534].

Im Bereich des "ordre judiciaire" schlug *Abrial* hingegen statt der Errichtung eines aus neun Richtern bestehenden Berufungsgerichts für jedes Departement vor, neben den Zivilgerichten erster Instanz für jedes Arrondissement nur zwei Gerichte mit jeweils elf Richtern für das gesamte französische Rheinland einzurichten. Ganz offensichtlich war eine solche Entscheidung, die großzügigeren Vorschläge *Shées* im Justizbereich zu beschneiden, von finanziellen Erwägungen getragen[535]: *Abrial* betonte jedoch, die Reform sei im juristischen Bereich nicht so dringlich wie im Bereich der Verwaltung, und gab daher der Einführung des Präfektursystem absoluten Vorrang[536].

f) Das Präfektursystem wird im Rheinland eingeführt

Der Konsularbeschluß vom 24. Floréal an VIII (14. Mai 1800) dehnte das Präfektursystem, das in Frankreich bereits seit dem Dekret vom 28. Pluviôse des gleichen Jahres (17. Februar) bestanden hatte, auf die linksrheinischen Departements aus[537].
Zwei Tage später, am 26. Floréal an VIII(16. Mai 1800), teilte *Abrial Shée* in einem Schreiben die Zusendung des genannten Dekrets mit und erteilte ihm gleichzeitig Anweisungen zur Erstellung von Listen der neu geschaffenen Ar-

534 Ebenda.
535 AN Paris, F_{1e} 43, Nr. 370.
536 AN Paris, F_{1e} 43, Nr. 395.
537 Siehe Einleitung dieses Kapitels.

rondissements sowie zur Bestimmung der Mitglieder der "Conseils de Préfecture" aus der ansässigen Bevölkerung eines jeden Departements[538].
Shées Aufgabe war es nun, Paris auf schnellstem Wege Informationen über die Personen, die der erste Konsul in die neuen Ämter ernennen sollte, zukommen zu lassen, damit die neuen Behörden ohne Aufschub ihre neuen Aufgaben antreten konnten. Hinsichtlich der "partie judiciaire" teilte *Abrial Shée* hingegen mit, daß die Strukturen unverändert beibehalten würden, da von den Konsuln diesbezüglich keinerlei Weisung zur Reform ergangen sei[539].

g) Die Gebietsaufteilung und die Ernennungen: die Vorschläge Shées im Sinne einer teilweisen Kontinuität innerhalb der Verwaltung

Am 4. Prairial an VIII (24. Mai 1800) schickte *Shée* an den Justizminister *Abrial* ein "tableau d'organisation" bezüglich der neuen Aufteilung der Verwaltung der vier linksrheinischen Departements, einschließlich sämtlicher Informationen zu Personen, die die neuen Ämter besetzen sollten[540]. *Shée* betonte in diesem Zusammenhang, es sei angebracht, alle unruhigen und aufrührerischen Geister aus den neuen Organen zu entfernen, welch politischer Partei sie auch immer angehörten[541].
Den von *Shée* übermittelten, unter dem Titel "Etat indicatif des personnes que le Commissaire du Gouvernement croit les plus propres à remplir les places de préfets, sous-préfets, secrétaires généraux et conseillers de préfecture, maires et adjoints et commissaire de police dans les quatre départements" zusammen gefaßten Informationen ging ein kurzes Vorwort des Kommissars voraus. *Shée* erklärte, entscheidende Kriterien für die Auswahl der vorgeschlagenen Personen seien neben ihren aktuellen Ämtern, neben ihrer Begabung, ihrer Moral, ihrem Bürgersinn und ihrer "convenances pour les administrés" die Kenntnis der deutschen und französischen Sprache gewesen[542]. Ohne diese Eigenschaften sei es unmöglich, in Würde ein administratives Amt in den linksrheinischen Departements zu bekleiden. Sodann folgte die in Departements (in der Reihenfolge: Donnersberg, Rhein und Mosel, Saar und Roër) unterteilte Auflistung der vorgeschlagenen Personen einschließlich der Informationen zu ihrer Vergangenheit und Berufserfahrung.
Für die vier Stellen als Präfekt wurden von *Shée* in zwei Fällen Personen vorgeschlagen, die bereits in der vorigen Administration wichtige Ämter innehat-

538 AN Paris, F_{1e} 43, Nr. 379.
539 Ebenda.
540 AN Paris, F_{1e} 43, Nr. 378.
541 Ebenda.
542 AN Paris, F_{1e} 43, Nr. 383.

ten. *Kastner*, der für das Departement Donnersberg vorgeschlagen wurde, war "ingénieur en chef" in diesem Departement und im Departement Saar gewesen. *Boucqueau*, der für das Departement Rhein und Mosel vorgeschlagen wurde, war als unermüdlicher und dienstbeflissener Regierungskommissar bei der Zentralverwaltung des Departements Saar tätig gewesen[543]. Demgegenüber handelte es sich in den beiden anderen Fällen um Personen "von außen". *Bexon d'Ormechville*, der für das Departement Saar vorgeschlagen wurde, stammte aus dem Departement Rhein und Mosel und galt als sehr distinguierter Militärangehöriger. *Shée* legte Wert darauf zu betonen, daß diese Wahl vom Konsul mit Wohlwollen aufgenommen wurde[544]. Der für das Departement Roër designierte *Simon* war elsässischer Herkunft und hatte in dieser Region auch bereits wichtige Ämter innegehabt, bevor er in den Rat der Fünfhundert gewählt worden war. *Shée* betonte des weiteren, *Simon* vereine Wortgewandtheit mit Weltoffenheit und beruflicher Erfahrung. Er habe zwar, bevor er sich für *Simon* entschieden habe, eine Kandidatur *Rudlers* in Betracht gezogen, dieser aber habe erklärt, er sei nicht bereit, ein solches Amt anzunehmen[545].

Für die zu besetzenden Stellen des Präfektur-Generalsekretärs (der den Präfekten im Falle von Abwesenheit oder Verhinderung vertreten sollte) und des Präfektur-Rats fiel *Shées* Wahl fast ausschließlich auf Männer, die bereits in der früheren Zentralverwaltung der Departements oder in den Stadtverwaltungen wichtige Funktionen innegehabt hatten. Ähnliches galt für die Stellen des Unterpräfekten[546]. Der einzige "externe" Kandidat war *Schmitz*, ein Jurist, der zum Präfektur-Rat des Departement Rhein und Mosel bestimmt wurde[547].

Da sich die vorliegenden Arbeit der Justizverwaltung widmet, ist eine lange und detaillierte Analyse des für die vier linksrheinischen Departements ausgewählten Verwaltungspersonals nicht erforderlich. Es soll an dieser Stelle genügen zu erwähnen, daß *Shée* jeden vorgeschlagenen Kandidaten in seinen "observations particulières" anhand der von ihm aufgestellten Kriterien über-

---

543 Ebenda.

544 Ebenda.

545 Ebenda.

546 AN Paris, F_{1e} 43, Nr. 383: Als Unterpräfekten für das Donnersberg-Departement schlug *Shée* vor: *Sadoul* und *Petersen* (ehemalige Mitglieder der Zentralverwaltung) und *Bernard* (Vorsitzender der Munipizalverwaltung von Zweibrücken), *Vanrecum* (Mitglied der Zentralverwaltung) und *Saur* (Vorsitzender der Zentralverwaltung) im Rhein-Mosel-Departement, im Saardepartement *Mossdorf* und *Meyenfeld* (beide Mitglieder der Zentralverwaltung) sowie *Bordé* (Kommissar der Zentralverwaltung), und für das Roër-Departement *Bouget* (Vorsitzender der Zentralverwaltung), *Dorsch* (Regierungskommissar bei de Zentralverwaltung) und *Sybertz* (Richter beim Zivilgericht).

547 AN Paris, F_{1e} 43, Nr. 383.

prüfte. So präzisierte er beispielsweise im Falle *Kastner*: "Il joint d'une grande considération, et (...) ses talents, son zèle, son civisme et sa fortune offrent tous les avantages qu'on peut raisonnablement désirer". Zu *Fiesse* (für den Posten des Generalsekretärs im Departement Donnersberg vorgeschlagen), *Sadoul* (Kandidat zur Unterpräfektur in Speyer) und *Besnard* (für das gleiche Amt in Zweibrücken vorgeschlagen) bemerkte er, er schätze deren Bürgersinn und Talent[548].
Ein ausdrückliches Lob ging an *Boucqueau* und *Zegowitz*. Letzterer sei verantwortlich für das hervorragende Funktionieren der Zentralverwaltung des Departements Saar, obwohl ihm dennoch nachgesagt werde, er sei zu impulsiv. Über *Boucqueau* sagte *Shée*: "C'est un des administrateurs les plus capables des quatre Départements"[549]. *Dinneur*, für das Amt des Präfektur-Rats im Departement Rhein und Mosel vorgeschlagen, habe nicht für andere wichtigere Ämter in Betracht gezogen werden können. *Vanrecum*, der als Unterpräfekt für Bonn vorgesehen war, erfreute sich der Wertschätzung und Unterstützung General *Lefebvres*, der ihn einer Menge anderer Beamter vorziehen wollte, deren einziger Verdienst darin bestünde, trotz ihres Mangels an fachlichem Wissen allen zu zeigen, welch Patrioten "par excellence" sie seien[550]: *Shée* kritisierte damit alle allzu "simplen" Patrioten, die in die Departements- und lokalen Verwaltungen der linksrheinischen Departements einzig aufgrund "politischer" Verdienste gekommen waren.
Im Departement Saar galt *Schwindenhammer*, den *Shée* als Generalsekretär der Präfektur vorschlug, als "Schüler" *Boucqueau*s, der ihn ausgebildet, ihn in der Ausübung seines Amts Erfahrung als Verwalter hatte sammeln lassen und ihn so zum geeigneten Amtsinhaber mit wichtigen Funktionen machte. Dagegen konnten *Labourdinnière* und *Lafontaine*, beide französische Mitglieder der Zentralverwaltung, nicht einmal zu Unterpräfekten designiert werden, da sie nicht Deutsch sprachen. *Mayenfeld*, der als Unterpräfekt für Prüm vorgeschlagen wurde, war ein Mann mit energischem Charakter. Er besaß somit die Eigenschaften, die in einem Gebiet, dessen Ruhe oft von Überfällen der belgischen "chouans" (royalistische Aufständische während der französischen Revolution)[551] gestört wurde, nötig waren.
Im Departement Roër bestand bei *Caselli* das Problem, daß er des Deutschen nicht mächtig war. *Shée* räumte ein, er könne ihn unter diesen Umständen nicht für den Posten eines Unterpräfekten oder Generalsekretärs vorschlagen,

548 Ebenda.
549 Ebenda.
550 Ebenda.
551 Ebenda.

wie er es vorhatte, sondern lediglich als Präfektur-Rat empfehlen, obwohl *Caselli* bereits Mitglied der Zentralverwaltung war[552].

h) Abrials Bericht an Bonaparte: Fortschritt der Assimilation

An den ersten Konsul richtete *Abrial* einen "Rapport", der kein Datum trägt, aber unmittelbar nach Erhalt des Tableaus von *Shée* vom 24. Mai verfaßt worden sein mußte. Der Minister teilte *Bonaparte* mit, angemessene Informationen *Shées* über die für die neuen Ämter zu ernennenden Personen zusammengetragen zu haben. Im einzelnen schlug er vor, *Shée* zum Präfekten des Departements Donnersberg zu ernennen und ihn auch im Amt des Generalkommissars zu belassen. Dies sei angebracht, weil sich die Aufgaben des Kommissars sich nach einigen Jahren des Assimilierungsprozesses der vier Departements an Frankreich und nach der Übernahme eines Großteils der französischen Gesetze verringert hätten. Außerdem stünden diese Aufgaben mit der gleichzeitigen Ausübung anderer, ebenso wichtiger Verwaltungsfunktionen, wie diejenigen der Präfektur, in gutem Einklang[553]. Darüber hinaus könnten die neu ernannten Präfekten direkt mit dem Minister korrespondieren, soweit Probleme der Buchhaltung oder Finanzen betroffen seien, ohne den Weg über den Kommissar einhalten zu müssen[554].
Diese Beobachtungen *Abrial*s dokumentieren den Fortschritt im Assimilierungsprozeß der Verwaltung, der trotz der zahlreichen Hindernisse, von denen die oben erwähnten Briefe *Shées* Zeugnis ablegen, erzielten wurde.

i) Ernennungen in den Präfekturen

Vom 3. Messidor an VIII (22. Juni 1800) datiert das Dekret des Ersten Konsuls, mit dem die Ernennungen der einzelnen Kandidaten zu Präfekten, Unterpräfekten, Generalsekretären und Präfektur-Räten beschlossen wurde[555]. Im wesentlichen hielt sich *Bonaparte* dabei an die Vorschläge *Shées*, die ihm von *Abrial* übermittelt worden waren. *Shée* wurde zum Präfekten des Departements Donnersberg ernannt und blieb auch im Amt des Generalkommissars. *Simon* wurde zum Präfekten im Departement Roër ernannt, *Boucqueau* zum Präfekten im Departement Rhein und Mosel, *Bexon d'Ormschwiller* zum Präfekten im Departement Saar. Abweichungen von den Vorschlägen *Shées* zeigen sich einzig bei den Ernennungen zu Präfektur-Räten, was aber zum Großteil daran

552 Ebenda.
553 AN Paris, F_{1e} 43, Nr. 392.
554 Ebenda.
555 AN Paris, F_{1e} 44, (ohne jede weitere Angabe).

lag, daß diese Personen Ämter in einem anderen Departement erhalten hatten. Insgesamt gesehen waren somit fast alle von *Shée* vorgeschlagenen Kandidaten bei der Ämtervergabe berücksichtigt worden[556].

3. Die ersten Schritte der neuen Verwaltung und die Situation des Justizpersonals; unterschiedliche Assimilationsideen (Juni 1800 - April 1801)

a) Frankreich und Rheinland in den Augen Abrials; die Veröffentlichung neuer Gesetze

Am 5. Messidor an VIII (23. Juni 1800) ergingen Instruktionen *Abrial*s an *Simon*, *Boucqueau* und *Bexon d'Ormschwiller*. Darin wurden sie aufgefordert, *Shée* in Mainz aufzusuchen, um dort den Amtseid abzulegen, und ihrerseits die ihnen untergeordneten Mitarbeiter, Präfektur-Räte und Unterpräfekten, den Eid ablegen zu lassen. Diese sollten auf diese Weise sofort und in vollem Umfange ihre Funktionen wahrnehmen[557].
Überaus interessant sind die Beobachtungen *Abrial*s zur herrschenden Atmosphäre in den vier Departements. Die neuen Departements teilten nach den Äußerungen des Justizministers schon seit Jahren das Schicksal und die Opfer Frankreichs und trügen in nicht unbedeutendem Maße dazu bei, die Kriegsmühen zu bestreiten. Hinzu komme die wirtschaftliche Not ihrer Bewohner, wogegen sie - im Gegensatz zu anderen Departements - außer in einzelnen Fällen nie aufbegehrt hätten. Hier wird die Anspielung auf den letzten Aufstand in den belgischen Departements deutlich[558]. Deshalb sei die französische Regierung verpflichtet, aus Dankbarkeit die Bewohner der linksrheinischen Gebiete

---

556 AN Paris, F_{1e} 44: Im Donnersberg-Departement wurden *Mossdorf* und *Meyenfeld* statt des vorgeschlagenen *Schneider* zu Präfektur-Räten ernannt. Im Roër-Departement wurde *Corbigny* statt des vorgeschlagenen *Mathis* Präfektur-Sekretär. Im Rhein-Mosel-Departement wurde *Saur* Präfektur-Rat und nicht Unterpräfekt (an seiner Stelle wurde der ehemalige Präsident der Koblenzer Zentralverwaltung *Champein* ernannt), während der nicht vorgeschlagene *Schmitz* eine Stelle im Präfektur-Rat statt des vorgeschlagene *Burette* ("officier municipal à Coblence") erhielt. Und im Saar-Departement werden - statt der ins Donnersberg-Departement versetzten *Mossdorf* und *Meyenfeld* - *Guillemin Courchamp* ("ancien Président de la Chambre des Comptes" und Zivilrichter) und *Pettmesser* ("homme de loi et inspecteur des contributions") zu Unterpräfekten ernannt. In zwei Fällen (*Sybertz* und *Guillemin Courchamp*) wechselten Justizbeamte zu Verwaltungsstellen über.

557 AN Paris, F_{1e} 43, Nr. 382.

558 Ebenda.

an den Vergünstigungen, die die Verwaltungsreform und die Einführung des Präfektursystems gebracht hätten, teilhaben zu lassen. Die Absicht Frankreichs sei es, links des Rheins eine gut funktionierende Verwaltung zu schaffen[559]. *Abrial* scheint das Schicksal der linksrheinischen Gebiete unlösbar mit dem Frankreichs verbunden.
Besonders dringend waren sodann *Abrials* Empfehlungen an die neu ernannten Präfekten bezüglich der öffentlichen Ordnung. Die Ruhe in den linksrheinischen Gebieten solle unbedingt bewahrt bleiben und nichts diene der Beibehaltung der Ordnung mehr als eine gerechte und weise Verwaltung[560].
Zwei Ursachen waren nach Ansicht *Abrials* grundlegend für die bestehenden Schwierigkeiten bei der Verbrechensbekämpfung. Dies seien einerseits der prekäre Zustand der Gefängnisse, wodurch den Schuldigen, auch wenn sie in polizeilichem Gewahrsam seien, ein Ausbruch leicht gemacht werde. Auf diese Weise könnten sie weiter ihre schändlichen Taten begehen. Andererseits bestehe das Problem der mangelhaften Zusammensetzung der Jurys. Damit dürfte *Abrial* unter anderem auf die bestehenden stillschweigenden Abmachungen zwischen Geschworenen und den im Prozeß Angeklagten angespielt haben.
Der Minister rief die neu ernannten Präfekten auf, möglichst rasch für die Beseitigung dieser Unzulänglichkeiten zu sorgen und dabei in regelmäßigen Abständen dem Generalkommissar Berichte mit den Ergebnissen ihrer verwalterischen Tätigkeit zukommen zu lassen, so daß *Shée* wirksam seine Kontroll- und Überwachungsaufgaben über die Verwaltung der ihm zugeteilten Departements wahrnehmen könne[561].
Mit gleichfalls vom 5. Messidor an VIII datierten Schreiben forderte *Abrial Shée* auf, in den vier linksrheinischen Departements eine Reihe von wichtigen gesetzlichen Regelungen zu veröffentlichen, die die neue Administration zur Ausübung ihrer Tätigkeit benötigte. Darunter befand sich der Konsularbeschluß vom 17. Ventôse (17. März) zur Organisation der Präfekturen und zur Amtskleidung der Präfekten, das Dekret vom 17. Floréal (6. Mai) zur Amtskleidung der Unterpräfekten, Bürgermeister und Polizeikommissare, das Dekret vom 19. Floréal (8. Mai) zur Ernennung der Bürgermeister und Beigeordneten der Gemeinden, der Mitglieder der Gemeinderäte sowie zu den Zivilstandsregistern, das Gesetz vom 27. Ventôse (27. März) über die Funktionen der bei den Zuchtpolizeigerichten tätigen öffentlichen Ankläger sowie das Ge-

559 Ebenda.
560 Ebenda.
561 Ebenda.

setz vom 6. Germinal (26. März) zur Nominierung der Geschworenen seitens der Präfekten und Unterpräfekten[562].

b) Shée bestätigt seine Ernennung und äußert sich kritisch gegenüber dem "esprit public"

Shée bestätigte *Abrial* am 16. Messidor an VIII (4. Juli 1800) den Erhalt des Dekrets des Ersten Konsuls, mit dem er zum Generalkommissar aller vier linksrheinischen Departements und zum Präfekten des Departements Donnersberg ernannt worden war. Er bekräftigte, er und sein Personal seien willens und bereit, das von der französischen Regierung verfolgte Ziel einer gut funktionierenden Administration zu realisieren, in einem Gebiet, in dem - wie er betonte - administrative Kenntnisse rar gesät seien und die öffentliche Gesinnung nicht darauf ausgerichtet sei, die Bemühungen der französischen Behörden zu unterstützen[563].

c) Abrial lobt den eingeschlagenen Assimilationsweg

Abrial übermittelte *Shée* am 24. Fructidor an VIII (11. September 1800) den Konsularbeschluß vom vorangegangenen 22. Fructidor, mit dem die Assimilierung der linksrheinischen Departements an Frankreich bestätigt und die lokalen Verwaltungen hierarchisch den zuständigen Ministerien in Paris unterstellt worden waren, womit der Zuständigkeitsbereich des Justizministers eingeschränkt wurde.
Abrial hob die bislang erreichten Fortschritte im Assimilierungsprozeß der linksrheinischen Territorien an Frankreich hervor. Nach seinem Dafürhalten war der Erlaß des Dekrets vom 22. Fructidor nur deshalb möglich gewesen, weil die Verwaltung und interne Strukturen der Departements dem französischen Inland bereits angenähert waren[564]. Die Trennung der Kompetenzen - so *Abrial* - bringe zweifelsohne Vorteile, da jedes Ministerium nun in der Lage sei, Anweisungen und Richtlinien mit größerer Sachkunde auszugeben. *Shée* sollte seinerseits seine Erfahrung und Ortskenntnisse dazu nutzen, die Zentralministerien in ihren Funktionen zu unterstützen[565].

562 AN Paris, F_{1e} 43, Nr. 381.
563 AN Paris, F_{1e} 43, Nr. 374.
564 AN Paris, F_{1e} 43, Nr. 376.
565 Ebenda.

d) Die kritische Stellungnahme Senigs über wichtige Verwaltungs- und Justizbeamte

Der "adjutant général" *Senig* schickte am 25. Vendémiaire an IX (17. Oktober 1800) sowohl an *Jollivet*, den neuen Stellvertreter von *Shée* (seit dem 22. September 1800), wie auch an *Abrial* einen erschöpfenden Bericht zur Person der wichtigsten Verwaltungsbeamten im Departement Roër[566].
Sein Urteil (es ist nicht bekannt, aus welchen Quellen *Senigs* Informationen stammten) ist zuweilen sehr streng: *Dorsch*, Unterpräfekt in Kleve habe großes Talent und nicht zu unterschätzendes Wissen, jedoch zuviel Selbstgefälligkeit. Die Präfektur-Räte des Departements Roër, *Cromm* und *Wasserfall*, hielt *Senig* für gute Verwaltungsbeamte. *Caselli* hingegen sei in den Dienst der Präfektur des Departements Roër lediglich über Intrigen gelangt, die auf seine Zeit als Zentralverwalter zurückgingen. Er sei korrupt, "dominateur et dévoré d'ambition, (...) toujours agité, ne pouvant vivre, ni laisser vivre, en répos, ne respirant que haine et détraction"[567], und stets bereit, anonym jeden zu denunzieren[568]. Außerdem stehe sein Benehmen in krassem Gegensatz zu dem vieler anderer korrekter und rechtschaffener Beamter, die in einem Gebiet, in dem alles extrem teuer sei, ausschließlich von ihrem Gehalt lebten[569].
In der Justizverwaltung bestand nach Ansicht *Senigs* ein deutlicher Unterschied zwischen dem Charakter *Vossens*, dem Kommissar beim Zivilgericht, einem talentierten Mann mit vielen Verdiensten, und dem des öffentlichen Anklägers *Keil*, einem kaltblütigen und blutrünstigen Mann, der überall Verbrechen sehe und nur Schuldige suche[570].
Senigs Anmerkungen zu *Caselli* und *Keil* werden in ihrer Tragweite besser verständlich, wenn man den politischen Hintergrund berücksichtigt. *Keil* wurde von *Senig* beschuldigt, ein Revolutionär zu sein, *Caselli* galt als vom jakobinischen Club protegiert. *Senigs* Urteile sind somit stark vom politischen Klima beeinflußt, das sich nach dem 18. Brumaire gebildet hatte.

e) Die Stellungnahme Papés zu Verwaltung und Justiz: zwischen persönlichem Groll und Bemühen um Objektivität

Der ehemalige Präsident des Kriminalgerichts des Departements Roër, *Papé*, legte *Jollivet* am 21. Vendémiaire an VIII (13. Oktober 1800) ein langes "Ta-

566 AN Paris, F_{1e} 43, Nr. 398.
567 Ebenda.
568 Ebenda.
569 Ebenda.
570 Ebenda.

bleau" zur Organisation der vier Departements und zu dem dort beschäftigten Justiz- und Verwaltungspersonal vor[571].

Papé zeichnete darin in groben Zügen ein Bild der Geschichte der linksrheinischen Departements von der Zeit des Einzugs der Franzosen an. Deren erstes Verdienst sei es gewesen, diese Bezirke von der ineffizient arbeitenden und für das Staatsvermögen und die Einheimischen schädlichen Verwaltung zu befreien. Seine Beurteilungen sind, ebenso wie schon diejenigen *Senigs*, stark von der bonapartefreundlichen und antijakobinischen politischen Atmosphäre beeinflußt, die in Frankreich seit dem 18. Brumaire entstanden war. So soll es - laut *Papé* - *Rudlers* Verdienst gewesen sein, sich während seines Amtes in der Verwaltung vom Rat und Einfluß der Mainzer Patrioten entfernt zu haben, die in ihren Grundsätzen extrem, vom Kriege verbittert und stets zu Exzessen bereit gewesen seien. Diese Haltung *Rudlers* habe dazu beigetragen, daß die Wahl der ersten Verwaltungs- und Justizbeamten allgemein und abgesehen von nur wenigen Ausnahmen gut ausgefallen sei[572]. Der einzige Fehler habe nach *Papé* darin bestanden, daß ehemalige Richter und reiche Eigentümer aus den besetzten Gebieten aus politischen Beweggründen nicht berücksichtigt worden seien. Deren Berücksichtigung hätte aber zur Vertrauensbildung unter der Bevölkerung beitragen können[573].

Papés Stellungnahmen sollten jedoch mit einer gewissen Vorsicht betrachtet werden. Insbesondere sollte man sich vergegenwärtigen, was *Georg Friedrich Rebmann* in seinem "Coup d'oeil sur les quatre départements de la rive gauche du Rhin" schrieb: *Rudler* habe bei der Ernennung der Beamten außer einer stattlichen Anzahl von Patrioten eine ebenso beachtliche Anzahl von Beamten berücksichtigt, die bereits vorher Ämter bekleidet hätten[574]. Auch darf nicht der enorme Druck vergessen werden, der von den Mainzer Patrioten auf Verwaltung und Justiz des Departements Donnersberg ausgeübt wurde[575]. Letztlich ist es angebracht, an das ausgeglichene Urteil zu erinnern, das *Marquis* über die von seinem Vorgänger *Rudler* verfolgte Einstellungspolitik bei öffentlichen Ämtern abgab. *Rudler* habe danach eine Politik verfolgt, die besonders darauf ausgerichtet gewesen sei, die fachlichen und sprachlichen Kennt-

---

571 AN Paris, F_{1e} 43, Nr. 411.

572 Ebenda.

573 Ebenda.

574 *Georg Friedrich Rebmann*, "Coup d'oeil sur les quatres Départements de la rive gauche du Rhin", Trèves, Ventôse an X (1802), S. 22-25.

575 Siehe z.B. den langen Brief der "Patriotes de Mayence", womit sie (darunter sind wichtige Verwaltungsbeamte des Donnersberg-Departements) offiziell zugunsten des von vielen Seiten kritisierten Kommissars des Direktoriums (*Lakanal*) Stellung nehmen (16. Messidor an VIII), AN Paris, F_{1e} 43. Siehe zu dieser Frage Teil I, Kap. V, Nr. 4, Fn. 475.

nisse der Kandidaten zu berücksichtigen: "Mon prédécesseur avait fait tout ce qui était en lui pour mêler aux allemands, choisis dans le pays et ne connaissant aucunement nos lois, des français qui puissent marcher les affaires et qui eussent la connaissance des deux langues"[576].

Papés Urteil über *Marquis'* Nachfolger *Lakanal*, der als gefährlicher Jakobiner galt, fiel natürlich strenger aus. Bei seiner Ankunft habe er Schrecken verbreitet, die bis dahin friedlichen Anarchisten hätten ihre Masken abgelegt, es seien Clubs in Mainz, Koblenz und Köln entstanden. Dieser Stand der Dinge habe erst mit dem 18. Brumaire ein Ende gefunden, als nämlich der hochgeschätzte Bürger *Shée* gekommen sei, um Ordnung in den linksrheinischen Departements zu schaffen. Dennoch habe *Shée* nicht vollständig reüssiert, da die Clubs ihre Aktivitäten aufrecht erhalten hätten und immer noch aufrecht erhielten. Ihre Tätigkeit sei unheilbringend, weil sie überall durch anonyme Verleumdungen und Anzeigen Zwietracht und Streitereien säten. Beamte von tadellosem Benehmen seien ihnen zum Opfer gefallen und aus ihren Ämtern entfernt worden, ohne sich verteidigen zu können. *Papé* bekundete sein Verbundenheit mit dem öffentlichen Wohl und verlieh seiner Hoffnung Ausdruck, daß es der neue Kommissar *Jollivet* verstehen möge, Ruhe an das linke Rheinufer zurückzubringen[577].

Papés Beurteilungen des Verwaltungs- und Justizpersonals wichen im Falle des Departements Roër nicht von den Ausführungen *Senigs* ab. *Caselli* und *Keil* wurden sehr schlecht beurteilt. Der Präfekt *Simon* hingegen wurde als talentierter Beamter geschildert, dessen einziger Fehler darin bestehe, daß er mittelmäßiges Personal um sich versammelt habe. Der Präfektur-Rat des Departements Roër sei darüber hinaus sehr schlecht zusammengesetzt und rufe bei der Bevölkerung Unzufriedenheit hervor. *Vossen* wie auch sein Stellvertreter *Sybertz* genössen aufgrund ihrer Verdienste das volle Vertrauen der Regierung. Positiv wurden aufgrund ihrer persönlichen und beruflichen Eigenschaften auch die Richter *Schwarz*, *Fischer*, *Nybelen*, *Schmitz*, *Eschweiler*, *Schunzgen* und *Coenen* beurteilt. *Rittmann* dagegen habe einen zu temperamentvollen Charakter, um ein Richteramt ausüben zu können. Der der Poesie und dem Theater zugeneigte *Zumbach* sei fast nie an seinem Platz im Gericht anzutreffen. *Cramer* habe keinerlei fachliche Kenntnisse, sei ein "tête exaltée"[578], regierungsfeindlich, scheinheilig, hinterhältig und blutrünstig. Es ist anzunehmen, daß er derselben Partei wie *Keil* und *Caselli* angehörte. Von *Vossen "cadet"*, dem Kommissar am Zuchtpolizeigericht in Aachen, heißt es in

576 AN Paris, BB^5 255.

577 AN Paris, F_{1e} 43, Nr. 411.

578 Ebenda.

Papés Bericht, er sei ein begabter Mann und sehr weise. *Gall*, Kommissar am Kölner Zuchtpolizeigericht, sei sehr gebildet, wenn auch nicht sehr aktiv. *Cremer* hingegen, Kommissar beim Zuchtpolizeigericht Krefeld, gelte als gebildet, sei jedoch wegen seines zu hitzigen Gemüts bekannt. *Finance*, Kommissar am Zuchtpolizeigericht in Kleve, besitze nicht genügend Kenntnisse, um sein Amt ausüben zu können. Ansonsten sei er ein guter Mensch und sehr aktiv.

Die Friedensrichter des Departements Roër übten nach den Angaben *Papés* ihr Amt größtenteils korrekt aus. *Keil* habe allerdings nicht wenige Friedensrichter ihres Amts unter dem falschen Vorwand enthoben, sie gehörten zur Aristokratie, und sie mit Leuten seiner politischen Richtung ersetzt. Diese neuen Beamten begingen nun jegliche Arten von Amtsmißbrauch und Fehler im Verfahrens- und Untersuchungsbereich. *Papé* verwies schließlich auf die Zivil- und Kriminalgerichte erster Instanz, die in der Lage seien, über jeden Friedensrichter Auskunft zu geben und diejenigen Friedensrichter benennen könnten, die des Vertrauens der Regierung würdig seien.

In bezug auf die anderen drei Departements fallen *Papés* Beobachtungen äußerst knapp aus. Sie sind auf die wichtigsten Persönlichkeiten beschränkt. Im Departement Rhein und Mosel erfreue sich *Boucqueau* höchster Wertschätzung, nicht zuletzt auch wegen seiner hervorragenden fachlichen Kenntnisse. Unterpräfekt *Sauer* sei ein guter und regierungstreuer Beamter. Sein Kollege *Champein* habe jedoch jegliche Glaubwürdigkeit und jegliches Vertrauen der Bewohnern dieses Gebiets dadurch verloren, daß er dort schon vor der Einführung des Präfektursystems tätig gewesen sei.

Für die Justiz gelte folgendes: Der Präsident des Kriminalgerichts, *Lebens*, sei ein gebildeter, rechtschaffener und korrekter Mann, wenn auch ein wenig streng in der Ausübung seiner Tätigkeit. Dem öffentlichen Ankläger am selben Gericht, *Gerdom*, mangele es dagegen an der nötigen Bestimmtheit.

Dem Präfektur-Rat *Gerhards* im Departement Saar, einer exaltierten Person, fehle es nicht an Talent. Der Präsident des Kriminalgerichts, *Büchel*, habe Talent und führe die ihm übertragenen Aufgaben korrekt aus. Er sei jedoch zu strebsam und intrigierend und genieße deshalb auch nicht das Vertrauen der Behörden. Eine insgesamt gute Beurteilung erhält der öffentliche Ankläger *Hahn*.

Zum Departement Donnersberg bemerkte *Papé*: Der Generalsekretär der Präfektur, *Fiesse*, sei eine falsche, undankbare und böswillige Person und "très borné"[579]. Der öffentliche Ankläger am Kriminalgericht, *Hartmann*, sei ehr-

579 Ebenda von S. 9 bis S. 14 (Es fehlt allerdings im Dokument jede gedruckte Seitenangabe).

geizig, falsch und blutrünstig. Der Präsident desselben Gerichts, *Macké*, wurde hingegen als kluger, bescheidener und tugendhafter Mann beschrieben, der es vor allem verstehe, über den Parteien zu stehen, und zudem in keinerlei Machenschaften der Clubs verwickelt sei, die nach *Papés* Ansicht weiterhin die linksrheinischen Bezirke trennten und in Unruhe versetzten. Aufgrund dieser Unparteilichkeit verdiene *Macké* uneingeschränkt das Vertrauen der gegenwärtigen Regierung.

Papés langer Bericht entspricht ebenso wie derjenige des ehemaligen Kommissars *Shées* zehn Tage später - der im Rahmen dieser Arbeit noch untersucht werden soll - dem Ziel, der Regierung nicht nur frische Informationen über die vier linksrheinischen Departements aus erster Hand zu liefern. Es sollte vielmehr auch die Loyalität der Verwaltungs- und Justizbeamten gegenüber dem neuen Konsularregime auf die Probe gestellt werden.

Papé hatte sicherlich eine äußerst genaue Kenntnis des Personals in Diensten Frankreichs, da er erstens ein wichtiges Amt bekleidete und außerdem ganz offensichtlich leichten Zugang zu den Informationen vor Ort über diesen oder jenen Beamten hatte. Es ist wahrscheinlich, daß viele der Informationen über die Justizbeamten auf informellem und inoffiziellem Weg von den Mitgliedern der Zivil- und Kriminalgerichte erster Instanz selbst stammten. Seine Beurteilungen und Bewertungen sind allerdings in politischer Hinsicht kritisch zu betrachten. Zweifelsohne findet die düstere Darstellung der Charaktere *Keils* und *Casellis* ihren Grund nicht darin, daß diese beiden Beamten wirklich "blutrünstig" oder "hinterhältig" waren, sondern in ihrer jakobinischen Parteizugehörigkeit. Wenn *Papé* jedoch zwischen Begabung, Fähigkeit und einem fehlerhaften oder ungeeigneten Charakter eines Beamten unterscheidet, den er schätzt, ist zu vermuten, daß er damit versuchte, weniger "politisch" zu urteilen und fachlichen Faktoren mehr Bedeutung beizumessen. Typisch dafür ist der Fall *Büchels*, dem *Papé* trotz seiner charakterlichen Mängel die Eigenschaft eines guten Juristen zugestand. Aus ist den Quellen geht jedoch nicht hervor, ob *Büchel* wie auch andere unter diesem doppelten Aspekt beurteilte Beamte eng der jakobinischen Partei verbunden waren.

In jedem Fall ist zu berücksichtigen, daß *Papé* am 8. Juni, also nur kurze Zeit vor seinen Anmerkungen, seines Amtes als Präsident des Kriminalgerichts des Departements Roër enthoben worden war und zwar aufgrund der Anschuldigungen, die *Keil* gegen ihn vorgebracht hatte. *Papé* betrachtete *Keil* als seinen persönlichen Widersacher, da dieser ihn der Inkompetenz, Korruption und der rechtswidrigen Einmischung in die Tätigkeit der Geschworenen am Kriminalgericht beim Prozeß gegen *Braun* und seinen des schweren Diebstahls angeklagten Komplizen beschuldigt hatte. *Shée*, der von *Abrial* beauftragt worden war, Licht in dieses Dunkel der persönlichen Streitigkeiten zu bringen, sprach

von einem skandalösen Kampf, den der Präsident *Papé* gegen den öffentlichen Ankläger *Keil* geführt habe, indem er den Räuber *Braun* und seine sieben Komplizen dem Schwert des Gesetzes entzogen habe. *Shée* war geneigt, die These *Keils* von einer stillschweigenden Billigung des Verhaltens des Angeklagten von Seiten *Papés* zu bestätigen.
Papé wurde am 19. Prairial an VIII (8. Juni 1800) seines Amtes enthoben und sollte auch nicht wieder eingesetzt werden. Als das Trierer Appellationsgericht am 12. Februar 1803 seine Arbeit aufnahm, sollte er dort als Anwalt tätig sein[580].

f) Der umfassende Bericht Shées: Beobachtungen zum Zustand der Assimilation und zur Relevanz der Verfassung vom Jahr VIII für die durchzuführende Justizreform

Der den Konsuln vom ehemaligen Kommissar *Shée* am 1. Brumaire an VIII (23. Oktober 1800) vorgelegte Bericht folgte dem Schreiben *Papés* im Abstand von 10 Tagen und trug den Titel "Situation de l'administration civile dans les quatre nouveaux Départements sur la rive gauche du Rhin, à l'époque du premier Brumaire an VIII"[581].
Auch dieser Bericht zielte darauf, der Pariser Regierung möglichst genaue und detaillierte Informationen über die Situation der Verwaltung in den linksrheinischen Departements zu liefern. Allerdings enthielt er keine Informationen über einzelne Personen. Er ist lang und detailliert und untersucht die Justiz, die Polizei und die öffentliche Ordnung, die Verteidigung, die Finanzen, die Wälder und den Staatsbesitz, die Post, die Gebietsaufteilung, die Zölle, den Zivilstand, die Bevölkerung, die Landwirtschaft, den Handel, die Flußschiffahrt, das öffentliches Erziehungswesen, die Nationalfeiertage und kulturellen Ansichten, die öffentliche Gesinnung und gemeinnützige Werke. Im Rahmen dieser Arbeit sollen lediglich die Abschnitte, die den juristischen Bereich behandeln sowie die allgemeine Verwaltung und die öffentliche Gesinnung eingehender betrachtet werden.
Nachdem *Shée* im Vormonat sein Amt als Generalkommissar in den vier linksrheinischen Departements niedergelegt hatte, da er zum Mitglied des "Conseil d'État" ernannt worden war, hielt er es für angebracht, die französische Regierung darüber in Kenntnis zu setzen, in welchem Zustand er diese Gebiete zurückgelassen habe - und dies gerade zu der Zeit, in der sie sich Paris

580 S. darüber Teil II, Kap. IV, Nr. 5c.
581 AN Paris, F_{1e} 43, Nr. 405.

für die vollständige Assimilierung dieser Gebiete an Frankreich entschlossen hatte.
Nachdem nun die Verwaltung der ausschließlichen Zuständigkeit des Justizministers entzogen war, war jeder Verwaltungszweig direkt dem jeweiligen Minister in Paris gegenüber verantwortlich.
In juristischer Hinsicht behielt der Generalkommissar weiterhin die wichtige Kompetenz, die im französischen Inland ausgegebenen Gesetze in Form von Verordnungen in einem dafür vorgesehenen "Recueil" zu veröffentlichen. Ohne dieses Verfahren erhielten die französischen Gesetze in den linksrheinischen Departements keine Gesetzeskraft. Der Generalkommissar konnte weiter die bereits in den belgischen Departements geltenden Gesetze veröffentlichen. Des weiteren hatte er die Befugnis, diese Gesetze je nach Lage vor Ort abzuändern oder ihnen Dekrete und Hinweise anzufügen, sollte dadurch die Durchführung erleichtert werden. *Shée* schlug als nützliches und wirtschaftliches Verfahren vor, in jeder der vier Departementspräfekturen ein Amtsblatt ("journal officiel") einzurichten, das über Abonnement in die Gemeinden gelangen und außer der eigentlichen Gesetzgebung die Rundschreiben und Maßnahmen der Verwaltung enthalten sollte, deren Kenntnisnahme durch die Öffentlichkeit nicht nur nützlich sei, sondern auch zur Ausbildung des "esprit public" beitragen könne.
Hinsichtlich der Justizorganisation merkte *Shée* an, die Regierung habe die Gerichte bereits gemäß des innerfranzösischen Modells organisiert. Offensichtlich bezog *Shée* sich dabei auf das bereits bekannte "Règlement sur l'ordre judiciaire" vom 4. Pluviôse an VI[582]. Aus diesem Grund hatte man es auch nicht für angebracht gehalten, in der Justizreform fortzuschreiten. Einzige und zudem wichtige Besonderheit gegenüber den anderen Departements sei das Revisionsgericht mit Sitz in Trier, das mittels Regierungsbeschluß am 21. Fructidor an VII (7. September 1799) eingerichtet worden sei und Kassationskompetenzen analog denen des innerfranzösischen Kassationsgerichts habe[583]. Allerdings fragte sich *Shée*, ob es nicht trotz dieses Aufschubs der Reform der gerichtlichen Organisation angebracht sei, auch den linksrheinischen Richter den Status der Unversetzbarkeit zukommen zu lassen, der ja den innerfranzösischen Richtern bereits seit einem Jahr (mit der Verfassung des Jahres VIII) zustehe[584].
Die mit der Auswahl des geeigneten Gerichtspersonals einhergehenden Schwierigkeiten sollten weiter bestehen bleiben, da es sich als notwendig er-

582 Ebenda, gedruckte Seiten Nr. 1-3; über das "Règlement sur l'ordre judicaire" vom 4. Pluviôse an VI siehe Kapitel I, Nr. 4g.
583 AN Paris, F_{Ie} 43, Nr. 405, S. 4.
584 Ebenda.

wiesen hatte, einen Großteil der noch dem ehemaligen "ancien régime" zugetanen Beamten trotz ihres guten Willens und ihrer Begabung aus der Justizverwaltung zu entfernen[585]. Bemerkenswert ist hierbei der abweichende Standpunkt *Shées* von demjenigen *Papés*. Während letzterer diese Entlassungen als "Fehler" der Regierung betrachtete, war dieses Vorgehen nach dem Dafürhalten *Shées* aus Gründen der Sicherheit und öffentlichen Ordnung notwendig. Eine wichtige "Filterfunktion" habe allerdings das Revisionsgericht ausgeübt, indem es über Loyalität und Moralität der Richter in den vier Departements gewacht habe. Diese Funktion erachtete *Shée* als ganz wesentlich. Ohne die Überwachung durch das Revisionsgerichts, das sich zum größten Teil aus in Frankreich geborenen Richtern zusammensetzte, wäre es nie gelungen, der Unparteilichkeit, dem Respekt und der Bedeutung, die den Prinzipien "de la jurisprudence et de la législation française" zukomme, zum Sieg zu verhelfen[586].
Nach Meinung *Shées* war eine lediglich aus Bewohnern der linksrheinischen Departements zusammengesetzte Justizverwaltung - was die Einhaltung der republikanischen Gesetze anbelangte - wenig zuverlässig. Dies sei durch die von den Geschworenen während ihrer Amtsausübung begangene Fehler bewiesen. Trotz ihrer offenen Haltung hielten einheimische Justizbeamte die Zeit, sich mit dem Studium der französischen Gesetze und Bräuche zu beschäftigen, noch für verfrüht. Die Justiz sollte daher für eine bestimmte Zeit - so Shée - noch unter dem Schutz Innerfrankreichs stehen. Auch sei es, um Verzögerungen zu vermeiden, erforderlich, die Vereinigung der linksrheinischen Gebiete mit Frankreich feierlich mit einem Friedensvertrag zu sanktionieren[587].
Der Generalkommissar hatte in der Vergangenheit sehr sorgfältig über das Verhalten der Richter gewacht, sei es, um sie innerhalb der Grenzen ihrer zugewiesenen Bereiche zu halten, sei es, um sie zur Erfüllung ihrer Pflichten zu zwingen. Sicherlich gab es dabei nicht wenige Probleme. Von den Regelwidrigkeiten bei den halbjährlichen Versetzungen ("mouvements") der Richter bis hin zu den Erpressungen und Pflichtverletzungen, die - fehlten auch in einzelnen Fällen Beweise - das Ansehen der Justiz gefährdeten. Der Generalkommissar sah sich so - und dies habe auch schon für seine Vorgänger gegolten - mit der Notwendigkeit konfrontiert, Gegenmittel finden zu müssen. *Shée* ging aber nicht so weit, Amtsenthebungen oder Suspendierungen der Verantwortli-

---

585 Ebenda.
586 Ebenda.
587 Ebenda, S. 4-5.

chen vorzunehmen, es sei denn, ein solches wurde ausdrücklich von Regierungsseite her angeordnet.
Keine Skrupel hatte er jedoch bei der Entlassung von Friedensrichtern, da deren Ernennung ausschließlich in den Kompetenzbereich des Kommissars fiel, der wiederum als einziger die Ernennung widerrufen konnte, "lorsque le bien du service l'exigeait"[588]. Jedenfalls war stets eine aktive Überwachung der Tätigkeit der Friedensrichter vonnöten. Sie fiel seit dem Gesetz vom 27. Ventôse an VIII (18. März 1800) in den Zuständigkeitsbereich der Beigeordneten ("adjoints") der Bürgermeister bei den Stadtverwaltungen und nicht mehr, wie es vorher der Fall gewesen war, in die Zuständigkeit der Kommissare des Direktoriums der Kantone.
Nach wie vor bestand nach Meinung *Shées* jedoch das Problem der mangelhaften juristischen Kenntnisse der örtlichen Verwaltungsbeamten, die so nur schwer eine Kontrollfunktion über gerichtliche Organe ausüben könnten - auch wenn es sich bei den Kontrollierten, den Friedensrichtern, nur um eine untere Instanz handele. *Shée* empfahl deshalb, eine Weisung zu veröffentlichen, die den Beigeordneten detailliert ihre zugewiesenen Ämter beschreibe und sie dazu verpflichte, regelmäßig mit den Kommissaren der Zuchtpolizeigerichte zu korrespondieren, um von dort Verhaltensmaßregeln und Hilfe in besonders schwierigen Fällen zu erhalten[589].
Eine andere Aufgabe des Generalkommissars von vorrangiger Bedeutung sei - so *Shée* - die Auslegung der Gesetze sowie die Ausübung der gerichtlichen Funktionen (man denke dabei nur an die unermüdliche Tätigkeit *Rudlers* in diesem Bereich!). Selbst der Justizminister pflegte den Großteil der ihm unterbreiteten Zweifelsfragen an den Kommissar weiterzuleiten.
Bei der damaligen zivil- und strafrechtlichen Gesetzgebung, die in den linksrheinischen Departements in Kraft war, handelte es sich um die gleiche, wie sie vor dem 18. Brumaire in den belgischen Departements eingeführt worden war. Die Gesetze, Gewohnheiten, Statute und lokalen Bräuche blieben in Kraft, es sei denn, sie würden durch neuen französischen Gesetzen und Vorschriften abgeschafft. Allerdings seien diese neue Gesetzesentwürfe - so *Shée* weiter - überaus umfangreich, da davon auch die Abschaffung der Feudalrechte, der Zivilstand, Handelsverträge, das Hypothekenwesen, Zwangsenteignungen, die Pflichten der Tutoren und Kuratoren sowie Nachfolge- und Testamentsverordnungen betroffen würden[590].

588 Ebenda, S. 5.
589 Ebenda, S. 5-6.
590 Ebenda, S. 6.

Shée bestätigte dennoch das Bild einer sich über Jahre hinweg schleppenden, schrittweisen und nur bruchstückhaften Ersetzung des in den linksrheinischen Ländern bestehenden (römischen und statutarischen) Rechts durch das französischen Zivilrecht. Erst mit der Verkündigung des "Code civil" am 30. März 1804 kann - zumindest theoretisch - von einer vollständigen Ersetzung gesprochen werden. Aber auch nach diesem Datum sollten in der gerichtlichen Praxis offensichtliche und beredte Spuren einer verlängerten, parallelen Anwendung des linksrheinischen Gesetzes sichtbar bleiben. Oftmals wurde dieses partikulare Recht unter dem für die bestehende Justizordnung scheinbar neutralen und weniger gefährlichen Deckmantels des "allgemeinen Grundsatzes" oder der "Rechtsmaxime" weiterhin angewandt[591].

Shée schloß seinen Überblick über die Justizverwaltung mit der Frage, ob es nicht nützlicher sei, wenn von nun an die Gerichte und die Regierungskommissare an diesen Gerichten direkt mit dem Justizminister statt mit dem Generalkommissar korrespondierten. Diese Neuerung würde den Assimilierungprozeß an Frankreich in nicht unerheblichem Maße voran bringen[592].

Zur Polizei ("police générale") und zur öffentlichen Ordnung merkte *Shée* an, das der in den linksrheinischen Departements geltende Stand der Gesetzgebung vollständig an den innerfranzösischen assimiliert sei. Allerdings gehe dies mit einigen Schwierigkeiten in einzelnen Bereichen einher. So werde beispielsweise bei den Stadtverwaltungen der Grenzortschaften die Praxis beibehalten, die Pässe von aus Deutschland oder Holland stammenden Ausländern für das Visum direkt an den Generalkommissar weiterzuleiten und nicht an den Pariser Polizeiminister, der seit der erst kürzlich erfolgten Verwaltungsreform in den vier linksrheinischen Departements eigentlich dafür zuständig sei. Viele Ausländer ließen außerdem in der Annahme, diese Gebiete seien noch dem Militär unterstellt, die Pässe von Militärbehörden und nicht von zivilen Behörden einsehen[593].

Was den Zustand des Gefängnissystems anbelangt, so bestanden weiterhin die gleichen Probleme, mit denen sich bereits *Rudler* konfrontiert sah. Darunter dominierten Häftlingsausbrüche, in nicht wenigen Fällen unter Mitwisserschaft der Gefängniswärter, die sämtlich - wenn sie überhaupt einmal vor Gericht gestellt wurden - von den Geschworenen freigesprochen wurden. *Shée* empfahl daher eine sorgfältigere Überwachung der Auswahl des Gefängnispersonals sowie der internen Organisation der Gefängnisse durch die nunmehr in Gefängnisangelegenheiten zuständigen Präfekten. So sollten die Häftlinge nicht

---

591 Siehe dazu z. B. die Rechtsprechung des 1802 gegründeten Appellationsgerichts Trier in: *A. Grilli*, "Das linksrheinische Partikularrecht..." (1994).

592 AN Paris, F_{1e} 43, Nr. 405, S. 7.

593 Ebenda, S. 10.

nur nach Geschlechtern, sondern auch nach definitiv zu entehrenden Strafen Verurteilten und nach Untersuchungshäftlingen getrennt werden, was bislang generell unbeachtet geblieben sei[594].
Zwar seien das Gesetz vom 28. Pluviôse an VIII und die folgenden Konsularbeschlüsse hinsichtlich der Reform des Verwaltungssystems in den linksrheinischen Departements rechtswirksam geworden, so daß zur Vervollständigung der Verwaltungsreform nur noch die Mitglieder der allgemeinen Departementsräte und die Bürgermeister der Städte mit mehr als 5.000 Einwohnern zu ernennen gewesen wären. Keine Wirksamkeit in den neuen Departements entfalte jedoch die Verfassung des Jahres VIII, die seit dem 25. September 1799 im französischen Inland in Kraft sei. Die Generalkommissare hätten sie zwar veröffentlichen lassen, jedoch nur "par forme d'instruction" (d.h. ohne verbindlichen Charakter). Außerdem sei verfügt worden, daß die Vorschriften dieser Verfassung erst dann verbindlich würden, wenn sie von ausführenden Verordnungen ausdrücklich als verbindlich erklärt worden seien. Es könne somit keiner der Artikel der Verfassung des Jahres VIII als verbindlich betrachtet oder erklärt werden[595].
Die Gebietsaufteilung in Departements sei seit den Zeiten *Rudlers* unverändert geblieben. Im Hinblick auf eine künftige, eventuelle Justizreform könnten aber bei der Errichtung neuer Gerichte erster Instanz in den Hauptstädten der Arrondissements Schwierigkeiten auftreten. Auch bei der territorialen Ausdehnung der Kantone stünden Berichtigungen an, was in den Zuständigkeitsbereich der Friedensrichter falle. Es gebe nämlich Kantone, die zu anderen Arrondissements oder Departements gehörende Territorien zu ihrem Gebiet zählten.
Das fehlende Gültigkeit der Verfassung des Jahres VIII in den linksrheinischen Departements ließ das alte Verfahren der Ernennung der Verwaltungs- und Justizbeamten durch die Regierung mittels der Unterstützung des Generalkommissars weiterbestehen. *Shée* merkte an, es sei wahrscheinlich, daß dieses System - sofern es nicht reformiert werden sollte - auch auf die Justiz im Falle einer Reformierung der Gerichtsverfassung angewendet werde[596]. In diesem Falle sei es jedoch angebracht, Vorsichtsmaßnahmen zum Schutz derjenigen Beamten zu treffen, die ersetzt und damit arbeitslos würden. Blieben sie nämlich auf sich allein gestellt in einem Land, in dem sie noch als Fremde gälten, sähen sie sich den "efforts des cabales qui chercheront à les en éliminer" ausgesetzt[597]. Was *Shée* den Konsuln wärmstens ans Herz zu legen scheint, ist

594 Ebenda, S. 13-14.
595 Ebenda, S. 32.
596 Ebenda, S. 33.
597 Ebenda.

eine rasche Neuanstellung der in den linksrheinischen Departements ersetzten Verwaltungs- und Justizbeamten an einem anderen Ort. Auf diese Weise sollte wohl vermieden werden, daß sich in einem Land, in dem sich der "esprit public" noch nicht konsolidiert hatte, Haßgefühle ausbildeten.
Dem "esprit public" widmete *Shée* denn auch die letzten Seiten seines umfangreichen Berichts. Bei den meisten Rheinländern herrsche noch immer Angst vor einem Krieg oder der möglichen Rückkehr eines der alten Herrscher, die mit der Ankunft der Franzosen entmachtet worden waren. Das Desinteresse gegenüber Frankreich sei jedoch auch auf andere Weise erklärbar. In erster Linie seien die den Bewohnern auferlegten Abgaben unter dem "ancien régime" weitaus weniger belastend gewesen, als es die französischen Gesetze vorsahen. Darüber hinaus sei die Bevölkerung von der feindlichen Haltung des Klerus beeinflußt, der den Verlust aller Güter befürchtete, und dies in einem Land, in dem Religiosität eine bedeutende Rolle spielte. Bis zum jetzigen Zeitpunkt sei es notwendig und unabdingbar, das linksrheinische Verwaltungs- und Justizleben zu überwachen, auch wenn es - wie *Shée* zugibt - nicht wenige links des Rheins geborene Beamte gebe, die durchaus wertvolle Arbeit leisteten und auch über gute Kenntnisse der Sprache und der örtlichen Gepflogenheiten verfügten[598].
Shées ausführliche Abhandlung über die "situation de l'administration civile dans les quatre nouveaux Départements" ist eine Quelle von herausragender Bedeutung. Sie enthält erschöpfende Informationen und besticht durch detaillgetreue Wiedergabe, da der Verfasser eine der am besten informierten Personen über die Lage der linksrheinischen Departements war. Es sind hier sehr viel mehr Informationen als im Bericht *Papés* enthalten, der sich auf Beurteilungen von einzelnen Beamten beschränkte. *Shées* Bericht ist unparteiischer und weniger antijakobinisch verfärbt als jener und enthält - eine sehr wichtige Tatsache - erstmals Andeutungen über eine eventuelle, mehr oder weniger imminente, Reform der Justizverwaltung, eine Reform, die bis zu diesem Zeitpunkt nicht nur wegen technischer Probleme undurchführbar war sondern auch, weil die innovative Verfassung des Jahres VIII[599] in den Gebieten am linken Rheinufer noch nicht rechtswirksam war.

---

598 Ebenda, S. 40.

599 Diese sah in den Art. 60-68 ein anderes Schema zur Struktur der Gerichte vor als die Verfassung des Jahres III. Siehe weiter unten, Nr. 4e.

g) Jollivets Schreiben an Abrial: in Sitten und Gebräuchen wurzelnde Faktoren hemmen die Assimilation

Jollivet schrieb am 13. Frimaire an IX (4. Dezember 1800) an Innenminister *Abrial*. Er setzte ihn dabei über die relativ verbreitete Praxis in Kenntnis, nach der Präfekten und örtliche Verwaltungen unter Nichtbeachtung des Konsularbeschlusses vom 22. Fructidor (der die Assimilierung der vier linksrheinischen Departements an die innerfranzösischen vorsah)[600] verführen. Sie korrespondierten direkt mit dem zuständigen Minister in Paris, anstatt - wie es das Gesetz vorschreibe - den Generalkommissar einzuschalten[601].
Jollivet merkte an, er wünsche nichts mehr als eine Angleichung an Frankreich, doch sei dies nur mit der Zeit möglich, da sich die linksrheinischen Gebiete noch immer in erheblichem Maß in den örtlichen Gegebenheiten, den Sitten, Bräuchen und in ihrer Sprache vom Mutterland unterschieden. Es sei noch keine Enteignung der Nationalgüter erfolgt, es werde ein anderes System im öffentlichen Erziehungswesen verwendet, außerdem bestehe eine ständige Präsenz des Heerse. Das Bedürfnis nach "uniformité" im Verhalten der Administration veranlaßte *Jollivet* sodann dazu, den Minister zu bitten, die Beamten dieser Departements an den Wortlaut des Erlasses vom 22. Fructidor zu erinnern. In Paris sollte *Jollivets* Ersuchen mit einem Rundschreiben angenommen werden, das an die Präfekte der vier Departements adressiert wurde und das Datum des 6. Nivôse an IX (27. Dezember 1800)[602] trug.

h) Offizielle Eingliederung der Rheinlande

Jollivet leitete am 21. Germinal an IX (11. April 1801) ein Exemplar des "Bulletin des Règlements publiés dans les quatre Départements de la rive gauche du Rhin", Nr. 48, an den Innenminister weiter. Darin war das Gesetz vom 18. Ventôse an IX (3. März 1801) enthalten, nach dem die Departements Roër, Saar, Rhein und Mosel und Donnersberg offiziell nach Frankreich eingegliedert ("partie intégrante du territoire français")[603] wurden. Dieses Gesetz stellte

600 AN Paris, F_{1e} 44, Nr. 14.

601 AN Paris, F_{1e} 43. Der Text des Konsularbeschlusses 22. Fructidor an VIII lautete hierzu, daß "(...) l'attribution exclusive de l'administration des quatre départements au Ministre de la Justice cessera d'avoir lieu. Les préfets correspondent directement avec le Commissaire général, qui correspondra avec les différents ministres, chacun dans ses attributions".

602 AN Paris, F_{1e} 44, Nr. 12.

603 AN Paris, F_{1e} 43, Nr. 408 (Begleitbrief von *Jollivet*); AN Paris, F_{1e} 43, 409 ("Bulletin des Règlements et arrêtés publiés pendant l'an IX par le commissaire général du gouvernement dans les quatre Départements de la rive gauche du Rhin", Nr. 48).

auf innerfranzösischer Ebene die Übernahme der einen Monat zuvor (9. Februar 1801) ergangenen Bestimmungen des Vertrags von Lunéville dar, mit dem *Franz von Österreich* im Namen des Heiligen Römischen Reiches offiziell die Gebiete am linken Rheinufer an Frankreich abgetreten hatte. Auf diese Weise wurde nach wenigen Monaten die von *Shée* aufs heftigste herbeigesehnte Tat vollbracht, von der er glaubte, daß mit ihr Vertrauen in die neue Regierung geweckt sowie Ruhe in die linksrheinischen Bezirke zurückkehren sollte.

4. Die Anwendung der Verfassung vom Jahr VIII im Rheinland als Rahmen für die Justizreform (Mai - Juli 1802)

a) Optimismus über die endgültige Angleichung an Frankreich

In einem Bericht des Innenministers an die Konsuln der Republik vom Prairial an X (Mai 1802) wurde anheim gestellt, die Verfassung des Jahres VIII in den linksrheinischen Departements rechtskräftig werden zu lassen. Dies sei die logische Konsequenz der überaus umfangreichen Reihe von bereits rechtskräftigen gesetzlichen Bestimmungen und insbesondere des Dekrets vom 22. Fructidor an VIII und des Gesetztes vom 18. Ventôse an IX[604]. Das von der linksrheinischen Bevölkerung gezeigte Verhalten seit ihrer Vereinigung mit Frankreich, das Gefühl der Verbundenheit gegenüber der Regierung und der Wunsch, in den Genuß der Vorzüge der neuen Verfassung zu kommen[605], ließen den Zeitpunkt für das Inkrafttreten der Verfassung des Jahres VIII auch für die neuen Departements günstig erscheinen[606].
Der einzige, noch relevante Unterschied - so der Innenminister - bestehe darin, daß die linksrheinischen Departements noch der Überwachung durch einen Generalkommissars unterstünden, der das eigentliche Verbindungsglied zur Regierung darstelle. Dieses Amt habe aber keine Daseinsberechtigung mehr und müsse abgeschafft werden, sobald die neue Verfassung in Kraft und damit der Assimilierungsprozeß abgeschlossen sei.
Auch für den Innenminister schien das Inkrafttreten der Verfassung des Jahres VIII eine unabdingbare Voraussetzung für eine Justizreform zu sein, da zu den

604 AN Paris, F_{1e} 43, Nr. 106.

605 Hier schlägt der Bericht einen eindeutig optimistischen Grundton an, der sich sehr wohl von dem unterscheidet, was Kommissar *Jollivet* knapp anderthalb Jahre zuvor berichtet hatte (siehe oben, Nr. 4g), als er auf die noch immer bestehenden grundlegenden Unterschiede zwischen Frankreich und den linksrheinischen Territorien hinwies.

606 AN Paris, F_{1e} 43, Nr. 106.

noch nicht rechtskräftigen Verfassungsvorschriften all diejenigen zählten, die die Ernennung der Friedensrichter und die Organisation der Gerichte beträfen[607].

b) Innenminister Chaptal besteht auf dem Inkrafttreten der Verfassung

In einem neuen Rapport des Innenministers an die Konsuln vom 22. Prairial an X (11. Juni 1802) wurden die Vorteile des Inkrafttretens der Verfassung des Jahres VIII bekräftigt. Der Innenminister verwies auf die von ihm zuvor schon angesprochenen Kriterien und auf den Wunsch der linksrheinischen Bevölkerung, wie das übrige Frankreich regiert zu werden. Dies werde unter anderem durch den in der Sitzung des "Conseil Général" des Departements Roër im Jahre IX[608] geäußerten Wunsch bezeugt. Des weiteren wurde den Konsuln ein in Artikeln abgefaßtes "projet d'arrêté" vorgelegt. In Art. 1 war das Inkrafttreten der Verfassung des Jahres VIII ab dem "1. Vendémiaire prochain" (23. September 1802) festgelegt. Art. 2 sah die Aufhebung des Amtes des Generalkommissars ab demselben Datum vor[609].

c) Zusammenhänge zwischen Verfassung und Justizreform

Aus einem Briefwechsel zwischen dem Innen- und dem Justizminister vom 23. Prairial an X (12. Juni 1802) wird ein sehr enger Zusammenhang zwischen dem Inkrafttreten der Verfassung des Jahres VIII in den linksrheinischen Departements und der Reform der Justizorganisation erkennbar. Die Regierung in Paris erachtete ersteres als Voraussetzung für die Durchführung des letzteren. Im ersten Brief des Innenministers an den Justizminister heißt es, die Konsuln hielten das Inkrafttreten der Verfassung in den vier Departements am folgenden 1. Vendémiaire (23. September) für möglich und wünschenswert. *Abrial* wurde deshalb vom Ersten Konsul durch Vermittlung des Innenministers damit beauftragt, schnellstmöglich einen Plan zur "organisation constitutionnelle de tous les tribunaux dans ces départements" zu erarbeiten, damit die neuen Gerichtsbehörden zum oben genannten Datum in Funktion treten könnten[610]. *Abrial* antwortete seinerseits dem Minister, er habe bereits seit mehr als zwei Monaten einen solchen Plan bereitliegen und diesen Plan auch dem "Conseil d'État" zur Besprechung und Durchsicht vorgelegt[611].

---

607 Ebenda.
608 AN Paris, F_{1e} 43, Nr. 98.
609 Ebenda.
610 AN Paris, F_{1e} 43, Nr. 105.
611 AN Paris, F_{1e} 43, Nr. 104.

Es ist anzunehmen, daß sich *Abrial* bei seiner Arbeit die gründliche Kenntnis, die das Justizministerium von den linksrheinischen Departements hatte, zunutze gemacht hat. Schließlich war dieses Ministerium über Jahre hinweg die einzig zuständige Instanz der Zentralregierung für die Verwaltung und die Leitung des öffentlichen Lebens.

d) Die Verfassung vom Jahr VIII tritt für das Rheinland uneingeschränkt in Kraft; der Generalkommissars stellt seine Tätigkeit ein; das Rheinland verliert jede konstitutionelle Besonderheit; die Justiz darf reformiert werden

Am 16. Messidor an X (5. Juli 1802) leitete Innenminister *Chaptal* an Generalkommissar *André Jeanbon Saint'André* (seit dem 20. Dezember des Vorjahres im Amt) den Konsularbeschluß vom 11. des Vormonats (30. Juni) weiter. In Art. 1 dieses Beschlusses war das Inkrafttreten der Verfassung des Jahres VIII in den linksrheinischen Departements vom folgenden 1. Vendémiaire (23. September) an festgesetzt, ebenso wie das gleichzeitige Ende der besonderen Befugnisse des Generalkommissars. Dieser sollte jedoch weiterhin das Amt des Präfekten ausüben (Art. 4). Das Verfahren zum Inkrafttreten der Gesetze, Dekrete und anderer Bestimmungen im Rheinland war nun in gleiche Weise geregelt wie in den innerfranzösischen Departements. Art. 7 des Dekrets verschob die Entscheidung darüber, welche in Frankreich bereits geltenden Gesetze der Republik auch in den linksrheinischen Departements in Kraft treten sollten, auf weitere Beschlüsse[612].

e) Wichtige Vorschriften der Verfassung vom Jahr VIII zur Justiz

Mit dem Dekret vom 11. Messidor an X konnte der langwierige Assimilierungsprozeß der Verwaltung der Gebiete am linken Rheinufer an Frankreich als abgeschlossen betrachtet werden. Nunmehr konnte die Neuordnung der Justizorganisation in Angriff genommen werden. Was den Zuständigkeitsbereich der Friedensrichter betraf, so übernahm die Verfassung des Jahres VIII in Art. 60 den Wortlaut des Art. 212 der vorhergehenden Verfassung (kommunales "arrondissement"). Zum Zuständigkeitsbereich und die Organisation der Zivilgerichte erster Instanz und der Berufungsgerichte verwies Art. 61 auf das geltende Recht. Dies hatte in den linksrheinischen Departements nicht nur eine Vermehrung der Zivilgerichte erster Instanz[613], sondern auch die Schaffung

612 AN Paris, F_{1e} 43, Nr. 95 (Begleitbrief an *Jeanbon Saint'André*); AN Paris, F_{1e} 43, Nr. 96 (Text des Beschlusses).

613 Es gab jetzt nicht mehr nur ausschließlich ein Zivilgericht erster Instanz für jedes Departement, wie es in der vorhergehenden Verfassung festgelegt worden war.

von eigentlichen Berufungsgerichten anstelle des Trierer Revisionsgerichtes zur Folge, das mit Art. 65 jegliche Daseinsberechtigung verlor, da es für die gesamte Republik einen Kassationshof in Paris gab.
Hinsichtlich der Neuordnung der Kriminaljustiz und der Kompetenzen der Geschworenen waren keine Änderungen vorgesehen. Dagegen faßte Art. 63 die Ämter des öffentlichen Anklägers und des Regierungskommissars bei den Kriminalgerichten zusammen[614]. Der Regierungskommissar behielt somit seine besonderen Kompetenzen hinsichtlich der Kontrollfunktion und Rechtmäßigkeitsüberprüfung der Arbeit des Gerichts, an dem er seine Tätigkeit ausübte. Er erhielt zudem noch die Kompetenz der Verfahrenseinleitung bei Strafsachen.
Schließlich sind die Bestimmungen des Art. 67[615] sowie des Art. 68 von Bedeutung. Art. 80 garantierte den Richtern - mit Ausnahme der Friedensrichter - die Unversetzbarkeit ("conservent leurs fonctions toute leur vie"), sofern sie sich keinen Amtsmißbrauch ("forfaiture") hatten zuschulden kommen lassen und in der entsprechenden Liste eingeschrieben waren[616].

---

614 *Les Constitutions*, S. 158: "La fonction d'accusateur public près un tribunal criminel est remplie par le commissaire du gouvernement."

615 Die Richter der Gerichte erster Instanz, die Regierungskommissare und die Berufungsrichter wurden in eigens zu diesem Zweck von den Präfekten erstellten Kommunal- oder Departementslisten, den sogenannten "listes de notabilité" zusammengefaßt, während die Berufungsrichter und die an Berufungsgerichten tätigen Kommissare in einer nationalen "liste de notabilité" erschienen. Ebenda, S. 158-159.

616 Ebenda, S. 159.

Kapitel III: Die Vorbereitung der Justizreform

1. Einleitung

Nach der Einführung der Verfassung des Jahres VIII am linken Rheinufer war nicht mehr das "wann", sondern das fachliche "wie" der Justizreform umstritten. Es ging jetzt um eine mögliche Änderung der bestehenden Gerichtsbezirke, die Auswahl von geeignetem Personal und die Zweckmäßigkeit der Einführung des Prinzips der Unversetzbarkeit der Richter auch im Rheinland.
Über solche Fragen entwickelte sich 1801 zwischen den französischen Behörden in Paris und in Mainz eine regelrechte Debatte über den "besseren" Weg der Justizreform der Rheinlande nach französischer Art.
Wie hier zu zeigen sein wird, wurden nach Abschluß dieser Debatte (September 1802) die Bezirke nicht wesentlich geändert. Man drängte aber weiter auf Informationen über geeignete und qualifizierte Kandidaten für die neue Justiz. Das neue Justizpersonal sollte beider Sprachen mächtig sein, die alte und die französische Gesetzgebung kennen und der Regierung gegenüber loyal sein.
In diesem Kapitel sollen dargestellt werden:
a) Die zwei Berichte des Generalkommissars *Jollivet* an den Justizminister vom 13. Juni und 10. Juli 1801,
b) der Bericht von *Locré* an den Justizminister vom 1. September 1802,
c) die Korrespondenz zwischen dem Generalkommissar *Jeanbon Saint'André* und Paris von April/Mai 1802,
d) die Stellungnahmen aus dem Saar-Departement zur Justizreform (Mai 1802) und
e) das Schreiben von *Jeanbon Saint'André* nach Paris vom 1. September 1802.

2. Die Auseinandersetzung mit der Justizorganisation: die Stellungnahmen von Jollivet und Locré

a) Jollivets Vorschlag: Aufhebung des Rhein-Mosel-Departements und Beibehaltung des Trierer Revisionsgerichts

Ein grundlegendes Dokument stellt das lange und ausführliche Schreiben des "conseiller d'état" *Jollivet* vom 24. Prairial an IX (13. Juni 1801) dar, der vom 22. September 1800 bis zum 20. Dezember 1801[617] das Amt des General-

617 Siehe Kap. I, Nr. 1a.

kommissars der Regierung in den vier neuen Departements innehatte. Es war an Justizminister *Abrial* adressiert[618].
Abrial hatte sich mit einer Reihe von Problemen an *Jollivet* gewandt, deren Lösung Voraussetzung für jedwede effiziente Neuorganisation der Justiz sei. Im einzelnen waren dies Fragen zur generellen Art und Weise der Neuorganisation, zur Anzahl der erforderlichen Appellationsgerichte und ihrer Unterbringung, zur Anzahl der Kriminalgerichte und ihrer Unterbringung sowie zur Anzahl der Gerichte erster Instanz und deren Unterbringung[619]. Nach *Jollivets* Dafürhalten hing die Antwort auf diese wichtigen Fragen zunächst davon ab, ob die damaligen Gebietsbegrenzungen der vier Departements beibehalten werden sollten oder ob eine Reduzierung der Anzahl der Departements auf drei erforderlich sei. Zudem müsse geklärt werden, ob man den ortsansässigen Richtern schon mit dem Inkrafttreten der Verfassung des Jahres VIII die Unversetzbarkeit zuzugestehen könne, ohne eine Gefahr für die öffentliche Sache befürchten zu müssen[620].
Zum ersten Punkt schlug *Jollivet* eine grundlegende Änderung der Gebietsaufteilung vor. Die Hauptstädte der Departements befänden sich zu nah im Grenzgebiet und Teilgebiete ihrer Territorien seien von den belgischen Departements "eingeklemmt", wodurch eine ungünstige Situation sowohl für die Verwalteten, als auch für die Verwaltung und die Staatskasse entstanden sei. *Jollivet* propagierte daher eine Verminderung der Anzahl der Departements auf drei (dabei sollte das Departement Rhein und Mosel aufgelöst werden) und die Festlegung vernünftigerer Grenzlinien mit den belgischen Departements, die die natürlichen geographischen Demarkationslinien (Flußläufe und Berge) berücksichtigten.
Diesen Plan legte Kommissar *Jollivet* seinem Schreiben zur territorialen Aufteilung bei. Dieser Entwurf sollte nach seiner Meinung dann Gegenstand eines Gesetzentwurfs werden, der zu Beginn der Sitzung des Jahres X dem "Corps législatif" gemäß dem Wortlaut des Art. 2 des Gesetzes vom 18. Ventôse an VIII vorzulegen sei. Diese Norm sah nämlich vor, daß im Laufe des Jahres X eine definitive Aufteilung der Gebiete der linksrheinischen Departements und deren kommunaler Arrondissements festzulegen sei[621]. Welchen Verlauf die Dinge auch nehmen sollten, so *Jollivet*, ob nun sein Vorschlag von der Regierung angenommen werde oder aber, ob beschlossen werde, alles beim alten zu lassen, so könne die Neuorganisation der Justiz in den linksrheinischen De-

618 AN Paris, BB^5 255.
619 Ebenda.
620 Ebenda.
621 Ebenda. Der Text des Gesetzes 18. Ventôse an VIII (9. März 1800) ist abgedruckt in *Bormann/Daniels*, IV, S. 225.

partements doch erst dann als abgeschlossen betrachtet werden, wenn ein definitives Gesetz zur Gebietsaufteilung, "promise par celle du 18. Ventôse précitée"[622], erlassen sei.

Jollivet erklärte auch, warum in seinen Augen die Gebietsaufteilung im Rahmen der geplanten Justizreform die erforderliche Priorität erhalten sollte. Nach Ansicht sowohl der Bürger als auch der Beamten könne ohne eine Gebietsreform die Justizreform nicht auf einer hinreichen stabilen Grundlage stehen, welche von Anfang an unerläßlich sei. Die Auswahl der neuen Richter würde indes nicht negativ davon beeinflußt werden, daß die Kandidaten bei einer Ernennung nur eine vorläufige Anstellung hätten[623].

Jollivet erklärte, daß ihm die Zeit weder dafür reif erscheine, dem Justizpersonal der Departements am linken Rheinufer die Unversetzbarkeit in der Form zu gewähren, wie sie in der Verfassung des Jahres VIII vorgesehen sei, noch dafür, das Revisionsgericht abzuschaffen, welches zur Zeit das in diesen Gebieten das Pariser Berufungsgericht ersetze. Von all den Anstrengungen, die Assimilierung der linksrheinischen Departements an die Departements Innerfrankreichs zu vollziehen, sollte die Justizorganisation die letzte sein. So sei in den Departements am linken Rheinufer bis zur Ankunft der Franzosen und der von *Rudler* eingeführten Verwaltungs- und Justizreformen die Trennung zwischen Verwaltung und Judikative unüblich gewesen, während - wie *Jollivet* behauptet - diese Trennung in Frankreich längst vor der Revolution bestanden habe. Erst *Rudler* habe im Rheinland eine solche Trennung geschaffen, indem er staatliche ("causes domaniales") und Steuerfragen betreffende Rechtssachen dem Zuständigkeitsbereich der Richter entzogen und in den Kompetenzbereich der Verwaltung übertragen habe.

Nach *Jollivets* Meinung würden die noch für auf lange Zeit weiterbestehenden lokalen Gebräuche und das Beispiel der Vergangenheit auf fatale Weise zu neuer Verwirrung und zu Kompetenzüberschneidungen führen, sollte das Revisionsgericht abgeschafft und den Richtern die Unversetzbarkeit zugestanden werden. Die Richter würden nämlich die gemäßigte Position bei der Ausübung ihres Amtes aufgeben, zu der sie aufgrund des möglichen Widerrufs ihrer Ernennung doch gehalten seien. Diese Befürchtung werde noch verstärkt durch die häufig auftretenden Kompetenzkonflikte und die Klagen "en référé" (durch einstweilige Verfügung und in letzter Instanz), die ihnen vom Revisionsgericht vorgelegt würden[624].

---

622 AN Paris, BB^5 255.

623 Ebenda.

624 Ebenda.

Die Alternative wäre eine Auflösung des Revisionsgerichts und die Gewährung der Unversetzbarkeit gewesen, wenn man dabei für Ämter in der Justiz eine größtmögliche Zahl von Personen aus Innerfrankreich ausgewählt hätte, so daß das lokale, in juristischen Angelegenheiten noch so unerfahrene Justizpersonal in der Minderzahl bliebe.
Der Kommissar optierte aus folgenden Gründen gegen diese Alternativlösung:
1) Eine derartige Maßnahme stehe in krassem Gegensatz zum Wunsch der Bevölkerung, von Richtern Recht gesprochen zu bekommen, die ihre Sprache sprächen und ihre Statuten, ihre alten Gesetze und ihre lokalen Gebräuche kannten.
2) Für einen noch langen Zeitraum (und - so läßt sich anfügen - ungeachtet des bereits erwähnten *Rudlerschen* Dekrets vom 10. Germinal an VI)[625] würden sich die Prozesse in deutscher Sprache vollziehen, ein Umstand, der deutsche Sprachkenntnisse der Richter zur unbedingten Voraussetzung für die Ausübung ihres Amtes mache.
3) Es sei schließlich unvorstellbar, daß die innerfranzösischen Departements in ausreichender Anzahl ausgebildete Personen zur Verfügung stellen könnten, die nicht nur beide Sprachen beherrschten, sondern auch über ein Vermögen verfügten, das es ihnen erlaubte, in die eroberten Gebiete überzusiedeln und Stellen anzunehmen, die wenig lukrativ seien, und zudem noch riskierten, als Eindringlinge betrachtet zu werden[626]. So gebe es nach dem Stand der Dinge laut *Jollivet* keine andere Wahl, als die, sowohl das Revisionsgericht wie auch die Widerruflichkeit des Richteramts aufrechtzuerhalten.
Was die Möglichkeit anbelangte, unter den ortsansässigen Personen für das Richteramt geeignete Kandidaten zu rekrutieren, so könne man diese ausschließlich unter zwei bestimmten Kategorien von Bürgern finden. Einerseits handele es sich dabei um die derzeitigen Richter, deren Fähigkeiten und Kenntnisse, Rechtschaffenheit und Verbundenheitsgefühl gegenüber öffentlichen Angelegenheiten bekannt und belegt seien, und andererseits um ehemalige Richter und Juristen, die in Kriegszeiten ihren Landesherren gefolgt seien, an die sie durch einen Treueid gebunden waren, der jetzt jedoch durch den Frieden von Lunéville gelöst sei. Während die erste Kategorie von Personen der Regierung stets zur Verfügung gestanden habe, treffe dies nicht in gleichem Maß für die zweite Personengruppe zu. Die Chance, sie zu neuen und treuen Dienern der Sache Frankreichs zu machen, werde aufgrund von Gerüchten, die - so *Jollivet* - vom Kurfürsten und den deutschen katholischen Fürsten in Umlauf gesetzt würden und eine Rückgabe der linksrheinischen

625 Siehe I. Teil, Kap. I, Nr. 2b.
626 AN Paris, BB^5 255.

Territorien an die früheren Landesherren als möglich darstellten, geschmälert. Dieses Gerücht sei somit das letzte Hindernis der jüngsten Vergangenheit, das sich der Justizreform am linken Rheinufer in den Weg stelle.
Jollivet empfahl deshalb, jedwede Änderung der Justizordnung auf die nächste (im Jahr X stattfindende) Sitzung des "Corps législatif" zu verschieben. Seinen Vorschlag zur Reduzierung der Anzahl der Departements legt er *Abrial* wärmstens ans Herz[627].

b) Jollivet bekräftigt seine Ansichten

Nur einen Monat später, am21. Messidor an IX (10. Juli 1801) schickte *Jollivet* erneut einen kurzen Bericht an *Abrial*, in dem er die bereits dargelegten Themen genau umriß und Punkt für Punkt ausführte. Außerdem legte er ein Aufstellung der Orte bei, in denen es im Rahmen der neuen Gebietsaufteilung am angebrachtesten erscheine, die Verwaltungs- und Justizbehörden einzurichten, sowie einen "état comparatif", in dem zunächst die derzeitigen Anzahl der Behörden mit der Anzahl der Behörden nach der Gebietsaufteilung verglichen wurde.[628].
In seinem Bericht führte *Jollivet* neue Argumente zur Unterstützung seines Vorschlags zur Gebietsaufteilung an. Die neue Aufteilung, die die Abschaffung des Departements Rhein und Mosel und dessen Eingliederung in die angrenzenden Departements Roër und Donnersberg vorsah, werde dem französischen Verteidigungssystem gegenüber Deutschland eher zugute kommen, da es ein möglichst großes Grenzgebiet einer einzigen Verwaltung unterstelle, "afin que l'autorité administrative étant plus concentrée (...) puisse donner un secours plus prompt et plus efficace au département de la Guerre"[629].
Dies sei auch für das öffentliche Staatsvermögen von Vorteil, da sich dadurch die Kosten für eine Präfektur, ein Kriminalgericht, eine Zentralschule sowie einen Generalstab einsparen ließen, d.h. mehr als 15.000 Francs jährlich. Außerdem komme dieser Entwurf den Forderungen nach einer größeren Zentralisierung der Hauptstädte des Departements und einer besseren Abgrenzung zu den belgischen Departements entgegen. *Jollivet* schlug schließlich für den Fall, daß die Regierung die Anzahl der Departements nicht reduzieren wollte, vor, dem "Corps législatif" eine rationellere Berichtigung der Grenzen dieser Departements vorzulegen[630].

---

627 Ebenda.
628 Ebenda.
629 Ebenda.
630 Ebenda.

Jollivets wollte die Hauptstädte der drei verbleibenden Departements beibehalten (Mainz für Donnersberg, Köln für das Departement Roër, Trier für das Departement Saar), das neue Berufungsgericht sollte jedoch in Koblenz eingerichtet werden. Als Standorte für die neuen Gerichte erster Instanz schlug Jollivet folgendes vor:

	Mainz	
	Dürkheim	
Donnersberg	Kirchheimbolanden	Arrondissements,
	Kreuznach	Sitz von Präfekturen
	Koblenz	
	Köln	
Roër	Bonn	Arrondissements,
	Krefeld	Sitz von Präfekturen
	Kleve	
	Trier	
Saar	Kaiserslautern	Arrondissements,
	Kusel	Sitz von Präfekturen
	Wittlich	

Zuletzt schlug *Jollivet* eine zusammenfassende Neueinteilung sowie eine numerische Reduzierung der Kantone (Bezirke der einzelnen Friedensrichter) innerhalb der drei Departements vor. Dabei sollten an das Departement Donnersberg 33 Zuteilungen, an das Departement Saar 21 Zuteilungen und an das Departement Roër 38[631] Zuteilungen erfolgen. Koblenz sollte seine Rolle als Hauptstadt des Departements Rhein und Mosel gegen die einer einfachen Arrondissements-Hauptstadt des vergrößerten Departements Donnersberg verlieren. Zum Ausgleich dafür sollte Koblenz aber Sitze des neuen Berufungsgerichts werden.
Der "état comparatif" enthielt auch einen Abriß zur Aufteilung der Bevölkerung der Departements. Die 203.891 Einwohner des Departements Rhein und Mosel sollten auf das Departement Roër (das von 314.990 auf 492.538 anwachsen würde) sowie auf das Departement Donnersberg (von 343.316 auf 379.884) verteilt werden[632].

631 Ebenda.
632 Ebenda.

Die von *Jollivet* gelieferte Dokumentation wurde kurz darauf Gegenstand eines "Rapports" *Abrials* an die Konsuln, in dem er ihnen die Pläne des Kommissars vorlegte und dabei die vorgeschlagenen Gebietsänderungen genau umriß. *Abrial* äußerte jedoch Zweifel. Er war sich einerseits unschlüssig hinsichtlich der überaus unregelmäßigen Form, die die an die linksrheinischen Departements angrenzenden Departements Meuse inférieure, Ourthe und Forêts erhalten sollten, nachdem Teile aus den linksrheinischen Departements ihren Territorien eingegliedert sein würden, und andererseits hinsichtlich der möglicherweise auftretenden Schwierigkeiten bei der Aufteilung der Kompetenzen der Friedensrichter[633].

Die Regierung nahm *Jollivets* Vorschläge nicht an, wohl nicht zuletzt aufgrund der Tatsache, daß die Zweifel des Kommissars an der Effizienz des Verteidigungssystems seit dem Inkrafttreten des Friedens von Lunéville zu diesem Zeitpunkt nicht mehr so aktuell waren wie zu Zeiten seiner Vorgänger. Vielleicht bestand auch Scheu davor, die Zuständigkeiten der Verwaltungsbehörden der Departements exzessiv auf Gebiete auszudehnen, die dadurch zu groß und zu bevölkerungsreich geworden wären. So blieben die Vorschläge *Jollivets* unbeachtet und die von *Rudler* mit Dekret vom 4. Pluviôse an VI[634] vorgenommene Gebietsaufteilung sollte bis zum Ende der französischen Präsenz am linken Rheinufer im wesentlichen unverändert bleiben.

c) Der Vorschlag Locrés und Abrials: die Vergrößerung des Rhein-Mosel-Departements als Voraussetzung der Reform

Dennoch gab es auch in der Folgezeit weitere Vorschläge zu einer anderen Gebietsaufteilung im Interesse einer rationelleren Justizverwaltung. So übermittelte beispielsweise einen Tag nach der Justizreform in den linksrheinischen Departements (1. September 1802) *Jean Guillaume Locré*, Generalsekretär des "Conseil d'État", den Konsuln einen Vorschlag von Justizminister *Abrial*, in dem eine neue Gebietsaufteilung vorgeschlagen wurde (die allerdings weniger radikal war als diejenige *Jollivets*). Beide waren der Auffassung, die Justizreform sei das geeignete Mittel, alte Erinnerungen und das Herbeisehnen des "ancien régime" auszulöschen. Die neue Gebietsaufteilung sollte darin bestehen, dem Departement Rhein und Mosel dasjenige Gebiet zuzuschlagen, das dem Zuständigkeitsbereich des Kölner Zuchtpolizeigerichts entspreche. Dieses Gebiet habe bisher zum Departement Roër gehört.

633 Ebenda.

634 Siehe I. Teil, Kap. I, Nr. 2b.

Locré und *Abrial* wählten somit im Vergleich zu *Jollivet* den genau entgegengesetzten Weg: Sie schlugen eine Vergrößerung des Departements Rhein und Mosel vor, um das bestehende Ungleichgewicht zum weitaus größeren und bevölkerungsreicheren Departement Roër zu beheben. Des weiteren wiesen sie darauf hin, daß eine ganze Reihe von Gemeinden der linksrheinischen Departements in Territorien angrenzender Departements wie Niederrhein, Mosel, Forêts, Ourthe, Sambre et Meuse liege und umgekehrt. Diese Besonderheiten, die die Prozeßparteien dazu zwängen, durch Teile anderer Departements zu reisen, um zu ihren Richtern zu gelangen, seien wohl darauf zurückzuführen, daß einige dieser Gemeinden vormals zur "ancienne France" gehört hätten, während andere nach der Revolution annektiert worden seien. Die Justizreform sollte daher, nach Auffassung *Locrés* und *Abrials*, eine günstige Gelegenheit zur Wiedervereinigung der fremden Gemeinden mit den Departements bieten, auf deren Gebiet sie sich befänden. Auch dieser vom 26. Frimaire an XI (17. Dezember 1802)[635] datierte Vorschlag, dem in der Anlage ein diesbezüglicher Gesetzentwurf beigefügt war, wurde von der Regierung nicht angenommen.

3. Die weitere Auseinandersetzung mit Fachfragen der Justiz 1802

Im Frühjahr 1802 kristallisierten sich in einem regen Briefwechsel zwischen dem Justizminister in Paris und dem Generalkommissar in Mainz die Hauptlinien und Merkmale dessen heraus, was in den Folgemonaten die Neuordnung der Justiz in den linksrheinischen Departements charakterisieren sollte. Man wandte sich dabei an Kommissar *Jeanbon Saint'André* mit der Bitte um Informationen fachlicher Natur sowie um Hinweise auf Namen von Kandidaten für die neuen juristischen Ämter.

a) Jeanbon Saint'André schlägt zwei Berufungsgerichte vor

Am 28. Germinal an X (18. April 1802) wandte sich der Justizminister mit einer Reihe von Fragen an *Jeanbon Saint'André*[636]. Der Kommissar lieferte seine Antwort als Randbemerkungen in demselben Schreiben.

Auf die zweiteilige Frage, wo das Berufungsgericht einzurichten sei und wie viele Richter dort ein Amt übernehmen sollten, schlug *Jeanbon Saint'André* die Einrichtung zweier unterschiedlicher Berufungsgerichte vor: ein im Süden gelegenes mit Sitz in Mainz (zuständig für das Departement Donnersberg, für

---

635 AN Paris, BB^5 255.

636 Ebenda.

das Arrondissement Simmern im Departement Rhein und Mosel sowie für die Arrondissements Saarbrücken, Trier und Birkenfeld im Departement Saar) und ein anderes weiter im Norden mit Sitz in Bonn (dessen Zuständigkeit das ganze Departement Roër umfassen sollte, die Arrondissements Koblenz und Bonn im Departement Rhein und Mosel sowie das Arrondissement Prüm im Departement Saar). Auf diese Weise bliebe es den Prozeßparteien erspart, wann immer sie zur eigenen Verteidigung vor einem Gericht zu erscheinen hätten, lange und kostspielige Reisen auf sich zu nehmen[637]. An jedem dieser Gerichte sollten nach Meinung *Jeanbon Saint'Andrés* zehn bis elf Richter tätig sein, vier von ihnen sollten das Amt des Präsidenten des Kriminalgerichts ausüben. Sollte hingegen von seiten der Regierung beschlossen werden, nur ein Berufungsgericht einzurichten, so sollte dies aus 21 Richtern bestehen (aufgeteilt in zwei Kammern mit mindestens je sieben Richtern, so daß mühelos einzelne Richter oder der Regierungskommissar vertreten werden konnten, sollten sie verhindert sein) und entweder in Koblenz[638] oder in Trier[639] oder aber in Bonn[640] seinen Sitz haben.

Nachdem *Jeanbon Saint'André* darauf hingewiesen hatte, daß *Jollivets* Plan zur Gebietsaufteilung nicht mehr aktuell sei, antwortete er selbstverständlich zustimmend auf die Frage, ob die territorialen Bezirke der Zuchtpolizeigerichte, die Arrondissements, zum territorialen Kompetenzbereich der geplanten neuen Zivilgerichte erster Instanz werden könnten. Von einer Erneuerung oder Veränderung der derzeitigen Sitze der Kriminalgerichte (die Departementshauptstädte Trier, Mainz und Koblenz sowie Köln für das Departement Roër) riet er jedoch ab.

Für die Zusammensetzung der künftigen Gerichte erster Instanz schlug *Jeanbon Saint'André* folgende Organisation vor (auf der Grundlage der Bevölkerungsdichte):

637 Ebenda.

638 Koblenz sei ein aufblühendes Handelszentrum am Rhein, das mit der Zuteilung des Sitzes eines so wichtigen Organs etwas von der ehemaligen Bedeutung aus der Zeit, als der Trierer Kurfürst hier gewohnt habe, zurückgewinnen würde.

639 Trier sei die Stadt, die für die Prozeßparteien am bequemsten erreichbar sei und außerdem den Vorteil hätte, bereits Sitz des Revisionsgerichts gewesen zu sein.

640 Ebenda.

Departement Donnersberg:	Mainz:	3 Richter, 1 Präsident
	Speyer:	3 Richter, 1 Präsident
	Kaiserslautern:	2 Richter, 1 Präsident
	Zweibrücken:	2 Richter, 1 Präsident
Departement Rhein und Mosel:		
	Koblenz:	3 Richter, 1 Präsident
	Bonn:	2 Richter, 1 Präsident
	Simmern:	3 Richter, 1 Präsident
Departement Roër:		
	Aachen:	6 Richter, 1 Präsident
	Köln:	6 Richter, 1 Präsident
	Krefeld:	3 Richter, 1 Präsident
	Kleve :	2 Richter, 1 Präsident
Departement Saar:	Trier:	3 Richter, 1 Präsident
	Saarbrücken:	2 Richter, 1 Präsident
	Prüm oder Wittlich:	2 Richter, 1 Präsident
	Birkenfeld oder Kusel:	2 Richter, 1 Präsident

Ganz offensichtlich hing die größere Anzahl von Richtern im Departement Roër mit dessen höherer Bevölkerungsdichte zusammen.
Jeanbon Saint'André fuhr fort: Wolle man jedoch auf das Verhältnis Justizbehörden / Bevölkerung in den linksrheinischen Departements die gleichen Maßstäbe anlegen wie in einigen innerfranzösischer Departements (wie Seine et Oise), wo es in manchen Arrondissements auch bei relativ geringer Bevölkerungsdichte (beispielsweise 57.000 - 58.000 Einwohner im Arrondissement Estampes) ein Gericht erster Instanz mit drei Richtern und einem Präsidenten gebe, so müsse an allen Gerichten (mit Ausnahme von Prüm oder Wittlich mit

seinen knapp 50.000 Einwohnern)[641] die Zahl der Richter um einen erhöht werden.

b) Paris fordert Kandidatennamen für die Justiz

Am 13. Floréal an X (3. Mai 1802) wurde *Jeanbon Saint'André* vom Justizminister die Absicht der Regierung mitgeteilt, die Justizreform im Rheinland am innerfranzösischen Modell zu orientieren, d.h. in jedem Arrondissement mit einem Zuchtpolizeigericht Zivilgerichte erster Instanz einzurichten. Um bei der Auswahl der künftigen Richter jeder schlechten Wahl vorzubeugen, forderte der Justizminister ihn dazu auf, ihm für jedes einzusetzende Gericht geeignete Kandidaten mitzuteilen, die nicht nur unter den aktuellen Amtsinhabern zu suchen seien, sondern ebenso unter anderen Bürgern, die keine Ämter bekleideten und dennoch als geeignet erschienen, juristische Ämter zu besetzen[642]. Dies war offensichtlich ein Anzeichen dafür, daß man in Paris willens war, einen zumindest teilweisen Wechsel beim Justizpersonal durchzuführen.

c) D'Ormechville über Personalmängel in der Justiz

Am 8. Prairial an X (28. Mai 1802) rief der Präfekt des Departements Saar, *d'Ormechville*, den Justizminister auf, zum Wohl der Prozeßparteien das Tempo der Justizreform zu beschleunigen. Der Mangel an ausreichenden Organen der zivilen Rechtsprechung erster Instanz wirke sich für alle Bürger negativ aus[643].

d) Eine Stimme aus dem Saar-Departement: die künftige Justiz sollte aus mehr Gerichten bestehen und Deutsch sollte Amtssprache sein

Im Departement Saar wurde ein "mémoire sur la réorganisation judiciaire dans les 4 Départements"[644] verfaßt, dessen Urheber und Datum unbekannt sind (aus dem Text des Dokuments läßt sich das Entstehungsjahr 1802 rekonstruieren). Es wurden darin Mängel der bestehenden Justiz kundgetan und mögliche Vorgehensweisen dagegen entworfen. Die derzeitigen Zivilgerichte (pro Departement eines, nach dem *Rudlerschen* Schema zur Justizorganisation vom 4. Pluviôse an VI)[645] seien aufgrund der schlechten Arbeit der Friedensrichter

641 AN Paris, BB^5 255.
642 Ebenda.
643 AN Paris, BB^5 265.
644 Ebenda.
645 Siehe I. Teil, Kap. I, Nr. 4d und 4g.

vollkommen überlastet. Letztere trügen nämlich in keiner Weise dazu bei, die Streitparteien auszusöhnen. Sie würden sie im Gegenteil (sobald ein Streitwert von 50 Francs überschritten werde) an das Trierer Zivilgericht verweisen und sie so zu langen und kostspieligen Reisen zwingen, deren Kosten oftmals den eigentlichen Streitwert überstiegen.
Die Einwohner des Departements erwarteten zudem, als Richter nicht nur Persönlichkeiten zu erhalten, die sich durch ihre tugendhaften Eigenschaften und Verdienste auszeichneten. Die Richter sollten vielmehr auch ihrer Sprache mächtig sein. Deutsche Sprachkenntnisse seien im Zivilbereich absolut unerläßlich, da in diesem Bereich oftmals über eine Vielzahl von Fällen zu entscheiden sei, deren Unterlagen und Urkunden in dieser Sprache verfaßt seien. Aber auch im Strafbereich seien Deutschkenntnisse unabdingbare Voraussetzung dafür, daß bei einer Gerichtsverhandlung die Be- und Entlastungszeugen sowie Ankläger und Verteidiger direkt angehört werden könnten.
Dieses Resultat könne die Regierung erreichen, wenn den Richtern der Departements, in denen Deutsch gesprochen werde, andere ortsansässige Richter zur Seite gestellt würden, die für ihr berufliches Können und ihre Ergebenheit zur Republik bekannt und damit in der Lage seien, ihr Amt entsprechend auszuüben.
Nachdem die Autoren auf die enormen Verzögerungen im Arbeitsablauf der Ziviljustiz hingewiesen hatten, was seinen Grund in den fehlenden Gerichten erster Instanz in den Arrondissements habe, brachen sie eine Lanze für Trier als Sitz des einzusetzenden Berufungsgerichts. Von den vier Departementshauptstädten zeichne Trier die zentralste Lage aus, wobei es zugleich weit genug vom Grenzgebiet und den damit verbundenen Kriegsgefahren entfernt sei. Hatten diese Gründe schon ihre Relevanz bei der Wahl dieser Stadt als Sitz des Revisionsgerichts, so fielen sie nun um so mehr ins Gewicht, da der Sitz eines Gerichts zweiter Instanz gewählt werden sollte[646].
Die zuletzt betrachteten Dokumente zeigen, wie sehr auch und vor allem auf lokaler Ebene (und Präfekturbehörden wie auch der Kommissar machten sich dafür zum Sprachrohr) das Bedürfnis spürbar wurde, die Ziviljustiz durch eine vermehrte Zahl von Gerichten zu entlasten und effektiver zu machen. Die Arbeitsüberlastung der Zivilgerichte der Departements seit Beginn der *Rudlerschen* Amtszeit ist hinlänglich dokumentiert[647].

---

646 AN Paris, BB^5 265.

647 Siehe insbesondere I. Teil, Kap. II, Nr. 9 zur Überlastung, die die Behandlung der noch vor der Neuordnung der Justiz anhängigen Rechtssachen dem Zivilgericht des Saardepartements verursacht hatte.

e) Jeanbon Saint'André sendet Beamtenlisten nach Paris

In einem Schreiben vom 14. Fructidor an X (1. September 1802), das zeitlich mit dem Datum der Annahme des Dekrets zur Justizreform in den linksrheinischen Departements zusammenfällt, faßte Kommissar *Jeanbon Saint'André* einige Beobachtungen über Mitglieder der noch bestehenden Gerichte zusammen. Vor allem diejenigen unter ihnen verdienten es, weiterhin ihre Posten beizubehalten, die sich durch "leur moralité, leurs capacités et leur attachement au gouvernement" ausgezeichnet hätten[648]. Zu diesem Zweck erstellte *Jeanbon Saint'André* eine Liste mit den Namen der Verdienstvollsten und empfahl dem Minister, sie in ihren Ämtern zu bestätigen. Daneben erwähnte er auch Beamte ("leur nombre ne suffisant pas aux places")[649], die aus innerfranzösischen Departements ausgewählt worden seien und beide Sprachen beherrschten. Diese Eigenschaft erschien ihm als unabdingbar für einen Richter der ersten Instanz. Abschließend stellte *Jeanbon Saint'André* mit Bedauern fest, wie schlecht die derzeitigen Gerichte doch zusammengesetzt seien. Lediglich auf das Zivilgericht von Donnersberg treffe dies dank der häufigen Säuberungen und der beharrlichen Kontrolle durch den Generalkommissar weniger zu. Sei es für die neuen Zivilrichter von Bedeutung, daß sie mit den lokalen Gesetzen und Gebräuchen vertraut seien, so müsse dies in noch größerem Maße für die Mitglieder des Berufungsgerichts gelten[650].

648 AN Paris, BB^5 255.
649 Ebenda.
650 Ebenda.

Kapitel IV: Die Neuordnung der Justiz

1. Einleitung

In der Zeit von 1800 bis 1803 stellte sich die Entwicklung der Justizorganisation im Rheinland ambivalent dar:
a) Die Praxis des Justizalltags kannte sowohl auf dem Niveau der Friedensgerichte als auch auf dem der höheren Instanzen (Zuchtpolizeigerichte, Zivil- und Kriminalgerichte erster Instanz) noch Verhaltensweisen, die dem französischen Justizbild entgegenstanden: Gesetzesunkenntnis, Sportelwesen, Zuständigkeitsübertretungen, Begünstigungen. Bei den Friedensgerichten spielten insbesondere die ersten zwei Punkte nach wie vor eine bemerkenswerte Rolle. Dies belegt, wie langwierig sich die Integration des Justizpersonals an das französische Vorbild gestaltete.
b) Die Tätigkeit der französischen Behörden war hingegen sehr intensiv auf die schnelle und endgültige Anpassung an das Modell des Gesetzes vom 27. Ventôse an VIII gerichtet. Durch die Überprüfung der Bewerbungen zur bevorstehenden neuen Gerichtsverfassung verfolgten die Behörden in Mainz und Paris das Ziel eine Säuberung des Justizpersonals von allen Mängeln, die bis dahin die rasche Angleichung des Justizalltags an das französische Vorbild und damit die Verbindung von Ideal und Realität der Justiz selbst verhindert hatten. Dabei zeigte sich, daß der Rückgriff auf das schon in der vorfranzösischen Zeit tätige Personal (der Mangel an qualifizierten und zugleich jungen Justizbeamten ließ keinen anderen Ausweg) zum Scheitern dieses Vorhabens führte: Ideal und Praxis der linksrheinischen Justizorganisation blieben weiterhin unvereint.

Das vorliegende Kapitel untersucht dazu folgende Punkte:
a) das Ideal: die wichtigsten Inhalte und Änderungen, die die Gesetze 27. Ventôse an VIII (18. März 1800) und 11. Messidor an X (30. Juni 1802) im Bereich der Gerichtsverfassung brachten,
b) die Praxis: die tatsächliche Lage der drei Instanzen (Friedensgerichtsbarkeit, Gerichte erster Instanz / Kriminalgerichte und Revisionsgericht / Appellationsgericht) in zweierlei Hinsicht:
(1) die Probleme der Justizpraxis von 1800 bis 1802,
(2) die Umsetzung der Neuerungen, die durch das Dekret vom 11. Messidor an X vorgegeben wurden.
c) die Kandidaturen für Posten an Gerichten erster Instanz / Kriminalgerichten: welcher Typ von Justizbeamten schwebte den französischen Behörden vor und welche persönlichen Eigenschaften stellten die Kandidaten zur Schau ?

Mit der am Ende dieses Kapitels kurz erwähnten feierlichen Einsetzung der neuen Justizorgane Anfang 1803 kann auch der zeitliche Bogen der vorliegenden Arbeit abgeschlossen werden.

2. Die Gesetze zur Justizreform: Inhalt und Neuerungen in Frankreich und im Rheinland

a) Frankreich

Die Organisation der Zivilrechtsprechung wurde in Art. 61 der Verfassung des Jahres VIII[651] einer gesetzlichen Regelung überlassen[652]. In den innerfranzösischen Departements füllte das "Loi sur l'organisation des tribunaux" vom 27. Ventôse an VIII (18. März 1800), in dem sämtliche notwendigen spezifischen Vorschriften zur Justizordnung enthalten waren[653], diese Lücke aus. Art. 1 dieses Gesetzes ordnete die Auflösung sämtlicher bestehender "tribunaux civils et criminels de département, et les tribunaux de police correctionnelle" an, die jedoch bis zur Einsetzung der neuen Justizorgane weiterhin ihre Funktionen beibehalten sollten.
Während hinsichtlich der Struktur und der sachlichen Zuständigkeit sowie für die Kriminalgerichte[654] und das Amt des Friedensrichters[655] keine neuen Verordnungen erlassen wurden, waren die Änderungen im Bereich der Zivil- und Zuchtpolizeigerichte einschneidend. So wurden auf der Ebene der kommunalen Arrondissements (es handelt sich hierbei um dieselben, die auch den Kompetenzbereich der Zuchtpolizeigerichte abstecken) Gerichte erster Instanz eingerichtet, die sowohl für die "matières civiles" als auch für die "matières de police correctionnelle" (Art. 7) zuständig sein und an die Stelle der Zivilgerichte der Departements und der Zuchtpolizeigerichte der Arrondissements treten sollten[656].

---

651 Diese fand mit dem Konsulardekret vom 11. Messidor an X (30. Juni 1802) Anwendung.

652 S. *Les Constitutions*, S. 158: "En matière civile, il y a des tribunaux de première instance et des tribunaux d'appel. La loi determine l'organisation des uns et des autres, leur compétence, et le territoire formant le ressort de chacun." (Art. 61).

653 S. *Bormann/Daniels*, IV, S. 134-142.

654 Art. 32: "Il y aura un tribunal criminel dans chaque département". Art. 33: "Les tribunaux criminels connaîtront, comme par le passé, de toutes les affaires criminelles (...)".

655 Art. 2: "Il n'est rien innové d'ailleurs aux lois concernant les juges de paix (...)".

656 Ebenda, S. 134, 135, 137.

Im Vergleich zum vorhergehenden System lag der Unterschied in einer größeren Dezentralisierung der Justiz, ohne daß damit allerdings auch die Zahl der Richter erhöht worden wäre. Man denke nur daran, daß der Wortlaut des Art. 216 der Verfassung des Jahres III die stattliche Anzahl von 20 Richtern an den Zivilgerichten der Departements vorsah, während die neuen Gerichte erster Instanz lediglich eine Mindestbesetzung von drei Richtern aufwiesen (Art. 16)[657].
Bei den Kriminalgerichten wurde die Anzahl der Richter nicht nennenswert reduziert.. In der ersten Instanz ging man von vier Richtern und einem Kommissar mit Exekutivgewalt, einem Staatsanwalt und einem Greffier (Art. 245 der Verfassung des Jahres III)[658] auf zwei Richter, zwei Ersatzrichter, einen Präsidenten, einen Regierungskommissar[659] und einen Greffier (Art. 34 und 35 des Gesetzes vom 27. Ventôse an VIII)[660] über.

Für die zweite Instanz wurden mit dem Gesetz vom 27. Ventôse an VIII in bezug auf das bereits angedeutete System der "horizontalen" Berufung[661] an den Gerichten gleicher Instanz in den umliegenden Departements spezielle Berufungsgerichte, 21 an der Zahl, geschaffen (Art. 21). Diese Gerichte sollten Kenntnis von den erstinstanzlichen Urteilen, d.h. den in Zivilsachen ergangenen Urteilen der Arrondissementsgerichte und den in Handelssachen ergangenen Urteilen der Handelsgerichte, haben (Art. 22)[662]. Was die Anzahl der Richter anbelangt, so schrieb das Gesetz keine bestimmte Zahl vor. Die einzige Vorgabe bestand darin, daß der Präsident (alle drei Jahre) vom ersten Konsul direkt zu nominieren sei (wie es schon entsprechend für die Gerichte erster Instanz und das Kriminalgericht vorgeschrieben war). Außerdem konnten die Gerichte in zwei oder drei Kammern aufgeteilt werden. Richtete man zwei Kammern ein, so mußten aber an diesem Gericht auch ein Regierungskommissar, sein Stellvertreter und ein Schreiber ("greffier") tätig sein. Entschied man sich für drei Kammern, so mußten dem Kommissar zwei Stellvertreter ("substituts") beigeordnet sein (Art. 24 und 25)[663].

---

657 Ebenda, S. 136: "Les jugements de tous les tribunaux de première instance ne pourront être rendus par moins de trois juges" (Art. 16). Gemäß Art. 63 der Verfassung des Jahres VIII hatte der Richter auch die Funktion des Staatsanwalts wahrzunehmen.

658 *Les Constitutions*, S. 128.

659 Ebenda, S. 158.

660 *Bormann/Daniels*, IV, S. 137.

661 S. *Les Constitutions*, S. 125; siehe auch I. Teil, Kap. I, Nr. 4g.

662 *Bormann/Daniels*, IV, S. 136.

663 Ebenda, S. 136-137.

Die Ernennung Richter war in Art. 41 und 67 der Verfassung des Jahres VIII geregelt. Sie erfolgte durch den ersten Konsul auf der Grundlage der in den Vorschlagslisten des Arrondissements und Departements ("listes de notabilité") eingetragenen Namen[664].

Schließlich regelten die Art. 58 - 91 des Gesetzes die Tätigkeit des "Tribunal de cassation". Sein Sitz war Paris. Das Kassationsgericht setzte sich aus 48 Richtern zusammen (drei Kammern mit jeweils sechzehn Richtern) und war in zivil- wie auch in strafrechtlichen Angelegenheiten in letzter Instanz zuständig (Art. 58 -60)[665]. Nach Art. 66 der Verfassung des Jahres VIII - die ihrerseits den Wortlaut des Art. 255[666] der Verfassung des Jahres III wiederaufnahm - war dieses Gericht jedoch nicht berechtigt, über den "fond des affaires", den materiellen Inhalt der Rechtssachen, zu erkennen. Es durfte nur die Urteile aufheben, die Formfehler oder Gesetzesüberschreitungen enthielten, und die Strafsache entweder an das Gericht erster Instanz oder das Berufungsgericht weiterleiten (Art. 87)[667].

b) Das linke Rheinufer

Mit dem Konsulardekret vom 11. Messidor an X wurde - wie bereits dargestellt - [668] das Inkrafttreten der Verfassung des Jahres VIII angeordnet, und zwar mit Wirkung vom 1. Vendémiaire an XI (23. September 1802). Nur kurze Zeit vor ihrem Inkrafttreten, am 14. Fructidor an X (1. September 1802), erließen die Konsuln ein Dekret, mit dem die linksrheinische Justizreform gemäß den Richtlinien des Gesetzes vom 27. Ventôse an VIII durchgeführt werden sollte.

In der Präambel dieses Dekrets bekräftigten die Konsuln erneut ihren Willen, den totalen Assimilierungsprozeß an Frankreich weiter voranzutreiben ("Il est indispensable qu'à l'époque où la Constitution sera mise an activité dans les quatre départements de la rive gauche du Rhin, les tribunaux s'y trouvent organisés comme ils le sont dans le reste de la République.")[669], und ordneten folgendes an:

---

664 *Les Constitutions*, S. 156 und 158.

665 *Bormann/Daniels*, IV, S. 137-138.

666 *Les Constitutions*, S. 129.

667 *Bormann/Daniels*, IV, S. 141.

668 S. Kap. II, Nr. 4d.

669 AN Paris, BB^5 255. Der gesamte Text dieses Dekrets befindet sich in AN Paris, BB^5 255; siehe auch *Bormann/Daniels*, IV, S. 910 ff.

(1) die Abschaffung (Art. 1) des Trierer Revisionsgerichts mit Wirkung vom 1. Vendémiaire an XI, dessen Aufgaben vom Pariser "Tribunal de Cassation" übernommen wurden, sowie die gleichzeitige Errichtung eines in zwei Sektionen (Art. 7) unterteilten Appellationsgerichts in Trier, das für alle vier Departements zuständig sein sollte und sich aus 21 Richtern, einem Kommissar, einem Stellvertreter und einem Greffier zusammensetzen sollte,

(2) die Auflösung der Zivil-, Zuchtpolizei- und Kriminalgerichte, die jedoch bis zur Einsetzung der neuen Gerichtsorgane ihre Tätigkeit beibehalten sollten (Art. 2),

(3) die Schaffung von Gerichten erster Instanz (nach dem Modell des Art. 7 des Gesetzes vom 27. Ventôse an X) auf der Ebene der Arrondissements (Art. 4) und von Kriminalgerichten in den Städten Aachen, Koblenz, Mainz und Trier (Art. 6),

(4) die unveränderte Beibehaltung der Organisation der Handelsgerichte (Art. 3),

(5) die Beibehaltung der Ämter der Friedensrichter (ausdrücklich wurde dies nicht angeordnet, doch waren sie im Dekret mit keinem Wort erwähnt) und

(6) die Neuregelung der Richtervergütungen, die je nach Zusammensetzung der Gerichte, der zivil- oder strafrechtlichen Zuständigkeit und der Instanz stark differierten (Art. 8)[670].

Das Gesetz vom 27. Ventôse an VIII wurde zwar formal erst mit dem Konsulardekret vom 10. Germinal an XI (31. März 1803)[671] in Kraft gesetzt. Faktisch erlangte es aber schon durch das Dekret vom 14. Fructidor an X im Rheinland Bedeutung.

Im folgenden wird nun nach einer Darstellung einiger Fragen des Justizalltags bis 1802 die Neuordnung der Justiz umfassend und für alle drei unterschiedlichen Instanzen (Friedensgerichte, Gerichte erster Instanz / Kriminalgerichte, Revisionsgericht / Appellationsgericht) in Augenschein genommen. Zuerst werden die Friedensgerichte untersucht, und zwar unter zwei Aspekten: (a) Alltagsfragen und (b) die Bildung neuer Gerichte.

---

670 Ebenfalls in AN Paris, BB^5 255; siehe auch *Bormann/Daniels*, IV, S. 910 ff.

671 *Bormann/Daniels*, IV, S. 916-917.

3. Die Friedensgerichte: Brisante Fragen des Alltags 1799 - 1802

Auch nach der Amtszeit Kommissar *Rudlers* wurden Beschwerden über das unangemessene Benehmen der Friedensrichter der linksrheinischen Departements laut, und zwar sowohl in fachlicher als auch in moralischer Hinsicht. Die zuständigen Behörden (vor allem die Kommissare an den Gerichten erster Instanz) übten weiterhin eine strenge Kontrolle über die Friedensrichter aus und rieten dem Generalkommissar bisweilen zur Amtsenthebung derjenigen Richter, die sich - nach ihrem Dafürhalten - für dieses Amt als nicht würdig erwiesen hatten. Die Justizreform wurde deshalb so sehnlichst erwartet, weil man sich davon auch eine Anhebung (unter dem Aspekt der sorgfältigeren Auswahl des Personals) des qualitativen Niveaus des Amts des Friedensrichters erhoffte.
Im folgenden sollen nun einige Beispiele von Eingriffen seitens der Behörden gegenüber einigen Friedensrichtern betrachtet werden.

a) Mißachtung des Vorrangs der Strafklage vor der Zivilklage

Der Regierungskommissar beim Zuchtpolizeigericht Aachen, *Vossen der Jüngere*, informierte Generalkommissar *Shée* am 5. Ventôse an VIII (24. Februar 1800) von der in fast allen Kantonen des Departements Roër verbreiteten Praxis, eine Zivilklage zeitlich vor der damit verbundenen Strafklage zu entscheiden, was gegen Art. 8 des "Code des délits et des peines"[672] verstoße. Diese Vorgehensweise werde vor allem vom Friedensrichter *Michels* im Kanton Linnich praktiziert, dessen Moral *Vossen* stark in Frage stellte, weil er nicht nur von den Parteien als Justizkosten entrichtete Geldbeträge einkassiert habe, sondern auch dem Alkohol verfallen sei. *Vossen* schlug daher seine Ersetzung durch den "ancien avocat" *Berns* vor, der auch Präsident der städtischen Behörden von Linnich sei, sich als treuer Diener der Republik erwiesen habe und als Familienvater "une bonne réputation et des talents" in sich vereine[673].

b) Verfehlungen im Bereich des französischen Familienrechts

Am 18. Prairial an VIII (7. Juni 1800) benachrichtigte der Kommissar an den Gerichten erster Instanz des Departements Roër, *Vossen der Ältere*, Generalkommissar *Shée* über die fachlichen Unzulänglichkeiten der Friedensrichter in

672 LHA KO, 241 ff. 892, S. 21.
673 Ebenda, S. 23-24.

Sachen Familienrecht. So seien sie gemäß Art. 7 des Règlements vom 7. Fructidor an VI gehalten, Familienversammlungen einzuberufen und deren Entscheidungen hinsichtlich der Ernennung von Tutoren und Kuratoren von Minderjährigen zu vollstrecken. Die Praxis habe jedoch gezeigt, daß sie bei der Ausübung ihrer Pflicht wenig sorgfältig vorgingen, da fast sämtliche Personen, die familienrechtlich mit einer Pflegschaft oder Vormundschaft unter der alten Regierung statutarisch betraut waren, noch immer im Amt seien.
Allerdings weise, so *Vossen*, die alte Regelung bemerkenswert positive Seiten auf, da die mit einer Vormundschaft oder Pflegschaft betrauten Personen jährlich einen Bericht über die Ausübung ihres Amtes abzugeben hätten, während nach den französischen Vorschriften eine solche Verpflichtung zur Berichterstattung nur am Ende der Pfleg- oder Vormundschaft abzuliefern sei, was sich nachteilig auf das Wohl der Minderjährigen auswirken könne. Ees gebe nicht wenige Kuratoren, denen ansehnliche Güter zur Verwaltung anvertraut seien, ohne daß sie dafür irgendeine Garantiezusage abgelegt oder eine Kaution hinterlegt hätten. Es sei sogar bereits der Fall eines unredlichen Tutors aufgetreten, der sich ohne Rechenschaftsbericht über den Rhein abgesetzt habe. *Vossen* habe Druck auf die Friedensrichter ausgeübt, um sie zu stärkeren Kontrollen zu veranlassen, jedoch hätten einige ihn darauf aufmerksam gemacht, daß sie nicht dafür zuständig seien, strafrechtlich gegenüber Tutoren und Kuratoren vorzugehen, die sich weigerten, ihren Rechenschaftsbericht vorzulegen. Daher könnten sie auch nicht die Kosten für Stempel und Eintragung ("timbre et enregistrement") übernehmen[674].

c) Das weit verbreitete Sportelwesen - verursacht durch alte Gewohnheiten und geringe Gehälter

Vossen der Ältere erhielt wiederholt Anzeigen hinsichtlich Amtsmißbräuchen von Friedensrichtern und erstellte daraufhin am 29. Germinal an X (19. April 1802)[675] einen Bericht an den Generalkommissar *Jeanbon Saint'André*. Es seien ihm Klagen über Nachlässigkeiten und Erpressungen, die von mehreren Friedensrichter des Departements Roër begangen worden seien, zu Gehör gekommen.
Die erste Klage betreffe den Friedensrichter des Kantons Goch, *Junk*[676], der sich keineswegs des Vertrauens der Bevölkerung erfreuen könne, da er sich rechtswidrig Geldsummen auszahlen lasse und jeden, der Vorladungen vor

674 Ebenda, S. 71-76.
675 LHA KO, 241 ff. 1263, S. 19.
676 Ebenda, S. 20.

Gericht ("assignations") oder andere in seinen Amtsbereich fallende Rechtshandlungen in Anspruch nehmen müsse, zu Sonderzuwendungen für seinen Sohn verpflichte. Derlei Schikanen seien jedoch schwer nachzuweisen, da sie nie im Beisein von Zeugen stattfänden. Die fachlichen Kenntnisse *Junks* seien zudem sehr schwach.

Weitere Beschwerden bezögen sich auf die Friedensrichter *Korf* (erste Kammer des Friedensrichteramts in Aachen)[677] und *Herpes*[678] (im Kanton Burscheid). Ersteren bezeichne der Kommissar des örtlichen Zuchtpolizeigerichtes als sehr großen Ignoranten. Der zweite führe ein ausschweifendes Leben führe und sei als eifriger Cabaret-Besucher bekannt.

Eine letzte, nun näher zu untersuchende Klage läge über den Friedensrichter im Kanton Eschweiler, *Esser*, vor, den der Bürgermeister von Eschweiler bei *Vossen* schwerster Vergehen beschuldige.

Die Beschwerden die ihm von Bürgern Eschweilers über *Esser* zugetragen worden seien, seien eine schwerwiegender als die andere[679]. Dennoch werde es schwierig sein, *Esser* die Vorwürfe nachzuweisen, da die Zuwiderhandlungen heimlich verübt worden seien. Außerdem sei, was die Möglichkeit anbelangte, diese Zuwiderhandlungen in Zukunft zu verhindern, der Bürgermeister eher skeptisch, da ein redlicher Mann niemals das Amt eines Friedensrichter annehmen würde, da dieses Amt nicht hinreichend entlohnt werde, um davon leben zu können. Ein gemeiner Mensch ohne Prinzipien hingegen finde stets eine Möglichkeit, aufgrund der Macht seines Amtes den armen und untertänigen Bauern zu unterdrücken, der oftmals viel zu unerfahren sei, als daß er sich verteidigen könne. Die einzige Hoffnung, die problematische Situation der unteren Justiz zu verbessern sei - so der Bürgermeister - die Neuorganisation der Justiz, von der zu erhoffen sei, daß sie mehr an die Situation der neuen Gebiete angepaßt und weniger teuer sein werde. Bisher müsse man nämlich, um einen Anspruch im Wert von drei oder vier "ecus" vor Gericht geltend zu machen, vorweg mindestens sechs (!) bezahlen, wobei die Aussichten auf eine Rückerstattung äußerst gering seien[680].

In den Tagen nach dem Schreiben *Vossens* an *Jeanbon Saint'André* wurden die Beschuldigungen gegen *Esser* wohl immer genauer und schwerwiegender. Am 7. Floréal an X (27. April 1802) teilte nämlich der Vorsitzende der Aachener "jury d'accusation", *Zumbach*, dem Generalkommissar, er habe vor drei Tagen gegen *Esser* einen Haftantrag wegen Erpressung gestellt. *Esser* habe seiner-

677 Ebenda, S. 21.
678 Ebenda, S. 22.
679 Ebenda, S. 23.
680 Ebenda, S. 25.

seits in diesem Moment seinen Rücktritt erklärt[681]. Zwei Tage später, am 9. Floréal an X (29. April 1802) übermittelte *Vossen* an *Jeanbon Saint'André* das Rücktrittsschreiben *Essers* (der auch Alkoholiker sei, ein Laster, dessen er sich selbst beschuldigte)[682]. *Vossen* bekundete dem Kommissar gegenüber aber auch, er bedauere die Situation dieses Mannes, der Oberhaupt einer vielköpfigen Familie und jetzt ohne Geldmittel und ohne Ehre sei[683].
Im Laufe des Monats Floréal an X wurden die Beschuldigungen gegenüber *Esser* noch gravierender. Nicht nur der Erpressung, sondern auch der Unterschlagung öffentlicher Gelder habe er sich schuldig gemacht, da er sich unrechtmäßigerweise Geldsummen als "timbre et enregistrement" für mündlich ausgesprochene Vorladungen vor Gericht bezahlen haben lasse, die nie in die entsprechenden Register eingetragen worden seien[684]. *Vossen* erklärte weiterhin, daß *Essers* Rücktritt allgemein Genugtuung hervorgerufen habe, wie aus einigen, an ihn gerichteten Schreiben von Bürgermeistern verschiedener Gemeinden des Kantons Eschweiler hervorgehe[685].
Bei der Empfehlung zur Nachfolge *Essers* erwähnte *Vossen* insbesondere drei Kandidaten: *Wanich*, Sekretär bei verschiedenen Gemeinden, der allerdings höchstens für das Amt eines Schreibers ("greffier") kandidieren könne, *Minderjan*, ein angesehener Anwalt des alten Regime, jedoch mit spärlichen Französischkenntnissen, und schließlich *Forget*, vormals Notar, ein aufgeklärter und respektvoller älterer Herr, der beide Sprachen beherrsche und darüber hinaus über exzellente Voraussetzungen verfüge, um das vakante Amt besetzen zu können[686]. *Jeanbon Saint'André* holte seinerseits Informationen über die Kandidaten auch beim öffentlichen Ankläger der Gerichte des Departements Roër, *Keil*, ein. Dieser wiederum schlug *Biergans*[687] vor, ehemals Friedensrichter des Kantons Linnich, der 1798 zu Unrecht unter der Beschuldigung des antirepublikanischen Fanatismus seines Amts enthoben worden sei, weil er an einer religiösen Prozession teilgenommen habe. *Biergans* sei ein hervorragender Beamter, der perfekt beide Sprachen und die französischen Gesetze beherrsche[688]. Der Generalkommissar war zunächst geneigt, *Forget* für das vakante Amt zu berücksichtigen. Schließlich sei es ja die Absicht der Regierung, die

---

681 Ebenda, S. 33.
682 Ebenda, S. 35.
683 Ebenda, S. 35.
684 Ebenda, S. 45: Schreiben *Vossens* an *Jeanbon Saint'André* vom Floréal an X (April 1802).
685 Ebenda, S. 45-46.
686 Ebenda, S. 46.
687 "Note" von *J. Saint'André* ohne Datum; in LHA KO, 241 ff. 1263, S. 51.
688 Ebenda, S. 51.

französische Sprache in den vier neuen Departements[689] zur Amtssprache zu machen. Dennoch beauftragte er am 20. Floréal an X (10. Mai 1802) *Vossen*, *Biergans* für dieses Amt zu ernennen, da *Forget* trotz seiner Sprachkenntnisse laut Informationen *Keils* keine ausreichenden juristischen Kenntnisse besitze, um das Amt des Friedensrichters auszuüben[690].
Der Fall der Wahl des Friedensrichters von Eschweiler zeigt ganz deutlich, welch großen Wert die Obrigkeiten auf Voraussetzungen wie Sprachkenntnisse, fachlich-juristische Kenntnisse und Moral legten. Dadurch wurde es in den linksrheinischen Departements schwierig, geeignete Kandidaten zu finden.

d) Fehler bei der Wahl der Geschworenen

In einem von *Kynds*, Kommissar am Zuchtpolizeigericht in Prüm, an *Blanchard de la Musse*, den Kommissar am Gericht des Departements Saar gerichteten Schreiben vom 17. Brumaire an XI (8. November 1802)[691] wurde auf die schlechte Wahl, die die Friedensrichter bei der Auswahl der Geschworenen des Departements träfen, hingewiesen. Unter den Geschworenen seien keineswegs viele gewissenhafte Männer, die öffentliche Sicherheit sei in Gefahr. Viele, die schwerer Delikte beschuldigt seien, würden freigesprochen und liefen erhobenen Hauptes frei herum[692].
Allerdings zeigten sich die Friedensrichter bisweilen keineswegs untätig, wenn es darum ging, der Ausbreitung des Räuberunwesens entgegenzuwirken, ja, sie zeichneten sich sogar durch brillante persönliche Initiativen aus. So war es beispielsweise im Fall des Friedensrichters von Hermeskeil im Departement Saar, dem, wie *Rebmann* berichtet[693], die Festnahme von circa 15 Banditen zu verdanken war, von denen der Friedensrichter persönlich zwei festgenommen hatte. Die eigentlich zuständigen Gendarmen hatten nichts unternommen. Ein so mutiges Vorgehen verdiente nach Ansicht *Rebmanns* eine konkrete Anerkennung von Seiten der Regierung[694].

---

689 *Jeanbon Saint'André* an *Vossen*: Brief vom 13. Floréal an X (3. Mai 1802), in LHA KO, 241 ff. 1263, S. 53.
690 Ebenda, S. 60.
691 AN Paris, BB^5 267.
692 Ebenda.
693 *Coup d'oeil*, S. 90.
694 Ebenda.

4. Die Friedensgerichte: Entwicklung und Neuordnung

Trotz einzelner Änderungen der Gerichtsverfassung hinsichtlich der Friedensgerichte in den linksrheinischen Departements wurde das System, das *Rudler* mit Dekret 4. Pluviôse an VI eingeführt hatte, nicht grundlegend reformiert, und so sollte dieses System solange in Kraft bleiben, wie die französische Anwesenheit in diesen Gebieten fortbestand. Bedeutung erlangten jedoch folgende Neuerungen:

a) Vom 29. Ventôse an IX (19. März 1801)[695] datiert ein Gesetz, das in Art. 1 offiziell die Assessoren der Friedensrichter abschaffte und durch zwei Stellvertreter ersetzte (Art. 2 "Chaque juge de paix aura deux suppléants"). Die Stellvertreter sollten immer die beiden Bürger sein, die bei den Kantonalwahlen die höchste Stimmenzahl nach dem Friedensrichter erhalten hatten[696].

b) Von Bedeutung ist auch die "Sénatus-consulte organique de la Constitution" vom 16. Thermidor an X (4. August 1802)[697], besser bekannt als die Verfassung des Jahres X, in der das Prinzip der Ernennung festgesetzt und damit die Wählbarkeit der Friedensrichter abgeschafft wurde. So sollten diese nun vom ersten Konsul (Art. 8) auf zehn Jahre (Art. 9) unter den beiden Bürgern ernannt werden, die in der jeweiligen Kantonalversammlung dazu bestimmt worden waren[698]. Dieser Grundsatz der Ernennung wurde durch Senatsbeschluß vom 16. Thermidor an X auf die Mitglieder der Arrondissements- und Departementsräte ausgeweitet (die von den jeweiligen Wahlkreisen vorgeschlagen wurden) sowie auf die Mitglieder des Tribunals und des "Corps législatif"[699].

c) Der Erlaß vom 8. Pluviôse an XI (28. Januar 1803)[700] legte die neuen Zuständigkeitsbereiche der Friedensrichter fest. Dieser Erlaß bestätigte neben der Umbenennung der Kantone in Arrondissements ("arrondissements communales") im wesentlichen die bereits von *Rudler* mit dem Dekret 4. Pluviôse an VI[701] vorgenommene Gebietsaufteilung.

---

695 *Bormann/Daniels*, IV, S. 236-237.
696 Ebenda, S. 237.
697 Ebenda, S. 414-415 (Auszüge); *Les Constitutions*, S. 168-177.
698 *Les Constitutions*, S. 168-169.
699 Ebenda, S. 169-170 und 176.
700 *Bormann/Daniels*, IV, S. 916.
701 S. darüber *Bormann/Daniels*, IV, S. 474-488.

d) Das Dekret vom 15. Germinal an XI (5. April 1803)[702] ließ offiziell die Verordnungen des Gesetzes vom 19. Ventôse an IX und des Senatsbeschlusses vom 16. Thermidor an X in den vier linksrheinischen Departements Anwendung finden. In ihn war außerdem festgelegt, daß die damaligen Friedensrichter ihre Aufgaben innerhalb des ihnen durch die bereits geltenden Regelungen zugeteilten Zuständigkeitsbereichs bis zu ihrer Ersetzung auszuüben hätten[703].

Im großen und ganzen wurde, was den Zuständigkeitsbereich der Friedensrichter anging, nichts Neues eingeführt - wie auch *Ludwig Zegowitz* in seinem "Annuaire" anmerken sollte, das dem Departement Saar im Jahre 1803 gewidmet war[704]. Dieser Autor hob weiterhin hervor, daß ein vom Generalkommissar (*Jeanbon Saint'André*) vorgeschlagener Plan, der eine Reduzierung der Anzahl der Friedensrichter vorsah, den Absichten der Regierung entgegenstehe, die keine Änderungen in dieser Hinsicht vornehmen wolle. Die Kantonalversammlungen würden schon Kandidaten für die Ersetzung der Friedensrichter im Jahr XI (1803) präsentieren[705].

5. Die erstinstanzlichen Zivil- und Kriminalgerichte: Fragen des Alltags 1799 - 1802

Auch die erstinstanzlichen Gerichte[706] waren in der Zeit nach *Rudler* mit vielfältigen Problemen konfrontiert. Diese betrafen einerseits die Richter, andererseits den schleppenden Verlauf der Verfahren und Sprachschwierigkeiten. Einige dieser Probleme sollen hier Erwähnung finden:

a) Mangelnde Gesetzeskenntnis einiger Richter

Am 5. Messidor an VIII (24. Juni 1800)[707] sandte *Abrial* die Abschrift eines Schreibens an Kommissar *Shée*, in dem er den Richter am Zivilgericht des Departements Saar, *Gunster*, strengstens an seine Pflicht erinnerte. *Abrial* warf *Gunster* mangelnde Gesetzeskenntnis und Nachlässigkeit in der Ausübung

702 Ebenda, IV, S. 917.
703 Ebenda, S. 917.
704 *L. Zegowitz*: Annuaire statistique du Département de la Sarre (1803).
705 Ebenda, S. 242.
706 Es sei nochmals darauf hingewiesen, daß vor der mit dem Dekret vom 14. Fructidor an X eingeführten Reform in jedem Departement ein Zivil- und ein Strafgericht erster Instanz bestand sowie mehrere Zuchtpolizeigerichte, eines für jedes Arrondissement.
707 LHA KO, 241 ff. 891, S. 25.

seines Amtes als vorsitzender Richter des Geschworenengerichts vor. Er drohte ihm mit Absetzung, sollten ihm neue Informationen zu Gehör kommen, die dieses tadelnswerte, eines Magistraten unwürdige Verhalten bestätigten. Es sei doch vielmehr seine Pflicht, sich langen Studien zu unterziehen, um sich die für das Amt notwendigen Kenntnisse anzueignen. Außerdem hätte ein Mann in seiner Stellung wenig respektable Gesellschaften zu meiden, um sich Respekt und Ansehen in der Öffentlichkeit zu verschaffen[708].

b) Unehrenhafte Verhaltensweisen einzelner Richter

Am 20. Pluviôse an VIII (8. Februar 1800)[709] teilte *Vossen der Ältere Shée* in einem Schreiben das wenig ehrenvolle Verhalten einiger Mitglieder des Gerichts erster Instanz im Departement Roër mit. Richter *Nybele*, der sich in früheren Zeiten eines guten Rufs erfreut habe, gebe sich jetzt dem Glücksspiel und dem Alkohol hin. Seine Kollegen *Kley* und *Schwarz* seien von der öffentlichen Meinung der nachlässigen Ausübung ihrer Ämter bezichtigt worden. Möglich sei jedoch - wie *Vossen* anmerkt - daß letztere, von der Befürchtung getrieben, eines Tages mittellos dazustehen (hier wird die Anspielung auf die geringe Bezahlung der Richter deutlich), den Versuchungen nachgegeben hätten. Für diesen Fall bittet *Vossen Abrial* darum, ihnen die öffentliche Schande einer Amtsenthebung zu ersparen und sie "diskreter" im Rahmen der bevorstehenden und von vielen ersehnten Neuorganisation der Justiz zu ersetzen[710].

c) Der Fall Papé

Die Beschuldigung der Begünstigung, die *Keil* (öffentlicher Ankläger beim Kriminalgericht des Departements Roër) gegen den Präsidenten desselben, *Papé*, erhob und in der er sich auf das mutmaßlich entgegenkommende Verhalten des Präsidenten gegenüber einigen des Einbruchdiebstahls beschuldigten Angeklagten bezog, führte zu dessen Amtsenthebung mittels Dekret vom 15. Prairial an VIII (4. Juni 1800)[711]. Dies war wohl der eklatanteste Vorfall seit der Einsetzung der neuen Gerichtsorgane durch *Rudler*.

Aus läßt sich nicht eindeutig feststellen, ob sich hinter den Anschuldigungen *Keils* gegen *Papé* politische Rivalitäten verbargen. Sicher ist dagegen, daß *Papé* sich kurze Zeit nach seiner Amtsenthebung in seinem "Rapport" über die

708 Ebenda, S. 26.
709 LHA KO, 241 ff. 892, S. 11.
710 Ebenda, S. 12.
711 S. AN Paris, BB^5 262.

Justizorganisation in den linksrheinischen Departements[712] von persönlichem Groll gegen *Keil* leiten ließ und diesen des jakobinischen Fanatismus und eines blutrünstigen Charakters bezichtigte[713].
Am Anfang dieser Kontroversen stand der ausführliche Bericht *Venedeys*, Gemeindebeamter zu Köln, zum unwürdigen Verhalten ("trafic scandaleux") des Kriminalgerichts und insbesondere *Papés*, der der Geschäftemacherei und des gesetzeswidrigen Verhaltens bei der Ausübung seiner Amtsgeschäfte beschuldigt wurde[714]. Im Falle der des Diebstahls Angeklagten *Braun*, *Fischer*, *Urbach* und anderer sollte *Papé* unerlaubterweise Druck auf die Geschworenen ausgeübt haben. Er selbst habe sich bestechen lassen[715].
In einem langen Brief zu seiner Verteidigung vom 19. Prairial an VIII (8. Juni 1800) [716], den *Papé* unmittelbar nach seiner Amtsenthebung an *Metzger*, ein Mitglied des "Corps legislatif", schrieb, beteuerte er seine absolute Unschuld und gab eine politische Erklärung für die an ihn gerichteten Anschuldigungen: "Jamais action basse n'a souillé mes mains dans mes fonctions, (...) ma conduite a été toujours irréprochable (...) j'ai acquis par ma probité l'estime de tous les habitants de la Roër"[717]. Seine Verleumder ("ces scélérats")[718] hätten ihn in seiner Ehre verletzt, weil er sich geweigert habe, sich ihnen bei ihren Intrigen, die den Sturz der derzeitigen Regierung (am 18. Brumaire eingesetzt) zum Ziel gehabt hätten, anzuschließen. Deshalb bat *Papé Metzger*, sich genauer über sein Verhalten zu informieren. *Papé* schloß mit den Worten: "Je puis vivre sans place dans la pauvreté, mais je ne puis pas vivre sans honneur"[719].
Papé sollte nie wieder in sein Amt zurückkehren, sondern, nachdem mit der Neuorganisation der Justiz das Appellationsgericht Trier eingerichtet worden war, dort als Anwalt tätig sein[720].

d) Bestechung und Begünstigung (nur Einzelfälle belegt)

In einem Schreiben an den Justizminister vom 9. Germinal an X (30. März 1802)[721] beschuldigte Generalkommissar *Jeanbon Saint'André* den Regie-

712 S. Kap. II, Nr. 3e.
713 Ebenda.
714 So soll er in engem Kontakt zu dem Betrüger *Rogier* gestanden haben, der verdächtigt wurde, beträchtliche Geldsummen aus der Staatskasse entwendet zu haben.
715 S. den Bericht von *Venedey* an *Keil* in AN Paris, BB^5 262.
716 Ebenda.
717 Ebenda.
718 Ebenda.
719 Ebenda.
720 S. den häufig vorkommenden Namen des "Anwalts" *Papé* in den Urteilsakten des Appellationsgerichts in LHA KO, 317, 1.

rungskommissar beim Zuchtpolizeigericht Simmern im Departement Rhein und Mosel, *Spener*, schwerster Vergehen. *Spener*, der schon einmal wegen Bestechlichkeit angeklagt gewesen sei, habe seinen Einfluß geltend gemacht, um eine Räuberbande in Schutz zu nehmen, gegen die vor seinem Gericht ein Prozeß stattgefunden habe. Darüber hinaus seien ihm das Durcheinander un die Mißbräuche in der Amtsausübung der gerichtlichen Polizei im Arrondissement Simmern anzulasten, weshalb wiederholt Beschwerden gegen seine Person laut geworden seien. *Jeanbon Saint'André* teilte mit, er habe *Spener* bereits "implicitement" (d.h. in Erwartung der offiziellen Genehmigung aus Paris) seines Amtes enthoben und ihn durch *Reichensperger*, Richter am Gericht erster Instanz in Koblenz, ersetzt[722].

e) Chaos in Aachen: Zuständigkeitsfehler

Vom 7. Nivôse an VIII (28. Dezember 1799)[723] datierte ein Schreiben *Vossens des Jüngeren* an Justizminister *Abrial*, in dem dieser auf die Problem ("désordre") am Zuchtpolizeigericht Aachen hinwies: Unter kompletter Mißachtung des Strafgesetzes würden die Richter Vergehen ("vol, sevices, outrage fait au fonctionnaire en fonction") aburteilen, die aufgrund ihrer Gewichtigkeit eigentlich in den Zuständigkeitsbereich des Kriminalgerichts des Departements fallen müßten[724].

f) Untätigkeit einzelner Gerichte

Nachrichten über die träge Arbeitsweise einzelner Gerichte bei der Ermittlung sind in einem Schreiben des Regierungskommissars beim Zuchtpolizeigericht Koblenz vom 21. Nivôse an IX (11. Januar 1801)[725] an *Jollivet* belegt. Darin wird von einem nach seinem Dafürhalten relativ schwerwiegenden Ereignis berichtet. Einige des Mordes angeklagte Personen seien viel zu voreilig von den Geschworenen des Zuchtpolizeigerichts freigesprochen worden. Gegen diesen Freispruch werde nun, damit die Schuldigen nicht straffrei ausgingen, Berufung beim Trierer Revisionsgericht eingelegt[726].

---

721 AN Paris, BB^5 258.
722 Ebenda.
723 LHA KO, 241 ff. 892, S. 1.
724 Ebenda, S. 2-3.
725 LHA KO, 241 ff. 1043, S. 5.
726 Ebenda, S. 6.

Ursache erheblicher praktischer Probleme waren immer wieder unzureichende Sprachkenntnisse. Am 4. Floréal an IX (25. April 1801)[727] berichtete *Lebens*, Vorsitzender des Kriminalgerichts des Departements Rhein und Mosel, Kommissar *Jollivet* von einem Prozeß, den er geleitet habe und während dessen die Verteidigung zurückgetreten sei und den Sitzungssaal verlassen habe, was das Verfahren blockiert und damit zum Freispruch der Angeklagten geführt habe. Das Verhalten sei von der Verteidigung mit dem Vorwand gerechtfertigt worden, die - deutschen - Geschworenen seien nicht unparteiisch genug und außerdem aufgrund mangelnder Sprachkenntnisse nicht in der Lage, die französisch sprechenden Angeklagten zu verstehen[728].

Dabei handelte es sich keineswegs um einen Einzelfall. Einige Jahre vorher (5. August 1798) gab es beispielsweise einen Prozeß, während dessen die Geschworenen des Kriminalgerichts des Departements Saar damit drohten, gemeinsam ihre Ämter niederzulegen, sollten die Prozeßakten in Französisch abgefaßt und die Verhandlung auf Französisch geführt werden[729].

Das *Rudlersche* Dekret vom 10. Germinal an VI zur Einführung des Französischen als Amtssprache in Verwaltung und Justiz der linksrheinischen Departements konnte sich noch lange Jahre nach seinem Inkrafttreten nicht der uneingeschränkten Umsetzung an den Gerichten erfreuen. So beklagte beispielsweise Generalkommissar *Jeanbon Saint'André* in seinem Schreiben vom 4. Messidor an X (23. Juni 1802) an den Kommissar beim Gericht erster Instanz des Departements Saar die Nichtbeachtung der *Rudlerschen* Verordnungen: "Il est maints Huissiers, maints juges de paix qui n'instrumentent et n'exploitent qu'en allemand: les jugements, bien que rédigés ou traduits en français, ne sont cependant pas prononcés dans cette langue par les Présidents des Tribunaux; et les Commissaires du Gouvernement (...) n'attachent eux-mêmes aucune importance à l'obligation qu'ils ont de prononcer leurs discours et de donner leurs conclusions dans la langue du Gouvernement qu'ils représentent"[730].

---

727 Ebenda, S. 77.

728 Ebenda, S. 78-79.

729 S. darüber *A. Grilli*, "Sprache und Recht..." (1993), S. 234-236.

730 AN Paris, BB^5 267.
Der Brief von *Jeanbon Saint'André* an Regierungskommissar *Blanchard de la Musse* in Trier tauchte wenig später in einem Rundschreiben auf, das *Blanchard de la Musse* am 9. Messidor an X (28. Juni 1802) an die Justizorgane des Saardepartements richtete, damit diese den Vorschriften von *Rudlers* Sprachdekret endlich nachkommen sollten.

Während sich unmittelbar nach dem Erlaß des Dekrets vom 10. Germinal an VI zahlreiche Stellungnahmen der Richter zur Einführung des Französischen finden, werden diese Stimmen in den darauffolgenden Jahren immer seltener. Es ist jedoch zu vermuten, daß der noch immer hartnäckig vom Deutschen in den Gerichtssälen eingenommene Platz einfach dem praktischen und von nicht wenigen Justizbeamten unterstützten Bedürfnis entsprach, die Justiz der Deutsch sprechenden Bevölkerung entgegen aller abstrakten und entfernten Auflagen näher zu bringen und verständlicher zu machen. *Rudler* selbst hatte zugegeben, daß Deutsch vor allem in den mündlichen Prozeßphasen nicht so schnell hätte ersetzt werden dürfen[731]. Tatsächlich sollte im Laufe der Jahre die Rolle der Übersetzer und Dolmetscher immer wichtiger werden, um einen reibungslosen Prozeßverlauf garantieren zu können.

6. Die Gerichte erster Instanz und die Kriminalgerichte: Neuordnung

Das Dekret vom 14. Fructidor an X (1. September 1802), mit dem in den linksrheinischen Departements mit Wirkung vom darauffolgenden 1. Vendémiaire (23. September) die neue in Frankreich mit dem Gesetz 27. Ventôse an VIII bereits geltende Justizorganisation eingeführt wurde, verteilte die Gerichte erster Instanz auf die kommunalen Arrondissements wie folgt:

Departement Roër:	Arr. Kleve:	3 Richter, ein Kommissar, 1 Greffier, 2 Ersatzrichter
	Arr. Krefeld:	4 Richter, ein Kommissar, 1 Greffier, 3 Ersatzrichter
	Arr. Aachen:	7 Richter, ein Kommissar, 1 Vertreter des Kommissars 1 Greffier, 4 Ersatzrichter
	Arr. Köln:	7 Richter, ein Kommissar, 1 Vertreter des Kommissars 1 Greffier, 4 Ersatzrichter

731 S. diese Behauptung *Rudlers* in LHA KO, 241 ff. 565, Bl. 138-139, zitiert in *A. Grilli*, "Sprache und Recht..." (1993), S. 232-233 (dort Fn. 20).

Departement Donnersberg:	Arr. Zweibrücken:	3 Richter, ein Kommissar, 1 Greffier, 2 Ersatzrichter
	Arr. Kaiserslautern:	3 Richter, ein Kommissar, 1 Greffier, 2 Ersatzrichter
	Arr. Speyer:	4 Richter, ein Kommissar, 1 Greffier, 3 Ersatzrichter
	Arr. Mainz:	7 Richter, ein Kommissar, 1 Vertreter des Kommissars 1 Greffier, 4 Ersatzrichter
Departement Rhein und Mosel:	Arr. Bonn:	3 Richter, ein Kommissar, 1 Greffier, 2 Ersatzrichter
	Arr. Simmern:	3 Richter, ein Kommissar, 1 Greffier, 2 Ersatzrichter
	Arr. Koblenz:	4 Richter, ein Kommissar, 1 Greffier, 3 Ersatzrichter
Departement Saar:	Arr. Saarbrücken:	3 Richter, ein Kommissar, 1 Greffier, 2 Ersatzrichter
	Arr. Prüm:	3 Richter, ein Kommissar, 1 Greffier, 2 Ersatzrichter
	Arr. Kusel:	3 Richter, ein Kommissar, 1 Greffier, 2 Ersatzrichter
	Arr. Trier:	4 Richter, ein Kommissar, 1 Greffier, 3 Ersatzrichter

In bezug auf die vorhergehende Gerichtsorganisation sah das Dekret vom 14. Fructidor an X nichts Neues vor: Pro Departement sollte weiterhin ein Kriminalgericht bestehen bleiben, und zwar mit Sitz in Aachen, Mainz, Koblenz und Trier[732].

Was dagegen den von Kommissar *Jeanbon Saint'André* am 28. Germinal an X (18. April 1802) vorgeschlagenen[733] Plan zur Aufteilung der Gerichte erster

732 S. oben, Nr. 2b(3) (Art. 6 des Beschlusses 1. September 1802).

733 S. *Les Constitutions*, S. 124.

Instanz angeht, ist festzustellen, daß die Zahl der Richter im wesentlichen diesem Vorschlag des Kommissars entsprach, wie es auch im Dekret vom 14. Fructidor an X vorgesehen war: sechs Richter und ein Vorsitzender (gegenüber den sieben Richtern des Dekrets für wichtigere Städte wie Aachen und Köln) und zwei bzw. drei Richter und ein Vorsitzender für die kleineren Städte (gegenüber drei bzw. vier Richtern nach dem Dekret). Lediglich im Falle von Mainz wich der Wortlaut des Dekrets (sieben Richter) vom Vorschlag *Jeanbons Saint'Andrés* (drei Richter und ein Vorsitzender) ab. Möglicherweise wollte man damit in Paris der Stadt Mainz, die nicht nur Sitz des Departements und der Präfektur sondern auch des Generalkommissars war, eine größere Bedeutung beimessen.

Nun soll der Blick von den Institutionen zu den Personen in der Justiz gelenkt werden. Wie bereits in der Einleitung erwähnt, stellen die Kandidaturen in den Gerichten erster Instanz und Kriminalgerichten einen aufschlußreichen Querschnitt der unterschiedlichen Ansichten und Wünsche der französischen Behörden nach gewissen Modellen von einzustellenden Justizbeamten einerseits und des verfügbaren Personals andererseits dar. Deswegen sind sie die folgenden Analyse wert.

7. Die Gerichte erster Instanz und die Kriminalgerichte: die Kandidaturen

Im Rahmen der für die linksrheinischen Departements geplanten Neuorganisation der Justiz gingen in den Jahren 1800, 1801 und 1802 beim Justizminister in Paris zahlreiche Kandidaturen für das Richteramt erster Instanz ein. Die hartnäckigsten Bewerber für das Richteramt schickten ihre Referenzen noch nach dem Termin des 14. Fructidor an X und auch noch bis zur feierlichen Einsetzung der neuen Justizorgane im Februar 1803.

Viele der Kandidaten wurden in Paris von den Lokalbehörden auf der Grundlage einer Reihe von besonderen Voraussetzungen vorgeschlagen, die die meisten Bewerber für das Richteramt in sich zu vereinigten glaubten: fachlich-juristische Kompetenz, Sprachkenntnisse, Berufserfahrung sowie mehr oder weniger umfangreiches persönliches Eigentum (was sie vor Bedürftigkeit und leichter Bestechlichkeit bewahren sollte)[734]. Die Lokalbehörden stellten

734 Über die Eigenschaften, die die zahlreichen Kandidaten für Justizposten in ihren Bewerbungen geltend machten, und die die Lokalbehörden ihrerseits bestätigten, siehe die im II. Teil, Kap. I, Fn. 515 zitierten Bestände BB^5 258-260, 261, 262-264,

mehrmals Kandidatenlisten zusammen und setzten sich sehr für ihre Kandidaten ein, wenn es galt, dem Corps législatif in Paris die jeweiligen Repräsentanten der linksrheinischen Departements vorzuschlagen. Damit existierten drei Quellen, aus denen die Pariser Obrigkeiten (Justizminister und Konsuln) sich ihre eigene Meinung über die Persönlichkeit und die Qualitäten der Kandidaten bilden und schließlich ihre Wahl treffen konnten:
1) die individuell von den Bewerbern vorgelegten Bewerbungen, denen in den meisten Fällen Referenzschreiben früherer Stellen und Empfehlungen von Persönlichkeiten aus Politik oder Militär beigelegt waren[735];
2) eine offizielle Quelle, nämlich die von den lokalen Präfekturen vorgelegten Listen und
3) eine inoffizielle Quelle, nämlich die vom "Corps législatif" erstellten Listen, vornehmlich von *Rigal* für das Departement Roër, von *Lintz* für das Departement Saar und von *Michelet* für das Departement Rhein und Mosel.

Im Folgenden sollen die vom Generalkommissar und den Präfekturen kommenden Listen analysiert werden.

a) Die vom Generalkommissar erstellten Kandidatenlisten

Was die von den Lokalbehörden erstellten Kandidatenlisten anbelangte, so wurde ein Großteil dieser Arbeit von Generalkommissar *Jeanbon Saint'André* und, wie bereits angedeutet, von den örtlichen Präfekturen erledigt. Aus einem von *Jeanbon Saint'André* am 22. Fructidor an X (9. September 1802)[736], d.h. knapp eine Woche vor dem Konsularerlaß zur Justizreform verfaßten "état nominatif supplémentaire" der Kandidaten für das Richteramt an den einzusetzenden Gerichten in den linksrheinischen Departements, gehen die Namen der im einzelnen vorgeschlagenen Kandidaten, deren Bewerbungen durch Empfehlungen unterstützt wurden, hervor. Die Liste dieser Kandidaten ist im Anhang 6 wiedergegeben.

(1) Die berufliche Herkunft

Was die berufliche Herkunft der vorgeschlagenen Kandidaten betrifft, sind zwei Beobachtungen von Interesse:

265-267 der Pariser Archives Nationales, die eine Fülle von Bewerbungen aus Innerfrankreich und aus den linksrheinischen Gebieten enthalten.

735 Eine detaillierte Aufstellung der einzelnen Kandidaten befindet sich im Anhang V der vorliegenden Arbeit.

736 AN Paris, BB^{5} 255.

(a) Die Mehrheit der Kandidaten (mit Ausnahme von *Horda*, *Sta* und *Magor*) stammte aus den linksrheinischen Departements und genoß Empfehlungen aus dem lokalen Umfeld (wie beispielsweise die des Kölner Bürgermeisters, der zweimal Kandidaten aus dieser Stadt empfahl, oder des Präfekten *Simon*, der sich für Kandidaten aus dem Departement Roër einsetzte).
(b) Nicht nur lokale oder der Zentralregierung angehörende Politiker und Verwaltungsbeamte sprachen Empfehlungen aus, sondern auch Militärangehörige. "L'état nominatif" der für das Amt des Friedensrichters, des Kommissars und des Gerichtsschreibers Kandidierenden umfaßte insgesamt 133 Namen, darunter 74, die aus den linksrheinischen Departements stammten oder dort einer administrativen oder juristischen Tätigkeit nachgegangen waren. Darunter befanden sich auch bekannte Persönlichkeiten, die meistens die Verlängerung ihres Amts beantragten. So lag es bei Richtern oder Kommissaren des Departements Saar wie *Seyppel*, *Boutier*, *Buchel*, *Wernekow*, *Gattermann* (der sich um das Amt eines Berufungsrichters bewarb, was ihm auch zugewiesen wurde), *Hanne* (der um die Ernennung zum Vorsitzenden des Berufungsgerichts ersuchte und zu dem angemerkt wurde: "il parle allemand")[737], *Warnier*, *Becuer* und *Duppenweiler*, aus dem Departement Roër *Antoine*, *Kley*, *Effert*, *Cunzer*, *Nybelen*, *Kiel*, *Cremer* und *Lassaulx*, aus dem Departement Rhein und Mosel *Collas*, *Linz*, *Blouet*, *Deutsch*, *Machelen*, *Dupont* und *Lebens* sowie aus dem Departement Donnersberg *Hartmann*, *Duesberg*, *Sturtz*, *Gault*, *Wirth*, *Schranz*, *Mathieu*.
Die Richter des Revisionsgerichts wiederum bewarben sich um eine Anstellung am einzusetzenden Berufungsgericht (auch wenn es darunter Personen wie *Rebmann* gab, der ganz allgemein darum bat, "employé dans la nouvelle organisation" zu werden)[738]. *Piorry* hingegen gab den gewünschten Posten nicht genau an, doch kann davon ausgegangen werden, daß er eine Stelle in der höheren Justiz anstrebte, da er "un long tableau de ses services"[739] vorlegte.

(2) Die geographische Herkunft

Von den 74 aus den linksrheinischen Departements stammenden Kandidaten kamen 20 aus der Verwaltung (es handelte sich um Beamte bei den Stadtverwaltungen oder den Präfekturen), oder aber sie bezeichneten sich einfach als "hommes de loi" (in fünf Fällen), während die anderen Beamten aus der Justiz kamen. Von den restlichen 59 Bewerbern gaben nicht alle genau an, aus wel-

---

737 AN Paris, BB^5 255.

738 Ebenda. In diesem erwähnten Dokument, bei dem die Bewerber in numerischer Reihenfolge stehen, trägt *Rebmann* die Nummer 94.

739 Ebenda. *Piorry* ist die Nummer 92.

chem Bereich sie kamen. So läßt sich ihre Nichtzugehörigkeit zu den linksrheinischen Departements aus ihren französischen Namen oder aus ihren Empfehlungen von herausragender Persönlichkeiten aus Politik und Verwaltung der innerfranzösischen oder belgischen Departements ableiten. Einige von ihnen waren Offiziere des Heeres. Unter denen, die ihre Herkunft genau angaben, stammten zehn aus gänzlich französischsprachigen Departements Innerfrankreichs, sechs aus Lothringen, einer aus dem Elsaß, fünf aus den belgischen Departements, drei aus dem Departement Forêts (Luxemburg). Sämtlich waren sie ausgebildete Juristen oder als Richter bei den Gerichten ihrer Herkunftsdepartements tätig.

Aus dieser Beschreibung ergeben sich zwei Beobachtungen:

(a) Die neue Justizorganisation beschränkte sich nicht nur auf die Rheinlande, sondern betraf sowohl das innerfranzösische Personal wie auch das der angrenzenden Departements, das den Sitz wechseln oder die nächsten Sprossen auf der Karriereleiter erklimmen wollte. Hervorzuheben bleibt außerdem die Tatsache, daß unter den nicht-rheinländischen Kandidaten eine erhebliche Zahl der Bewerber aus den angrenzenden Departements stammte, wo Deutsch noch sehr verbreitet war (das betrifft Elsaß, Lothringen und das Departement Forêts -zusammengerechnet zehn Fälle).

(b) Bei den rheinländischen Kandidaten belegt die stattliche Anzahl derer, die aus der Verwaltung kamen oder sich schlichtweg als "homme de loi" bezeichneten (20, wie bereits gesagt) das Fortbestehen einer gewissen wechselseitigen Durchdringung von Verwaltung und Justiz mit dem daraus sich ergebenden Übertritt von Beamten aus dem einen in den anderen Bereich und umgekehrt, obgleich theoretisch (man denke dabei nur an die betreffenden Verordnungen der Verfassung des Jahres III)[740] der Grundsatz der Trennung der Zuständigkeitsbereiche der beiden Gewalten bereits konsolidiert war.

b) Die von den Präfekturen kommenden Kandidaten: unterschiedliche Perspektiven

Insbesondere drei der von den Präfekturen dem Justizminister vorgelegten Kandidatenlisten verdienen aufgrund ihrer Vollständigkeit besondere Beachtung. Dabei handelt es sich um die des Präfekten des Departements Rhein und Mosel, *Boucqueau*, vom 25. Prairial an IX (25. Juni 1801)[741], die des Unterpräfekten des Arrondissements Simmern (Departement Rhein und Mosel),

740 Art. 20 der Verfassung vom Jahr III: *Les Constitutions*, S. 124.

741 AN Paris, BB^5 261.

Vanrecum, und die von *Cogels*, dem Präfektur-Rat des Departements Roër, die beide dasselbe Datums tragen (29. Fructidor an X - 16. September 1802)[742].

(1) Der umfassende Kandidatenplan von Boucqueau und sein Zweck

In erster Linie verfolgte *Boucqueau* den Zweck, die Justiz zu "säubern", wenn er am 25. Prairial an IX Minister *Abrial* eine erschöpfende Liste der Kandidaten für das Richteramt in der neuen Justizorganisation vorlegte.

Im Begleitschreiben zeichnete *Boucqueau* ein äußerst düsteres Bild der Justizverwaltung. Es handelt sich hier vielleicht um das kritischste Dokument über die Entwicklung der Justiz in den linksrheinischen Departements seit der *Rudlerschen* Zeit. Der ehrgeizige und arbeitseifrige *Boucqueau* wies darin auf die totale Ineffizienz des Gerichts erster Instanz im Departement Rhein und Mosel hin, das sich aus auffallend vielen, dem Alkohol verfallenen Mitarbeitern zusammensetze. Viele von ihnen seien relativ ungebildet und für die ihnen anvertrauten Ämter vollkommen ungeeignet. Die Öffentlichkeit vermeide es auch sorgfältigst, Verfahren bei ihnen einzuleiten, da man ihnen keineswegs Vertrauen entgegenbringen könne. In puncto Bestechlichkeit sei sicher, daß viele Richter "leur opinion"[743] verkauften, daher sei auch die Öffentlichkeit indigniert. Einer von ihnen (seinen Namen verrät *Boucqueau* nicht) habe ihm gestanden, daß mehr als die Hälfte der von diesem Gericht ergangenen Urteile erkauft worden sei[744].

Boucqueau erwähnte die korrupten Richter nicht namentlich, versicherte aber, daß die von ihm vorgeschlagenen Kandidaten absolut ohne Schuld und Makel seien. Weiterhin bekräftigte er, daß es angebracht sei, Personen aus anderen Bereichen als der Justiz als Richter der neuen Justizorganisation zu ernennen, um den Justizbehörden des Departements erneut Würde und Ansehen zu verleihen[745]. In der von ihm vorgeschlagenen Liste tauchen tatsächlich "neue"

---

742 Ebenda.

743 Ebenda.

744 Ebenda. So *Boucqueau*: " (...) Les plaintes les plus amères ont été portées à des reprises multipliées contre la composition actuelle des tribunaux de ce Département; ces réclamations depeignaient les juges en général comme peu instruits; on leur reprochait aussi de se laisser corrompre, enfin d'être adonnés avec excès à la boisson (...). On dirait qu' un malheureux sort a rassemblé dans le tribunal un nombre étonnant de gens adonnés, jusqu'au scandale, à la boisson (...). Quant à la vénalité, il n'est que trop certain que plusieurs juges vendent leur opinion; ils sont bien connus, et l'indignation publique les suit partout; un de leurs collègues, homme intègre et vertueux, me confessa que plus de la moitié des jugements que le tribunal rendait étaient achetés (...)".

745 Ebenda: "J'ai cru que pour rendre à l'autorité judiciaire de ce Département toute sa dignité et l'environner du respect et de la confiance publique, il convenait d'appeller,

Namen in der erkennbaren Absicht auf, den Beamtenstab zu verjüngen. Die von *Boucqueau* vorgeschlagenen Kandidaten sind in Anhang II aufgeführt.

(2) Analyse der Kandidaten und der Ziele Boucqueaus

Von den 31 Kandidaten, die *Boucqueau* für das Amt des Richters, des Kommissars und des "magistrat de sûreté" (Sicherheitsbeamten) an den einzusetzenden Gerichten der Arrondissements sowie am Kriminalgericht vorschlug, hatten immerhin 13 trotz ihrer Ausbildung als Richter nichts mit der Justizverwaltung zu tun.

(a) Einige Kandidaten kamen aus der Verwaltung (wie *Bruges*, *Burret*, *Boosfeld*). Sie bestätigen die anhaltende Durchdringung von Verwaltungs- und Justizpersonal trotz der in der Verfassung festgelegten Trennung der beiden Gewalten.

(b) Einige stammten aus der Justiz der vorrevolutionären Zeit (*Pringstein*, *Munich*, *Frisinius*).

(c) Lediglich *Mathieu*, *Mastiaux* und *Schwenek* wurden als "homme de loi" bezeichnet.

(d) *Schmitt* und *Fischnich* waren Rechtsprofessoren.

(e) Außerdem kam von den fünf für das Berufungsgericht vorgeschlagenen Kandidaten *Coenen* aus der Verwaltung.

Das Rezept *Boucqueaus* für eine optimale Vorgehensweise gegen die Bestechlichkeit (was ihm die größte Sorge für das Funktionieren der Justiz bereitete) war also die grundlegende Erneuerung des Personals. Dazu sollte auf in verschiedenen Bereichen tätige Juristen zurückgegriffen und dabei keineswegs unter dem "ancien régime" erworbene Qualitäten und Erfahrungen ausge-

---

lors de la nouvelle organisation, plusieurs sujets choisis hors du sein des autorités judiciaires actuelles; je vous ai indiqué tout ce que j'ai pu trouver de plus estimable et de plus instruit dans chaque arrondisement (...). J'ai conservé tous ceux des juges français qui m'ont paru dignes de confiance; ils sont cinq, j'en ai rejeté quatre qui sont les Citoyens Lacroix commissaire correctionnel, Derode, Deutsch et Vancon parce que je ne crains pas de dire qu'ils déshonorent leur état par leur conduite crapuleuse et immorale; le premier surtout et trainé dans la boue par l'opinion générale et repoussé par tous les francais; il est fâcheux de devoir ajouter qu'il le mérite".

schlossen werden (wie es der Fall *Bruges* bestätigt). Diese Erfahrungen wurden - im Gegenteil - besonders bewertet (wie es *Papé* in seinem Bericht an den Justizminister empfohlen hatte)[746]. Man hatte sich schon ziemlich weit von den Zeiten entfernt, als man spärlich gesäte Loyalität und einen lauen Patriotismus von Richtern zu befürchten hatte, die lange Jahre im Dienst der früheren Fürsten und Kurbischöfe gestanden hatten. Die Gefahr, die es jetzt auszuschalten galt, war eher "apolitisch", deshalb jedoch nicht weniger gefährlich: die Bestechlichkeit. Um dagegen anzukämpfen, waren lange Jahre umspannende erstklassige Referenzen sicherlich dienlich, und es interessierte dabei wenig, ob diese vor der Revolution erworben worden waren.

Boucqueau schlug schließlich vor, die Friedensrichter, die sich besonders bewährt hätten und als sehr fähig galten (so lag der Fall am Gericht erster Instanz von Simmern), zu Richtern erster Instanz zu befördern (*Horstmann*, *Frantz*, *Roechling*), um die Besetzung der Ämter durch ungeeignete Personen auszuschließen.

(3) Die Kandidaten von Vanrecum und seine Ansichten: noch radikaler als die Vorschläge Boucqueaus'

Während für *Boucqueau* die Anstellung oder "Wiederanstellung" einer bestimmten Anzahl von Juristen, die im "ancien régime" ihr Amt ausgeübt hatten, nur ratsam erschien, wurde sie nach *Vanrecum*, Unterpräfekt des Arrondissements Simmern, in fachlicher Hinsicht absolut unumgänglich. *Vanrecum* bezog sich in der Tat auf diese Personengruppe, als er *Abrial* am 29. Fructidor an X (16. September 1802)[747] eine Übersicht über die Kandidaten vorlegte und im Begleitschreiben darauf hinwies, daß es in bezug auf die "anciens procès", die nach den in den rheinländischen Bezirken vor der Ankunft der Franzosen geltenden Gesetzen, Vorschriften und Gewohnheiten zu entscheiden seien, angebracht sei, ortsansässiges Personal anzustellen, das diese Vorschriften gut kenne.
Und nicht nur das: Der ideale Richter der neuen Justizorganisation sollte auch beide Sprachen beherrschen: Deutsch, um "les anciennes procédures" lesen und sich mit den Prozeßparteien verständigen zu können, Französisch, nicht nur um der Regierung in ihrem Wunsch entgegenzukommen, diese Sprache als definitive Gerichtssprache einzusetzen, sondern auch, um die Bewohner zu-

---

746 S. Teil II, Kap. II, Nr. 3e.
747 AN Paris, BB^5 261.

nehmend damit vertraut zu machen[748]. Nachdem *Vanrecum* dies *Abrial* gegenüber geäußert hatte, schlug er ihm Kandidaten für die linksrheinischen Departements vor, deren Auflistung sich im Anhang III befindet.

Bei fast allen vorgeschlagenen Kandidaten versäumte *Vanrecum* nicht, deren unter dem "ancien régime" gesammelte Erfahrungen hervorzuheben. Da dies in fast allen Fällen geschah (Ausnahmen sind *Linz* und *Silender*), können wir daraus folgern, daß es in den Augen *Vanrecums* eine unabdingbare Voraussetzung für die Übernahme eines Amtes in der neuen Justizorganisation war, bereits vor der Revolution (oder jedenfalls vor der Ankunft der Franzosen) eine juristische Tätigkeit ausgeübt zu haben. Von den 22 von ihm vorgeschlagenen Rechtsgelehrten waren sechs auch von *Boucqueau* empfohlen worden (*Lassaulx*, *Schmitt*, *Mähler*, *Lebens*, *Röchling*, *Coenen*).

(4) Die Kandidaten von Cogels: Vertrauen in das tätige Personal

Präfektur-Rat *Cogels* übermittelte am 29. Fructidor an X (16. September 1802)[749] in seiner Eigenschaft als Interimspräfekt des Departements Roër *Abrial* eine Liste mit verdienstvollen Kandidaten für die neue Justizorganisation. Dabei legte er einen anderen Maßstab als *Boucqueau* und vor allem als *Vanrecum* an. *Cogels* bezog sich auf eine Liste von bereits vom ehemaligen Präfekten *Simon*[750] geprüften Namen. Diese Liste ist in Anlage IV der vorliegenden Arbeit aufgeführt.

748 Ebenda: "(...) juge qui ne connaîtra pas l'idiome du pays, et qui cependant sera obligé, pour instruire une affaire, ou faire un rapport, de lire des anciennes procédures, ne pourra pas remplir ses devoirs, et ne jouira jamais de la confiance des justiciables. Le juge, né allemand, et qui ne saurait pas le français, ne pourrait également remplir ses devoirs, ni répondre aux voeux du gouvernement (...)".

749 AN Paris, BB^5 263.

750 Dieser hatte übrigens insbesondere *Meller* als Präsidenten des Kriminalgerichts, *Keil* als Kommissar desselben, *Bruges* und *Sandherr* als Berufungsrichter und *Villard* als Greffier am Kriminalgericht empfohlen.
Ebenda. Im selben Dokument befindet sich eine Kopie des Briefes von *Simon* an den Justizminister (Thermidor Jahr IX - Juli-August 1801), womit der ehemalige Präfekt vom Roërdepartement auf den Mangel an geeignetem Justizpersonal hingewiesen hatte: "Je ne dois pas vous dissimuler, Citoyen Ministre, qu'il y a dans ces contrées grande pénurie de sujets réunissant les qualités nécessaires pour etre propres à bien remplir les fonctions des différentes places des Tribunaux à organiser. Cependant si les sujets que je vous présente ne sont pas tous du premier mérite, j'ai du moins lieu de croire que s'ils sont placés, tous feront leurs efforts pour justifier plus ou moins la confiance du gouvernement." Anschließend empfahl *Simon* besonders die Bürger *Melle*, *Keil*, *Koenen*, *Brugers*, *Sandherr* und *Villard*.

Es läßt sich feststellen, daß fast alle der 35 von *Cogels* vorgeschlagenen Kandidaten (mit Ausnahme von *Venedey*, *Hanf*, und, zum Zeitpunkt, an dem er die Liste erstellt, *Banges*) Beamte im Dienst der Justiz und nicht aus anderen Bereichen der Verwaltung kommende Juristen (*Boucqueau*) waren oder aufgrund ihrer langjährigen Berufserfahrung während des "ancien régime" ausgewählt wurden (*Vanrecum*). *Cogels* sprach also den Richtern, Kommissaren und Greffiers, die bereits im Amt waren, sein Vertrauen aus. Er hielt sie sehr wohl für geeignet, in der neuen Justizorganisation mitzuarbeiten. Auch er schlug allerdings, wie bereits *Boucqueau*, für das Amt des Richters erster Instanz Friedensrichter vor, die er für fähig und verdienstvoll erachtete (*Hoffstadt* und *Berens* für Aachen, *Bender* und *Correntz* für Köln, *Worringen*, *Moras*, *Finance* für Kleve, *Erlenwein*, *Sybertz*, *Peltzer*, *Commer* für Krefeld). Dies war nach seinem Dafürhalten der richtige Weg, das völlig überalterte Justizpersonal zu verjüngen.

c) Fazit

Diese Kandidatenlisten lassen drei verschiedene Tendenzen hinsichtlich der Personalpolitik erkennen, denen unterschiedliche Wertschätzungen über die von den Kandidaten zuvor gemachten Erfahrungen zugrundeliegen:
(1) der Rückgriff auf Juristen, die in anderen Bereichen außerhalb der Justiz tätig waren (*Boucqueau*),
(2) die Berücksichtigung der Berufserfahrung aus vorrevolutionärer Zeit (*Vanrecum*),
(3) der Vorzug von Beamten, die im Zeitpunkt der Kandidatur in der Justiz tätig waren (*Cogels*).

8. Das Revisionsgericht (1799 - 1802): Schaffung, Zusammensetzung und wichtigste Fachfragen während seiner Tätigkeit

a) Seine Einsetzung: ein Sieg des Gewaltenteilungsprinzips

Art. 191 des *Rudlerschen* Règlement sur l'ordre judiciaire vom 4. Pluviôse an VI sah vor, daß Kassationsklagen gegen von Gerichten der linksrheinischen

Departements ergangenen Urteile[751] der Regierung vorzulegen und vom Justizminister zu entscheiden seien[752].
Diese Vorschrift hatte in den linksrheinischen Departements einige Gegenstimmen auf den Plan gerufen, die für die Teilung der exekutiven und judikativen Gewalt eintraten und die Nicht-Einmischung der ersten in die Angelegenheiten der zweiten forderten. So ließ *Charles Fuchs*, der sich einfach als "citoyen de Cologne, et à présent logé à Paris"[753] auswies, dem Rat der Fünfhundert ein Protestschreiben (ohne Datum) zukommen, in dem er darauf hinwies, daß die Existenz dieses "politischen" Berufungsorgans (des Justizministers) neben dem normalen Pariser Kassationsgericht, das eigentlich für Klagen gegen Urteile zuständig sei, die von Gerichten im französischen Inland gesprochen würden, nicht zulässig sei. So schrieb er: "Ces départements font partie de la République ou n'en font pas partie. S'ils ne font pas partie de la République, (...) le Ministre de la justice n'a rien à y voir. Si au contraire, ils font partie de la République (...), de quel droit le Ministre de la Justice exerce-t-il sur les tribunaux de ces Départements la fonction de tribunal de Cassation, quand d'ailleurs l'article 202 de la Constitution porte que le pouvoir judiciaire ne peut être exercé par le Directoire exécutif, encore moins par ses ministres?"[754] *Fuchs* beschloß sein Schreiben mit dem Hinweis, daß eine derartige Verfassungswidrigkeit nicht mehr akzeptiert könne und es Pflicht eines jeden Bürgers sei, zu verlangen, daß sie ein Ende haben möge[755].
Knapp anderthalb Jahre nach dem Dekret vom 4. Pluviôse an VI erlosch diese Zuständigkeit des Justizministers. Das Direktoriumsdekret vom 21. Fructidor an VII (7. September 1799), das in den linksrheinischen Departements am darauffolgenden 20. Vendémiaire (12. Oktober 1799)[756] veröffentlicht wurde, verfügte die Schaffung eines Revisionsgerichts mit Sitz in Mainz, das mit denselben Kompetenzen wie das Pariser Kassationsgericht ausgestattet, aber auf die vier Departements am linken Rheinufer beschränkt sein sollte. Dieses Revisionsgericht sollte aus sieben Richtern, einem Kommissar des Exekutiv-Direktoriums (für dieses Amt wurde am 28. September 1799 der Pariser Jurist *Claude Emanuel Dobsen* ernannt, der es auch innerhalb des künftigen Appel-

751 Diese Klagen richteten sich gegen Verfahrens- oder Rechtsmängel der Urteile und nicht materiell-inhaltlich gegen die Entscheidung.
752 S. *Bormann/Daniels*, VI, S. 548.
753 S. AN Paris, F_{1e} 43.
754 Ebenda.
755 Ebenda.
756 S. *Bormann/Daniels*, VI, S. 810-812; siehe auch *L. Zegowitz*: Annuaire historique... (1803).

lationsgerichts in Trier innehaben sollte)[757] sowie einem Gerichtsschreiber[758] bestehen.

b) Lage, Zusammensetzung und Tätigkeit des Gerichts bis 1802

Am 30. September 1799 (6. Vendémiaire an VIII) beschloß man in Paris per Dekret, den Sitz des Revisionsgerichts von Mainz nach Trier zu verlegen[759]. Zentrale Bedeutung hatten dabei die dem Revisionsgericht zugeteilten Aufgaben gerade in diesen ersten Jahren seines Bestehens in den linksrheinischen Departements. Es sollte ja eine gerichtlichen Struktur und eine Rechtsprechung nach französischem Modell geschaffen werden. So sollte dieses Gericht, indem es die korrekte Durchführung des Verfahrens und die Rechtmäßigkeit der angefochtenen Urteile prüfte (wie es der Wortlaut des Art. 255 der Verfassung des Jahres III für das Kassationsgericht vorsah), die Einheitlichkeit der Rechtsprechung der Gerichte am linken Rheinufer gewährleisten.
Dennoch sollte eine Kontrolle seitens des Justizministers über das Revisionsgericht fortbestehen. Aus *Wasserfalls* "historisch-statistischem Taschenbuch für das Roër-Departement"[760] ist zu entnehmen, daß dem Justizminister alle drei Monate ein Verzeichnis der dort entschiedenen Rechtsfälle zugeschickt werden sollte, unter Angabe des Gegenstands und der dem Urteil zugrundegelegten Rechtsvorschriften.
Das Gerichtspersonal bestand, soweit dies aus den Werken von *Wasserfall*[761] und *Zegowitz*[762] hervorgeht, anfangs aus den Richtern *Barris* (aus Montesquieu, Departement Gers, Präsident), *Seignette* (aus Paris), *Garreau*, *Cremer* (aus Worms), *Gunther*, *Piorry* (aus Antwerpen), *Rebmann* (Departement Donnersberg), *Giraud* (aus Mons), *Dumey* (aus Paris), aus dem Kommissar *Dobsen* (aus Paris) und dem Gerichtsschreiber *Eichorn*. Von Beginn seines Bestehens bis 1802, dem Jahr seiner Auflösung, sind folgende Änderungen beim Personal des Gerichts zu beobachten. Nach dem Tod *Cremers* übernahm *Lintz* dessen Stelle; dieser erhielt später jedoch einen Ruf an den "Corps législatif". *Barris* und *Seignette* wurden als Kassationsrichter nach Paris berufen, so daß das Trierer Revisionsgericht am Ende seiner Tätigkeit mit den Richtern *Gar-*

757 S. *J. Dressler*, S. 41 und 53 ff.
758 S. *L. Zegowitz*: Annuaire historique... (1803), S. 248; *J. Dressler*, S. 29.
759 S. *Bormann/Daniels*, VI, S. 811; *J. Dressler*, S. 28.
760 Koblenz, Jahr VIII (1799-1800), S. 120.
761 *Historisch statistisches Taschenbuch*, S. 119-120.
762 *L. Zegowitz*: Annuaire historique... (1803), S. 248-249.

reau (Präsident), *Piorry*, *Gunther*, *Rebmann*, *Giraud*, *Dumey*, *St. Martin*, *Jouve* und *D'Hame* besetzt war[763].

Daraus wird ersichtlich, daß am Revisionsgericht vor allem zu Beginn ein ausgeglichenes Verhältnis zwischen Personen, die aus den linksrheinischen Departements stammten (darunter *Rebmann*, *Gunther*, *Cremer*) und Franzosen bestand. Letztere (*Barris*, *Garreau*) wurden jedoch mit dem Vorsitz betraut. Insgesamt lag die Bezahlung (7.000 Francs)[764] auf weitaus höherem Niveau als die der Richter der unteren Gerichtsgruppen, so daß sich keinerlei Klagen finanzieller Art finden lassen, wie es bei den Gerichten niedrigerer Instanzen der Fall ist.

Vom Anfang (5. Frimaire an VIII - 26. November 1799) bis zum Ende seiner Tätigkeit (1. Vendémiaire an XI - 23. September 1802, gemäß Art. 1 des Dekrets vom 14. Fructidor an X - 1. September 1802)[765] ergingen vom Revisionsgericht 626 Urteile sowohl im zivilrechtlichen wie auch im strafrechtlichen Bereich. Zum Zeitpunkt seiner Auflösung bestanden keine anhängigen Verfahren mehr[766].

Während der Zeit seines Bestehens sah sich das Revisionsgericht mit einigen, nicht unerheblichen Problemen fachlicher Art konfrontiert. Diese sollen nun näher dargestellt werden.

(1) Meinungsunterschiede mit dem Kölner Gericht

Kommissar *Jeanbon Saint'André* setzte am 5. Germinal an X (25. März 1802)[767] *Vossen den Älteren* über die Klagen in Kenntnis, die das Gericht erster Instanz des Departements Roër direkt an den Justizminister geleitet hatte und die die Leichtfertigkeit betrafen, mit der das Revisionsgericht seine Urteile widerrufe, Urteile, die einzig und allein deshalb fehlerhaft seien, weil dabei alte Gewohnheiten und Gepflogenheiten berücksichtigt worden seien. So fänden darin zwei Bericht erstattende Richter Erwähnung, die ihren Kollegen in der Verhandlung zu berichten hätten, während nach geltendem Recht nur ein Bericht erstattender Richter eingesetzt sein sollte.

Außerdem scheine es Praxis des Kölner Gerichts zu sein, sich auch in strittigen Fällen der Rechtsprechung oder der Zuständigkeit direkt an den Justizminister zu wenden. Und eben dies erachtete der Kommissar als unzulässig, da es "les

763 Ebenda, S. 248.
764 Ebenda, S. 248.
765 S. oben Nr. 2b(1).
766 *L. Zegowitz*: Annuaire historique... (1803), S. 248.
767 LHA KO, 241 ff. 1263, S. 1.

principes de la hierarchie"[768] verletze, die es den lokalen Justizbehörden zur Auflage machten, sich nicht an Paris, sondern an ihn selbst als übergeordnete Behörde und Verbindungsperson zur Zentralverwaltung zu wenden.
Bereits sechs Tage später, am 11. Germinal an X (31. März 1802)[769], antwortete *Vossen* auf *Jeanbon Saint'Andrés* Schreiben. Er sei überzeugt, das Kölner Gericht werde sich an seine Anweisungen halten. Zugleich wies er aber auf Folgendes hin: Wenn man vermeiden wolle, daß sich die örtlichen Justizbehörden direkt an den Justizminister wendeten, sei es notwendig, daß dieser künftig davon Abstand nehme, ihnen direkt Anordnungen oder Hinweise zu geben. Somit würde bei ihnen immer mehr den Eindruck verstärkt, sie unterstünden ihm direkt ohne Vermittlungsbehörde[770].

(2) Die Frage der Erschöpfung der Rechtswege

Da das Revisionsgericht mit den auf das Gebiet der vier linksrheinischen Departements beschränkten Funktionen eines Kassationsgerichts betraut war, hatte der Verweis von Urteilen an die Gerichte erster Instanz, die am Kassationsgericht widerrufen worden waren, zur Folge, daß es im Bereich der vier Departements keine Gerichte gab, die erneut über den Inhalt mehrerer Rechtsfälle erkennen konnten. Dies teilte der Regierungskommissar am Revisionsgericht, *Dobsen*, Kommissar *Jeanbon Saint'André* in einem Schreiben vom 20. Ventôse an X (11. März 1802)[771] mit.
Dobsen machte darauf aufmerksam, daß dieser Fall hauptsächlich bei Rechtssachen auftrete, die Zollangelegenheiten beträfen, die in erster Instanz von Zuchtpolizeigerichten entschieden worden seien, wogegen in der Folge an den Kriminalgerichten Berufung eingelegt worden sei, und schließlich das Revisionsgericht den Fall zur erneuten Entscheidung zurückgewiesen habe. Aufgrund der Tatsache, daß bereits in mehreren Fällen unter Verweis auf ein anderes Gericht entschieden worden sei und weil alle vier Kriminalgerichte in ein und demselben Verfahren nicht zweimal urteilen könnten, schlug *Dobsen* *Jeanbon Saint'André* vor, die Zivilgerichte der vier Departements zuständig dafür zu erklären, über ein vom Revisionsgericht aufgehobenes und zurückverwiesenes Urteil zu befinden. Seinen Vorschlag begründete er damit, daß derartige Zivilgerichte im französischen Inland gemäß der gesetzlichen Regelung vom 27. Ventôse an VIII bereits mit diesen Zuständigkeiten der Zuchtpo-

768 Ebenda, S. 1.
769 Ebenda, S. 13.
770 Ebenda, S. 13-14.
771 LHA KO, 241 ff. 1262, S. 5.

lizei ausgestattet seien, so daß keinerlei Gefahr der Kompetenzstreitigkeiten zwischen ziviler und strafrechtlicher Rechtsprechung bestehe[772].

Jeanbon Saint'André war anfangs von *Dobsens* Vorschlag überzeugt und bereitete auch schon einen Dekretsentwurf vor, der vorsah, daß - wenn bei im zollrechtlichen Bereich ergangenen Urteilen kein Kriminalgericht mehr über ein vom Revisiongericht zurückverwiesenen Fall entscheiden könne - das Revisionsgericht autorisiert sei, die Rechtsfälle an Zivilgerichte am linken Rheinufer zu verweisen[773]. Nachdem er jedoch von der gegensätzlichen Meinung des Justizministers und der Konsuln Kenntnis erhielt, die (gemäß dem Grundsatz der Trennung der Kompetenzen der zivil- und strafrechtlichen Rechtsprechung) der Auffassung waren, das Kassationsgericht in Paris solle ein Kriminalgericht des Inlands erwählen, das in einem an die linksrheinischen Departements angrenzenden Departement gelegen und mit der Kompetenz ausgestattet sei, über die Rechtsfälle zu erkennen, für die innerhalb der linksrheinischen Departements alle Möglichkeiten der Rechtswege ausgeschöpft seien[774], schloß er sich deren Meinung an.

9. Vom Revisionsgericht zum Appellationsgericht (1802)

Das Dekret vom 14. Fructidor an X sah die Einstellung der Tätigkeit des Trierer Revisionsgerichts mit Wirkung vom darauffolgenden 1. Vendémiaire (23. September 1802) vor. Seine Kompetenzen sollten in den linksrheinischen Gebieten dem Pariser Kassationsgericht zuwachsen (Art. 1)[775].

Damit sollte der - hinsichtlich der Justizverfassung - wohl relevanteste Unterschied zwischen dem linken Rheinufer und dem französischen Inland eliminiert werden. Vom 23. September 1802 an sollte in jedem Rechtsstreit, für den

---

772 Ebenda, S. 7-9. *Dobsen* schloß seinen Brief: "Si cette idée est par vous trouvée convenable, Citoyen Commissaire, je vous prie d'en faire l'objet d'un de vos arrêtés; si au contraire vous y trouvez des inconvénients, il est urgent de prendre une détermination pour me mettre dans le cas de pouvoir faire prononcer sur plusieurs affaires qui languissent depuis plusieurs années".

773 Entwurf eines Beschlusses vom Justizminister, datiert vom 26. Ventôse an X (17. März 1802): Ebenda, S. 13.

774 Schreiben von *Jollivet* an *Dobsen* vom 6. Messidor an X (25. Juni 1802), in dem er *Dobsen* über die gegenteilige Meinung des Justizministers informierte. Man solle sich an die Ansichten der Konsulen halten, endgültige Urteile über Berufungen in Zuchtpolizeisachen aus den linksrheinischen Departements von innerfranzösischen, nahegelegenen Kriminalgerichten fällen zu lassen. *Jollivet* teilt *Dobsen* außerdem mit, er teile letzten Endes auch diese Ansicht: Ebenda, S. 53-54.

775 S. oben Nr. 2b(1).

aus Gründen, die nicht den Inhalt, sondern Gesetzes- oder Verfahrensfehler betrafen, Revision eingelegt worden war, ausschließlich und auf dem gesamten französischen Staatsgebiet das Kassationsgericht in Paris entscheiden.

a) Entstehung eines Appellationsgerichts in Trier: Feierliche Einsetzung

Mit Art. 7 des Dekrets vom 14. Fructidor wurde in Trier nach dem Vorbild der im französischen Inland mit dem Gesetz vom 27. Ventôse an VIII gegründeten Berufungsgerichte ein eben solches gegründet. Es setzte sich aus 21 Richtern, einem Kommissar und dessen Stellvertreter sowie einem Gerichtsschreiber zusammen und war in zwei Kammern unterteilt (Art. 7). Das Berufungsgericht hatte in letzter Instanz über den materiellen Inhalt von Urteilen zu erkennen, die von den Zivilgerichten der Arrondissements und den Handelsgerichten ergangen waren. Zur Urteilsverkündung sollten mindestens sieben Appellationsrichter anwesend sein[776].
Die Richter des Trierer Appellationsgerichts, die der erste Konsul unter einer stattlichen Zahl von Kandidaten ausgewählt hatte, stammten zum großen Teil von französischen und rheinländischen Justizorganen, unter anderem vom aufgelösten Revisionsgericht[777], und wurden per Konsularsdekret vom 27. Frimaire an XI (18. Dezember 1802)[778] ernannt.
Das Appellationsgericht wurde einen Monat später, am 23. Nivôse an XI (13. Januar 1803), mit einer feierlichen Zeremonie eingesetzt, an der die höchsten Obrigkeiten des Departements Saar teilnahmen, angefangen beim Präfekten *d'Ormechville* bis hin zu Bischof *Charles Mannay*. Bei diesen Feierlichkeiten waren folgende Richter anwesend: *Garreau* (Präsident), *D'Hame* (Vizepräsident), *Piorry*, *Rebmann*, *Giraud*, *Dumey*, *Lintz*, *St. Martin*, *Jouve*, *Bouthier*, *Seyppel*, *Hom*, Kommissar *Dobsen* und dessen Stellvertreter *Eichorn*[779]. So läßt sich feststellen, daß die bereits am aufgelösten Revisionsgericht tätigen Richter sämtlich in ihren Ämtern bestätigt wurden, während *Eichorn* vom Gerichtsschreiber zum stellvertretenden Regierungskommissar avanciert war.

---

776 Über die Einführung des Appellationsgerichtes Trier siehe Art. 7 des Beschlusses vom 10. September 1802, in AN Paris, BB^5 255; *Bormann/ Daniels*, VI, Nr. 627; *L. Zegowitz*: Annuaire historique... (1803), S. 249; *J. Dressler*, S. 38-43.

777 Die Bewerbungen zum Appellationsgericht Trier sind hauptsächlich in AN Paris, BB^5 256-257 enthalten. Eine kurze Zusammenfassung der "wichtigsten" Bewerbungen findet sich in *J. Dressler*, S. 39-41.

778 S. Ernennungen in AN Paris IV 79, 454, 1.

779 S. den vom Präfekten *d'Ormechville* unterzeichneten "Procès-verbal de l'installation du tribunal d'Appel des 4. nouveaux départements de la rive gauche du Rhin séant à Trèves" in AN Paris, BB^5 267; siehe auch *J. Dressler*, S. 41-42.

b) Die Gründe der Wahl von Trier als Sitz des Appellationsgerichts

Die Wahl Triers als Sitz des Berufungsgerichts für alle vier linksrheinischen Departements stand in Paris nicht von Anfang an fest. (Es muß an dieser Stelle allerdings angemerkt werden, daß mit Wirkung vom 3. Pluviôse an XIII (23. Januar 1805) das Departement Roër der Kompetenz des Trierer Berufungsgerichts entzogen und der des Berufungsgerichts von Lüttich unterstellt wurde.)[780] Was die Wahl auf Trier fallen ließ, waren im wesentlichen folgende Punkte:

(1) die relativ zentrale Lage dieser Stadt im Bereich der linksrheinischen Gebiete sowie ihre ausreichende Distanz vom Grenzgebiet für den Fall von eventuellen Kriegsausbrüchen und

(2) der Umstand, daß Trier vormals Sitz des Revisionsgerichts gewesen war, mit dem daraus resultierenden Vorteil, daß die Gerichtsräume bereits vorhanden waren.

Schon am ersten Ergänzungstag des Jahres IX (18. September 1801) brach der Präfekt des Departements Saar, *d'Ormechville*, eine Lanze für Trier, als er in einem Schreiben an den Justizminister die Ruhe, die in dieser Gemeinde, die nicht Kriegsstadt sei, herrsche, und die gute Geisteshaltung seiner Einwohner neben seiner großen Entfernung von der Grenze hervorhob, und betonte, daß das Appellationsgericht in Trier lediglich die Nachfolge des Revisionsgerichts antreten solle, das ursprünglich hier seinen Sitz gehabt habe[781].

Auch ortsansässige Personen äußerten sich offen zugunsten ihrer Stadt. So war es beispielsweise *Marx*(Vorname unbekannt), erster Beigeordneter bei der Stadtverwaltung von Trier, der in seinem Schreiben vom 24. Juni 1801 an Justizminister *Abrial* diesen an den Ruf erinnerte, dessen sich diese Stadt seit den Zeiten der Römer und dem Mittelalter erfreue, und ihm die Vorzüge Triers ins Gedächtnis rief: die günstige geographische Lage, die mühelose Kommunikation mit den anderen Departements, die gesunde Luft, die niedrigen Preise für Lebensmittel und Wohnungen und nicht zuletzt die bereits vorhandenen Räumlichkeiten, in denen das neue Gericht untergebracht werden könne, sowie die große Anzahl an nationalen Gebäuden, Beamten und Juristen. sollte die Wahl des Sitzes des Berufungsgerichts auf eine andere Stadt fallen, so befänden sich letztere in einer schwierigen finanziellen Situation[782].

Justizminister *Abrial* selbst schlug sodann den Konsuln in einem Bericht, der unmittelbar vor der Neuorganisation der Justiz vom 14. Fructidor an X abge-

---

780 S. darüber Einzelheiten in *S. Graumann*, Französische Verwaltung am Niederrhein (1990), S. 197.

781 AN Paris, BB^5 267.

782 Ebenda.

faßt wurde, Trier als Sitz des einzusetzenden Appellationsgerichts vor, was deren Entscheidung sicherlich erheblich beeinflußte. *Abrial* schrieb, für Trier spreche der große Vorteil, bereits Sitz des Revisionsgerichts gewesen zu sein: "L'emplacement du tribunal d'Appel à Trèves est tout préparé, puisqu'il pourra occuper celui qui sert aujourd'hui au Tribunal de révision (...) Les habitants des quatre départements sont déja habitués à ce nouvel ordre de choses, et n'y ont jamais trouvé d'inconvénients"[783]. Ein weitere Vorschlag *Abrials* bezog sich auf die Zahl der Richter am Berufungsgericht, nämlich 21 (und auch dieser Vorschlag sollte, wie wir wissen, formal mit Art. 7 des Dekrets vom 14. Fructidor an X angenommen werden). Dabei sollten die Bedeutung und Ausdehnung der Gebiete, für die dieses Gericht die Rechtsprechung ausüben sollte, berücksichtigt werden[784].

Am 13. Januar 1803 erfolgte schließlich also die Einsetzung des Trierer Appellationsgerichts. Es wurde in zwei Abteilungen geteilt und setzte sich aus 21 Richtern zusammen.

Schon in der Zeit vor der Einsetzung des Appellationsgerichts hatten sich zahlreiche Kandidaten um eine Stelle bei diesem neu zu schaffenden Gericht beworben[785]. Darunter befanden sich die wichtigsten Mitglieder des Revisionsgerichts, vor allem der Präsident *Garreau*, der Vizepräsident *Piorry*, die Richter *Rebmann*, *Gunther*, *Lintz*, *Giraud*, der Kommissar *Dobsen* und der Gerichtsschreiber *Eichorn*[786]. Sie wurden mit Konsulardekret vom 18. Dezember 1802 ernannt[787].

Das Appellationsgericht Trier sollte bis zur Auflösung der französischen Justizorganisation am linken Rheinufer (Anfang 1814) das bedeutendste Justizor-

---

783 AN Paris, BB^5 255.

784 *Abrial* schrieb über die Richterzahl des zu konstitutierenden Appellationsgerichtes Trier: "Pour résoudre cette question, d'après les mêmes principes sur lesquels tous les Tribunaux d'appel ont été établis, je consulte la loi du 27 Ventôse an VIII, et je découvre que l'étendue du territoire, la masse des habitants et le taux de la contribution foncière en ont été les principaux éléments. Le ressort de chaque Tribunal d'appel s'étend jusque sur cinq Départements. Paris seul en compte sept. Le nombre des juges dans chacun de ses Tribunaux, s'élève dépuis 12 jusqu'à 31. Sept Tribunaux d'appel englobent quatre Départements. Le nombre des juges dans ceux-ci est porté depuis 14 jusqu'à 22.

Les quatre Départements de la rive gauche du Rhin surpassent en étendue, population et contributions ceux de ces tribunaux qui ne sont composés que de 14 juges. J'estime donc, Citoyens Consuls, qu'il convient de fixer à 21 le nombre des juges du Tribunal d'appel à établir à Trèves (...)".

785 S. die Kandidaturen zu Richtern am Appellationsgericht in AN Paris BB^5 256-257.

786 S. Details zu diesen Kandidaturen in AN Paris BB^5 257; s. auch *Josef Dressler*, S. 38-41.

787 S. oben Fn 781.

gan in diesem Gebiet bleiben. Mit der Entscheidung über Berufungen in Zivilsachen der erstinstanzlichen Gerichte (und der Handelsgerichte) beauftragt, setzte es sich aus innerfranzösischen und einheimischen Mitgliedern zusammen. Insbesondere die Ämter des Präsidenten (*Garreau*) und des kaiserlichen Generalprokurators (*Dobsen)* waren mit Männern aus Innerfrankreich besetzt. Dem Gericht oblag schließlich die Kontrolle über die Einstellung neuer Justizbeamter und über die Tätigkeit der untergeordneten Zivilgerichte seines Ressorts.

Dem Dekret des ersten Konsuls vom 23. Nivose an XI (13. Januar 1803)[788] zur Nominierung der Beamten der neuen Justizverwaltung (Richter, Kommissare und Stellvertreter, Sicherheitsbeamte und Gerichtsschreiber) folgten am 30. Pluviôse an XI (19. Februar 1803) die Feierlichkeiten zur Einsetzung der Gerichte erster Instanz. In Anwesenheit von Präfektur-Obrigkeiten und abkommandierten Militärabteilungen legten die neuen Beamten den Treueid auf die Verfassung ab und schworen, die ihnen anvertrauten Ämter "avec exactitude et intégrité"[789] auszuüben. Entsprechend fand am 23. Nivôse an XI (13. Januar 1803) die Einsetzung des neu gegründeten Appellationsgerichts im Beisein der vollzählig vertretenen Verwaltungs-, Militär- und Justizbehörden in Trier statt. Präfekt *d'Ormechville* hielt eine Rede, in deren Anschluß jedes der Mitglieder des Berufungsgericht in der Reihenfolge der Ernennung den Treueid auf die Verfassung und "exactitude et intégrité" ablegte[790].

Mit der Einsetzung der neuen Gerichte erster und zweiter Instanz verfestigte sich das fünf Jahre zuvor von Kommissar *Rudler* in den linksrheinischen Departements eingeweihte französische Justizsystem. Im folgenden Jahrzehnt sollte sich nur wenig in der Struktur der Justiz und deren Personal ändern.

788 Siehe AN Paris, AF IV 82, Nr. 468 (Dok. 35-37).

789 Siehe z.B. den "Procès-verbal de l'installation du tribunal de 1ère instance séant à Trèves", in: AN Paris, BB^5 267.

790 Siehe II. Teil, Kap. IV, Fn. 779.

SCHLUSSBEMERKUNGEN

Was von *Rudler* begonnen und von seinen Nachfolgern auf Anregung aus Paris (zunächst auf Veranlassung des Direktoriums und später der Konsuln) fortgesetzt werden sollte, war ein sorgfältig ausgearbeiteter, umfassender Plan zur Assimilierung der linksrheinischen Departements an Frankreich, wobei die Angleichung der Justiz einen der wesentlichen Bestandteile darstellt. In den Jahren nach der Amtszeit *Rudlers* trug man sich mit der Absicht, auch in den linksrheinischen Departements die Reformen einzuführen, die inzwischen im innerfranzösischen Verwaltungs- und Gerichtsbereich umgesetzt worden waren. Die Verwaltungsreform (Präfekturen) sollte den Vorrang vor der Justizreform haben, und das nicht allein deshalb, weil sie als dringlicher sondern auch weil sie als ganz und gar unabdingbare Voraussetzung für den Erfolg und das künftig gute Funktionieren einer erneuerten Justiz erachtet wurde. Außerdem sollte es in den ersten Jahren der französischen Präsenz mehr oder weniger häufig zu Überschneidungen und Verflechtungen zwischen Verwaltungs- und Justizpersonal kommen - und dies, obwohl verfassungsrechtlich der Grundsatz der Teilung der beiden Gewalten bereits tief verankert war.

1803 war der gesetzliche Assimilationsprozeß der linksrheinischen Justiz ans Ziel gekommen. Seine Entwicklung war durch ständige Impulse aus Mainz und Paris im Sinne der Angleichung an Frankreich vorangetrieben worden.

Im selben Jahr war indes der praktische, alltägliche Assimilationsprozeß nur halbwegs gelungen. Die Justizbeamten konnten zwar schon auf fünf Jahre Erfahrung in der Handhabung der französischen Gesetze verweisen, was ihnen mehr Sicherheit bei deren korrekten Anwendung verlieh. Die Justiz fand langsam die notwendigen Räumlichkeiten für die Ausübung ihrer Tätigkeit; auch waren mit der Zeit hinreichend Gefängnisse vorhanden. Langsam entstand eine effizient arbeitende Gendarmerie, und an arbeitsamen und ehrgeizigen Beamten (*Vossen*, *Dorsch*, *Boucqueau*) fehlte es nicht. Mit der festen Präsenz der Franzosen im Rheinland schwand schließlich zunehmend die Gefahr eines in Richterkreisen verbreiteten Antipatriotismus.

Nicht völlig gelöst war jedoch die Sprachenfrage. Die Friedensgerichtsbarkeit arbeitete noch größtenteils auf Deutsch, und bei den oberen Instanzen war der von Rudler mit seinem Sprachdekret vom 10. Germinal an VI (30. März 1798) aufgenommene Kampf um die Einführung des Französischen als Amtssprache mit der Kompromißlösung der Einstellung von Dolmetschern und Übersetzern bei den Gerichten beendet worden[791].

---

791 Siehe *A. Grilli*, "Sprache und Recht" (1993), S. 246.

Das Sportelwesen war noch weit verbreitet und sollte noch lange überleben. Noch 1809 berichtete der eifrige Prokurator beim erstinstanzlichen Gericht von Kusel (Saar-Departement), *Repichet*, daß selbst der Präsident seines Gerichts von der Legitimität der Sportel überzeugt war, weil sie ein alter Gebrauch seien, "qu'il dit s'être longtemps pratiqué"[792]. Nicht nur besonders magere Gehälter also, sondern auch das Weiterbestehen von Gewohnheiten aus der Zeit vor dem Einmarsch der Franzosen bestimmten das Überleben dieses dem Grundsatz der Unentgeltlichkeit der Justiz entgegenstehenden Gebrauches.

In der Kaiserzeit sollte die noch aktuelle Gefahr der Bestechlichkeit der Richter zur Ernennung von wohlhabendem Personal führen[793]. Das Sportelwesen kam aus französischer Perspektive der Bestechung gleich.

Der Mangel an qualifiziertem Justizpersonal schließlich enttäuschte Frankreichs Erwartungen im Sinne eines rechtmäßigen und tadellosen Umgangs mit dem französischem Recht durch die Beamten der Justiz. Dieser Mangel sollte übrigens auch eine Konstante der Jahre nach 1803 sein. Unter 46 vom Präsidenten und vom Kaiser-Prokurator beim Appellationsgericht Trier (*Garreau* und *Dobsen*) überprüften Bewerbungen zu vakanten Justizstellen zwischen 1803 und 1813[794] fanden sich neun Autodidakten (meistens Kaufleute). Dazu schrieb *Dobsen* 1805: "La disette d'hommes de loi paraît avoir détérminé ces indications"[795].

Die Praxis der linksrheinischen Justiz war somit noch 1803 von einer Kluft gekennzeichnet zwischen neuen, aus der französischen Revolution herkommenden Grundsätzen einer egalitären, kostenlosen, von qualifiziertem Personal verwalteten und Französisch sprechenden Justiz einerseits und den alltäglichen Gewohnheiten der Beamten, die den genannten Prinzipien oft nicht entsprachen.

Die Etablierung des Prinzips der Gewaltenteilung hingegen erlebte mit der Schaffung des Trierer Berufungsgerichts 1802 einen wesentlichen Fortschritt. Dieses Gericht sollte nämlich (gemäß den Vorschriften der Verfassung vom Jahr X)[796] eine Kontrollfunktion über die unteren Instanzen und über die Re-

---

792 Schreiben von *Repichet* an Justizminister *Regnier* vom 27. Februar 1809 in AN Paris, BB^{5} 267.

793 Siehe die Berichte von dem Präsidenten und dem Kaiser-Prokuratur bei Appellationsgericht Trier, *Garreau* und *Dobsen*, anläßlich der Bewerbungen zu vakanten Justizstellen am linken Rheinufer seit 1803 in AN Paris, BB^{5} 256 - 267.

794 AN Paris, BB^{5} 256 - 267, Auswahl aus den Bewerbungen.

795 Bericht von *Dobsen* an Justizminister *Regnier* vom 26. April 1805: AN Paris, BB^{5} 262 (Roër-Departement).

796 Siehe Art. 83 der Verfassung vom Jahr X ("Senatus-consulte organique de la Constitution" vom 16. Thermidor an X (4. August 1802)), in: *Les Constitutions*, S. 177.

krutierung von neuen Richtern ausüben. Diese Kontrollfunktion wurde damit von einem Gericht durchgeführt und nicht mehr von Verwaltungsorganen wie den Kommissaren bei den Zentralverwaltungen oder den Präfekten in Zusammenarbeit mit den Kommissaren bei den Gerichten, wie es vor 1802 der Fall war. Daraus resultierte eine noch stärkere Trennung zwischen Exekutive und Judikative hinsichtlich der Zuständigkeit und der Organisation.
Die Hauptrollen bei dieser neuen Kontrolltätigkeit spielten Präsident *Garreau* und der gestrenge (und bisweilen des autoritären Verhaltens beschuldigte)[797] Kommissar *Claude Emanuel Dobsen* - herausragende Persönlichkeiten an einem Appellationsgericht, das zum Großteil (einschließlich des französischen Präsidenten und des französischen Kommissars) aus französischen Mitarbeitern bestand.

797 Es war *Repichet*, Kaiserprocurator beim erstinstanzlichen Gericht von Kusel, im Saar-Departement, der mit einem Brief an das Justizministerium vom 21. Mai 1808 *Dobsen* als "Tyrann" bezeichnete: "M. Dobsen a l'art dangereux (...) de terrorifier, si j'ose parler ainsi, M.M. les Magistrats supérieurs qui semblent ne condescendre que trop facilement à ses volontés et prétentions qui tiennent en quelque sorte de la tyrannie (...)", in: AN Paris, BB^5 266.
Repichet behauptete, er habe verschiedene Machenschaften und Bestechungsversuche innerhalb der Justizverwaltung seines Arrondissements enthüllt, sei aber von *Dobsen* nicht ernst genommen worden. Daher entstand zwischen den beiden im Laufe des Jahres 1808 ein ziemlich gespanntes Verhältnis. Selbst der Unterschlagung verdächtigt, wurde *Repichet* am 2. Februar 1809 seines Amtes enthoben und als Verwaltungsbeamter in die Präfektur des Mosel-Departements (nach Metz) versetzt. Siehe die Akten darüber in: AN Paris, BB^5 266.

QUELLEN- UND LITERATURVERZEICHNIS

I. Ungedruckte Quellen

Archives Nationales, Paris

Bestände:	AF III	(Archives du pouvoir exécutif - Directoire exécutif, an IV-VIII)
	AF IV	(Archives du pouvoir exécutif - Secrétairerie d'Etat impériale, an VIII-1815)
	BB	(Ministère de la justice)
	F_{1e} 41-44	(Ministère de l'intérieur - Pays annexés ou dépendants - Révolution et Empire - Rive gauche du Rhin 1793-1815)

Landeshauptarchiv Koblenz

Bestand:	241 ff.	(französische Verwaltung in der Zeit der Regierungs- und Generalkommissare)

Landesarchiv Speyer

Bestand:	G 2	(Donnersbergdepartement, Justizverwaltung in der Zeit der Regierungs- und Generalkommissare)

Stadtarchiv Trier

Bestand:	FZ	(Französische Zeit)

Stadtarchiv Mainz

Bestand:	EdS 60	(Etat des services des fonctionnaires des départements de la Roër, du Rhin et Moselle, du Mont-Tonnerre et de la Sarre)

II. Gedruckte Quellen

Annuaire pour la septième année de la République - Kalender für das siebte Jahr der Republik. Trèves 1799.

Annuaire pour la septième année de la République - Kalender für das siebente Jahr der Republik, und der damit übereinkommende alte Kalender. Zweite verbesserte Auflage. Trier 1799.

Birnbaum, Jakob: Jurisprudence de la Cour d'Appel de Trèves et des tribunaux de son ressort, III Bde., Trier 1811-1813.

Bodmann, Friedrich: Annuaire statistique du Département du Mont-Tonnerre. Mainz 1808.

Bormann, Karl Theodor Friedrich / Daniels, Alexander von (Hrsg.): Handbuch der für die königlich-preußischen Rheinprovinzen verkündigten Gesetze, Verordnungen und Regierungsbeschlüsse aus der Zeit der Fremdherrschaft. Bd. 1-8. Köln 1833-1845.

Daniels, Alexander von: System und Geschichte des französischen und Rheinischen Civilprozeßrechts. Berlin 1849.

Journal für Gesetzeskunde und Rechtsgelehrsamkeit, Jahrgang 1-3, Koblenz, 1804-1807.

Journal der Rechtsgelehrsamkeit für die vier neuen Departemente auf dem linken Rheinufer. 1.Jahrgang, Hefte 1-4. Koblenz VII / 1799.

Journal für das Saar-Departement für den Monat Praireal 6ten Jahres der französischen Republik. Zweites Heft, vom 10ten bis 17ten Stück. Trier 1798.

Journal für das Saar-Departement für den Monat Thermidor 6ten Jahres der französischen Republik. Viertes Heft, vom 31ten bis 37ten Stück. Trier 1798.

Journal für das Saar-Departement für den Monat Fructidor 6ten Jahres der französischen Republik. Fünftes Heft, vom 37ten bis 42ten Stück. Trier 1798.

Journal für das Saar-Departement für den Monat Vendémiaire 6ten Jahres der französischen Republik. Sechstes Heft, vom 42ten bis 48ten Stück. Trier 1798.

Kalender zum Gebrauch des Departements von Donnersberg. Mainz 1807.

Nahmer, Wilhelm von der: Handbuch des rheinischen Partikularrechts. Frankfurt am Main 1831-1832.

Rebmann, Georg Friedrich: Coup d'oeil sur les quatre Départemens de la rive gauche du Rhin, considérés sous le rapport des moeurs de leurs habitants, de leur industrie et des moyens d'amélioration. Trèves 1802.

Recueil des règlements et arrétés émanés du commissaire du gouvernement dans les quatre nouveaux départements de la rive gauche du Rhin, contenant les lois, ordonnances, édits, déclarations, arrétés du diréctoire exécutif, décissions des ministres, et instructions publiés dans ces départements dépuis le 14. Brumaire an VI (4.November 1797), première époque de leur organisation républicaine, jusqu'au 1er Vendémiaire an VIII (23. September 1799). Imprimé par ordre du Commissaire du Gouvernement, pour etre distribué aux autorités administratives et judiciaires. Teil I - XII, Hefte 1-24. Straßburg VII-VIII (1798-1800).

Rey, Joseph: Über die Grundsätze der Rechtspflege in England in Vergleichung mit denselben in Frankreich und in einigen anderen alten und neuen Staaten. Bd. I. Weimar 1828

Schulz, Johann Gottlob: Wanderungen, Kreuz- und Querzüge eines Reisenden an den Ufern des Rheins mit Episoden. Altenburg 1805.

Scotti, Johann Joseph: Sammlung der Gesetze und Verordnungen, welche in dem vormaligen Churfürstentum Trier über Gegenstände der Landeshoheit, Verfassung, Verwaltung und Rechtspflege ergangen sind vom Jahre 1310 bis zur Reichs-Deputations-Schlußmäßigen Auflösung des Churstaates Trier am Ende des Jahres 1802. Bde. I - III. Düsseldorf 1832.

Vanrecum, Alexander: Annuaire du Département de Rhin et Moselle, l'un des quatre nouveaux départements sur la rive gauche du Rhin. Coblence, an VIII (1800).

Wasserfall, Peter: Historisch-statistisches Taschenbuch für das Ruhr-Departement. Koblenz Jahr VIII der fränkischen Republik (1799-1800).

Zegowitz, Ludwig: Annuaire historique et statistique du Département de la Sarre. Trèves, an XI (1803).

III. Literatur

Allgemeine Deutsche Biographie. Bd. III und IV. Berlin 1967 -1968.

Allvazzi del Frate, Paolo: Le istituzioni giudiziarie dello Stato romano 1810-1814. Rom 1990.

Bargeton, René / Bougard, Pierre / Le Clère, Bernard / Pinaud, Pierre Francois (Hrsg.): Les préfets du 11. Ventôse an VIII au 4. Septembre 1870. Repértoires nominatif et territorial, Paris 1981.

Becker, Hans-Jürgen: Das rheinische Recht und seine Bedeutung für die Rechtsentwicklung in Deutschland im 19. Jahrhundert. In: JUS, 1985.

Braubach, Max: Das Rheinland am Vorabend der französischen Revolution. Bonn 1939.

Bulletin des règlements et arrétés publiés pendant l'an (...) dans les quatre Départements de la rive gauche du Rhin par le commissaire de la république. Bd. 1-7 Bulletin 1-100. Mainz VIII-X (1799-1802).

Burge, Alfons: Das französische Privatrecht im 19. Jahrhundert. Frankfurt am Main 1991.

Coing, Helmut: Handbuch der Quellen und Literatur der neueren europäischen Privatrechtsgeschichte. München 1976.

Conrad, Hermann: Deutsche Rechtsgeschichte. Karlsruhe 1966.

Conrady, Alexander: Die Rheinlande in der Franzosenzeit (1750 bis 1815). Stuttgart 1922.

Dauchy, Serge / Royer, Jean-Pierre (Hg.): Le juge de paix. Lille 1995.

Deutschmann, Karl: Die Rheinlande vor der französischen Revolution. Neuß 1902.

Dressler, Joseph: Geschichte der Trierer Gerichte von 1794 bis 1813. Trier 1957 (Schriftenreihe zur Trierer Landesgeschichte und Volkskunde Bd.1).

Droz, Jacques: La pensée politique et morale des Cisrhénans. Paris 1940.

Droz, Jacques: L'Allemagne et la Révolution francaise. Paris 1949.

Dufraisse, Roger: Les notables de la rive gauche du Rhin à l'époque napoléonienne. In: Francia, Forschungen zur westeuropäischen Geschichte. Bd.1, München 1973, S. 508-536.

Dufraisse, Roger: Das napoleonische Deutschland. Stand und Probleme der Forschung unter besonderer Berücksichtigung der linksrheinischen Gebiete. In: Geschichte und Gesellschaft. Zeitschrift für historische Sozialwissenschaft. 6. Jahrgang, 4.Heft, Göttingen 1980, S. 467-483.

Dufraisse, Roger: "Élites" anciennes et "élites" nouvelles dans les pays de la rive gauche du Rhin à l'époque napoléonienne. In: Annales de la Révolution francaise. Bd. 54. Paris 1982, S. 244-283.

Ellul, Jacques: Histoire des institutions. Bd.V: Le XIXe siècle. Erste Auflage Paris 1956. Neunte Auflage Paris 1989.

Erkens, Marcel: Die französische Friedensgerichtsbarkeit 1789 - 1814 unter besonderer Berücksichtigung der vier Rheinischen Departements. Köln /Weimar /Wien 1994 (Rechtsgeschichtliche Schriften im Auftrage des rheinischen Vereins für Rechtsgeschichte zu Köln, Bd. 5).

Faber, Karl Georg: Verwaltungs- und Justizbeamte auf dem linken Rheinufer während der französischen Herrschaft. In: Aus Geschichte und Landeskunde. Festschrift für Franz Steinbach. Bonn 1960, S. 350-388.

Faber, Karl Georg: Die Rheinlande zwischen Restauration und Revolution. Wiesbaden 1966.

Faber, Karl Georg: Recht und Verfassung. Die politische Funktion des rheinischen Rechts im 19. Jahrhundert. Köln 1970.

Fehrenbach, Elisabeth: Der Kampf um die Einführung des Code Napoléon in den Rheinbundstaaten. Wiesbaden 1973.

Fehrenbach, Elisabeth: Der Einfluß des napoleonischen Frankreichs auf das Rechts- und Verwaltungssystem Deutschlands. In: *A. von Reden-Dohna* (Hrsg.): Deutschland und Italien im Zeitalter Napoleons. Wiesbaden 1973.

Fehrenbach, Elisabeth: Traditionelle Gesellschaft und revolutionäres Recht. 1. Auflage, Göttingen 1974.

Fehrenbach, Elisabeth: Vom Ancien Regime zum Wiener Kongreß. München /Wien / Oldenbourg 1981.

Förster, Friedrich: Preußen und Deutschland unter der Fremdherrschaft 1807-1831. Berlin 1893.

Gilli, Marita: Pensée et pratique revolutionaires à la fin du XVIIIe siècle en Allemagne. Paris 1983.

Godéchot, Jacques: La grande Nation. L'expansion révolutionnaire de la France dans le Monde 1789-1799. 2 Bände, Paris 1956.

Godéchot, Jacques (Hrsg.): Les Constitutions de la France dépuis 1789, Paris 1979.

Godéchot, Jacques: Les institutions de la France sous la Révolution et l'Empire. Erste Auflage Paris 1951. Vierte Auflage Paris 1981.

Grab, Walter: Eroberung oder Befreiung? Deutsche Jakobiner und die Fremdherrschaft im Rheinland 1792-1799. Trier 1971. (Schriften aus dem Karl-Marx-Haus, 4. Heft).

Graumann, Sabine: Französische Verwaltung am Niederrhein. Das Roerdepartement 1794-1814. Essen 1990. (Düsseldorfer Schriften zur neueren Landesgeschichte und zur Geschichte Nordrhein-Westfalens, Bd.27).

Grilli, Antonio: Sprache und Recht in den französischen Rheinlanden. Die Einführung des Französischen als Gerichtssprache im Saardepartement 1798. In: Rheinische Vierteljahresblätter, Jahrgang 57, Bonn 1993.

Grilli, Antonio: Das linksrheinische Partikularrecht und das römische Recht in der Rechtsprechung der Cour d'Appel /Cour Impérial de Trèves nach 1804. In: *Schulze, Reiner* (Hrsg.): Französisches Zivilrecht in Europa während des 19.Jahrhunderts (Schriften zur europäischen Rechts- und Verfassungsgeschichte, Bd.12), Berlin 1994, S. 67-105.

Gross, Guido: Trierer Geistesleben unter dem Einfluß von Aufklärung und Romantik (1750-1850). Trier 1956.

Hansen, Joseph: Das linke Rheinufer und die französische Revolution 1789-1801. In: Mitteilungen der Deutschen Akademie 12, 1927, S. 421-455.

Hansen, Joseph: Quellen zur Geschichte der Rheinlande im Zeitalter der französischen Revolution 1780-1801. Bde.I - IV Bonn 1931-1938.

Hashagen, Justus: Das Rheinland und die französische Herrschaft. Bonn 1908.

Hashagen, Justus: Die Rheinlande beim Abschlusse der französischen Herrschaft. In: *Hansen, Joseph* (Hrsg.): Die Rheinprovinz 1815-1915. Hundert Jahre preußischer Herrschaft am Rhein. Bd.1, Bonn 1917, S. 1-56.

Heyen, Franz Joseph: Die rheinischen Lande als Teil Frankreichs 1794 /1797 - 1814. Koblenz 1987 (Schriftenreihe der Bezirksregierung Koblenz Bd.5).

Julku, Kyösti: Die revolutionäre Bewegung im Rheinland am Ende des 18. Jahrhunderts. Helsinki 1965 (Annales Academiae Scientiarum Fennicae).

Julku, Kyösti: Die Revolution im Rheinland während der Franzosenherrschaft (1792-1801). Helsinki 1969.

Just, Leo: Franz von Lassaulx. Ein Stück rheinischer Lebens- und Bildungsgeschichte im Zeitalter der großen Revolution und Napoleons. Bonn 1926.

Käss, Ludwig: Die Organisation der allgemeinen Staatsverwaltung auf dem linken Rheinufer durch die Franzosen während der Besetzung 1792 bis zum Frieden von Lunéville (1801). Diss. Gießen 1929.

Kolb, Georg-Friedrich: Artikel "Rheinlande". In: Rotteck-Welckers Staatslexicon, Bd.13, Altona 1913.

Mallmann, Luitwin: Französische Juristenausbildung im Rheinland 1794-1814. Die Rechtsschule von Koblenz. Köln /Wien 1987. (Studien zur Geschichte der Universität zu Köln, Bd.5).

Molitor, Hansgeorg: Bewegungen im deutsch-französischen Rheinland um 1800. In: Jahrbuch für westdeutsche Landesgeschichte. 6.Jahrgang, Koblenz 1980, S. 187-209.

Molitor, Hansgeorg: Vom Untertan zum Administré: Studien zur französischen Herrschaft und zum Verhalten der Bevölkerung im Rhein-Mosel-Raum von den Revolutionskriegen bis zum Ende der napoleonischen Zeit. Wies- baden 1980 (Veröffentlichungen des Instituts für europäische Geschichte Mainz, Bd. 99).

Nießen, Michael: Die Aachener Friedensgerichte in französischer und preussischer Zeit. Aachen 1991.

Oncken, Herrmann: Deutsche und rheinische Probleme im Zeitalter der französischen Revolution. Berlin 1936. (Sitzungsberichte der preußischen Akademie der Wissenschaften. Philosophisch-historische Klasse Bd.VII).

Paraquin, Ernst Julius: Die französische Gesetzgebung. München 1861.

Pardiellan, P. de: Nos ancetres sur le Rhin. Épisodes de la Révolution et du premier Empire d'après des sources exclusivement allemandes. Paris 1919.

Petri, Franz / Droege, Georg: Rheinische Geschichte. Bd. II. Düsseldorf 1976.

Royer, Jean-Pierre: Histoire de la justice en France. Paris 1995.

Sagnac, Philippe: La législation civile de la Révolution francaise, 1789-1804. Paris 1898 (Neuauflage Glashütten 1971).

Sagnac, Philippe: Le Rhin francais pendant la Révolution et l'Empire. Paris 1917.

Savant, Jean: Les Préfets de Napoléon. Paris 1958.

Schieder, Theodor (Hrsg.): Handbuch der europäischen Geschichte, Bd.IV, Stuttgart 1968.

Schmidt, Charles: Les sources de l'histoire des territoires rhénans de 1792 à 1814 dans les archives rhénanes et à Paris. Paris 1921.

Schubert, Werner, Französisches Recht in Deutschland zu Beginn des 19. Jahrhunderts. Zivilrecht, Gerichtsverfassungsrecht und Zivilprozeßrecht. Köln /Wien 1977.

Schuhmacher, Detlev: Das rheinische Recht in der Gerichtspraxis des 19. Jahrhunderts. Stuttgart 1969. (Publikationen der Gesellschaft für rheinische Geschichtskunde, Bd.XII).

Schumacher, Alois: Idéologie revolutionnaire et pratique politique de la France en Rhénanie de 1794 à 1801. L'exemple du pays de Trèves. Paris 1989. (Collection du bicentenaire de la Révolution francaise, Bd.17).

Steffens, Wilhelm: Die linksrheinischen Provinzen Preußens unter französischer Herrschaft 1794-1802. In: Rheinische Vierteljahresblätter, Jahrgang 19, 1954, S. 402-465.

Stein, Hans Wolfgang: Untertan, Citoyen, Staatsbürger. Die Auswirkungen der französischen Revolution auf den rheinisch-pfälzischen Raum. Katalog zur Wanderausstellung der Landesarchivverwaltung Rheinland-Pfalz. Koblenz 1981.

Stein, Hans Wolfgang: Inventar von Quellen zur deutschen Geschichte in Pariser Archiven und Bibliotheken bearbeitet von einer Arbeitsgruppe unter Leitung von Georg Schnath. Koblenz 1986. (Veröffentlichungen der Landesarchivverwaltung Rheinland-Pfalz, Bd.39).

Szramkiewicz, Romuald / Bouineau, Jacques: Histoire des institutions 1750-1914. Droit et société en France de la fin de l'Ancien Régime à la Première Guerre Mondiale. Paris 1989.

Tulard, Jean: Napoléon et la noblesse d'Empire. Paris 1979.

Venedey, Jakob: Die deutschen Republikaner unter der französischen Republik. Leipzig 1870.

Wadle, Elmar: Französisches Recht und deutsche Gesetzgebung im 19. Jahrhundert. In: *Schulze, Reiner* (Hrsg.): Europäische Rechts- und Verfassungsgeschichte (ERV), Bd.3, Berlin 1991.

Wieacker, Franz: Privatrechtsgeschichte der Neuzeit. Göttingen 1967.

Woolf, John Stuart: Napoléon et la conquête de l'Europe. Paris 1990.

Zenz, Emil: Die Verfassung der Stadt Trier in der französischen Zeit (1794-1813). In: Trierisches Jahrbuch 1959, S. 96 ff.

ANHANG I

Allgemeine Hinweise auf die ersten Ernennungen in der Justiz

Die Ernennungen und Amtseinsetzungen der Friedensrichter in den Kantonen der vier Departements können erst in der zweiten Hälfte des Jahres 1798 als abgeschlossen betrachtet werden[798]. Dafür war in erster Linie das Problem, geeignetes Personal mit den erforderlichen Qualifikationen zu finden, verantwortlich. Vorausgesetzt wurde vor allem - wie im folgenden aus den in den *Pariser Nationalarchiven* befindlichen Quellen ersichtlich wird[799] - Kenntnis der Gesetze sowie Treue zu Frankreich. Demgegenüber war die Ernennung der Richter erster Instanz (sowie diejenige der Mitglieder der Zentralverwaltungen der Departements) bereits in den Monaten Februar und März abgeschlossen[800]. Aus den Quellen[801] ergibt sich das im Folgenden aufgelistete Personal. Der Vollständigkeit halber werden auch die Namen der Mitglieder der Zentralverwaltungen genannt. Zwei kurze Anmerkungen seien vorausgeschickt:

a) Die Kommissare des Vollzugsdirektoriums, deren Loyalität gegenüber Frankreich in Anbetracht ihrer Ämter außerhalb jeder Diskussion stand, wurden oft von einflußreichen politischen Persönlichkeiten aus Paris vorgeschlagen, wie beispielsweise im Fall von *Merlin* und *Reubell.*

b) Bei der Ernennung der Richter der ersten Instanz hatten die Empfehlungen und Vorschläge der "patriotes du pays" für Rudler absolut vorrangige Bedeutung.

---

798 Unter dem Bestand BB^5 255 von den Pariser Archives Nationales (abgekürzt AN) sind Listen von den ersternannten Friedensrichtern für die vier Departements enthalten, die das Datum 10. Messidor an VI (28. Juni 1798) und die Signatur *Rudlers* tragen.

799 AN Paris, BB^5 255 (ohne Seiten- oder Blattangaben).

800 AN Paris, BB^5 255.

801 AN Paris, BB^5 255.

DEPARTEMENT RHEIN UND MOSEL

Zentralverwaltung:	*Champein*	
	Godon	
	Holthoff	
	Saur	
	Vanrecum	
Kommissariat des Vollzugsdirektoriums:	*Rogier*	*Sabel*
	Collas	
Richter der Zivil-, Straf- und Zuchtpolizeigerichte (3 Arrondissements der Zuchtpolizeigerichte: Koblenz, Bonn, Simmern):	*Maehler*	*Dupont*
	Dahm	*Hamecher*
	Blum	*Harding*
	Clothen	*Bachoven*
	Schreiber	*Escher*
	Grebel	*Doetsch*
	Lebens	*Tippel*
	Gerdom	*Reineck*
	Eschweiler	
Vorsitzender des Strafgerichts:	*Schmitt*	
Öffentlicher Ankläger:	*Blouet*	
Kommissar des Vollzugsdirektoriums:	*Larcher*	
Vertreter des Kommissars des Vollzugsdirektoriums:	*Sergent*[802]	

802 AN Paris, BB^{5} 255.

DEPARTEMENT SAAR:

Zentralverwaltung:	*Lafontaine* *Labourdinnière* *Haan* *Gerhards* *Lintz*	
Kommissar des Vollzugsdirektoriums:	*Sta* *Boucqueau* (ab 22. Januar 1798)	
Richter der Zivil-, Straf- und Zuchtpolizeigerichte (4 Arrondissements der Zuchtpolizeigerichte: Trier, Saarbrücken, Birkenfeld, Prüm):	*Finger* *Seyppel* *Eichhorn* *Becker* *Görres* *Günster* *Rosbach* *Bidault* *Birk* *Dehard*	*Hermes* *Diederich* *Stephani* *Buchel* *Duppenweiler* *Wernekow* *Linius* *Weitert* *Gand* *Wolff*
Vorsitzender des Strafgerichts:	*Gattermann*	
Öffentlicher Ankläger:	*Hartmann*	
Kommissar des Vollzugsdirektoriums:	*Bach*	
Stellvertretender Kommissar des Vollzugsdirektoriums:	*Duplat*[803]	

803 AN Paris, BB^5 255.

DEPARTEMENT ROËR:

Zentralverwaltung:	*Caselli*	
	Cogels	
	Wasserfall	
	Bouget	
	Cromm	
Kommissar des Vollzugsdirektoriums:	*Dorsch*	
Richter an Zivil-, Straf- und Zuchtpolizeigerichten (4 Arrondissements der Zuchtpolizeigerichte: Aachen, Köln, Krefeld, Kleve):	*Guntzer*	*Niebelen*
	Coenen	*Schoenzgen*
	Rittmann	*Zurhoven*
	Pangh	*Blumhoffer*
	Sybertz	*Hohenschurtz*
	Giessen	*Schwartz*
	Boehmann	*Fischer*
	Maerken	*Herberts*
	Kley	*Keil*
	Eberhardt	*Finance*
Vorsitzender des Strafgerichts:	*Kempin*	
Öffentlicher Ankläger:	*Baur*	
Kommissar des Vollzugsdirektoriums:	*Vossen*	
Stellvertretender Kommissar des Vollzugsdirektoriums:	*Hebert*[804]	

804 AN Paris, BB^5 255.

DEPARTEMENT DONNERSBERG:

Zentralverwaltung:	*Malingré* *Bertrand* *Petersen* *Moßdorff* *Gugel*	
Kommissar des Vollzugsdirektoriums:	*Cosson*	
Richter an Zivil-, Straf- und Zuchtpolizeigerichten (4 Arrondissements der Zuchtpolizeigerichte: Mainz, Speyer, Kaiserslautern, Zweibrücken):	*Link* *Kribel* *Nimis* *Blau* *Zimmermann* *Friedr.* *Schmitt* *Kramer* *Pfiffenbring* *Schram* *Handel*	*Pein* *Rebmann* *Macke* *Caprano* *Wassmann* *Schall* *Bodmann* *Gutmann* *Schmitt* *Ratzen*
Vorsitzender des Strafgerichts:	*Muller*	
Öffentlicher Ankläger:	*Gossweiler*	
Kommissar des Vollzugsdirektoriums:	*Thamberger*	
Stellvertretender Kommissar des Vollzugsdirektoriums:	*Boost*[805]	

805 AN Paris, BB^5 255.

Friedensrichter (Stand: 28. Juni 1798)

Saardepartement

Kanton	*Friedensrichter*
Arnwal	*Rollé*
Bernkastel	*Dehard (père)*
Baumholder	*Karl*
Birkenfeld	*Görlitz*
Blankenheim	*Roesgen*
Blieskastel	*Dercum*
Budelich	*Schöne*
Konz	*Cune*
Daun	*Bayer*
Gerolstein	*Meier*
Grumbach	*Keller*
Hermeskeil	*Hisgen*
Kilburg	*Nilles*
Kusel	*Müller*
Lehbach	*Gellert*
Manderscheid	*Weber*
Meisenheim	*Rischmann (père)*
Merzig	*Marr (cadet)*
Ottweiler	*Ulrischen*
Pfalzel	*Fischer*
Prüm	*Pierre Bender*
Rhaunen	*Merrem*
Reifferscheid	*Abeth*
St. Wendel	*Riotte*
Saarburg	*Hermes*
Saarbrücken	*Rensch*
Schönberg	*Bohlen*
Schweich	*Engeler*
Stadtkyll	*Ganser*
Trier	*Willem Zinck*
Wadern	*Simon*
Waldmohr	*Fuchs*
Wittlich	*Lorsch*

Departement Rhein und Mosel

Kanton	*Friedensrichter*
Koblenz	*Lintz (père)*
	Pierre Aloise Gießen
Rübenach	*Burret*
Polch	*Hirschbrun*
Boppard	*Ferres*
Treis	*Waechter*
Münster	*Kraus*
Andernach	*Henkmann*
Mayen	*Küntzer*
Wehr	*Gödertz*
Remagen	*Robertz*
Bonn	*Robson* (Stadt)
	Destroux (ländlicher Kanton)
Rheinbach	*Hammecker*
Altenahr	*Dellhees*
Aldenau	*Decker*
Birnenburg	*Wülfing*
Ulmen	*Joseph Birk*
Kaisersesch	*Doll*
Lutzerath	*Adams*
Cochem	*Charles Gaspard Birck*
Zell	*Wirth*
Kastellaun	*Röchling*
St. Goar	*Wächter (père)*
Bacharach	*Horstmann*
Simmern	*Weigold*
Kirchberg	*Freudenberg*
Trarbach	*Frantz*
Kirn	*Reichensberger*
Stromberg	*Borosini*
Kreuznach	*Hexamer*
Sobernheim	*Mantz*

Departement Roër

Kanton	*Friedensrichter*
Aachen	*Korff*
	Senden
	Contrain
Burtscheid	*Herpers*
Düren	*Pangh*
Eschweiler	*Esser*
Froitzheim	*Brünninghausen*
Geilenkirchen	*Kray*
Gemünd	*Stoltzen*
Heinsberg	*Hoffstadt*
Linnich	*Michels*
Monschau	*Berghes*
Sittard	*Schmitz*
Bergheim	*Correns*
Brühl	*Gansen*
Dormagen	*Neesen*
Elsen	*Pampus*
Jülich	*Gevenich*
Kerpen	*Willmes*
Köln	*Joh. Bernh. Willmes*
	Dender
	Kramer
	Blanchard
	Bertram
Lechenich	*Prange*
Weiden	*Karl Esser*
Zülpich	*Schüller*
Bracht	*Heinr. Gottfried Sybertz*
Erkelenz	*Wilhelm Sybertz*
Kempen	*Emans*
Krefeld	*Niesemann*
Moers	*Paschen*
Neersen	*Lichtschlag*
Neuß	*Peltzer*
Odenkirchen	*Commer*
Rheinberg	*Küpper*
Uerdingen	*Backhuys*

Viersen	*Kremers*
Geldern	*Lomm*
Gemert	*Vanommeren*
Goch	*Junck*
Horst	*Worringen*
Kalkar	*Raab*
Kleve	*Hopmann*
Kranenburg	*Moras*
Ravenstein	*Krul*
Wankum	*Joh. Peter Franz*
	Backhuys
Xanten	*De Bruyn*

Departement Donnersberg

Kanton	*Friedensrichter*
Mainz	*Schlemmer*
	Dick
	Kissel
Worms	*Heusel*
Zweibrücken	*Müller* (aus Kusel)
Germersheim	*Schott*
Edenkoben	*Weygand*
Neustadt	*Zink*
Speyer	*Adam Freytag*
Dürkheim	*Lippert (l'ainé)*
Grünstadt	*Kessler*
Frankenthal	*Kriebel*
Pfedersheim	*Reuling*
Otterberg	*Rettig*
Kaiserslautern	*Illig*
Wolfstein	*Scheuer*
Lauterecken	*Jaeger*
Landstuhl	*Wittmann*
Homburg	*Kerner*
Mödelsheim	*Keller*
Neuhornbach	*Schmit*
Kontrig	*Charles Heuser*
Pirmasens	*Reider*

Waldfischbach	*Guthmann*
Annweiler	*Lichtenberger*
Goelheim	*Kirchweger*
Kirchheim-Bolanden	*Heidloff*
Alzey	*Schaad*
Bechtheim	*Müller*
Oppenheim	*Braun*
Woerstadt	*Dedel*
Niederolm	*Wolff (l'ainé)*, aus Mainz
Oberingelheim	*Cämmerer*
Bingen	*Merkel*
Wöllstein	*Löweer*
Obermoschel	*Umbscheiden*
Rockenhausen	*Krach*
Winnweiler	*Lippert (cadet)*[806]

806 AN Paris, BB^5 255. Für spätere Ernennungen oder Bestätigungen siehe *Journal der Rechtsgelehrsamkeit*, 1. Jhg. (1799), Heft 1, 2, 3 und 4.

ANHANG II

Die Kandidatenliste von Boucqueau[807]

Für das **Kriminalgericht** schlug *Boucqueau* vor:

- *Bruges* (aus Colmar, seit 1758 Richter am "Conseil Souverain d'Alsace", später Vorsitzender des Kriminalgerichts des Departements Oberrhein und danach Vorsitzender des "Conseil Général" des Departements Rhein und Mosel; als Vorsitzender vorgeschlagen, da er als rechtschaffener und loyaler Mann gelte, der ergebener Patriot und "instruit dans la jurisprudence ancienne et actuelle" sei),

- *Lassaulx* ("homme de loi", Richter am Zivilgericht des Departements, Rechtsgelehrter; er gelte als unbestechlicher Mann),

- *Trumb* (Richter am Zivilgericht; er sei als Kenner der Justiz),

- *Mathieu* ("homme de loi"),

- *Cochems* ("homme de loi"),

- *Giraud* (ehemals öffentlicher Ankläger des Departements Jemappel, für das Amt des Kommissars vorgeschlagen; er gelte als charakterfest, verfüge über gute Kenntnisse und eigne sich als Nachfolger des damaligen öffentlichen Anklägers *Gerdom*, eines zwar rechtschaffenenen Mannes, der jedoch aufgrund seiner Trunksucht und seines Alters unbrauchbar und unfähig sei) und

- *Simon* (als Greffier vorgeschlagen).

---

807 Kandidatennamen und deren Eigenschaften aus *Boucqueaus* Sicht in AN Paris BB^5 261. Am besten geschätzt von *Boucqueau* unter den vorgeschlagenen Kandidaten zum Appellationsgericht sind *Garreau* ("c'est un des hommes les plus estimables que je connaisse, je voudrais pouvoir le proposer pour des fonctions plus importantes") und *Jouve* ("c'est un homme que sa candeur, sa sensibilité et ses connaissances rendent bien estimable; puisse mon témoignage contribuer à augmenter la bonne opinion que sa conduite a dû inspirer").

Für das **Gericht erster Instanz in Koblenz** schlug *Boucqueau* vor:

- *Schmitt* ("homme de loi" und ehemaliger Jura-Professor; für das Amt des Vorsitzenden vorgeschlagen und gelte als sorgfältiger Arbeiter mit wertvollen fachlichen Kenntnissen),

- *Tippel* (Zivilrichter, rechtschaffen und gebildet und "sachant les deux langues"),

- *L'Ami* (Zivilrichter),

- *Blum* (Zivilrichter),

- *Burret* ("homme de loi" und ehemaliges Mitglied der Stadtverwaltung von Koblenz),

- *Schreiber* (Zivilrichter; er gelte - wie auch *Blum* und *Burret* - als "estimable" und sollte im Laufe der Zeit ein guter Richter werden),

- *Gabel* (Zivilrichter; als nützlich erachtet, da er die alten Zivilgesetze des Landes kenne),

- *Nell* (Stellvertreter des Kommissars bei den Gerichten erster Instanz, als Kommissar vorgeschlagen),

- *Sauchers* (ehemals Zivilrichter; als Greffier vorgeschlagen, da er nicht über die nötigen Kenntnisse verfüge, um im Amt zu bleiben) und

- *Meller* (wegen seiner Strenge als "magistrat de sûreté" für das Arrondissement Koblenz vorgeschlagen; daher vertraute *Boucqueau* auch darauf, daß er der Korruption der Justiz in seinem Distrikt einen Riegel vorschieben werde).

Für das **Gericht erster Instanz in Bonn** schlug *Boucqueau* vor:

- *Boosfeld* ("homme de loi", Bürgermeister von Bonn, "très estimé et instruit"),

- *Maehler* (Zivilrichter; er erfreue sich eines guten Rufs),

- *Pringstein* ("homme de loi", ehemals "Conseiller intime"; aufgrund seiner Kenntnisse und Rechtschaffenheit empfohlen),

- *Dupont* (Zivilrichter, Franzose mit guten Kenntnissen, rechtschaffen; er habe jedoch das Laster, dem Alkohol verfallen zu sein),

- *Stengel* (ehemaliger Rat, als Ersatzrichter vorgeschlagen),

- *Munich* (ehemaliger Rat, als Ersatzrichter vorgeschlagen),

- *Mastiaux* ("homme de loi", als Ersatzrichter vorgeschlagen),

- *Guerold* (Kommissar beim Zuchtpolizeigericht, für das Amt des Kommissars vorgeschlagen, frankreichtreu "depuis le commencement"),

- *Delorraine* (Zivilrichter, jedoch nicht im Besitz der nötigen Kenntnisse und taub; als Greffier vorgeschlagen) und

- *Fischnich* (Professor der Rechte; er gelte als gebildeter, rechtschaffener Mann und guter Arbeiter).

Für das **Gericht erster Instanz in Simmern** schlug *Boucqueau* vor:

- *Reichensperger* (Zivilrichter; für das Amt des Vorsitzenden vorgeschlagen: "Il est regardé comme un des meilleurs juges du tribunal actuel"),

- *Horstmann* (ehemaliger Rechtsanwalt von Baaden, seinerzeit Friedensrichter in Bacharach; er gelte als rechtschaffener, gebildeter und geschätzter Mann),

- *Frantz* (Friedensrichter in Trarbach, ein geachteter Mann),

- *Frisinius* (unter dem "ancien régime" ehemaliger Vogt von Kirchberg, geachtet und gebildet),

- *Schwenek* ("homme de loi" in Bacharach),

- *Lebens* (ehemals Vorsitzender des Kriminalgerichts; er gelte als ehrenwerter, geschätzter und frankreichtreuer Mann, aber ohne die erforderlichen Kenntnisse, ohne Reife im Amt und ohne die Charakterfestigkeit, die für dieses Amt unabdingbar seien. Er werde daher als Kommissar vorgeschlagen),

- *Balbiano* (Greffier beim Zuchtpolizeigericht; als Greffier vorgeschlagen) und

- *Roechling* (Friedensrichter von Castellaun; als "magistrat de sûreté" vorgeschlagen: "C'est un très bon sujet").

Für das **Berufungsgericht** schlug *Boucqueau* vor:

- *Bruges* (er sei bereits für das Amt des Vorsitzenden des Kriminalgerichts vorgeschlagen und daher, im Falle seiner Ernennung, rechtmäßiges Mitglied dieses künftigen Gerichts),

- *Blouet* (Kommissar beim Gericht erster Instanz; er gelte als rechtschaffener Mann, aber schwach und kleinmütig und daher wenig für dieses Amt geeignet. Sein Fehler sei, nicht mit der nötigen Energie gegen Mißbräuche und Korruption in der Justiz des Departements vorgegangen zu sein),

- *Coenen* (ehemals Bürgermeister von Zell und Mitglied des Generalrats des Departements; er gelte als rechtschaffener und weltoffener Mann),

- *Garreau* (Richter am Revisionsgericht; er erfreute sich der Wertschätzung *Boucqueaus*, der ihn sogar für wichtigere Ämter vorschlagen sollte) und

- *Jouve* (Kommissar bei den Gerichten erster Instanz im Departement Saar; auch er besaß den vollen Respekt *Boucqueaus* aufgrund seiner zahlreichen persönlichen und beruflichen Eigenschaften).

ANHANG III

Die Kandidatenliste von Vanrecum[808]

"Pays de Cologne": (Kölner Land):

- *Schmitz* (ehemaliges Ratsmitglied des Kurfürsten von Köln, gebildet und geschätzt)

- *Daniels* (ehemaliger Juraprofessor in Bonn; er gelte als rechtschaffen und fachkundig)

- *Silender* (Notar zu Bonn, geachtet)

- *Gerold* (ehemals Ratsmitglied des Kurfürsten, zur damaligen Zeit Kommissar am Zuchtpolizeigericht Bonn; er gelte als rechtschaffener und gebildeter Mann)

"Pays de Trèves" (Trierer Land)

- *Linz* (ehemals Mitglied des "Corps législatif", Rechtsgelehrter)

- *Günther* (Mitglied des Revisionsgerichts, ehemals Sekretär am alten Gerichtshof in Koblenz, gebildet und geschätzt)

- *Lebens* (Vorsitzender des Kriminalgerichts des Departements Rhein und Mosel, ehemals Rechtsanwalt in Koblenz, Rechtsgelehrter, rechtschaffen)

- *Lassaulx* (Richter in Koblenz, ehemaliges Ratsmitglied des alten Gerichtshofs dieser Stadt; er gelte als guter Rechtsgelehrter rechtschaffen)

- *Mähler* (Richter in Koblenz, ehemaliger Rechtsanwalt)

- *Coenen* (ehemals Vogt in Zell, geschätzter und gebildeter Mann)

---

808 Kandidatennamen und deren Eigenschaften aus *Vanrecums* Sicht in AN Paris BB^5 261.

"Pays de Mayence" (Mainzer Land):

- *Hadamer* (ehemals "sindic de la noblesse" von Mainz, Rechtsanwalt am Mainzer Gericht, rechtschaffen und gebildet)

- *Schmitt* (Vorsitzender des Zivilgerichts in Mainz, rechtschaffen und gebildet, "ancien avoué")

- *Bodmann* (Professor der Rechte in Mainz, früher Professor an der örtlichen Universität)

- *Molitor* (ehemals Professor, zur damaligen Zeit Richter in Mainz; er gelte als gebildet, aktiv und rechtschaffen)

"Pays de Baaden (Baadener Land):

- *Gosweiler* (ehemals Vogt in Baaden, Präsident des Mainzer Zivilgerichts; er gelte als ehrenwert und gebildet)

Vanrecum merkte weiterhin an, daß alle übrigen gebildeten Juristen der Markgrafschaft Baaden bei Kriegsausbruch an das rechte Rheinufer geflüchtet seien.

"Pays palatins (Pfalz):

- *Potthoff* (ehemals Ratsmitglied am Gerichtshof in Mannheim, vordem Gerichtsherr der Stadt Kreuznach und Bürgermeister von Kreuznach; er erfreue sich eines sehr guten Rufs)

- *Lippert* (Notar in Dürkheim, ehemaliger Rechtsanwalt am Mannheimer Gerichtshof; er gelte als aufrichtig und gebildet)

"Pays de Deux-Ponts" (Zweibrücker Land):

- *Röchling* (Friedensrichter in Kastellaun im Departement Rhein und Mosel, ehemals Vogt im Herzogtum Zweibrücken, ein beliebter und gebildeter Mann, der aufgrund seines starken Gefühls der Verbundenheit zu seinen Mitbürgern bereits zweimal das Richteramt in Koblenz abgelehnt habe).

- *Unschürtz* (ehemals Assessor in der Vogtei von Meisenheim im Zweibrükker Land, damals Richter am Mainzer Gericht; er gelte als sehr gebildet und geachtet)

- *Müller* (Friedensrichter in Kusel, Departement Saar; ehemals Vogt von Kusel; er erfreute sich derselben Wertschätzung wie *Röchling*)

- *Sturz* (ehemaliger Vogt des Herzogtums Zweibrücken, zur damaligen Zeit Anwalt in Mainz und Mitglied des "Conseil Général" des Departements Donnersberg; er gelte als rechtschaffen und sehr gebildet)

- *Wehner* (ehemaliger Gerichtsherr in Zweibrücken, Rechtsgelehrter).

ANHANG IV

Die Kandidatenliste von Cogels[809]

Das Aachener Gericht erster Instanz:

- *Efferts* (Zivilrichter; für das Amt des Präsidenten vorgeschlagen)
- *Cunzer* (Zivilrichter)
- *Giesen* (Zivilrichter)
- *Pézeux* (ehemaliger öffentlicher Ankläger mit Wohnsitz in Aachen)
- *Hoffstadt* (ehemaliger Friedensrichter von Heinsberg)
- *Vossen* (Kommissar am Zuchtpolizeigericht in Aachen, für das Amt des Kommissars vorgeschlagen)
- *Berens* (Friedensrichter in Linnich, für das Amt des Stellvertretenden Kommissars vorgeschlagen)
- *Contrain* (Friedensrichter in Aachen, für das Amt des Greffiers vorgeschlagen)

Das Kölner Gericht erster Instanz:

- *Zurhoven* (Zivilrichter; für das Amt des Präsidenten vorgeschlagen)
- *Eschweiler* (Zivilrichter)
- *Correntz* (Friedensrichter in Bergheim)
- *Venedey* (ehemaliger Stadtbeamter in Köln)
- *Antoine* (Zivilrichter)

809 Kandidatennamen und deren Eigenschaften aus *Cogels* Sicht in AN Paris BB^5 261.

- *Pangh* (Zivilrichter; für das Amt des Kommissars vorgeschlagen)
- *Bender* (Friedensrichter zu Köln, für das Amt des stellvertretenden Kommissars vorgeschlagen)
- *Hohenschutz* (Greffier am Zivilgericht; für das Amt des Greffiers vorgeschlagen)

Das Gericht erster Instanz in Kleve:

- *Worringen* (Friedensrichter in Horst, für das Amt des Präsidenten vorgeschlagen)
- *Blumhofer* (Zivilrichter)
- *Moras* (Friedensrichter in Kleve)
- *Finance* (Friedensrichter in Xanten)
- *Finance* (Kommissar am Zuchtpolizeigericht in Kleve, für das Amt des Kommissars vorgeschlagen. *Cogels* merkte an, daß er in der Zwischenzeit (Jahr X, 1802) verstorben sei und sein Sohn, der Friedensrichter von Xanten, ihm im Amt nachfolge.)
- *Cremer* (Kommissar am Zuchtpolizeigericht von Krefeld, für das Amt des Stellvertretenden Kommissars vorgeschlagen)
- *Welter* (Greffier am Kölner Zuchtpolizeigericht, für das Amt des Greffiers vorgeschlagen)

Das Gericht erster Instanz in Krefeld:

- *Mercken* (Zivilrichter, für das Amt des Präsidenten vorgeschlagen)
- *Erlenwein* (Friedensrichter in Ürdingen)
- *Sybertz* (Friedensrichter in Bracht)

- *Peltzer* (Friedensrichter in Neuss)

- *Hanf* (Rechtsprofessor an der Zentralschule des Departements Meuse Inférieure)

- *Schüntzgen* (Zivilrichter; für das Amt des Kommissars vorgeschlagen)

- *Commer* (Friedensrichter in Odenkirchen; für das Amt des stellvertretenden Kommissars vorgeschlagen)

- *Breitenbach* (Greffier am Zuchtpolizeigericht Krefeld; für das Amt des Greffiers vorgeschlagen)

Kriminalgericht:

- *Meller* (Richter am Kriminalgericht des Departements Meuse Inférieure; für das Amt des Präsidenten vorgeschlagen)

- *Kramer* (Zivilrichter)

- *Hebert* (Stellvertretender Kommissar am Kriminalgericht)

- *Keil* (öffentlicher Ankläger am Kriminalgericht; für das Amt des Kommissars vorgeschlagen. *Cogels* brachte seinen Enthusiasmus über diese Person wie folgt zum Ausdruck: "On ne croit pas qu'on puisse faire un meilleur choix")

- *Villard* (aus Colmar, stellvertretender Gerichtsschreiber am Berufungsgericht im Departement Oberrhein; für das Amt eines Greffier vorgeschlagen. Wie *Cogels* anmerkte, verfüge er nicht nur über sehr gute Kenntnisse in seinem Arbeitsbereich und gründliche Erfahrung im Bereich der Justiz, er beherrsche vor allem beide Sprachen, Französisch und Deutsch, was in den linksrheinischen Departements von wesentlicher Bedeutung sei. Außerdem sei er eine rechtschaffene Person.)

Berufungsgericht:

- *Koenen* (Präsident des Kölner Kriminalgerichts)
- *Vossen der Ältere* (Kommissar beim Gericht erster Instanz des Departements)
- *Blanchard* (Zivilrichter)
- *Sandherr* (Zivilrichter im Departement Rhein und Mosel)
- *Banges* (Inspektor beim "enregistrement" in Koblenz; ehemaliges Mitglied des Conseil Souverain d'Alsace, seit der Revolution Bürgermeister von Sarreguemines und später Präsident des Kriminalgerichts im Departement Oberrhein. Nach *Cogels* Ansicht vereine er ein beachtliches Maß an Ehrgeiz und Aktivismus mit fachlichen Kenntnissen und erfreue sich in Koblenz der Wertschätzung und des Vertrauens der Öffentlichkeit. Er sei geeignet, dem einzurichtenden Berufungsgericht vorzusitzen.)

ANHANG V

Die Bewerbungen um Stellen in der reformierten Justiz

Es folgt eine Aufstellung der Kandidaten, die in ihren Bewerbungen nicht nur die (als sehr wichtig betrachteten) Sprachkenntnisse, sondern auch ihre Dienste in der Zeit des Ancien régime anführten.

Für das ROËR-DEPARTEMENT waren dies die Bürger[810]:

- *Arbinet*
- *Licey* (Anwalt in Köln seit 1788)
- *Meller* (Kriminalrichter im Departement der Meuse Inférieure, vom Gendarmeriegeneral *Wirion* und von *Merlin de Thionville* empfohlen)
- *Droixhe* (Zivilrichter im Departement Meuse Inférieure, "père de famille et d'une conduite irréprochable")
- *Keil*
- *Chambon*
- *Bodart* (ehemals Anwalt, jetzt Präsident des Zivilgerichtes des Ourthe Departements mit Sitz in Huy),
- *Eberhard* (Richter in Maastricht, Departement Meuse Inférieure),
- *Pellegrin*
- *Moxhon* (ehemaliger Kommissar bei den erstinstanzlichen Gerichten in Lüttich),
- *Renson* ("homme de loi" aus Lüttich),
- *Heer* ("juriconsulte", Friedensrichter in Kleve),

810 Alle in AN Paris, BB^5 262-264.

- *Kley* und *Blasius* (Belgier aus Stavelot; sie baten um eine Stelle als Gerichtsschreiber),

- *Buch* (aus Bentheim in Westfalen, ehemaliger Diplomat und Vertreter der batavischen Republik),

- *Fortune* (bat um eine Stelle als Gerichtsschreiber),

- *Moras* (Friedensrichter in Kleve),

- *Vanmack* (ehemals Kommissar im Kanton Calcar, gebürtiger Belgier)

- *Karsch* ("homme de loi"),

- *Vanhouten* (bat um eine Stelle als Gerichtsschreiber als Entschädigung für die erlittenen Verluste "pour la cause de la Révolution"),

- *Vossen der Ältere*,

- *Schippers* (Anwalt vor dem Einmarsch der Franzosen),

- *Nieremann* (Richter im ehemaligen Herzogtum Jülich, dann Friedensrichter in Krefeld),

- *Josten* (Anwalt vor 1794, dann Friedensrichter in Ürdingen),

- *Cremers* (Regierungskommissar beim Zuchtpolizeigericht Krefeld),

- *Märken* (Präsident desselben Gerichtes),

- *De Koning* (ehemaliger Kavallerieoffizier aus Utrecht mit beträchtlichem Vermögen. Er wünschte sich den Umzug als Richter nach Köln oder Aachen, weil dort bessere Erziehungsmöglichkeiten für seine fünf Kinder bestünden, die in den Landgemeinden der batavischen Republik nicht hinreichen versorgt seien),

- *Jansenius* ("homme de loi"),

- *Brémont* (im Ancien régime Anwalt beim "Parlement" der Ardennen, dann Regierungskommisssar am Kriminalgericht des Ardennen-Departements),

- *Kamphausen* (Conseiller aulique in der Kurpfalz und Professor der Rechte in Düsseldorf im Ancien régime, dann Munizipalbeamter in Düren ab 1798),

- *Gadé* ("homme de loi", der um eine Richterstelle bat, obwohl er 1797 den von General *Hoche* allen Beamten des linken Rheinufers auferlegten Treueeid zur französischen Republik verweigert hatte, seitdem in Vergessenheit geraten war und als Anwalt lebte),

- *Hommerz* (Beamter der Gemeindeverwaltung in Aachen seit 1798),

- *Zumbach* (Zivilrichter im Roër-Departement),

- *Dautzenberg* (treuer Franzosenfreund seit 1794, "Directeur d'instruction du jury" in Aachen),

- *Bessejon* (Franzose, Richter seit 1792 und dann Mitglied der Zentralverwaltung im Roër-Departement).

Für das RHEIN-MOSEL-DEPARTEMENT waren dies die Bürger[811]:

- *Gerdom* (Anwalt und hoher Richter vor 1794, von 1798 bis 1802 Richter und öffentlicher Ankläger im Rhein-Mosel-Departement),

- *Derode* (Zivilrichter im Rhein-Mosel-Departement, Justizbeamter seit mehr als zwanzig Jahren),

- *Eilgard* ("homme de loi", sechs Jahre lang Richter vor der Revolution, dann Friedensrichter in Venlo),

- *Vancon* (ehemals Richter im Rhein-Mosel-Departement und seit 1768 Zivil- und Kriminalrichter in Bruyères, Vogesen),

- *Gucker* (ehemals Präsident des Zivilgerichtes des Rhein-Mosel-Departements, dann entlassen; er bat um Wiedereinstellung),

811 Alle in AN Paris, BB[5] 261.

- *Chailly* (ehemals Anwalt beim "Parlement" von Nancy; er bat um eine Richterstelle zur Versorgung seiner "nombreuse famille"),
- *Deguilly* (ehemals Arzt und "officier de santé" seit 1791, dann Beamter bei der Zentralverwaltung),

- *Michelet* (seit 1767 Mitglied des ehemaligen Conseil Souverain d'Alsace und Diplomat),

- *Herbu* (Regierungskommissar beim erstinstanzlichen Gericht des Pas-de-Calais-Departements),

- *Dupont* (Richter beim Zivilgericht des Rhein-Mosel-Departement, ehemals Anwalt beim Conseil Souverain d'Alsace von 1770 bis 1787; er schrieb sich das Verdienst zu, als anfänglich einziges französisches Mitglied des Zivilgerichtes seinen deutschen Kollegen die Grundsätze der französischen Gerichtspraxis beigebracht zu haben, in einer Atmosphäre, in der die Vereinigung des linken Rheinufers mit Frankreich von Hindernissen wie "l'entêtement, l'intolérantisme national et le peu de foi" der Einheimischen noch erschwert worden sei),

- *Blouet* (Regierungskommissar bei den Koblenzer Gerichten, Lothringer, seit 23 Jahren im Richterberuf),

- *Picquery* (Offizier und Veteran des amerikanischen Unabhängigkeitskrieges, dann Richter beim "Parlement de Flandre" und nach der Revolution Verwaltungsbeamter in den belgischen Departements),

- *Högg* (aus Koblenz, ehemals Richter im Obererzstift),

- *Duverdier* (aus Metz, Offizier in den Revolutionskriegen),

- *Siegel* (Verwaltungsbeamter beim Trierer Kurfürsten, dann nach der Revolution Sekretär der Munizipalität Koblenz; sollte er keine Stelle bekommen, würde er sich selbst und seine Familie der größten Armut ausgesetzt sehen),

- *Heichendorff* (Anwalt in Düsseldorf seit 1792, dann arbeitslos geworden, da die *Rudlersche* Neuordnung der Justiz 1798 nur die Anwälte privilegierte, die in den größeren Städten lebten und im Kontakt zu den wichtigsten Gerichten stünden),

- *Wullier* ("homme de loi" aus Colmar),

- *Olthuis* (aus Brüssel, ehemals Anwalt beim "Conseil Souverain" von Brabant),

- *Collas* (Richter beim erstinstanzlichen Gericht im Rhein-Mosel-Departement; er bat um Bestätigung).

Für das SAAR-DEPARTEMENT waren dies die Bürger[812]:

- *Hanne* (öffentlicher Ankläger beim Kriminalgericht; er bat um seine Bestätigung als Regierungskommissar, da die zwei Ämter laut Art. 63 der Verfassung vom Jahr VIII vereinigt werden sollten),

- *Gattermann* (Regierungskommissar beim Zuchtpolizeigericht Trier, vorher, seit 1778, Anwalt und Richter in Trier),

- *Febvre* (ehemals Richter in Innerfrankreich, Anwalt seit 1768),

- *Ebentheures* (Zivilrichter im Saar-Departement),

- *Aldringen* (aus Trier, dort Universitätsprofessor für Zivilrecht seit 1774, Anwalt und Richter von 1794 bis 1795),

- *Mathieu* (Gerichtsschreiber beim Gericht erster Instanz des Rhein-Mosel-Departements).

Für das DONNERSBERG-DEPARTEMENT waren dies die Bürger[813]:

- *Parcus* ("homme de loi", Anwalt beim Gericht erster Instanz des Departements und eifriger Franzosenfreund),

- *Sturtz* (vor der Revolution Anwalt und Richter in der Kurpfalz),

812 Alle in AN Paris, BB^5 265-267.
813 Alle in AN Paris, BB^5 258-260.

- *Duesberg* (ehemals "conseiller aulique" in Westfalen, dann Richter im Departement Donnersberg; er bat um seine Bestätigung),

- *Jobin* (aus Selestat im Elsaß; er bat um Bestätigung seiner Stelle als Gerichtsschreiber am Zuchtpolizeigericht in Speyer),

- *Wenz* (Baron des Heiligen Römischen Reiches aus Koblenz, ohne Justizerfahrung, aber "chargé d'une famille nombreuse"; er bat um eine Richterstelle),

- *Bauersachs* (vom Außenminister *Talleyrand* empfohlen, gebürtiger Sachse und dort Anwalt vor der Revolution, mit tiefen Kenntnissen der deutschen Rechte),

- *Wersin* (aus Belfort im Oberrhein-Departement, Anwalt vor und nach der Revolution),

- *Coqueville* (ebenfalls aus Belfort, Anwalt beim Elsässer "Conseil souverain" seit 1770),

- *Duplat* (aus Sarrelibre im Nord-Departement, "Substitut" des Regierungskommissars bei den Gerichten erster Instanz des Saar-Departements, seit 1800 Richter im Roër- und Donnersberg-Departement; er bat um seine Bestätigung und räumte ein, daß seine Deutschkenntnisse nicht sehr tief seien; er könne aber genügend Deutsch, "pour qu'il ne lui soit pas étranger dans ses fonctions"),

- *Umpfenbach* (vor der Revolution ohne Berufserfahrung, Freiheitsfreund, seit 1798 Präsident der Munizipalität Mainz und dann Zivilrichter im Donnersberg-Departement; er hatte vier Kinder und bat um seine Bestätigung),

- *Petri* (bat um eine Stelle als Gerichtsschreiber),

- *Steinen* (bat um seine Bestätigung als Gerichtsschreiber),

- *Hartmann* (seit 1784 Richter beim Obergericht der Kurpfalz, Flucht nach Frankreich im Jahre 1792, 1798 Richter im Departement Meuse Inférieure und seit demselben Jahr öffentlicher Ankläger bei den erstinstanzlichen Gerichten in Mainz; er bat um seine Bestätigung).

ANHANG VI

Die Kandidatenliste von Jeanbon Saint'André[814]

- *Linz* (aus Koblenz, ehemals Direktor der "Chambre des finances" des Trierer Kurfürsten; vom Koblenzer Bürgermeister und dem Kommissar beim Gericht des Departements Rhein und Mosel empfohlen)

- *Horda* (ehemaliger Rat beim "Conseil Souverain d'Alsace", Empfehlung von *Rudler*)

- *Wackendorf* (Bürgermeister von Adendorf, vom ehemaligen Unterpräfekten des Departements Rhein und Mosel, *Champein*, empfohlen)

- *Rollet* (Ersatzrichter am Zivilgericht Saar, auf Empfehlung von *Duchesne*, "inspecteur en chef des eaux et forêts" des Departements Saar)

- *Porteu* ("ancien avocat" und ehemals Kommissar der Stadtverwaltung des Kantons Erkelenz, Departement Roër, auf Empfehlung eines Mitglieds des "Corps législatif" und von *Simon*, dem Präfekten des Departements Roër)

- *Perieux* (ehemals Leutnant des Heers, auf Empfehlung von *Simon*)

- *Philippe* (Richter am Zivilgericht des Departements Saar, auf Empfehlung von *Kellermann*, Senatspräsident)

- *Grossmann* ("homme de loi" aus Köln, ehemals Rat am Berufungsgericht und dem Gericht der "officialité" des Kurfürsten, auf Empfehlung des Kölner Bürgermeisters)

- *Sta* (ehemals Stadtverwalter in Lüttich, auf Empfehlung von *Simon*)

- *Magor* (aus Metz, auf Empfehlung von *Chappel*, ehemaliger Abgeordneter des "Corps législatif")

- *Muller* (Friedensrichter, auf Empfehlung von *Alexandre*, Tribunats-Mitglied)

---

814 AN Paris, BB^5 255.

- *Fritsch* (Notar im Departement Saar, auf Empfehlung von *Dobsen*, Kommissar am Trierer Revisionsgericht)

- *Wannemark* (belgischer Patriot, Notar in Calcar, Departement Roër, auf Empfehlung von *Meda*, "chef d'escadron adjoint" beim Heeresstab, und *Grebert*, ehemaliges Mitglied des "Corps législatif" und Kollege *Jollivets*)

- *Gadé* ("homme de loi" aus Köln, auf Empfehlung des Bürgermeisters und Unterpräfekten von Köln),

- *Hernsdorff* (aus Köln, ohne Empfehlungen).

ANHANG VII

Die Ernennungen in der reformierten Justiz

Mit Dekret des ersten Konsuls vom 23 Nivôse an XI (13. Januar 1863) wurden die Justizbeamten der neuen Justizorganisation ernannt. Die Neuorganisation sah anstelle der Departementsgerichte Arrondissementsgerichte vor, die zugleich als Zivilgerichte und Zuchtpolizeigerichte (für Strafsachen) fungieren sollten.

Das Bild der Ernennungen stellt sich wie folgt dar[815]:

Kriminalgericht des Saar-Departements:

Vorsitzender:	*Bruges*
Richter:	*Apprenderis* *Manessi*
Stellv. Richter:	*Stephani* *Meesen*
Regierungskommissar:	*Birck*
Greffier:	*Runten*

815 AN Paris, AF IV 81 n° 1 (Kriminalgericht des Roër-Departements) und AF IV n° 35 (übrige Ernennungen).

Kriminalgericht des Rhein-Mosel-Departements:

Vorsitzender:	*Gunther*
Richter:	*Lassaulx* *Coenen*
Stellv. Richter:	*Giesen* *Cochems*
Regierungskommissar:	*Gattermann*
Greffier:	*Lasserre*

Kriminalgericht des Donnersberg-Departements:

Vorsitzender:	*Rebmann*
Richter:	*Maas* *Mahien*
Stellv. Richter:	*Horix* *Umpfenbach*
Regierungskommissar:	*Tissot*
Greffier:	*Widenloecher*

Kriminalgericht des Roër-Departements:

Vorsitzender:	*Meller*
Richter:	*Sybertz* *Pellegrin*
Stellv. Richter:	*Calemberg* *Zurhoven*
Regierungskommissar:	*Hanne*
Greffier:	*Leroy*

DONNERSBERG-DEPARTEMENT:

Gericht erster Instanz Mainz:

Vorsitzender:	*Antoine*
Stellv. Vorsitzender:	*Handel*
Richter:	*Bodmann* *Molitor* *Merkel* *Stephani* *Granet*
Stellv. Richter:	*Wirth* *Boost* *Duesberg* *Melchior*
Regierungskommissar:	*Ricatte*
Stellv. Regierungskommissar: (Substitut au civil)[816]	*Schlemmer*
Stellv. Regierungskommissar: (Substitut au criminel)	*Schaab*
Greffier:	*Guellain*

816 Bei erstinstanzlichen Gerichten der Departementshauptstädte beschäftigten sich die "Substituts" des Regierungskommissars jeweils mit Zivil- und Zuchtpolizeisachen. Bei den anderen erstinstanzlichen Gerichten diente der einzige Substitut als Sicherheitsbeamter für Zuchtpolizeisachen.

Gericht erster Instanz Speyer:

Vorsitzender:	*Gosweiler*
Richter:	*Doerr* *Bourst* *Loesch*
Stellv. Richter:	*Hanck* *Dupré* *Deines*
Regierungskommissar:	*Dick*
Sicherheitsbeamter/ Substitut au criminel:	*Schwind*
Greffier:	*Villard*

Gericht erster Instanz Kaiserslautern:

Vorsitzender:	*Umbscheiden*
Richter:	*Fleuri* *Schmitt*
Stellv. Richter:	*Rellig* *Fliesen*
Regierungskommissar:	*Dandoi*
Sicherheitsbeamter/ Substitut au criminel:	*Retzer*
Greffier:	*Daum*

Gericht erster Instanz Zweibrücken:

Vorsitzender:	*Horn*
Richter:	*Arbinet* *Keissel*
Stellv. Richter:	*Hortsmann* *Keisermeller*
Regierungskommissar:	*Weiland*
Sicherheitsbeamter/ Substitut au criminel:	*Labroiste*
Greffier:	*Petry*

RHEIN- UND-MOSEL-DEPARTEMENT:

Gericht erster Instanz Koblenz:

Vorsitzender:	*Michelet*
Richter:	*Dupont* *Tippel* *Amye*
Stellv. Richter:	*Mathié* *Lintz* *Schreiber*
Regierungskommissar:	*Nell*
Sicherheitsbeamter/ Substitut au criminel:	*Delacroix*
Greffier:	*Sandherr*

Gericht erster Instanz Bonn:

Vorsitzender:	*Maehler*
Richter:	*Bouvier* *Sabel*
Stellv. Richter:	*Stengel* *Mastiaux*
Regierungskommissar:	*Guerrold*
Sicherheitsbeamter/ Substitut au criminel:	*Fischnich*
Greffier:	*Gilles*

Gericht erster Instanz Simmern:

Vorsitzender:	*Houard*
Richter:	*Lebens* *Reineck*
Stellv. Richter:	*Frisinius* *Deuster*
Regierungskommissar:	*Roehling*
Sicherheitsbeamter/ Substitut au criminel:	*Beckers*
Greffier:	*Weidold*

ROËR-DEPARTEMENT:

Gericht erster Instanz Aachen:

Vorsitzender:	*Effertz*
Stellv. Vorsitzender:	*Cunzer*
Richter:	*Giessen* *Nybelen* *Antoine* *Tryst* *Dahmen*
Stellv. Richter:	*Schmitt* *Senden* *Dauven* *Bock*
Regierungskommissar:	*Vossen (der Jüngere)*
Stellv. Regierungskommissar: (Substitut au civil)	*Blouet*
Stellv. Regierungskommissar: (Substitut au criminel)	*Blumhofer*
Greffier:	*Maassen*

Gericht erster Instanz Köln:

Vorsitzender:	*Koenen*
Stellv. Vorsitzender:	*Blanchard*
Richter:	*Zumbach* *Regnard Gironcourt* *Maerken* *Eichweiller*
Stellv. Richter:	*Kramer* *Bender* *Heinsberg* *Monschau*
Regierungskommissar:	*Keil*
Stellv. Regierungskommissar: (Substitut au civil)	*Hebert*
Stellv. Regierungskommissar: (Substitut au criminel)	*D'Hamoncelle*
Greffier:	*Hohenschurz*

Gericht erster Instanz Kleve:

Vorsitzender:	*Zurhoven*
Richter:	*Worringen* *Delestré*
Stellv. Richter:	*Kley* *Vonhoussel*
Regierungskommissar:	*Finance*
Sicherheitsbeamter/ Substitut au criminel:	*Bremont*
Greffier:	*Junck*

Gericht erster Instanz Krefeld:

Vorsitzender:	*Knappers*
Richter:	*Erlenwein* *Aldenhoven* *Hanf*
Stellv. Richter:	*Ochers Buchmann* *Schippers* *Josten*
Regierungskommissar:	*Cremer*
Sicherheitsbeamter/ Substitut au criminel:	*Schuntzgen*
Greffier:	*Breitbach*

SAAR-DEPARTEMENT:

Gericht erster Instanz Trier:

Vorsitzender:	*Hermes*
Richter:	*Blanchard de la Musse* *Rosbach* *Montainville*
Stellv. Richter:	*Duppenweiler* *Simon* *Hetzrodt*
Regierungskommissar:	*Lelièvre*
Sicherheitsbeamter/ Substitut au criminel:	*Bidault*
Greffier:	*Salmon*

Gericht erster Instanz Saarbrücken:

Vorsitzender:	*Saal*
Richter:	*Haupt* *Warnier*
Stellv. Richter:	*Hennemann* *Ebel*
Regierungskommissar:	*Dern*
Sicherheitsbeamter/ Substitut au criminel:	*Delisle le bastard*
Greffier:	*Roger*

Gericht erster Instanz Prüm:

Vorsitzender:	*Beisel*
Richter:	*Prost* *Becker*
Stellv. Richter:	*Bender* *Reulandt*
Regierungskommissar:	*Kintz*
Sicherheitsbeamter/ Substitut au criminel:	*Stammel*
Greffier:	*Henning*

Gericht erster Instanz Kusel:

Vorsitzender:	*Muller*
Richter:	*Gunster* *Labaute*
Stellv. Richter:	*Hausner* *Morelle*
Regierungskommissar:	*Repichet*
Sicherheitsbeamter/ Substitut au criminel:	*Ancel*
Greffier:	*Poirot*

Bemerkungen

Es handelte sich um 177 neue Justizbeamte, die, verglichen mit den 113 Beamten der Departementsgerichte der *Rudlerschen* Zeit, eine bemerkenswerte Erhöhung des Justizpersonals darstellten. Die Prozeßparteien verfügten jetzt über ein für Zivil- und Zuchtpolizeisachen zuständiges Gericht in jedem Bezirk (Arrondissement) und waren nicht mehr zu längeren und kostspieligen Reisen in die Departementshauptstädte gezwungen, um ihre Rechte vor Gericht zu verteidigen.

Von den 177 neu ernannten Justizbeamten waren 66 in der früheren Justizorganisation (zur Zeit *Rudlers*) noch nicht tätig gewesen. Dies macht 36 % der Gesamtzahl der Justizbeamten aus. Was damit von Paris bezweckt wurde, war eine Kompromißlösung zwischen den Vorschlägen im Sinne einer Beibehaltung des schon während und nach der Amtszeit *Rudlers* tätigen Justizpersonals (in der vorliegenden Arbeit beispielsweise vom Präfekturrat *Cogels* vertreten)[817] und der Notwendigkeit der Ablösung diese Personals, um ungeeignete Elemente zu entfernen und Fachkenntnissen Platz zu machen.

---

817 S. Kap. IV Nr. 7b(4)

Von den 66 "neuen" Justizbeamten kamen nur zehn aus nicht-linksrheinischen Departements[818]. Damit läßt sich eine drastische Reduzierung des Zuflusses von den elsässischen, lothringischen, belgischen oder innerfranzösischen Departementen zu den Justizposten des linken Rheinufers bestätigen, der typisch für die Anfänge der Amtszeit *Rudlers* war[819].

Die 56 übrigen "neuen" Justizbeamten kamen aus folgenden Bereichen:

- 18 waren"hommes de loi" (ausgebildete Juristen oder Anwälte ohne nähere Bezeichnung; in der früheren Justizorganisation aber noch nicht tätig);
- 20 waren ehemalige Justizbeamte des "ancien régime" (vorfranzösische Zeit), wovon zehn "ancien baillifs" waren und zehn aus ehemaligen Obergerichten stammten[820];
- 15 waren Verwaltungsbeamte, davon drei aus Departements- oder Arrondissementsräten, acht aus den Stadtverwaltungen und vier aus den Präfekturen;
- drei waren Rechtsprofessoren[821].

Daraus läßt sich folgendes ableiten:

a) Die Vorschläge im Sinne einer Wiederbewertung von qualifizierten Justizbeamten des ancien régime (in der vorliegenden Arbeit beispielsweise von *Boucqueau* und *Vanrecum* vertreten)[822] wurden von Paris in gewissem Maße (9 % der gesamten neu ernannten Beamten) berücksichtigt.

b) Es bestand eine gewisse Osmose zwischen Verwaltungs- und Justizpersonal. Dies ist wiederum ein Zeichen dafür, daß Verwaltung und Justiz nicht als

---

818 Einer aus dem Elsaß, drei aus Lothringen, einer aus Innerfrankreich, vier aus den belgischen Departementen.

819 *A. Grilli*, Sprache und Recht, S. 250 (Justizpersonal des Saardepartements).

820 Unter den ehemaligen Oberrichtern aus der vorfranzösischen Zeit waren *Bourst* (Richter in Speyer) und *Michelet* (Vorsutzender des erstinstanzlichen Gerichts zu Koblenz) "conseillers" am Conseil Louverain d'Alsace, während der Regierungskommissar beim erstinstanzlichen Gericht zu Trier, *Lelièvre*, "avocat au Parlement de Flandre" war.

821 Es handelt sich um *Bodmann* (erstinstanzlicher Richter in Koblenz), *Fischnich* (erstinstanzlicher Richter in Bonn) und *Hanf* (erstinstanzlicher Richter in Krefeld). *Daniels*, für das erstinstanzliche Gericht zu Köln von *Vanrecum* vorgeschlagen, wurde hingegen abgelehnt.

822 S. Kap. IV Nr. 7b(1) bis (3).

zwei völlig getrennte, sondern als miteinander in Verbindung stehende Bereiche angesehen werden mußten.

c) Geringfügig ist der Beitrag der Rechtsprofessoren zur neuen Justizorganisation. Mit nur drei Vertretern stellten sie weniger als 2 % der gesamten Zahl der Justizbeamten dar. Ein wahrscheinlicher Grund dafür ist die Tatsache, daß zur Zeit der Neuernennungen die Juristenausbildung im französischen Recht erst in den Anfängen begriffen war und deshalb die Professorenklasse noch keine gefestigte Stellung im Bereich der Juristenwelt der ersten Phase der französischen Zeit genießen konnte[823].

Ein letzter zu unterstreichender Punkt ist, daß von den 111 vorher tätigen Justizbeamten zwölf (11 % der Gesamtzahl) beförderte Friedensrichter waren. Es zeichnete sich somit für verdienstvolle Friedensrichter eine richtige Karriere innerhalb der Justizverwaltung ab. Die Beförderung von Friedensrichtern wurde übrigens auch von *Boucqueau* und *Cogels* propagiert[824].

---

823 S. darüber *Luitwin Mallmann*, Französische Juristenausbildung, S. 47 ff. (Wiedereinführung einer staatlichen Juristenausbildung unter *Napoleon*),.69 ff. (Gründung der Rechtsschule von Koblenz 1806)

824 S. Kap. IV, Nr. 7b(2) bis (4).

ANHANG VIII

Das Revisionsgericht Trier[825]

Richter
Garreau
Günther
Giraud
Piorry
Barris
Rebmann
Cremer
Seignette
Dumey

Regierungskommissar
Dobsen

Gerichtsschreiber
Eichorn

825 Geschaffen mit Beschluß des Direktoriums vom 21. Fructidor an VII (7. September 1799). Mitgliederliste aus *Peter Wasserfall*, Historisch-statistisches Taschenbuch für das Ruhr-Departement, Koblenz 1799-1800, S. 119.

ANHANG IX

Das Appellationsgericht Trier[826]

Richter
Garreau (Präsident)
D'Hame (Stellv. Präsident)
Bruges
Piorry
Rebmann
Giraud
Gunther
Dumey
Lintz
St. Martin
Jouve
Hom
Rozières
Meller
Patin La Fizélières
Legonidec
Boutier
Keil
Daniels
Seyppel
Hartmann

Regierungskommissar
Dobsen

Stellv. Regierungskommissar
Eichorn

Gerichtsschreiber
Mathis

Bemerkungen:

Von den 21 Richtern kamen elf (*Garreau*, *D'Hame*, *Piorry*, *Rebmann*, *Giraud*, *Gunther*, *Dumey*, *Lintz*, *St. Martin*, *Jouve*, *Hom*) aus dem aufgelösten Revisionsgericht. Von den zehn neuen Mitgliedern stammten sechs aus alten und neuen Gerichten der linksrheinischen Departements (*Rozières* war Richter, *Hartmann* öffentlicher Ankläger im Donnersberg-Departement, *Meller* war Vorsitzender des Kriminalgerichts des Roër-Departements, *Keil* war öffentli-

826 Geschaffen mit Dekret vom 14. Fructidor an X (1. September 1802). Das Gerichtspersonal wurde mit Konsulardekret vom 27. Frimaire an XI (18. Dezember 1802) ernannt: AN Paris, AF IV 81 n° 1

cher Ankläger beim erstinstanzlichen Gericht in Köln, *Boutier* und *Seyppel* waren als Richter im Saar-Departement tätig gewesen), einer aus der Gerichtsbarkeit des französischen ancien règime (*Patin La Fizélières*, ehemaliger Richter beim Conseil souverain von Korsika), einer aus dem Pariser Tribunat (*Legonidec*, der später, von 1810 bis 1814, in Rom als kaiserlicher Prokurator beim dortigen neugeschaffenen Appellationshof tätig sein sollte)[827], einer aus dem Kriminalgericht von Colmar (*Bruges*), während der einzige Vertreter Forschung und Lehre unter den Trierern Appellationsrichtern *Daniels* war, der im Ernennungsdekret als "ancien professeur de legislation" bezeichnet worden war.

Es bestätigt sich somit die gemischt rheinländisch-französische Zusammensetzung des Appellationsgerichts. Es bestand darüber hinaus fast ausschließlich aus Justizbeamten oder ehemaligen Richtern (19 der 21 Mitglieder). *Dobsen*, ehemaliger Regierungskommissar am Revisionsgericht, sollte dieses Amt auch am Appellationsgericht innehaben und bis zur napoleonischen Justizreform (1810-1811) beibehalten.

---

827 S. darüber *Paolo Alvazzi del Frate*, Le istituzioni giudiziarie, S. 10 ff.

RECHTSHISTORISCHE REIHE

Band 1 Studien zu den germanischen Volksrechten. Gedächtnisschrift für Wilhelm Ebel. Vorträge gehalten auf dem Fest-Symposion anläßlich des 70. Geburtstages von Wilhelm Ebel am 16. Juni 1978 in Göttingen. Götz Landwehr (Hrsg.) 1982.

Band 2 Hans Poeschel: Die Statuten der Banken, Sparkassen und Kreditgenossenschaften in Hamburg und Altona von 1710 bis 1889. 1978.

Band 3 Thomas Kolbeck: Juristenschwemmen, Untersuchungen über den juristischen Arbeitsmarkt im 19. und 20. Jahrhundert. 1978.

Band 4 Norbert Hempel: Richterleitbilder in der Weimarer Republik. 1978.

Band 5 Rolf Stratmann: Die Scheinbußen im mittelalterlichen Recht. 1978.

Band 6 Martin C. Lockert: Die niedersächsischen Stadtrechte zwischen Aller und Weser. Vorkommen und Verflechtungen. Eine Bestandsaufnahme. 1979.

Band 7 Joachim Rückert/Wolfgang Friedrich: Betriebliche Arbeiterausschüsse in Deutschland, Großbritannien und Frankreich im späten 19. und frühen 20. Jahrhundert. Eine vergleichende Studie zur Entwicklung des kollektiven Arbeitsrechts. 1979.

Band 8 Peter Bender: Die Rezeption des römischen Rechts im Urteil der deutschen Rechtswissenschaft. 1979.

Band 9 Friedrich Karl Alsdorf: Untersuchungen zur Rechtsgestalt und Teilung deutscher Ganerbenburgen. 1980.

Band 10 Dietmar Willoweit/Winfried Schich (Hrsg.): Studien zur Geschichte des sächsisch-magdeburgischen Rechts in Deutschland und Polen (Sammelband). 1980.

Band 11 Brigitte Hempel: Der Entwurf einer Polizeiordnung für das Herzogtum Sachsen-Lauenburg aus dem Jahre 1591. 1980.

Band 12 Klaus-Detlev Godau-Schüttke: Rechtsverwalter des Reiches. Staatssekretär Dr. Curt Joël. 1981.

Band 13 Rainer Polley: Anton Friedrich Justus Thibaut (AD 1772-1840) in seinen Selbstzeugnissen und Briefen. Teil 1: Abhandlung. Teil 2: Briefwechsel. Teil 3: Register zum Briefwechsel. 1982.

Band 14 Michael Wettengel: Der Streit um die Vogtei Kelkheim 1275-1276. Ein kanonischer Prozeß.1981.

Band 15 Otto Wilhelm Krause: Naturrechtler des sechzehnten Jahrhunderts. Ihre Bedeutung für die Entwicklung eines natürlichen Privatrechts. 1982.

Band 16 Helga Spindler: Von der Genossenschaft zur Betriebsgemeinschaft. Kritische Darstellung der Sozialrechtslehre Otto von Gierkes. 1982.

Band 17 Holger Otte: Gustav Radbruchs Kieler Jahre 1919 - 1926. 1982.

Band 18 Rüdiger Teuner: Die fuldische Ritterschaft 1510 - 1656. 1982.

Band 19 Gerhard Dilcher/Rudolf Hoke/Gian Savino Pene Vidari/Hans Winterberg (Hrsg.): Grundrechte im 19. Jahrhundert. 1982.

Band 20 Karl-Hans Schloßstein: Die westfälischen Fabrikengerichtsdeputationen - Vorbilder, Werdegang und Scheitern. 1982.

Band 21 Birger Schulz: Der Republikanische Richterbund (1921-1933). 1982.

Band 22 Engelbert Krause: Die gegenseitigen Unterhaltsansprüche zwischen Eltern und Kindern in der deutschen Privatrechtsgeschichte. 1982.

Band 23 Meent W. Francksen: Staatsrat und Gesetzgebung im Großherzogtum Berg (1806-1813). 1982.

Band 24 Gerd von Sonnleithner: Bearbeitung des Handelsrechts durch Ignaz von Sonnleithner in seinem "Leitfaden über das österreichische Handels- und Wechselrecht". 1982.

Band 25 Rudolf Palme: Rechts-, Wirtschafts- und Sozialgeschichte der inneralpinen Salzwerke bis zu deren Monopolisierung. 1983.

Band 26 Helen Bosshard: Pestalozzis Staats- und Rechtsverständnis und seine Stellung in der Aufklärung. 1983.

Band 27 Jens Jessen: Die Selbstzeugnisse der deutschen Juristen. Erinnerungen, Tagebücher und Briefe. Eine Bibliographie. 1983.

Band 28 Günter Martin Jensen: Das Domanium Waldeck. Die rechtliche Zuordnung eines Fürstenvermögens. 1984.

Band 29 Johann Heinrich Kumpf: Petitionsrecht und öffentliche Meinung im Entstehungsprozeß der Paulskirchenverfassung 1848/49. 1983.

Band 30 Sabine Frey: Rechtsschutz der Juden gegen Ausweisungen im 16. Jahrhundert. 1983.

Band 31 Dietrich Joswig: Die germanische Grundstücksübertragung. 1984.

Band 32 Andreas Baryli: Konzessionssystem contra Gewerbefreiheit. Zur Diskussion der österreichischen Gewerberechtsreform 1835 bis 1860. 1984.

Band 33 Gerhard Oberkofler: Studien zur Geschichte der österreichischen Rechtswissenschaft. 1984.

Band 34 Rudolf Lauda: Kaufmännische Gewohnheit und Burgrecht bei Notker dem Deutschen. Zum Verhältnis von literarischer Tradition und zeitgenössischer Realität in der frühmittelalterlichen Rhetorik. 1984.

Band 35 Jens Jensen: Die Ehescheidung des Bischofs Hans von Lübeck von Prinzessin Julia Felicitas von Württemberg-Weiltingen AD 1648-1653. Ein Beitrag zum protestantischen Ehescheidungsrecht im Zeitalter des beginnenden Absolutismus. 1984.

Band 36 Horst Schröder: Friedrich Karl von Savigny. Geschichte und Rechtsdenken beim Übergang vom Feudalismus zum Kapitalismus in Deutschland. 1984.

Band 37 Andreas Hatzung: Dogmengeschichtliche Grundlagen und Entstehung des zivilrechtlichen Notstands. 1984.

Band 38 Matthias Klasen: Das Billwerder Landrecht. Landrecht und Landgericht in den Hamburger Elbmarschen. 1985.

Band 39 Rainer Jamin: Aufbau, Tätigkeit und Verfahren der Auseinandersetzungsbehörden bei der Durchführung der preußischen Agrarreformen. 1985.

Band 40 Henry Winter: Teilschuld, Gesamtschuld und unechte Gesamtschuld. Zur Konzeption der §§ 420 ff. BGB - Ein Beitrag zur Entstehungsgeschichte des BGB. 1985.

Band 41 Hermann Eichler: Verfassungsbewegung in Amerika und Europa. 1985.

Band 42 Dagmar Bandemer: Heinrich Albert Zachariae. Rechtsdenken zwischen Restauration und Reformation. 1985.

Band 43 Eva-Christine Frentz: Das Hamburgische Admiralitätsgericht (1623-1811). Prozeß und Rechtsprechung. 1985.

Band 44 Karl Lillig: Rechtsetzung im Herzogtum Pfalz-Zweibrücken während des 18. Jahrhunderts. Ein Beitrag zur Geschichte der territorialen Rechtsbildung. 1985.

Band 45 Walter Weber: Die Entwicklung der Sparkassen zu selbständigen Anstalten des öffentlichen Rechts. Ein Beitrag zur Entwicklung des Anstaltsbegriffs im 19. Jahrhundert. 1985.

Band 46 Bärbel Baum: Der Stabreim im Recht. Vorkommen und Bedeutung des Stabreims in Antike und Mittelalter. 1986.

Band 47 Hans Popp: Die nationalsozialistische Sicht einiger Institute des Zivilprozeß- und Gerichtsverfassungsrechts. 1986.

Band 48 John Karl-Heinz Montag: Die Lehrdarstellung des Handelsrechts von Georg Friedrich von Martens bis Meno Pöhls. Die Wissenschaft des Handelsrechts im ersten Drittel des 19. Jahrhunderts. 1986.

Band 49 Volker D. Anhäusser: Das internationale Obligationenrecht in der höchstrichterlichen Rechtsprechung des 19. Jahrhunderts. 1986.

Band 50 Udo Beer: Die Juden, das Recht und die Republik. Verbandswesen und Rechtsschutz 1919-1933. 1986.

Band 51 Herbert Grziwotz: Der moderne Verfassungsbegriff und die "Römische Verfassung" in der deutschen Forschung des 19. und 20. Jahrhunderts. 1986.

Band 52 Ralf Conradi: Karl Friedrich Eichhorn als Staatsrechtslehrer. Seine Göttinger Vorlesung über "Das Staatsrecht der deutschen Bundesstaaten" nach einer Kollegmitschrift aus dem Wintersemester 1821/22. 1987.

Band 53 Dieter Dannreuther: Der Zivilprozeß als Gegenstand der Rechtspolitik im Deutschen Reich 1871 - 1945. Ein Beitrag zur Geschichte des Zivilprozeßrechts in Deutschland. 1987.

Band 54 Stephan Felix Pauly: Organisation, Geschichte und Praxis der Gesetzesauslegung des (Königlich) Preußischen Oberverwaltungsgerichtes 1875 - 1933. 1987.

Band 55 Rüdiger Schulz: Die Entstehung des Seerechts des Allgemeinen Deutschen Handelsgesetzbuches unter besonderer Berücksichtigung der Bestimmungen über die Reederei, den Schiffer und die Schiffsmannschaft. 1987.

Band 56 Reinhold Reis: Deutsches Privatrecht in den Weistümern der Zenten Schriesheim und Kirchheim. 1987.

Band 57 Jürgen Christoph: Die politischen Reichsamnestien 1918 - 1933. 1987.

Band 58 Gerhard Oberkofler/Eduard Rabofsky: Hans Kelsen im Kriegseinsatz der k.u.k.-Wehrmacht. Eine kritische Würdigung seiner militärtheoretischen Angebote. 1988.

Band 59 Arne Wulff: Staatssekretär Prof. Dr. Dr. h.c. Franz Schlegelberger. 1876-1970. 1991.

Band 60 Gerhard Köbler (Hrsg.): Wege europäischer Rechtsgeschichte. Karl Kroeschell zum 60. Geburtstag. 1987.

Band 61 Rüdiger Hütte: Der Gemeinschaftsgedanke in den Erbrechtsreformen des Dritten Reichs. 1988.

Band 62 Markus Göldner: Politische Symbole der europäischen Integration. Fahne, Hymne, Hauptstadt, Paß, Briefmarke, Auszeichnungen. 1988.

Band 63 Wolfgang Kröner: Freiheitsstrafe und Strafvollzug in den Herzogtümern Schleswig, Holstein und Lauenburg von 1700 bis 1864. 1988.

Band 64 Werner Gaile: Die Norder Theelacht. 1988.

Band 65 Karl v. Kempis: Andreas Gaill (1526 - 1587). Zum Leben und Werk eines Juristen der frühen Neuzeit. 1988.

Band 66 Wolf-Rüdiger Osburg: Die Verwaltung Hamburgs in der Franzosenzeit. 1811-1814. 1988.

Band 67 Christian Schudnagies: Hans Frank. Aufstieg und Fall des NS-Juristen und Generalgouverneurs. 1988.

Band 68 Otmar Jung: Senatspräsident Freymuth. Richter, Sozialdemokrat und Pazifist in der Weimarer Republik. Eine politische Biographie. 1989.

Band 69 Joachim Lohner: Das landeshauptmannschaftliche Gericht in Oberösterreich zu Beginn der Neuzeit. Eine Darstellung des oberösterreichischen Prozeßrechts am obersten Territorialgericht des Landes anhand der oberösterreichischen Landtafel.1989.

Band 70 Bernd Klemann: Rudolf von Jhering und die Historische Rechtsschule. 1989.

Band 71 Adalbert Langer: Männer um die österreichische Zivilprozeßordnung 1895. Zusammenspiel / Soziales Ziel. 1990.

Band 72 Robert-Dieter Klee: Die Landessuperintendentur Lauenburg. Ursprung und Entwicklung sowie Ende der Sonderstellung des Kirchenkreises Herzogtum Lauenburg durch die nordelbische Kirchenvereinigung. 1989.

Band 73 Heinrich Herrmann: Die Gehöferschaften im Bezirk Trier. 1989.

Band 74 Wilhelm Brauneder, Franz Baltzarek (Hrsg.): Modell einer neuen Wirtschaftsordnung. Wirtschaftsverwaltung in Österreich 1914 - 1918. 1991.

Band 75 Thomas Dreyer: Die "Assecuranz- und Haverey-Ordnung" der Freien und Hansestadt Hamburg von 1731. 1990.

Band 76 Bernhard Sendler: Die Rechtssprache in den süddeutschen Stadtrechtsreformationen. 1990.

Band 77 Brigitte Lehmann: Ehevereinbarungen im 19. und 20. Jahrhundert. 1990.

Band 78 Michael Sunnus: Der NS-Rechtswahrerbund (1928-1945). Zur Geschichte der nationalsozialistischen Juristenorganisation. 1990.

Band 79 Stefan Schulz: Die historische Entwicklung des Rechts an Bienen. (§§ 961 - 964 BGB). 1990.

Band 80 Gerhard Lingelbach, Heiner Lück (Hrsg.): Deutsches Recht zwischen Sachsenspiegel und Aufklärung. Rolf Lieberwirth zum 70. Geburtstag dargebracht von Schülern, Freunden und Kollegen, herausgegeben von Gerhard Lingelbach und Heiner Lück. 1991.

Band 81 Manfred Krohn: Die deutsche Justiz im Urteil der Nationalsozialisten 1920 - 1933. 1991.

Band 82 Angelika Kühn: Privilegierung nationaler Minderheiten im Wahlrecht der Bundesrepublik Deutschland und Schleswig-Holsteins. 1991.

Band 83 Georg Brun: Leben und Werk des Rechtshistorikers Heinrich Mitteis unter besonderer Berücksichtigung seines Verhältnisses zum Nationalsozialismus. 1991.

Band 84 Wolfgang Simon: Claudius Freiherr von Schwerin. Rechtshistoriker während dreier Epochen deutscher Geschichte. 1991.

Band 85 Friedrich-Carl Wachs: Das Verordnungswerk des Reichsdemobilmachungsamtes. Stabilisierender Faktor zu Beginn der Weimarer Republik. 1991.

Band 86 Jens-Uwe Petersen: Die Vorgeschichte und die Entstehung des Mieterschutzgesetzes von 1923 nebst der Anordnung für das Verfahren vor dem Mieteinigungsamt und der Beschwerdestelle. 1991.

Band 87 Ulrike Haibach: Familienrecht in der Rechtssprache. Die historische Entwicklung zentraler Ausdrücke des geltenden Familienrechts. 1991.

Band 88 Joern Christian Nissen: Die Beratungen des Seeversicherungsausschusses der Akademie für Deutsches Recht zu einem neuen Seeversicherungsgesetz (1934-1939). Ein Beitrag zur Entwicklung der allgemeinen Lehren des Seeversicherungsrechts unter besonderer Berücksichtigung des Handelsgesetzbuchs und der Allgemeinen Deutschen Seeversicherungs-Bedingungen 1919. 1991.

Band 89 Diethard Bühler: Die Entstehung der allgemeinen Vertragsschluß-Vorschriften im Allgemeinen Deutschen Handelsgesetzbuch (ADHGB) von 1861. Ein Beitrag zur Kodifikationsgeschichte des Privatrechts im 19. Jahrhundert. 1991.

Band 90 Gerhard Oberkofler: Die Vertreter des Römischen Rechts mit deutscher Unterrichtssprache an der Karls-Universität in Prag. Vom Vormärz bis 1945. 1991.

Band 91 Ulrich Andermann: Ritterliche Gewalt und bürgerliche Selbstbehauptung. Untersuchungen zur Kriminalisierung und Bekämpfung des spätmittelalterlichen Raubrittertums am Beispiel norddeutscher Hansestädte. 1991.

Band 92 Heinz Marcus Hanke: Luftkrieg und Zivilbevölkerung. Der kriegsvölkerrechtliche Schutz der Zivilbevölkerung gegen Luftbombardements von den Anfängen bis zum Ausbruch des Zweiten Weltkrieges. 1991.

Band 93 Kirsten Kraglund: Familien- und Erbrecht. Materielles Recht und Methoden der Rechtsanwendung in der Rechtsprechung des Oberappellationsgerichts der vier Freien Städte Deutschlands zu Lübeck. 1991.

Band 94 Reinhard Lorenz: Die politische und rechtliche Stellung des Proletariats in Preußen in der Zeit zwischen den Reformen und der Revolution 1848/49. 1991.

Band 95 Eric Hilgendorf: Die Entwicklungsgeschichte der parlamentarischen Redefreiheit in Deutschland. 1991.

Band 96 Hans J. Reiter: Die Handelsgesellschaft Villeroy & Boch von der Gründung 1836 bis zum Jahr 1878. 1992.

Band 97 Martin Johannes Heller: Reform der deutschen Rechtssprache im 18. Jahrhundert. 1992.

Band 98 Michael Kotulla: Die Tragweite der Grundrechte der revidierten preußischen Verfassung vom 31.01.1850. 1992.

Band 99 Michael Siefener: Hexerei im Spiegel der Rechtstheorie. Das crimen magiae in der Literatur von 1574 bis 1608. 1992.

Band 100 Andreas Ebert-Weidenfeller: Hamburgisches Kaufmannsrecht im 17. und 18. Jahrhundert. Die Rechtsprechung des Rates und des Reichskammergerichtes. 1992.

Band 101 Enno Bommel: Die Entstehung der Verwirkungslehre in der Krise des Positivismus. 1992.

Band 102 Ralph Steppacher: Die Berücksichtigung der bäuerlichen Postulate bei der Entstehung des ZGB und der Revision des OR. Ein Beitrag zur schweizerischen Kodifikationsgeschichte (1893 - 1912). 1992.

Band 103 Martin Fleckenstein: Die Todesstrafe im Werk Carl Joseph Anton Mittermaiers (1787 - 1867). Zur Entwicklungsgeschichte eines Werkbereichs und seiner Bedeutung für Theorie- und Methodenbildung. 1992.

Band 104 Jörn Eckert: Der Kampf um die Familienfideikommisse in Deutschland. Studien zum Absterben eines Rechtsinstitutes. 1992. (2 Teile)

Band 105 Jörg Grotkopp: Beamtentum und Staatsformwechsel. Die Auswirkungen der Staatsformwechsel von 1918, 1933 und 1945 auf das Beamtenrecht und die personelle Zusammensetzung der deutschen Beamtenschaft. 1992.

Band 106 Andreas Rohde: Die Garantiehaftung des Vermieters und ihr Verhältnis zum Unmöglichkeitsrecht in dogmengeschichtlicher und modernrechtlicher Sicht. 1992.

Band 107 Tjark Siefke Kunstreich: Gesamtvertretung. Eine historisch-systematische Darstellung. 1992.

Band 108 Jürgen Krüger: Blindheit und Königtum. Die Blindheit des Königs Georg V. von Hannover als verfassungsrechtliches Problem. 1992.

Band 109 Wolfgang Putschek: Ständische Verfassung und autoritäre Verfassungspraxis in Österreich 1933-1938 mit Dokumentenanhang. Verfassung und Verfassungswirklichkeit. Mit einem Anhang: Denkschriften von Rechtsanwalt Dr. Erich Führer 1936/37. 1993.

Band 110 Klaus Hofmann: Die Verdrängung der Juden aus öffentlichem Dienst und selbständigen Berufen in Regensburg 1933-1939. 1993.

Band 111 Franz Kilger: Die Entwicklung des Telegraphenrechts im 19. Jahrhundert mit besonderer Berücksichtigung der technischen Entwicklung. Telegraphenrecht im 19. Jahrhundert. 1993.

Band 112 Wilhelm Brauneder (Hrsg.): Heiliges Römisches Reich und moderne Staatlichkeit. 1993.

Band 113 Thomas Heinrich: Das preußische Nichtehelichenrecht: Von der Aufklärung zur Reaktion. 1993.

Band 114 Gerald Kohl: Jagd und Revolution. Das Jagdrecht in den Jahren 1848 und 1849. 1993.

Band 115 Christian Schudnagies: Der Kriegs- oder Belagerungszustand im Deutschen Reich während des Ersten Weltkrieges. Eine Studie zur Entwicklung und Handhabung des deutschen Ausnahmezustandsrechts bis 1918. 1994.

Band 116 Elisabeth Bellmann: Die Internationale Kriminalistische Vereinigung (1889-1933). 1994.

Band 117 Julia Pfannkuch: Volksrichterausbildung in Sachsen 1945-1950. 1993.

Band 118 Jörg Offen: Von der Verwaltungsgemeinschaft des BGB von 1896 zur Zugewinngemeinschaft des Gleichberechtigungsgesetzes von 1957. 1994.

Band 119 Dorothee Kohlhas-Müller: Untersuchungen zur Rechtsstellung Theoderichs des Großen. 1995.

Band 120 Monika Rose: Das Gerichtswesen des Herzogtums Pfalz-Zweibrücken im 18. Jahrhundert. Ein Beitrag zur territorialen Gerichtsbarkeit im Alten Reich. 1994.

Band 121 Jörn Eckert / Hans Hattenhauer (Hrsg.): Bibel und Recht. Rechtshistorisches Kolloquium 9. - 13. Juni 1992 an der Christian-Albrechts-Universität zu Kiel. 1994.

Band 122 Robert Martin Mizia: Der Rechtsbegriff der Autonomie und die Begründung des Privatfürstenrechts in der deutschen Rechtswissenschaft des 19. Jahrhunderts. 1995.

Band 123 Walther Graf von Plettenberg: Das Fortleben des Liber Iudiciorum in Asturien/León (8. - 13. Jh.). 1994.

Band 124 Wolfgang Schulz: Das deutsche Börsengesetz. Die Entstehungsgeschichte und wirtschaftlichen Auswirkungen des Börsengesetzes von 1896. 1994.

Band 125 Frank Hagemann: Der Untersuchungsausschuß Freiheitlicher Juristen. 1949 – 1969. 1994.

Band 126 Andreas Rethmeier: "Nürnberger Rassegesetze" und Entrechtung der Juden im Zivilrecht. 1995.

Band 127 Edith Grether: Die Poesie der Throne. Die Juristen in der Fruchtbringenden Gesellschaft. 1995.

Band 128 Anna Bartels-Ishikawa: Der Lippische Thronfolgestreit. Eine Studie zu verfassungsrechtlichen Problemen des Deutschen Kaiserreiches im Spiegel der zeitgenössischen Staats. 1995.

Band 129 Jörg Schmidt: Otto Koellreutter 1883-1972. Sein Leben, sein Werk, seine Zeit. 1995.

Band 130 Christian Hattenhauer: Wahl und Krönung Franz II. AD 1792. Das Heilige Reich krönt seinen letzten Kaiser - Das Tagebuch des Reichsquartiermeisters Hieronymus Gottfried von Müller und Anlagen. 1995.

Band 131 Jutta v. der Decken: Das Seearbeitsrecht im Hamburger Stadtrecht von 1301 bis 1603. 1995.

Band 132 Detlev Schmidt: Die Reform des Rechts der Handelsvertreter von 1953. 1995.

Band 133 Gabi Roßdeutscher: Privatautonomie im Scheidungsrecht. Scheidungsbezogene Vereinbarungen in den letzten 200 Jahren. 1995.

Band 134 Harald Kahlenberg: Leben und Werk des Rechtshistorikers Walther Merk. Ein Beispiel für das Verhältnis von Rechtsgeschichte und Nationalsozialismus. 1995.

Band 135 Michael Steitz: Adelbert Düringer am Reichsgericht (1902-1915). Seine aktienrechtlichen Entscheidungen und sein Einfluß auf das Aktienrecht in Deutschland. 1995.

Band 136 Christian Becker: Beata Justorum Translatio. Juristen in schleswig-holsteinischen Leichenpredigten. 1996.

Band 137 Christoph Seiler: Vom Allgemeinen Landrecht zum Bürgerlichen Gesetzbuch. Dargestellt am Beispiel der höchstrichterlichen Judikatur zum kaufrechtlichen Sachmängelgewährleistungsrecht. 1996.

Band 138 Bernd Mayer: Die Vertrauensmännerausschüsse auf den preußischen Steinkohlegruben an der Saar. Entstehung und Wirken. Eine rechtshistorische Untersuchung. 1996.

Band 139 Rochus Scholl: Juden und Judenrecht im Herzogtum Pfalz-Zweibrücken. Ein Beitrag zur Rechtsgeschichte eines deutschen Kleinstaates am Ende des alten Reiches. 1996.

Band 140 Meike Bursch: Judentaufe und frühneuzeitliches Strafrecht. Die Verfahren gegen Christian Treu aus Weener/Ostfriesland 1720-1728. 1996.

Band 141 Markus Hillenbrand: Fürstliche Eheverträge. Gottorfer Hausrecht 1544 - 1773. 1996.

Band 142 Ulf Häder: Das gemeinschaftliche Oberappellationsgericht thüringischer Staaten in Jena. Ein Beitrag zur Geschichte des Gerichtswesens im 19. Jahrhundert. 1996.

Band 143 Andreas Bauer: Das Gnadenbitten in der Strafrechtspflege des 15. und 16. Jahrhunderts. Dargestellt unter besonderer Berücksichtigung von Quellen der Vorarlberger Gerichtsbezirke Feldkirch und des Hinteren Bregenzerwaldes. 1996.

Band 144 Christian Wirth: Der Jurist Johann Andreas Georg Friedrich Rebmann zwischen Revolution und Restauration. 1996.

Band 145 Stefanie Müller: Die Rechtsprechung des Hanseatischen Oberlandesgerichts zum persönlichen Eherecht in Hamburgischen Gerichtsfällen von 1879 -1900. 1996.

Band 146 Jean-Nicolas Morisset: Der Frachtvertrag in der *Ordonnance de la marine* von 1681. 1996.

Band 147 Dirk Lentfer: Die Glogauer Landesprivilegien des Andreas Gryphius von 1653. 1996.

Band 148 Wencke Mull: Die Haftung für Einsturzschäden nach den §§ 836-838 BGB in der Rechtsprechung des Reichsgerichts. 1996.

Band 149 Renate Zelger: Teufelsverträge. Märchen, Sage, Schwank, Legende im Spiegel der Rechtsgeschichte. 1996.

Band 150 Guido Kraß: Das Arrestverfahren in Frankfurt am Main im Spätmittelalter. 1996.

Band 151 F. Benedict Heyn: Die Entwicklung des Eisenbahnfrachtrechts von den Anfängen bis zur Einführung des Allgemeinen Deutschen Handelsgesetzbuches (ADHGB). 1996.

Band 152 Thomas Lang: Die Staats- und Verfassungslehre Carl Salomo Zachariaes. 1996.

Band 153 Michael Hebeis: Karl Anton von Martini (1726-1800). Leben und Werk. 1996.

Band 154 Gerald Hubert: Die Diskussion um die rechtliche Natur der Bizone in den Jahren 1947-1949. 1996.

Band 155 Christof Horn: Die Rechtsprechung des Reichsgerichts in Ehescheidungssachen der Jahre 1900 bis 1905. 1996.

Band 156 Hermann Nehlsen / Georg Brun (Hrsg.): Münchener rechtshistorische Studien zum Nationalsozialismus. 1996.

Band 157 Jan Otto Clemens Kehrberg: Die Entwicklung des Elektrizitätsrechts in Deutschland. Der Weg zum Energiewirtschaftsgesetz von 1935. 1997.

Band 158 Johannes Tradt: Der Religionsprozeß gegen den Zopfschulzen (1791-1799). Ein Beitrag zur protestantischen Lehrpflicht und Lehrzucht in Brandenburg-Preußen gegen Ende des 18. Jahrhunderts. 1997.

Band 159 Dietmar Olsen: Das kaufrechtliche Sachmängelgewährleistungsrecht des Code civil in der Rechtsprechung deutscher Gerichte im 19. Jahrhundert. Ein Beitrag zur Ablösung der Partikularrechte durch das BGB. 1997.

Band 160 Ulrich Bernhardt: Die Deutsche Akademie für Staats- und Rechtswissenschaft „Walter Ulbricht" 1948-1971. 1997.

Band 161 Claudia Susan Hoppe: Die Bürgschaft im Rechtsleben Hamburgs von 1600 bis 1900. 1997.

Band 162 Franz-Rudolf Ecker: Die Entwicklung des Bergrechts im Saarbrücker Steinkohlenrevier bis zum Ende des 18. Jahrhunderts. Ein Vergleich mit dem älteren deutschen Bergrecht. 1997.

Band 163 Anne Katrin Rückert: Politik und Privatrecht in der „konservativen Revolution". 1997.

Band 164 Gisbert Laube: Der Reichskunstwart. Geschichte einer Kulturbehörde 1919-1933. 1997.

Band 165 Nicolas Lührig: Die Diskussion über die Reform der Juristenausbildung von 1945 bis 1995. 1997.

Band 166 Regula Gerber Jenni: Die Emanzipation der mehrjährigen Frauenzimmer. Frauen im bernischen Privatrecht des 19. Jahrhunderts. 1997.

Band 167 Mischa A. Färber: Das gemeinschaftliche Testament in der höchstrichterlichen Rechtsprechung zum Allgemeinen Preußischen Landrecht und zum BGB. Ein Beitrag zur Ablösung der Partikularrechte durch das BGB. 1997.

Band 168 Catherine Antoinette Gasser: Philipp Lotmar 1850-1922. Professor der Universität Bern. Sein Engagement für das Schweizerische Arbeitsrecht. 1997.

Band 169 Lars Immisch: Der sozialistische Richter in der DDR und seine Unabhängigkeit. Der Versuch eines Rechtsvergleiches zum Unabhängigkeitsbegriff in der bundesdeutschen Rechtsordnung. 1997.

Band 170 Jessica Jacobi: Besitzschutz vor dem Reichskammergericht. Die friedenssichernde Funktion der Besitzschutzklagen am Reichskammergericht im 16. Jahrhundert, dargestellt anhand von Kameralisten. 1998.

Band 171 Ewald Hügemann: Die Geschichte des öffentlichen und privaten Mietpreisrechts vom Ersten Weltkrieg bis zum Gesetz zur Regelung der Miethöhe von 1974. 1998.

Band 172 Lutz Rentzow: Die Entstehungs- und Wirkungsgeschichte der Vernewerten Landesordnung für das Königreich Böhmen von 1627. 1998.

Band 173 Sabine Stürmer: Mühlenrecht im Herzogtum Pfalz-Zweibrücken während des 18. Jahrhunderts. Ein Beitrag zum Wirtschaftsrecht eines deutschen Kleinstaates im Alten Reich. 1998.

Band 174 Mario Bogisch: *Nemo testis in re sua*. Das Problem der Zeugnisfähigkeit bei der Anwendung der deutschen Zivilprozeßordnung von 1877. 1998.

Band 175 Rainer Oßwald: Pactane sunt servanda? Freiwilligkeit, Zwang und Unverbindlichkeitserklärungen im islamischen Vertragsrecht malikitischer Schule. 1998.

Band 176 Bettina Kern: Der preußische BGB-Entwurf von 1842. 1998.

Band 177 Inken Fuhrmann: Die Diskussion über die Einführung der fakultativen Zivilehe in Deutschland und Österreich seit Mitte des 19. Jahrhunderts. 1998.

Band 178 Annette Rieck: Der Heilige Ivo von Hélory (1247-1303). Advocatus pauperum und Patron der Juristen. 1998.

Band 179 Frank Bottenberg: Die Hamburgische Strafprozeßordnung von 1869. 1998.

Band 180 Matthias Krauß: Das kursächsische Postrecht von seinen Anfängen bis zum Ende des Alten Reichs. 1998.

Band 181 Torsten Schmidt: Die Entmündigung von den Anfängen des BGB bis zu ihrer Ablösung durch das Institut der Betreuung. 1998.

Band 182 Christian Nunn: Rudolf Müller-Erzbach. 1874-1959. Von der realen Methode über die Interessenjurisprudenz zum kausalen Rechtsdenken (Leben und Werk). 1998.

Band 183 Christian Ortloff: Das staatskirchenrechtliche System Wilhelm Traugott Krugs. Glaubens- und Gewissensfreiheit – eine Forderung der Vernunft. 1998.

Band 184 Christian Hattenhauer: Schuldenregulierung nach dem Westfälischen Frieden. Der sog. § *de indaganda* und seine Umsetzung im Jüngsten Reichsabschied (AD 1648 und 1654). 1998.

Band 185 Werner Schubert: Preußen im Vormärz. Die Verhandlungen der Provinziallandtage von Brandenburg, Pommern, Posen, Sachsen und Schlesien sowie – im Anhang – von Ostpreußen, Westfalen und der Rheinprovinz (1841-1845). 1998.

Band 187 Kai Sommer: Die Strafbarkeit der Homosexualität von der Kaiserzeit bis zum Nationalsozialismus. Eine Analyse der Straftatbestände im Strafgesetzbuch und in den Reformentwürfen (1871-1945). 1998.

Band 188 Jan Erik Backhaus: Volksrichterkarrieren in der DDR. 1999.

Band 189 Ralf Ruhnau: Die Fürstlich Thurn und Taxissche Privatgerichtsbarkeit in Regensburg. Ein Kuriosum der deutschen Rechtsgeschichte. 1999.

Band 190 Antonio Grilli: Die französische Justizorganisation am linken Rheinufer 1797-1803. 1999.

Band 191 Stephanie Kammerloher-Lis: Die Entstehung des Gesetzes über die religiöse Kindererziehung vom 15. Juli 1921. 1999.

Band 192 Jan Telp: Ausmerzung und Verrat. Zur Diskussion um Strafzwecke und Verbrechensbegriffe im Dritten Reich. 1999.

Band 193 Kurt von Pannwitz: Die Entstehung der Allgemeinen Deutschen Wechselordnung. Ein Beitrag zur Geschichte der Vereinheitlichung des deutschen Zivilrechts im 19. Jahrhundert. 1999.

Printed by
CPI books GmbH, Leck

Kolibri 360 GmbH
Ferdinand-Jühlke-Straße 7
99095 Erfurt, Deutschland
produktsicherheit@kolibri360.de